KB060757

HUMAN NETWORK

The Human Network
How Your Social Position Determines Your Power, Beliefs, and Behaviors

Copyright © 2019 by Matthew O. Jackson
Korean translation copyright © 2021 BADA Publishing Co., Ltd.
This Korean edition was published by arrangement with Brockman, Inc.

이 책의 한국어판 저작권은 Brockman, Inc.와 직접 계약한 (주)바다출판사에 있습니다.
저작권법에 의하여 한국 내에서 보호를 받는 저작물이므로 무단 전재와 복제를 금합니다.

휴먼 네트워크

무리 짓고 분열하는 인간관계의 모든 것

HUMAN NETWORK 매슈 O. 잭슨 지음 박선진 옮김

바다출판사

나의 부모님, 샐리와 햌에게

우리는 점점 더 많은 사람과 점점 더 다양한 방식으로 연결되고 있다. 연결로 늘어난 더 넓은 소통은 역설적으로 분열도 만들어낸다. 함께 하는 이와 생각이 같아야 마음도 편한 우리의 오래된 본성 때문이다. 연결된 세상 안 고립된 섬이 현재 우리 사회의 안타까운 모습이기도 하다. 경제학자인 저자가 네트워크 연구 분야의 놀라운 성과를 친절하고 자세하게 알려준다. 피렌체 메디치 가문의 성공 비결도, 글로벌 금융 위기의 원인도 책에서 알 수 있다. 거짓 뉴스와 감염병의 확산도 이해할 수 있다. 함께 연결된 우리 모두에게 이 책을 권한다. 소통은 늘리고 분열은 줄이려면 연결된 세상의 과학적 이해가 먼저다.

— 김범준 통계물리학자《세상물정의 물리학》《관계의 과학》저자

21세기 현대 과학의 가장 중요한 키워드 중 하나는 '네트워크'다. 하나의 세포에서 거대한 지구 생태계에 이르기까지, 이 모든 것을 네트워크로 바라보는 순간, 그동안 놓치고 있던 수많은 숨겨진 현상들이 발견되고 완전히 새로운 관점에서 이를 통찰할 수 있게 된다.

인간 사회 네트워크에 관심 있는 당신이 단 한 권의 책을 읽어야 한다면, 바로 이 책을 집어야 한다. 스탠포드 대학 경제학과 매슈 O. 잭슨 교수는 복잡계 네트워크 이론과 게임이론을 경제학에 접목해 인간의 경제

적 의사결정을 오랫동안 연구해온 석학이다. 그가 쓴 이 책의 매력은 네트워크에 문외한이더라도 쉽게 이해할 수 있도록 복잡계 네트워크 이론의 기초를 충실하게 설명하면서도, 최근 10년간 복잡계 네트워크 학문이 밝혀낸 최신 성과들의 핵심을 간결하게 설명한다.

무엇보다 이 책의 미덕은 네트워크 속의 개인을 들여다보고 네트워크가 개인에게 어떤 영향을 미치는가를 해부하고 있다는 점이다. 다시 말해, 그는 '인간관계가 거대한 네트워크라면 우리 사회는 어떻게 얽혀 있는가?'라는 질문에서 출발해, '인간 사회라는 그물망은 인간의 사고, 의사결정, 행동에 어떤 영향을 미치는가?' 그리고 '인간 사회 네트워크의 특성은 인간관계를 어떻게 바꾸어놓는가?'라는 흥미로운 질문에 답을 한다.

그가 네트워크 자체를 탐구하는 물리학자가 아니라 그것이 인간에게 미치는 영향을 연구하는 미시경제학자이기에, 복잡계 네트워크 개념을 사회과학에 단순하게 적용한 다른 책들과는 다르게, 그의 책에서 인간은 그저 네트워크의 한 노드(점)가 아니라, 뇌가 따뜻한 개인이다.

메디치 가문에서 친구 간 우정에 이르기까지, 흑사병에서 유행성 독감의 전염, 더 나아가 금융 위기의 전 지구적 확산에 이르기까지, 지구위 인간 사회에서 벌어지는 모든 현상을 종횡무진 누비며, 그는 '세상의 모든 것들이 거대한 그물망으로 보이는 경제학자답게' 인간 행동에 의문을 제기하고 스스로 해답을 제시한다. 복잡계 네트워크 이론과 행동경제학, 그리고 사회심리학의 행복한 만남이라고나 할까?

인간 개인의 마음이라는 심연을 품은 거대한 사회 네트워크에 대해 통찰을 얻고 싶은 분들께 이 책을 곁에 두고 종종 읽어보시길 강하게 추천드린다.

— 정재승 복잡계 물리학자이자 뇌과학자《과학콘서트》《열두 발자국》 저자

연결된 세계, 분열된 네트워크

이제 평범한 일반 시민들도 전례 없는 속도와 힘으로 다른 사람들에게 직간접적인 영향력을 행사할 수 있다. 이 책은 바로 그런 이야기로부터 시작한다. 2010년 12월 튀니지의 어느 작은 마을에서 한 시민이 스스로의 몸에 불을 지른 후 수천 명의 성난 시민이 봉기에 나섰다. 처음에 이 사건은 그저 작은 마을에서 일어난 소규모 봉기에 불과했다. 하지만 소셜미디어를 타고 이 소식은 삽시간에 주변으로 퍼져 나갔고 불과 수 시간 만에 수백만 명의 사람이 이 마을에서 무슨 일이 일어났는지 알게 되었다. 그후 같은 불만을 가진 사람들이 동참하면서 훨씬 규모가 크고 광범위한 시위가 연속적으로 일어났다. 아랍 세계 전역의 정부를 무너뜨린 이른바 '아랍의 봄'은 이렇게 시작되었다. 4년 뒤 현대 기술과 소셜미디어는 홍콩에서 일어난 '우산 시위'가 확산될 때도 중요한 역할을 했다. 한국에서도 비슷한 일이 일어났다. 사회의 안녕을 걱정하는 평범한 시민들이 일으킨 소규모 시위가 이후 수많은 시민의 참여를 이끌어냈고, 이 '촛불 혁명'은 결국 박근혜 대통령의 탄핵으로 이어졌다.

　시위와 의사소통은 새로운 것이 아니다. 하지만 사람들 사이의 연결성 그리고 사람들이 무엇을 느끼는지에 대한 정보의 확산 속도는 물론, 이에 대응하기 위해 서로 협력하는 능력은 계속해서 커지고 있다. 이로 인해 정치인들이 시민과 상호작용하는 방식도 변화했다. 이제 정부와 정치인은 단순히 여론을 수용하는 것뿐만 아니라 그것을 형성하기 위해서도 고심해야 한다.

이 책은 우리가 서로 어떻게 연결되어 있는지 그리고 그것이 얼마나 중요한지 이해할 수 있도록 돕는다.

사람 사이의 상호작용을 재형성하는 데에는 두 가지 근본적인 힘이 작용한다. 하나는 세계가 점점 더 연결되고 있다는 것이다. 앞에서 살펴본 시위들이 입증하듯이, 이제 사람들은 멀리 떨어져 있는 사람들과 전에 없던 속도로 접촉하고 친분을 유지할 수 있다. 이는 좀 더 근본적인 세계화 현상에서도 찾아볼 수 있다. 세계 각국의 경제와 운명은 상호의존도가 점점 더 높아지고 있다.

우리 세계는 점점 더 연결되고 있지만 동시에 극명히 분열되고 있다. 이제 우리는 예전보다 더 많은 사람과 소통할 수 있지만, 매우 비슷한 사람—나이, 부, 교육 수준, 젠더는 물론 신념이나 의견이 비슷한 사람들—과 더 어울리려는 경향이 있다. 소셜미디어에서 새로운 친구나 지인을 찾도록 도와주고 뉴스를 추천하는 알고리듬은 보통 우리를 비슷한 사람들과 짝지어주고 우리의 취향 및 의견과 가장 잘 맞는 매체나 뉴스를 연결해주도록 설계되었다. 이는 자신과 비슷한 사람과 교류하려는 인간의 가장 기본적인 성향을 더욱 강화한다. 이러한 성향은 '동종선호'로 알려져 있으며, 이 책의 많은 부분에서 주역을 맡고 있다.

네트워크의 분열은 인간이 학습하는 방식에서 생기는 편향을 더욱 악화시킨다. 우리는 여러 친구에게 같은 정보를 들으면 그 정보가 진실이라고 강하게 확신하는 성향이 있다. 친구들 모두가 동일한 정보원에서 정보를 얻었을 수 있음에도 말이다. 네트워크가 더 많이 분열될수록 이러한 편향은 증폭된다. 이를 통해 우리는 사람들이 말하는 '메아리방'이 무엇을 의미하는지 더 깊이 이해할 수 있다. 또한 우리는 친구와 지인이 일반 대중을 대표한다고 생각하는 경향이 있다. 하지만 이들은 시스템적인 차원에서 보통의 사람들과 다를 수 있다. 이에 대해서는 네트워크에 대한 몇 가지 기본적인 사항을 배움으로써 더 잘 이해할 수 있다. 이러한 다양한 편향들로 인해 우리는 자신의 믿음을 강하게 확신하며, 설령 그것이 틀린 믿음일 때도 다른 사람과 공유하고자 한다.

네트워크의 분열은 한국을 비롯한 다른 많은 나라가 겪고 있는 높은 수준의 불평등에도 영향을 끼친다. 불평등이 점점 심화되고 있는 현 상황에서 성공의 기회는 물론, 어떻게 성공할 수 있는지에 대한 정보는 갈수록 중요해지고 있다. 그런데 우리의 네트워크에 분열이 있다는 사실은 그러한 기회와 정보가 불균형하게 확산되고 있다는 뜻이다. 이런 상황에서는 그 결과로 매우 위험한 불평등과 비유동성의 결합이 나타나는데, 이는 우리의 성공 여부가 가족과 친구 그리고 우리가 속한 공동체에 강하게 의존하게 된다는 말이다.

이러한 다양한 힘들을 이해하기 위해 본문에서는 경제학과 네트워크 연구 분야에서 사용되는 중요 개념들을 살펴볼 예정이다. 우리는 여러 유형의 힘과 영향력을 논하고 서로 다른 네트워크 위치에서 이들을 어떻게 추적할 수 있는지 알아볼 것이다. 또한 우리는 질병의 전파에서 〈강남스타일〉 뮤직비디오의 유행, 금융 전염 그리고 국가 간 전쟁의 확산까지 다양한 형태의 전염과 확산이 네트워크에서 어떻게 작동하는지도 살펴볼 것이다. 마지막으로 사람들의 의견이나 신념은 어떻게 형성되는지 그리고 직장을 구하거나 승진의 기회를 찾을 때 네트워크가 얼마나 중요한 역할을 하는지에 대해서 논의할 것이다.

이 책의 역할은 여러분이 네트워크에서 차지하는 위치와 그것이 여러분에게 어떤 영향을 줄지 더 깊이 이해하도록 돕는 데 그치지 않는다. 여러분은 앞으로 우리 세상을 더 좋은 곳으로 만들기 위해 어떤 정책이 마련되어야 할지에 대해서도 더 깊이 고민하게 될 것이다. 이 책을 읽고 난 뒤 여러분은 개인적 차원에서 이전에 갖고 있던 통념들에 의심을 품고 일차 자료를 찾아보게 될 것이다. 또한 새로운 분야로 진출해 새로운 친구를 사귈 필요성을 느낄 것이고 예전이라면 결코 만나지 않았을 사람들과 어울리는 불편한 상황에서도 서슴지 않고 관계를 맺고자 할 것이다. 더 넓은 차원에서 여러분은 단순히 부를 재분배하고 가난한 사람을 돕는 것만으로는 불평등과 비유동성의 문제를 해결할 수 없다는 걸 배우게 될 것이다. 높은 수준의 불평등이 지속되는 현상은 우리의 사회적 구조에 심층적인 문제가 있다는 징후다. 이에 대한 장기적 해결책을 마련하기 위해서는 사회적 연결망을 통해 기회나 정보를 얻기 어려운 사회 계층이 있다는 사실을 고려할 필요가 있다. 이 책은 여러분에게 스스로의 삶을 돌아보는 계기가 되어 여러분의 주변 사람들이 왜 그런 방식으로 행동하는지, 어떻게 하면 우리 모두의 삶을 조금이라도 개선할 수 있는지에 대한 새로운 관점을 제시할 것이다.

차례

1

네트워크를 이해해야
인간이 보인다

네트워크와 인간 행동

"1492년에 시작된 세계화1.0 때 세계의 크기는 대형에서 중형으로 축소되었다. 다국적기업이 등장하기 시작한 세계화2.0 때는 중형에서 소형이 되었다. 그리고 2000년 즈음 시작된 세계화3.0 때 세계는 소형에서 초소형이 되었다."
— 토머스 프리드먼(《세계는 평평하다》의 저자), 《와이어드》와의 인터뷰

2010년 12월 17일, 튀니지 중부의 작고 오래된 도시 시디부지드에서 노점상을 하던 26세 청년 모하메드 부아지지가 자신의 몸에 불을 붙였다. 지난 20여 년 동안 튀니지를 통치하며 저항 세력을 억압해온 독재정권에 대항해 필사적으로 몸부림친 분노의 표현이었다. 그의 가족은 오랫동안 정부를 비판하는 목소리를 냈고, 그는 지역 경찰들에게 자주 괴롭힘을 당했다. 그날 아침, 경찰은 많은 사람이 보는 앞에서 그를 모욕하며 그가 빚까지 지며 마련한 청과물을 압수했다. 이제 그에게 남은 희망이라고는 없었다. 모하메드는 자신의 몸에 휘발유를 끼얹고 불을 붙임으로써 이에 항의했다.

수십 년 전이었다면 이 사건은 수천 명 정도의 사람들이 항의 시위를

벌이는 것으로 끝났을 것이다. 아마도 시디부지드 밖에서는 그런 일이 일어났다는 사실조차 알아차리지 못했을 것이다. 그러나 누군가 모하메드 부아지지의 희생을 비디오로 촬영해 소셜미디어에 공유했고, 이 영상은 시디부지드를 넘어 주변으로 빠르게 퍼져 나갔다. 튀니지를 비롯해 다른 독재 정부들이 저지른 탄압 행위들은 이미 세상에 널리 알려진 상태였다. 이후 전개된 '아랍의 봄'이라 불리는 사건은 휴대폰뿐 아니라 페이스북, 트위터 같은 소셜미디어를 통해 촉발되고 조직화되었다.[1]

비록 방식은 예전과 많이 달라졌지만, 이 사건을 널리 전파시키고 대중의 분노를 키운 것은 결국 사람들 사이의 네트워크였다. 예전과는 다른 새로운 점이 있다면, 이 사건에 대한 뉴스가 전례없이 빠르고 광범위하게 퍼져 나갔다는 점 그리고 사람들이 네트워크를 통해 대응을 조직화할 수 있었다는 점이다. 하지만 여기서 무슨 일이 일어났는지 좀 더 구체적으로 이해하기 위해서는 뉴스가 사람들 사이에서 어떻게 퍼져 나가는지 그리고 사람들의 행동이 서로에게 어떤 영향을 미치는지를 이해할 필요가 있다.

부아지지의 분신에 의해 촉발된 튀니지 혁명은 점점 더 규모가 커지고 격렬해져, 이듬해 1월 중순 결국 정부를 전복시키기에 이르렀다. 저항의 물결은 이웃 나라인 알제리로 퍼져 나갔고, 두 달 뒤에는 오만, 이집트, 예멘, 바레인, 쿠웨이트, 리비아, 모로코, 시리아, 심지어 사우디아라비아와 카타르, 아랍에미리트 연합국에까지 전파되었다. 아랍의 봄이 성공한 혁명인지 실패한 혁명인지 그 평가에 대해서는 논란의 여지가 있다. 그러나 이 지역 전체에 그토록 빠른 속도로 시위가 확산된 것은 역사상 유례가 없는 사건으로 우리 삶에서 인간 네트워크가 얼마나 중요한지를 보여준다.

최근 우리의 의사소통 방식이 급격히 변화한 것만큼이나—앞에 인용한 토머스 프리드먼의 말처럼—우리 세계도 여러 차례에 걸쳐 급격히 작아졌다. 인쇄기, 우편, 해외여행, 기차, 전보, 전화, 라디오, 비행기, 텔레비전, 팩스가 이러한 경향을 이끌었다. 인터넷 기술과 소셜미디어는 얼마나 멀리, 얼마나 빨리, 누구와 소통할 것인지 오래전부터 진행된 의사소통 방식의 변화 중 가장 최근에 일어난 사건일 뿐이다.

사람 사이의 상호작용 방식과 네트워크의 양상이 계속 변해왔다 해도 그중 많은 부분은 오래 지속되고 예측도 가능하다. 이와 같은 인간 네트워크에 대해 이해하고 변화 과정을 추적함으로써 우리는 우리 세계에 대한 많은 질문에 답할 수 있다. 그 대표적인 질문들을 살펴보면 다음과 같다. 네트워크에서 각 행위자가 차지하고 있는 위치는 그들의 영향력과 힘을 어떻게 결정하는가? 친구들에게 얻은 정보를 바탕으로 의견을 형성할 때 우리는 어떤 체계적인 오류를 범하는가? 금융 전염은 어떻게 시작되고 독감의 확산과 어떤 점에서 다른가? 사회적 네트워크의 분열은 불평등과 계층 간 비유동성, 양극화를 어떻게 악화시키는가? 세계화는 국가들 사이의 갈등이나 전쟁을 어떻게 변화시키고 있는가?

인간 네트워크는 이러한 문제들에 있어 결정적인 역할을 하지만, 정작 정치·경제적 행동이나 트렌드를 분석할 때는 그 영향력을 간과하는 경우가 많다. 그동안 네트워크에 대한 연구가 미흡했다는 뜻은 아니다. 인간 행동의 동인인 네트워크에 대한 우리의 과학적 지식과 대중 및 정책 입안자의 인식 사이에 깊은 간극이 있다는 말이다. 이 책은 그 간극을 메우는 것을 목표로 한다.

이 책의 각 장은 어떤 문제를 이해하고 해법을 마련할 때 인간 네트워크에 대한 지식이 어떤 기여를 할 수 있는지 보여준다. 즉 이 책의 목적은 우리의 수많은 사회경제적 행동을 이해하는 데 네트워크가 얼마나 기여하는지를 보여주는 것이다.

네트워크에는 우리가 눈여겨봐야 할 핵심 패턴이 여러 가지가 있다. 마찬가지로 이 책에서 소개하는 이야기들도 하나 이상의 주제를 담고 있다. 책을 끝까지 읽고 나면, 독자들은 각자 살고 있는 네트워크가 여러 측면에서 우리 삶에 영향을 끼치고 있다는 사실을 더 잘 이해하게 될 것이다. 이 책은 또한 네트워크를 두 가지 관점에서 조망하고자 한다. 하나는 네트워크가 어떻게 형성되며 왜 특정한 패턴들을 나타내는가이고, 다른 하나는 그러한 패턴들이 우리의 능력과 견해, 기회, 행동 그리고 성취에 어떤 영향을 끼치는가이다.

휴먼 네트워크의 특성

"삶은 참으로 단순하다. 그러나 우리는 그것을 복잡하게 만들고 싶어한다."

—작자 미상[2]

칼 세이건은 우주에 대한 그의 유명한 책에서 우리 우주에 존재하는 무수히 많은 별에 대해 이야기했다. 실제로 관찰 가능한 우주에 있는 별의 수는 대략 3000해(10해 = 10^{21}) 즉 300,000,000,000,000,000,000,000개로 추산된다. 너무도 커서 마치 허구처럼 보이기도 하는 이 수는 사람들에게 자신이 작고 초라한 존재라는 느낌은 물론 자연에 대한 경외감마저 불러일으킨다.

놀라운 사실은 이 수가 우리가 친구나 동료와 맺는 네트워크의 수에 비하면 매우 작은 수라는 점이다. 소규모의 공동체—예컨대 학급, 동아리, 규모가 작은 회사—에 존재할 수 있는 네트워크만 봐도 그렇다. 불가능하다고? 어떻게 그럴 수 있는지 살펴보자.

30인으로 구성된 집단을 생각해보자. 한 학급에 소속된 아이들의 부모로 구성된 집단을 예로 들어보겠다. 30명의 학부모 중 아무나 한 명을 골라 이 사람을 세라라고 해보자. 세라가 이 집단에서 주기적으로 교류를 하며 서로 도움을 주는 친구를 사귀는 경우, 세라의 친구가 될 수 있는 사람은 29명이다. 이어 다시 한 명을 골라 이 사람을 마크라고 해보자. 마크는 앞서 세라의 사례에서 이미 고려한 관계를 제외하면 나머지 28명과 친구가 될 수 있다. 이런 식으로 이 작은 집단에서 서로 친구가 될 수 있는 짝의 수를 모두 더하면 435쌍(29+28+27+……+1)이다. 분명이 수는 그렇게 커보이지 않는다. 하지만 이를 집단 내에서 가능한 네트워크의 수로 변환하면 그 수는 엄청나게 커진다.

예를 들어 이 집단에 엄청난 문제가 있어서 누구도 친분을 맺지 않았다면, 우리는 어떤 관계도 없는 '텅 빈' 네트워크를 얻게 될 것이다. 즉 가능한 435쌍의 관계가 모두 부재한 상황이다. 정반대의 경우도 생각해볼 수 있다. 이 경우는 집단이 완벽하게 화목한 상황으로 모든 구성원이 다른 모든 구성원과 친구 관계를 맺는 '완전한' 네트워크를 이룬다. 이 양극단 사이에 수많은 네트워크가 존재한다. 예를 들어 첫 번째, 세 번째, 네 번째 쌍은 친구이고 두 번째, 다섯 번째, 여섯 번째 쌍은 친구가 아닌 상황이 가능하다. 이런 식으로 두 사람씩 짝을 짓는다고 할 때 가능한 네트워크의 수를 모두 계산해보자. 각 쌍은 친구이거나 친구가 아니라는 두 가지 경우밖에 없다. 즉 각 쌍이 취할 수 있는 상태는 두 가지다. 따라서 가능한 네트워크의 수는 $2 \times 2 \times \cdots \times 2$로 2를 435번 곱한 수다. 2를 435번 곱하면 1 뒤에 0이 131개가 붙는 수가 나온다.[3] 앞에서 언급한 10해는 1 뒤에 0이 21개 붙는다. 따라서 가능한 네트워크의 수는 10해×10해×10해×……개로 우주에 있는 별의 수를 여러 번 곱한 값이 된다. 사실 우주에 존재한다고 추정되는 원자의 수보다도 수십 자릿

수가 더 크다.[4]

이렇듯 겨우 30명으로 구성된 집단에서도 체계적으로 분류하기 어려울 만큼 많은 네트워크가 존재한다. 동물을 분류하면서 누군가가 '얼룩말' '판다' '악어' '모기'라고 하면, 우리는 그 단어가 무엇을 가리키는지 안다. 그러나 네트워크는 특별한 경우를 제외하면 이런 식으로 분류하지 못한다. 그렇다고 낙담하고 마냥 손 놓은 채로 사회 구조는 너무 복잡해서 이해하기 어려우니 포기해야 한다는 의미는 아니다.

우리가 동물을 분류하고 구분할 수 있게 해주는 특징들이 있다. 척추가 있는가? 다리가 몇 개인가? 초식동물인가, 육식동물인가, 아니면 잡식동물인가? 새끼를 낳는가? 성체가 되었을 때 얼마나 커지는가? 어떤 종류의 피부를 가지고 있는가? 날 수 있는가? 물속에서 사는가? 등등. 마찬가지로 네트워크를 분류할 때도 우리는 중요한 특징을 발견할 수 있다. 예를 들어 네트워크 내에 존재하는 연결의 비율이 얼마나 되는지, 연결 관계가 구성원 사이에 고르게 분포되어 있는지, 특정한 분리 패턴을 찾을 수 있는지에 따라 네트워크를 분류할 수 있다. 이러한 패턴들을 통해 우리는 경제적 불평등, 사회적 계층 이동, 정치적 양극화, 금융 전염 등의 이슈를 이해할 수 있다.

인간 행동을 이해하려는 목적에서 네트워크를 기술하는 것에는 몇 가지 장점이 있다. 첫째 네트워크의 몇몇 핵심 특성들은 인간이 왜 그런 행동 양상을 보이는지에 대해 놀라운 통찰을 제공한다. 둘째 이러한 특성들은 단순하고 직관적이며 정량화가 가능하다. 셋째 인간 활동에서 나타나는 규칙성은 네트워크가 독특한 특성을 가지도록 이끈다. 예컨대 인간 사이에서 형성된 네트워크는 주위의 다른 링크link나 노드node와 무작위로 연결된 네트워크와 쉽게 구분된다.

일례로 〈그림 1.1〉에 있는 두 네트워크를 생각해보자. (a)는 고등학생

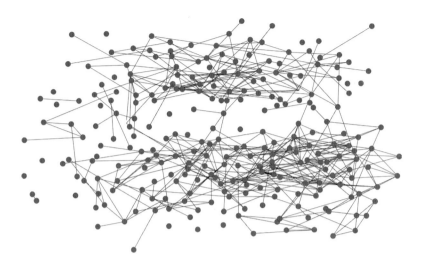

(a) 고등학생들 간의 친분 관계를 나타낸 네트워크

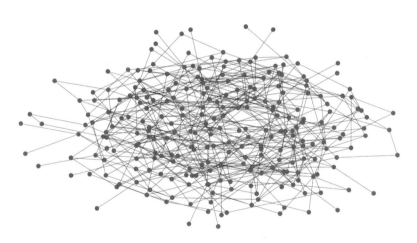

(b) 위의 네트워크와 동일한 수의 노드 및 링크를 가지는 무작위 네트워크

그림 1.1 인간 네트워크와 무작위 네트워크

들의 친구 관계를 나타낸 네트워크이며(이 네트워크는 5장에서 더 자세히 다룰 예정이다), (b)는 컴퓨터를 이용해 (a)의 네트워크와 동일한 수의 노드와 링크를 가지지만 완전히 무작위로 연결한 네트워크를 나타낸다.

두 네트워크는 어떤 점에서 서로 다른가? 자세히 살펴보면 몇 가지 차이점을 찾을 수 있을 것이다. 가장 먼저 눈에 띄는 것은 고등학교의 슬픈 현실이다. 10여 명이 넘는 학생이 가까운 친구가 없다. 반면에 무작위 네트워크에서는 모든 노드가 어떻게든 서로 연결되어 있다. 두 번째로 인간 네트워크에서 볼 수 있는 놀라운(그리고 일반적인) 특징은 네트워크에 분열이 나타날 수 있다는 점이다. 네트워크 상단에 위치한 학생들은 하단에 위치한 학생들과 친분 관계를 거의 가지지 않는다. 반면에 무작위 네트워크에서는 링크가 모든 방향으로 골고루 퍼져 있다.

학생들의 인종을 표시하면 네트워크에서 나타나는 분열 양상을 더 분명히 확인할 수 있다. 〈그림 1.2〉를 보자.

이러한 분열 양상은 인간 네트워크의 몇 가지 두드러진 특징 중에서도 특히 중요한 특성이다. 앞으로 보게 되겠지만, 인간 네트워크가 왜 이런 특성을 가지는지에 대해서는 설명이 명백할 때도 있고 조금 까다로울 때도 있다. 궁극적으로 우리가 네트워크에 대해 배우는 까닭은 우리 삶에 미치는 네트워크의 영향력이 지대하기 때문이다. 이 책을 끝까지 읽고 나면, 예를 들어 고등학교 네트워크에서 나타나는 분열 양상이 우리가 대학을 선택할 때는 중대한 영향을 미치지만 독감의 전염에는 거의 영향을 주지 않는 이유를 이해할 수 있게 될 것이다.

우리 삶에 미치는 심대한 영향력 말고도 네트워크 과학이 흥미로운 이유 중 하나는 그것이 여러 학문 영역에 걸쳐 있다는 점이다. 인간 네트워크를 이해하기 위해서는 사회학, 경제학, 수학, 물리학, 컴퓨터 과학, 인류학의 핵심 개념과 연구들을 끌어올 필요가 있다.[5] 예를 들어 이

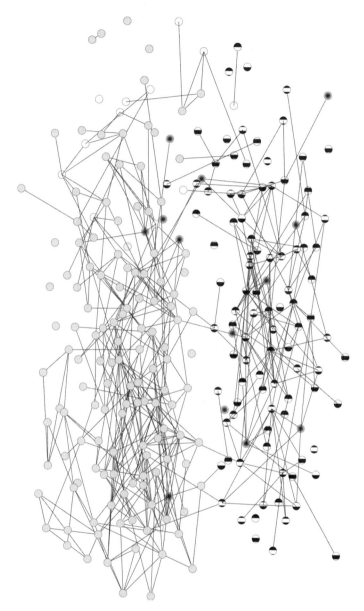

그림 1.2 인종에 따라 구분한 고등학교 네트워크. 본인을 흑인이라고 보고한 학생은 굵은 줄무늬가 있는 노드로, 백인이라고 밝힌 학생은 회색 노드로, 히스패닉은 가운데에 점을 찍은 노드로, 그 밖의 학생은 빈 노드로 나타냈다.[6]

책에서는 경제학의 '외부효과_externality' —사람들의 행동이 주변 사람들에게 영향을 미치는 현상—개념을, 그 영향력을 증폭시키는 다양한 형태의 피드백 작용과 결합하여 자주 이용할 것이다. 이러한 현상은 수많은 복잡계에서 볼 수 있는 특징으로 외부효과 개념을 이용하면 복잡계의 다채로운 특성과 양상을 이해하기 쉽게 기술할 수 있다.

이 책에서는 또한 개인적인 친분 관계의 네트워크를 넘어 은행 간 계약이나 국가 간 협정 같은 것에 대해서도 다룰 것이다. 우리가 살펴볼 모든 사회경제적 네트워크는 어느 정도 사람들 사이의 상호작용을 포함한다는 점에서 모두 '인간 네트워크'의 일종이다.[7]

나는 우리의 여정을 네트워크에서 당신이 차지하고 있는 위치가 어떻게 당신의 권력과 영향력을 결정하는지에 대한 논의에서 시작하고자 한다. 이 논의는 이후 다룰 거의 모두 주제에서 중요하게 다뤄질 것이다. 먼저 당신이 영향력을 행사할 수 있는 여러 방법들을 논하고, 이 방법들이 네트워크에 따라 어떻게 변화하는지 살펴보자.

2

네트워크는
어떻게 작동하는가?

"때때로 이상주의자들은 인맥 쌓기란 그저 아첨과 사익 추구에 불과하다며 진저리친다. 그러나 무명의 미덕은 오직 천국에서만 보상받는다. 이 세상에서 성공하기 위해서는 사람들에게 알려져야 한다."

— 소니아 소토마요르, 《소토마요르, 희망의 자서전》

1930년 마하트마 간디는 영국의 통치에 항의하기 위해 수만 명의 사람들을 이끌고 '소금 행진'에 나섰다. 그들은 간디의 집(아쉬람)에서부터 바닷물로 소금을 생산하는 해안가 인근의 마을 단디까지 320킬로미터 넘게 행진했다. 행진의 구체적인 목적은 소금세에 항의하는 것이었다. 인도처럼 더운 나라에서 소금은 생존에 필수적이기에 대량으로 소비된다. 따라서 높은 소금세는 영국 식민주의자들이 인도에 가하는 고난의 대표적인 상징이었다. 역사 전반을 봤을 때, 소금 행진은 결국 시민 불복종 행동을 촉발시켜 영국의 인도 통치를 끝장낸 기폭제가 되었다.

영국은 그전에도 식민지에 부과한 세금 때문에 비슷한 저항을 겪은 적이 있었다. 소금 행진보다 150여 년 전에 일어난 미국의 보스턴 차 사건이 바로 그것이다. 간디도 이에 대해 언급한 적이 있다. "미국이 고난과 용기, 희생을 통해 독립을 쟁취해낸 것처럼, 인도 또한 때가 되면 고난과 희생 그리고 비폭력을 통해 자유를 쟁취할 것입니다." 이는 소금 행진 후 런던에서 있었던 인도의 총독 어윈 경과의 회담 자리에서 간디가 한 말이다. 당시에 어윈 경은 간디에게 차를 권하며 설탕이나 크림이 필요하냐고 물었는데, 간디는 "유명한 보스턴 차 사건을 상기시키기 위해" 소금을 달라고 했다고 한다.[1]

소금 행진은 이후에 간디가 성취할 일들의 전주곡에 불과했다. 1930년 4월 그는 불법으로 소금을 생산하기 시작했고 이는 수백만 인도인의 시민 불복종으로 이어졌다. 마틴 루터 킹 주니어는 간디의 소금 행진에 대해 처음 알았을 때 크게 감동을 받았다고 말했다. 이후 킹이 시민권 운동과 행진을 조직할 때 간디의 업적으로부터 어떤 영향을 받았을지 쉽게 예상할 수 있다.

이 사례들에 등장한 인물들은 직간접적으로 수백만 명의 사람이 행동하도록 이끄는 능력을 가졌다. 간디와 킹이 결국 세상을 바꾸는 데 성공하기 위해서는 그러한 도달 능력이 필수적이었다. 영향을 미치거나 동원할 수 있는 사람이 얼마나 되는지에 따라 한 개인의 힘과 영향력을 평가하는 방법은 도달 능력을 포착하는 자연스러운 출발점이다.

네트워크는 이러한 종류의 도달 능력을 규명하고 측정할 수 있도록 한다. 도달 범위를 측정하는 첫 번째 방법은 단순히 그 사람이 얼마나 많은 사람을 알고 있는지 혹은 얼마나 많은 친구나 동료를 두고 있는지를 세는 것이다. 요즘이라면 소셜미디어의 팔로워 수를 물어볼 수도 있다. 앞으로 보게 되겠지만, 한 개인이 가진 친구 또는 팔로워의 수는 대중의 인식이나 사회적 규범을 변화시키는 데 은근히 중요한 역할을 한다.

하지만 친구를 많이 사귀거나 인맥을 넓히는 것이 영향력을 획득하는 유일한 방법은 아니다. 이번 장에서는 영향력 획득에 있어 네트워크의 어떤 자원들이 중요하게 작용하는지를 주로 다루고자 한다. 간디와 킹의 경우, 그들이 동원할 수 있었던 수백만의 사람들 중 그들이 직접적으로 알거나 개인적인 친분이 있던 사람은 극히 일부에 불과했다. 대신 그들에게는 핵심 협력자와 친구가 있었다. 또한 언론의 주목을 받게 된 것도 그들이 많은 이들에게 도달할 수 있었던 요인 중 하나였다. 소금 행진은 처음에는 한 무리의 헌신적인 추종자들과 함께 시작되었으나, 행진이 계속 진행됨에 따라 언론의 관심도 높아졌고 추종자의 수도 점점 늘어났다.

친구나 관계를 맺는 사람이 큰 영향력을 가지고 있다면 친구나 접촉하는 사람이 소수인 사람도 큰 영향력을 행사할 수 있다. 이러한 종류의 간접 인맥은 종종 대단한 힘을 발휘한다. 우리는 네트워크 개념을 통해 이런 종류의 영향력을 매우 명확히 이해할 수 있다. 영향력이 큰 친구를 통한 영향력 획득은 반복적이고 어떤 면에서 순환적인 개념처럼 보이기도 한다. 하지만 네트워크를 통해 보면 이는 많은 함의를 내포하고 있는 이해하기 쉬운 개념이다. 네트워크에 기반해 힘과 영향력을 반복적으로 측정함으로써 확산을 촉발시키기 위한 최선의 방법을 찾을 수 있다. 구글은 이 방법을 통해 혁신적인 검색엔진이 될 수 있었다.

영향력 측정과 관련해 우리의 이야기는 이것이 전부가 아니다. 영향력을 가질 수 있는 또 다른 방법은―특히 네트워크에서 더 분명히 확인할 수 있는 것은―네트워크의 핵심 연결자나 조정자가 되는 것이다. 핵심 연결자는 직접적으로 서로 알지 못하는 두 사람을 연결해주는 다리 역할을 수행한다. 이들은 다른 사람들의 행동을 조정할 수 있는 고유한 위치를 차지함으로써 그들 사이에 일을 중개하고 스스로의 영향력을 공고히 할 수 있다. 이러한 종류의 영향력은 〈대부〉와 같은 영화에서도 볼 수 있으며 중세 피렌체에서 메디치 가문이 부상하게 된 과정에서도 명확히 드러난다.

네트워크가 힘과 영향력을 어떻게 구현하는지 이해하게 되면 이후에 논의할 금융 전염, 불평등, 양극화도 더 쉽게 이해할 수 있다. 우선 직접 적인 영향력부터 살펴보자.

우정의 역설

마이클 조던은 간디처럼 사람들을 행진하게 만들지는 못했지만 운동화 를 사도록 만들 수는 있었다. 수많은 사람에게 영향을 미친 그의 영향력 은 타의 추종을 불허했다. 선수 생활 동안 마이클 조던이 제품 광고를 대가로 기업들로부터 받은 돈이 5억 달러가 넘는 것도 당연한 일이다.[2] 그가 선수 활동 당시 받았던 연봉은 9000만 달러 남짓한 수준이었다. 이 수치만 봤을 때, 마케팅 영역에서 그의 가치가 운동선수이자 엔터테 이너로서 가지는 가치보다 훨씬 더 컸다고 말할 수 있다. 마이클 조던은 독보적인 존재감으로 인해 전 세계 수백만 사람들의 결정에 직접적인 영향력을 행사할 수 있었다.[3]

네트워크 용어로 한 개인이 특정 네트워크에서 가지는 연결이나 링크 의 수를 그 사람의 '도수degree'라고 한다. 또한 그 사람이 네트워크에서 얼마나 중심적 위치를 차지하고 있는지와 관련된 척도로 '도수 중심성 degree centrality'이 있다. 만약 A는 200명의 친구를 가지고 있고 B는 100명 의 친구를 가지고 있다면, 도수 중심성에 따라 A는 B보다 두 배 정도 중 심적이라고 말할 수 있다. 이러한 계산 방식은 영향력을 측정하는 가장 직접적이면서 명료한 첫 번째 방법이다.[4]

얼마나 많은 사람에게 도달할 수 있는지는 간디나 킹, 조던 수준의 영 향력을 지닌 사람에게만 중요한 것은 아니다. 당신의 친구와 지인들 또

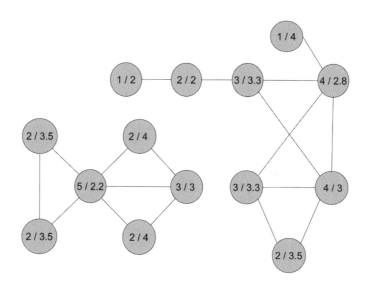

그림 2.1 우정의 역설. 고등학생들의 친구 관계를 조사한 제임스 콜먼의 1961년 연구에서 인용했다. 각각의 노드(원)는 여학생을 의미하며, 링크(연결선)는 이들 사이에 서로 친분이 있음을 나타낸다. 각 원에 표시된 숫자 중 왼쪽에 있는 수는 그 학생이 가진 친구의 수이며, 오른쪽에 있는 수는 그 학생의 친구들이 가진 친구의 수를 평균한 것이다. 예를 들어 왼쪽 모서리의 여학생은 친구가 2명이고, 그녀의 친구들은 각각 친구가 2명과 5명으로, 평균하면 3.5명이다. 따라서 원 안의 2/3.5라는 수치는 이 학생이 그녀의 친구들보다 평균적으로 덜 인기 있다는 것을 나타낸다. 전체 14명의 학생 중 9명이 친구들보다 인기가 낮은 반면, 오직 3명만이 더 인기가 많으며, 나머지 2명은 친구들과 인기가 같다.

한 당신에게 끊임없이 영향을 주고 있다. 한 공동체에서 '도수'가 가장 높은 사람은—그것이 매우 작은 공동체라 해도—편중된 존재감과 영향력을 지닌다.

여기서 말하는 '편중된 존재감'은 '우정의 역설friendship paradox'이라고 알려진 중요한 현상으로 설명할 수 있다. 이 현상은 1991년 사회학자 스콧 펠드Scott Feld에 의해 알려졌다.[5]

혹시 다른 사람들이 당신보다 친구가 훨씬 많은 것 같다는 생각을 해 본 적 있는가? 사실 당신만 그런 생각을 하는 것은 아니다. 우리의 친구들은 집단 내 다른 구성원보다 평균적으로 더 많은 친구를 가지고 있다. 이것이 바로 우정의 역설이다.

〈그림 2.1〉은 제임스 콜먼James Coleman의 고전적인 연구에서 인용한 것으로 고등학생들의 네트워크에 존재하는 우정의 역설을 보여주고 있다.[6] 이 도표는 여학생 14명의 관계를 나타낸 것이다. 그중 9명은 자기 친구들보다 평균적으로 친구의 수가 더 적다. 2명은 자기 친구들과 평균적으로 같은 수의 친구를 가지고 있으며, 오직 3명만이 평균적으로 자신의 친구들보다 더 많은 친구를 가지고 있다.[7]

우정의 역설은 이해하기 쉽다. 인기가 많은 사람은 여러 사람의 친구 목록에 오르는 반면, 친구가 적은 사람은 상대적으로 소수의 사람에게만 친구로 꼽힌다. 친구가 많은 사람은 그들이 인구 전체에서 차지하는 비중에 비해 다른 이들의 친구 목록에 더 많이 나타나는 반면(과대대표), 친구가 적은 사람은 더 드물게 나타난다(과소대표). 10명의 친구를 가진 사람은 친구가 5명뿐인 사람보다 두 배나 많은 사람에 의해서 친구로 계산된다.

수학적으로도 우정의 역설은 이해하기 쉽다. 그럼에도 불구하고 이 역설은 우리의 거의 모든 상호작용에서 찾아볼 수 있다. 부모들이라면 그리고 특히 아이들이라면 다음과 같은 문장에 익숙할 것이다. "학교의 다른 애들은 전부 ○○○을 가지고 있어." "학교의 다른 애들은 전부 ○○해도 된대." 비록 이런 종류의 말은 대체로 거짓이지만, 그럼에도 우리가 무엇을 인지하는지 잘 반영하고 있다. 학교에서 가장 인기가 많은 학생은 아이들의 친구들 사이에서 과대대표될 것이며, 따라서 이 아이가 어떤 유행을 따르기 시작하면 나머지 아이들은 다른 아이들도 모두 그렇게 한다고 생각하게 될 것이다. 인기가 많은 사람은 주변인들의 인식을 불균형적으로 형성해 행동 규범에 영향을 준다.

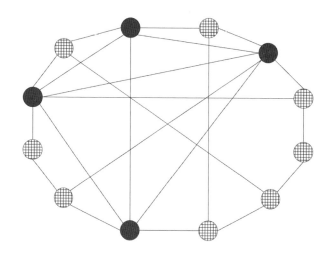

그림 2.2 등교 첫날. 친구가 많은 학생 4명은 무늬가 없는 옷을 입었고, 나머지 8명은 체크 무늬 옷을 입었다.

우정의 역설이 가진 함의를 더 분명히 확인하기 위해 다음의 간단한 예를 살펴보자. 그런 후, 실제 데이터를 통해 이 사례를 입증해보겠다.

친구들에게 서로 영향을 받는 일군의 학생들로 구성된 학급이 있다.[8] 이 학급의 학생들은 뼛속들이 순응주의자다. 그런데 이들은 어떤 간단한 선택을 내려야 한다. 바로 무늬가 없는 옷을 입을 것인지 아니면 체크 무늬 옷을 입을 것인지 결정을 해야 한다. 각자는 무늬의 유무에 대해 선호하는 바가 다르다. 일단 등교 첫날에는 자기가 입고 싶은 옷을 입기로 했다. 그 결과는 〈그림 2.2〉에 나타나 있다.

진정한 순응주의자인 이 학생들은 다수의 행동을 따르고자 하며, 각각의 스타일을 선택한 사람의 수가 같을 때만 자신의 선호를 따른다. 〈그림 2.2〉에서 볼 수 있듯이, 4명의 학생은 민무늬 옷을 선호하고 나머지 8명은 체크 무늬 옷을 선호한다. 전체 학생의 3분의 2가 체크 무늬를 선호하므로, 만일 다른 모든 학생이 어떤 옷을 입었는지 확인할 수 있다면, 다음 날 학생들은 모두 체크 무늬 옷을 입고 등교할 것이다. 그런데 여기서 무늬가 없는 옷을 입은 4명의 학생이 학급에서 가장 인기가 많은 학생이란 점에 주목해보자.

학생들은 다음 날 다른 모든 학생이 어떤 옷을 입을지 확인하지는 않는다. 대신 학생들은 링크(연결선)로 연결된 자신의 친구들하고만 주로 교류한다.

〈그림 2.3〉의 (a)부터 (d)의 도표는 다음 날마다 무슨 일이 벌어지는지 보여준다. 인기가 많은 학생들은 서로의 옷을 모두 확인하고 다른 학생들의 옷도 확인한다. 이들은 친구 중 대다수가 무늬 없는 옷을 입은 것을 확인한 후 계속 민무늬 옷을 입기로 한다. 다른 학생들 중 일부는 교류하는 친구 중 다수가 인기가 많은 학생들이며, 이들도 또한 민무늬 옷을 입기 시작한다. 〈그림 2.3〉의 (a)에서 볼 수 있듯이, 인기 많은 학생들은 둘째 날에도 계속 무늬가 없는 옷을 선택했으며 다른 4명의 학생이 민무늬 옷으로 선택을 바꿨다. 이제 8명의 학생이 민무늬 옷을 입게 된 것이다. 나머지 도표 (b)에서 (d)까지에 나타나 있듯이, 이후에는 만사가 빠르게 풀린다. 매일 더 많은 학생들이 그들 친구 중 대다수가 민무늬 옷을 입는 것을 보게 되고, 체크 무늬를 선호하던 학생들도 이제 민무늬 옷을 선택하게 된다. 5일째가 되면 결국 모든 학생들이 무늬가 없는 옷을 입게 된다. 비록 처음에는 학생들 중 다수가 체크 무늬 옷을 선호했지만 말이다.

〈그림 2.4〉는 선호하는 옷의 스타일이 바뀌는 과정에서 우정의 역설이 어떤 역할을 하는지 잘 보여준다. 등교 첫날, 학생들은 자신의 친구들이 입은 옷을 보고 다른 학생들이 무슨 옷을 선호하는지에 대해 잘못된 인식을 가지게 된다. 인기가 많은 친구들은 나머지 학생들의 교류 관

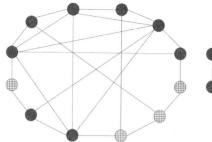

(a) 둘째 날, 네 명의 학생이 인기 많은 친구들을 따라 무늬 없는 옷을 입기 시작한다.

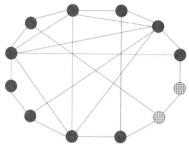

(b) 셋째 날, 더 많은 학생들이 민무늬 옷으로 넘어온다.

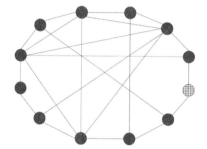

(c) 넷째 날, 변화의 흐름은 계속된다.

(d) 다섯째 날, 시류에 저항하던 마지막 한 사람도 결국 대세에 순응한다.

그림 2.3 학생들은 다른 친구들이 입고 온 옷을 본 뒤 대다수가 선택한 스타일을 따르기로 한다. 가장 인기 있는 친구들은 서로 친구들로 모두 무늬 없는 옷을 입었다. 이들은 다른 학생들의 인식에 과대대표되므로 곧 다른 학생들도 무늬 없는 옷을 입기 시작한다.

계에서 과대대표된다. 따라서 전체 학생의 3분의 2가 체크 무늬 옷을 선호함에도 불구하고, 전체 학생의 4분의 3은 민무늬 옷이 다수라고 인지하게 된다.

이 예의 구조에서 짚고 넘어가야 할 부분이 두 가지가 있다. 첫 번째는 인기가 많은 학생들이 모두 같은 취향(무늬가 없는 옷을 선호한다)을 갖고 있다는 점이다. 이것은 그들의 취향이 더 빠르게 퍼질 수 있도록 한다. 이는 매우 중요한 문제로 인기가 많은 사람이 서로 유사한 취향을

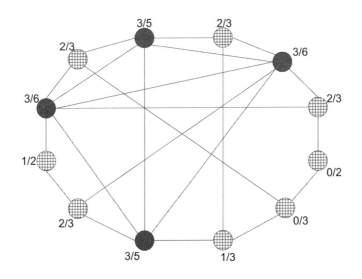

그림 2.4 우정의 역설이 작용하는 방식. 각 노드 옆에 표시된 분수는 그 학생이 교류하는 전체 친구 중 체크 무늬보다 민무늬를 선호한다고 인지한 친구의 비율을 표시한 것이다. 대부분의 학생들은 다수가 민무늬를 선호한다고 잘못 인지하고 있다. 오른쪽 하단의 몇몇 학생들은 처음에는 다수의 학생이 체크 무늬 옷을 입고 있다고 인지하지만, 며칠 지나지 않아 대다수의 친구가 민무늬 옷을 입고 있음을 보게 된다.

가지게 되는 데는 몇 가지 이유가 있다. 이에 대해서는 곧 살펴보겠다. 두 번째는 인기가 많은 학생들이 서로 무리를 형성한다는 점이다. 그들 모두는 서로 친구다. 이는 그들의 행동을 강화하고 무늬 없는 옷에 대한 선호를 지속시키며, 결국 집단 내 나머지 모든 구성원의 취향을 바꾸는 데 일조한다. 우리 사례에서는 두 번째 조건을 분명히 가정하지만, 사실 이러한 상황이 아니어도 인기가 많은 사람들의 영향력이 과대대표되는 현상은 여러 곳에서 볼 수 있다. 패션 디자이너들은 이에 대해 너무나 잘 알고 있다. 그들이 유명 연예인들로 하여금 자신이 디자인한 새 드레스를 입고 아카데미 시상식 레드 카펫에 서도록 하는 이유가 바로 이 때문이다.

인기의 힘과 우정의 역설은 아마도 또래집단의 영향력 형성에서 가장 큰 역할을 하는 것으로 보인다. 학생들이 학교 친구들을 어떻게 인식하는지 살펴보자. 장기간 진행된 일련의 연구들에 따르면 학생들은 담배를 피우거나 술을 마시거나 마약을 복용하는 친구의 비율을 과대평가하는 경향이 있는데, 학생들의 인식은 실제 비율과 차이가 상당히 클 때도 많다. 예를 들어 미국의 대학 캠퍼스 100곳을 대상으로 한 대규모 연구 결과에 따르면 학생들은 담배, 술, 마리화나 등 11가지 물품의 소비를 일제히 과대평가했다.[9] 후속 연구에서는 특별히 알코올 섭취에 초점을 맞춰, 학생들로 하여금 자신의 음주 습관을 직접 보고하도록 하고 이를 다른 학생들의 음주 습관에 대한 인식과 비교했다. 이를테면 학생들에게 마지막으로 참석한 파티나 사교 모임에서 술을 얼마나 마셨는지 묻고, 다른 학생들은 이런 모임에서 보통 술을 얼마나 마신다고 생각하는지 물었다. 130개 대학 7만 2000명 이상의 학생을 대상으로 연구를 진행한 결과, 학생들이 파티에서 마시는 술의 중앙값이 4잔이었다. 특히 5잔 이상을 마셨다고 응답한 학생이 전체의 25퍼센트임을 감안하면 이는 놀라운 사실처럼 보인다. 하지만 더 놀라운 점은 70퍼센트가 넘는 학생이 자신의 학교를 다니는 보통의 학생들이 자신보다 1잔 이상을 더 마신다고 음주 소비를 과대평가했다는 사실이다.[10]

이러한 현상을 설명하기 위해 학생들의 심리 상태를 깊이 파고 들어갈 필요는 없다. 우정의 역설만으로 본 현상의 본질을 쉽게 파악할 수 있다. 파티나 사교모임에 참석하게 된 학생들은 불균형적으로 파티에 자주 참석하는 학생들과 더 많은 상호작용을 하게 된다. 따라서 알코올 소비에 대한 이들의 인식에서 파티에 자주 참석하는 학생들은 과대대표된다. 이는 우정의 역설의 한 사례로 학생들이 파티에서 보는 사람들은 보통의 학생들보다 더 많은 파티에 참석할 가능성이 높다. 하지만 학생들의 인식은 파티나 사교모임의 경험뿐만 아니라 가까운 친구들에 대해 알고 있는 정보에 의해 영향을 받는다. 여기서 다시 우정의 역설이 작동한다. 만약 인기가 많은 학생일수록 담배를 피우거나 음주를 할 가능성이 높다면, 이는 학생들의 추측에 편향을 일으킨다. 실제로 한 연구에서는 중학생에게 친구가 1명 더 있을 때마다 흡연을 할 가능성이 5퍼센트씩 높아지는 것으로 추산했다.[11] 음주도 비슷하다. 중학생에게 자신의 친구들을 알려 달라고 했을 때, 특정 학생을 친구로 여기는 학생이 5명 늘어날 때마다 그 학생이 술을 마셔봤을 확률은 30퍼센트씩 증가했다.[12]

다른 사람과 어울리기 좋아하는 학생일수록 술이나 담배를 더 많이 소비하게 되는 데는 몇 가지 이유가 있다. 그중 하나는 십 대에게 흡연이나 음주는 일종의 사회적 활동이란 점이다. 다른 사람과 교제하는 데 더 많은 시간을 보내는 학생일수록 술을 접하게 될 이유도 늘어난다. 정반대의 효과도 있다. 술을 소비하려는 경향이 큰 학생일수록 술을 마실 수 있는 기회 그리고 같이 술을 마실 사람을 찾는 경향이 높다.[13] 여기에 더하여 부모의 감시가 덜한 학생일수록 친구와 어울리는 데 더 많은 시간을 보내며, 또한 술이나 담배, 약물을 시도해볼 기회도 더 많이 가지게 된다. 마지막으로 사회적 활동에는 본래 피드백 효과가 있다. 친구가 술을 마시는 것을 보면 자신도 마시고 싶어진다. 음주량이 조금씩 늘어날수록 친구가 마시는 술의 양도 늘어나게 되며, 이러한 현상은 피드백 고리를 통해 계속 되풀이된다.[14]

따라서 또래 친구들의 행동에 대한 학생들의 평가가 부분적으로 개인의 관찰에 근거한다는 점을 고려하면, 사회적 활동이 활발한 학생일수록 종종 더 돌출된 행동을 한다는 사실과 우정의 역설이 체계적으로 또래 친구의 행동을 과대평가하도록 만든다고 예측할 수 있다. 좀 더 일반화시켜서 말하면, 우리의 많은 행동이 우리가 인지하는 규범에 의해 영향을 받는다는 것을 고려할 때, 우리의 행동은 결국 사회적 활동이 가장 활발한 사람들로부터 편중된 영향을 받게 될 것이다. 그 결과로 생겨난 규범들은 우리가 네트워크의 영향을 받지 않을 때보다 더 극단적인 성향을 띤다.

우정의 역설은 소셜미디어에 의해 더욱 강화된다. 그 효과가 얼마나 증폭되는지는 믿기 어려울 정도다. 예를 들어 트위터 이용자들에 대한 한 연구에서는 98퍼센트 이상의 이용자가 그들이 팔로우하고 있는 사람들보다 팔로워가 적다는 사실을 관찰했다.[15] 통상적으로 트위터 이용자의 '친구'는 그 이용자보다 10배 더 많은 팔로워를 가지고 있었다. 팔로워가 더 많은 이용자일수록 트위터 이용이 더 활발하며, 비록 그들이 극히 소수에 불과하다 해도 결과적으로 콘텐츠의 급속한 유포에 중요한 역할을 한다. 소셜미디어의 이용이 증가함에 따라, 특히 청소년은 소수 유명인을 따르며 편중된 인식을 가질 가능성이 매우 높아진다. 앞에서 설명했듯이 인기가 많은 학생일수록 술과 담배에 더 빨리, 더 많이 노출되는 것처럼, 그 유명인이 매우 독특한 행동을 보이면 이러한 현상은 더 심화된다. 파티는 본래 사회적 활동으로 사람들이 모여 술이나 마약에 관한 이야기나 사진을 공유하므로써 소셜미디어의 효과를 더욱 증폭시키기도 한다. 반대로 공부는 사회적 활동이라기보다는 혼자서 하는 행동에 더 가깝기 때문에 공부에 대한 이야기가 친구들 사이에서 공유될 가능성은 매우 낮다. 그러므로 십 대 아이들이 또래 친구의 마약과 술 소비량은 과대평가하는 반면 공부 시간을 과소평가하는 것은 자연스러운 일이다.

우정의 역설에 의한 편향은 우리가 그것을 알아차리든 알아차리지 못하든 친구 관계를 넘어서도 나타난다. 이러한 우정 편향은 표본이 선택되는 방식에 따라 우리의 관찰이 편향되는 현상을 뜻하는 '선택편향

selection bias'의 한 사례다. 우리는 불균형적으로 가장 많은 사람이 예약하려는 항공편을 이용해 여행하고, 가장 유명한 식당에서 식사를 하고, 가장 바쁜 시간대에 가장 막히는 길로 운전하고, 가장 번잡한 날 유원지에 가고, 가장 인기 있는 콘서트에 참석한다. 이러한 경험들은 우리의 인식과 우리가 인식하는 사회적 규범을 편향시킨다. 대부분의 상황에서 우리는 이러한 편향이 어떤 결과를 가져오는지 인식하지 못한다. 셰인 프레더릭Shane Frederick은 타인의 소비 성향을 과대평가하는 우리의 경향성에 대한 2012년 연구에서 다음과 같이 말했다. "스타벅스에 줄을 서서 커피를 기다리는 고객들은 커피를 사는 데 4달러를 쓰지 않으려고 사무실에 숨어 있는 사람들보다 눈에 더 잘 띈다."[16]

누가 중심에 있는가?

"데이터를 충분히 고문하면 결국 자백하게 되어 있다."

—로널드 코스, 《경제학자는 어떻게 선택하는가?》[17]

"나는 단지 득점을 많이 한 선수가 아니라 모든 면에서 최선을 다한 선수로 기억되고 싶다."

—마이클 조던, 2003년 NBA 올스타전

역대 최고의 농구선수는 누구일까? 월트 체임벌린인가, 마이클 조던인가? 어쩌면 르브론 제임스라고 생각하는 사람이 있을 수도 있겠다. 시카고에서 자란 나는 이 질문에 대해 나름대로의 답을 가지고 있다. 하지만 서로 매우 다른 게임 스타일과 역할을 가진 위대한 선수들을 어떻게 서로 비교할 수 있을까?

선수들의 역량을 평가하기 위해 수많은 통계 수치가 이용되고 있다. 예를 들어 조던과 체임벌린은 몇몇 측면에서 매우 비슷하다. 그들은 선수 시절 동안 정규 시즌에서 경기당 각각 평균 30.1점의 득점을 올렸으며, 정규 시즌 동안의 총득점은 3만 점을 조금 넘는다(조던 32,292득점, 체임벌린 31,419득점). 이 둘은 여러 번 MVP상을 수상하기도 했다(조던 5번, 체임벌린 4번). 그런데 두 선수가 서로 다른 부분이 몇 가지 있다. 마이클 조던은 팀을 더 많은 NBA 우승으로 이끌었고(조던 6번, 체임벌린 2번), 윌트 체임벌린은 경기당 엄청난 수의 리바운드를 기록했다(체임벌린 22.9개, 조던 6.2개).

다른 측면에서 보면 다른 선수들이 더 돋보일 수도 있다. 스테픈 커리는 역사상 전무후무한 3점슛 득점 기록을 가지고 있다. 카림 압둘-자바의 오랜 선수 경력은 다른 선수들에 비할 바가 아니다. 이미 대학 시절부터 누구보다 뛰어난 기량을 보여주었던 압둘-자바는 20년간 주전 선수로 활약했으며, 통산 4만 점 이상의 득점을 기록했고, 올스타전에 19번 출전했다. 르브론 제임스는 고등학생 때 《스포츠 일러스트레이티드》의 표지 모델로 등장한 이후 모든 방면에서 압도적인 기량을 보여준 올라운드 플레이어다. 하지만 어떤 선수가 정말로 모든 방면에서 경기에 공헌을 했는지 알고 싶다면 '트리플 더블'을 고려해야 한다. 트리플 더블이란 한 경기에서 득점, 리바운드, 어시스트 모두 두 자릿수를 기록하는 것을 말한다. 즉 한 경기에서 최소한 10득점, 10리바운드, 10어시스트를 기록해야 한다. 바로 오스카 로버트슨이 떠오를 것이다. 한 시즌 전체 평균 기록이 트리플 더블로, 최근에서야 러셀 웨스트브룩이 이에 견줄 만한 기록을 세울 수 있었다. 그의 트리플 더블 기록은 다른 선수들은 범접하기 힘든 수준으로 매직 존슨조차 상대가 되지 않는다.

여기서 여러 선수들을 열거한 이유는 그중 누구의 실력이 더 뛰어난 지 "베어스냐 불스냐"[18]의 논쟁을 벌이기 위해서가 아니라 통계에 대한 다음의 사항들을 강조하기 위해서다. 먼저 통계는 유용한 정보를 간결한 방식으로 포착해낸다. 그리고 서로 다른 통계는 서로 다른 정보를 담는다. 또한 아무리 많은 데이터를 포함하는 통계라도 그것이 설명하는 대상들의 뉘앙스를 전부 포착해낼 수 있는 것은 아니다.

수집된 자료가 항상 하나의 통계치로 수렴될 수 있다면 우리의 삶도 훨씬 단순해질 것이다. 하지만 우리의 삶을 좀 더 흥미롭게 만드는 것은 그와 같은 일차원적인 순위 매김으로는 세상의 중요한 많은 것들에 대해 거의 아무것도 설명하지 못한다는 사실이다. 단순한 순위 나열은 흥미와 논란을 일으킬 뿐이다. 하이든과 슈트라우스, 스트라빈스키가 음악계에 일으킨 혁신에 어떻게 순위를 매길 수 있겠는가? 엘리너 루스벨트와 해리엇 비처 스토, 해리엇 터브먼이 인권 향상에 기여한 정도를 비교할 수 있는가? 리오넬 메시와 디에고 마라도나 중에 누가 더 뛰어난 축구선수인가? 파블로 피카소의 작품을 레오나르도 다 빈치의 작품과 비교하는 것이 가능한가? 아니면 앙리 마티스와 피카소는 비교할 만할까? 동시대인인데다 서로 라이벌이었으니? 많은 사람이 그러한 비교는 가능하지 않을 뿐더러 의미도 없다고 생각한다. 하지만 일가를 이룬 사람들을 비교하는 일은 이 사람들이 그 분야에 어떤 기여를 했는지 그리고 그런 기여가 어떻게 판도를 바꾸었는지 다양한 차원에서 조심스럽게 생각하도록 우리를 이끈다.[19]

서로 다른 농구 통계치를 보면 서로 다른 선수—각자 나름대로 놀라운 기량을 가진 선수—가 돋보일 수밖에 없다. 이와 마찬가지로 사람들이 네트워크에서 차지하는 위치에 대해서도, 서로 다른 통계치를 보면 서로 다른 사람이 네트워크의 '중심'을 점하게 된다. 특정 통계치에서 가장 중심적 위치에 서 있던 인물이 다른 통계치에서는 그렇지 않을 수 있다. 따라서 어떤 네트워크 통계가 더 적합한지는 그것이 이용되는 상황이나 맥락에 따라 달라진다. 마치 농구팀이 팀원을 새로 뽑는다고 할 때 최고 득점자를 뽑을지, 최고 수비수를 뽑을지는 당시의 상황에 따라 달라지는 것과 마찬가지다.

앞에서 우리는 네트워크에서 도수(링크 수)가 가장 높은 사람이 왜 편중된 영향력을 가지게 되는지를 중심성의 한 척도인 도수 중심성을 통해 살펴보았다. 도수 중심성이 바로 첫 번째 '네트워크 효과'다. 이는 네트워크의 중심성을 측정하는 가장 기본적이면서 명백한 지표란 점에서, 농구의 경기당 평균 득점에 비유할 수 있다. 하지만 더 정확한 비유를 위해서는 네트워크의 구성원들이 그들이 차지하는 네트워크의 위치에 따라 서로 다른 영향력을 가질 수 있어야 한다. 마치 마이클 조던은 팀을 우승으로 이끌었고 스테픈 커리는 새로운 방식으로 수비를 확장한 반면 월트 체임벌린은 뛰어난 리바운더였던 것처럼, 네트워크의 '중심'은 질문하는 방식에 따라 달라질 수 있다. 즉 도수 중심성만을 바탕으로 네트워크의 노드를 비교하면 힘과 영향력의 가장 중요한 측면을 완전히 놓칠 수 있다는 말이다. 이제 다른 중심성 개념들을 살펴보자.

친구의 친구 찾기

"인맥은 전혀 쓸모 없다. 인맥을 쌓기보다는 친구를 사귀어라."

—스티브 윈우드(영국의 가수)

1995년 세르게이 브린이 래리 페이지에게 스탠퍼드 대학의 교정을 안

내해주는 일을 맡지 않았다면 아마도 구글은 존재하지 않았을 것이다. 당시 래리는 스탠퍼드에서 박사 학위를 취득할지 고민 중이었다. 세르게이의 가족은 1970년대 후반 러시아에서 미국으로 이민을 왔다. 오랫동안 수학과 컴퓨터 프로그래밍에 빠져 있던 세르게이는 컴퓨터 과학을 공부하기 위해 스탠퍼드에 왔다. 래리 페이지 또한 컴퓨터에 매료되긴 마찬가지였다. 그는 "컴퓨터가 어떻게 작동하는지 알아내기 위해 책과 잡지를 뒤지고, 직접 분해해보기도 했다"라며 어린 시절을 회상했다. 둘 다 성격이 강해 때때로 논쟁을 벌이기도 했지만, 컴퓨터에 대한 공통된 관심사와 뛰어난 지적 능력 덕분에 금방 친구가 되었다. 여기서 가장 중요한 건 당시 그들이 모두 '월드 와이드 웹World Wide Web'의 구조에 대한 호기심을 키워가고 있었다는 점이다.

1996년 세르게이와 래리는 웹 검색엔진의 설계를 연구하고 있었다. 그들은 자신들이 찾을 수 있는 모든 부품을 모아서 조립한 컴퓨터를 래리의 기숙사 방에 설치했다. 세르게이의 방은 그들이 아이디어를 진전시키고 프로그램을 개발하는 사무실로 이용되었다. 학생 시절 세르게이와 래리는 1990년대 후반 웹이 얼마나 빠르게 확산되고 있는지를 분석하고 당시의 검색엔진이 그 속도를 전혀 감당하지 못하고 있음을 지적한 논문을 작성했다. 초창기의 검색엔진 중 하나인 월드 와이드 웹 웜World Wide Web Worm은 1994년 당시 겨우 10만 페이지 정도의 웹 인덱스를 가졌을 뿐이었다. 또 다른 검색엔진인 알타비스타AltaVista는 1997년 당시 하루에 1000만 개 이상의 질의어query를 처리한다고 알려졌지만 그때 웹에는 검색과 색인이 가능한 페이지가 이미 수억 개가 있었다. 즉 색인할 페이지가 너무 많아서 이용자들이 원하는 내용을 찾기가 불가능한 수준이었다. 브린과 페이지가 논문에 쓴 내용을 인용하면, "1997년 11월 현재, 상위 4개의 상용 검색엔진 중에서 자기 자신을 찾을 수 있는

(검색엔진 자체의 명칭을 검색창에 입력했을 때 상위 10개의 검색 결과 내에서 자체 페이지를 검색하는) 검색엔진은 오직 하나밖에 없었다."

웹이라는 거대한 건초 더미에서 어떻게 바늘을 찾을 수 있을까? 이용자가 검색창에 특정 키워드를 입력했을 때 그가 원하는 페이지를 탐색하는 방법과 관련해 몇 가지 고려해야 하는 사항이 있다. 먼저 동일한 키워드를 포함하고 있는 페이지가 무수히 많다. 또한 어떤 웹페이지에 이용자가 찾는 키워드가 여러 번 등장한다 해도, 그 페이지가 대부분의 이용자가 찾고 있는 페이지라고 보장하지는 못한다. 아마도 과거의 트래픽을 추적하고 웹페이지의 콘텐츠를 더 깊이 들여다보는 방법이 통할지도 모르겠다. 하지만 이 방법을 응용한 여러 시도 중에 제대로 작동하는 것은 없는 듯했다. 사람들은 웹이 너무 거대해져서 웹을 색인화하고 탐색하는 일이 이제 달성하기 어려운 과제가 되어버렸다고 생각하기에 이르렀다.

브린과 페이지는 웹의 네트워크 구조에 주목했고 거기서 돌파구를 찾았다. 우연의 산물이 아닌 웹의 연결망 구조는 유용한 정보를 많이 담고 있다. 웹페이지는 보통 그 페이지와 관련해서 중요한 것으로 여겨지는 다른 웹페이지와 연결된다. 브린과 페이지는 이 사실을 어떻게 이해하고 활용했을까? 여기서 그들의 핵심 통찰이 드러난다. 브린과 페이지는 이용자가 가장 관심을 가질 페이지를 식별하기 위해 다른 웹페이지들이 그 페이지를 가리키는 링크를 가지고 있는지 살펴보았다. 만약 다른 중요한 페이지들이 어떤 페이지를 가리키고 있다면, 그 페이지 또한 중요한 페이지로 간주될 수 있다. 한 웹페이지를 단순히 얼마나 많은 링크를 가지고 있는지로 판단하는 것이 아니라, 연결성이 높은 페이지와 링크를 가지고 있는지 보는 것이다. 많은 상황에서 그저 많은 친구를 가지는 것보다는 '연결성이 높은' 친구를 가지는 것이 더 중요한 것처럼 말이다.

이런 방식의 정의는 순환적이다. 어떤 페이지가 '중요한' 이유는 그것이 다른 '중요한' 페이지들과 연결되어 있기 때문이고, 그 페이지들이 '중요한' 페이지인 이유는 그것이 다른 '중요한' 페이지들과 연결되어 있기 때문이라고 말하기 때문이다. 이러한 순환성에도 불구하고 브린과 페이지의 해법은 매우 탁월한 것으로 드러났다. 또한 그것은 네트워크 환경에서 특히 유용했다.

당신이 입소문을 통해 어떤 정보나 소문을 퍼트리고 싶다고 해보자. 〈그림 2.5〉의 네트워크를 보면, 단순히 친구가 얼마나 많은지 그 인기를 측정하는 것만으로는 정보를 퍼트리기에는 부족한 이유를 알 수 있다. 낸시와 워런은 각각 친구가 두 명씩 있지만 이 둘이 놓인 위치가 매우 다르다는 점은 분명해 보인다. 그들은 자신들의 친구들이 얼마나 잘 연결되어 있는지 그리고 네트워크상에서 얼마나 좋은 위치를 차지하고 있는지의 관점에서 서로 다르다. 워런의 친구들은 각각 두 명의 친구만 있는 반면, 낸시의 친구들은 각각 7명과 6명의 친구를 가졌다. 즉 워런과 낸시는 자신의 '도수'(친구 수) 측면에서는 서로 동등하지만, 낸시의 친구들은 워런의 친구들보다 더 높은 도수를 지니고 있다는 점에서 서로 다르다.

여기서 우리는 단순히 친구의 수를 세는 대신 친구들 각각이 얼마나 많은 친구를 갖고 있는지 셀 수 있다. 즉 우리는 친구의 친구를 추적할 수 있는 것이다. 이 친구의 친구를 '2차 친구'라고 부르자. 직접 연결된 친구를 넘어 그 친구의 친구들의 수를 세는 것은 이 상황에서 좋은 출발점이 된다. 이미 낸시가 워런보다 정보를 퍼트리기에 더 좋은 위치를 점하고 있다는 사실은 분명해 보인다. 그런데 여기서 멈춰야 할까? '3차 친구'는 왜 고려하지 않는가? 지금의 도표만 놓고 봤을 때, 낸시가 엘라와 가지는 관계에서 3차 친구를 고려할 필요는 없다. 하지만 낸시와 마

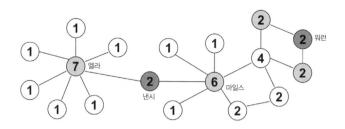

그림 2.5 낸시와 워런 두 사람은 모두 도수가 2다. 하지만 이들은 친구들과 어떻게 연결되어 있는지 그리고 네트워크에서 그들이 어떤 위치를 차지하고 있는지는 서로 다르다.

일스의 관계는 더 많은 연결로 이어질 수 있다. 낸시로부터 세 단계 더 나아가면 워런을 제외한 모두에게 도달할 수 있다. 워런에서 시작해 세 단계를 나아갈 때 도달할 수 있는 사람은 5명에 불과한 반면, 낸시에서 출발하는 경우 16명에 도달할 수 있다. 이 점 또한 워런보다 낸시가 정보를 퍼트리기에 더 적합한 사람임을 보여준다. 비록 워런과 낸시는 같은 도수를 가지지만 말이다.

　이러한 사항을 무한정 뻗어 나가는 네트워크에서 어떻게 포착할 수 있을까? 여러 가지 방법이 있겠지만, 여기서는 핵심적인 아이디어의 골격만 설명하겠다. 먼저 1차(직접) 친구의 수를 구해보자. 〈그림 2.5〉에서 본 것처럼, 이 경우 낸시와 워런은 각각 두 명의 친구가 있으므로 둘 다 2점을 받는다. 다음으로 2차 친구의 수를 구한다. 그런데 2차 친구에게도 1차 친구와 동일한 가중치를 부여할 수 있을까? 예를 들어 낸시로부터 정보가 퍼져 나가는 상황을 생각해보자. 정보는 낸시로부터 마일스의 친구에게 바로 전달되지 않고 먼저 마일스를 거칠 가능성이 높다. 일단 마일스에게 전달된 후, 그다음 마일스로부터 퍼져 나가는 것이다. 그렇다면 그 정보가 2차 친구에게 전달될 가능성은 1차 친구에게 전달될 가능성보다 낮다고 할 수 있다. 여기서는 그 가능성이 절반 정도라고 가정하자. 즉 2차 친구(친구의 친구)에게는 1차 친구의 절반의 가중치를 부여할 수 있다. 낸시의 2차 친구는 모두 11명이므로, 친구의 친구로부터 낸시가 얻는 점수는 11/2이다. 워런은 오직 1명의 2차 친구만 가지므로 1/2점을 얻는다. 따라서 현재까지 낸시는 총 7.5점을, 워런은 2.5점을 얻었다. 이제 3차 친구를 생각해보자. 낸시에겐 3명의 3차 친구가 있는 반면, 워런은 2명이 있다. 3차 친구의 가중치는 2차 친구의 절반이라 가정해 4분의 1이라고 하자. 그러면 낸시는 3차 친구로부터 3/4점을, 워런은 2/4점을 얻게 되므로, 총 득점은 낸시 8.25점, 워런 3점이 된다. 이런 방법을 반복적으로 적용하면 우리는 낸시가 워런에 비해 얼마나 더 많은 사람에게 도달할 수 있는지 정량화할 수 있다.

낸시와 워런 사이의 상대적 비교는 또 다른 문제에도 해법을 제시할 수 있다. 각 구성원의 중심성 값이 그 친구들의 중심성 값의 합에 비례한다고 가정해보자. 이를 구하는 과정은 앞서 우리가 진행한 계산과 비슷하다. 낸시는 엘라와 마일스의 점수 중 일부분을 얻게 되는데, 엘라와 마일스의 점수는 다시 그 친구들의 점수 중 일부분을 더한 값이다. 이렇게 반복하는 것이 비슷한데, 그 이유는 엘라와 마일스의 점수는 낸시의 2차 친구에서 오고, 그 친구들의 점수는 낸시의 3차 친구에게서 오기 때문이다.[20]

운 좋게도, 이런 형태의 연립방정식은 각 구성원의 중심성 값이 그 친구들의 중심성 값의 합에 비례한다는 면에서 비교적 계산하기 쉬운 수학 문제다. 이 문제는 18세기부터 20세기까지 오일러, 라그랑주, 코시, 푸리에, 라플라스, 슈바르츠, 푸앵카레, 폰 미제스 그리고 힐베르트에 이르는 걸출한 수학자들의 공헌을 통해 그 해법이 마련되었다. 힐베르트는 이러한 문제들의 해법에 '고유벡터eigenvector'라는 이름을 붙였고, 현재도 이 명칭이 통용되고 있다. 현재 고유벡터는 양자역학의 슈뢰딩거

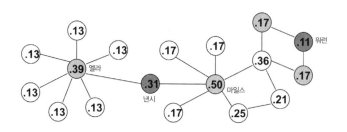

그림 2.6 각 노드(구성원)의 고유벡터 중심성. 낸시와 워런의 연결 수는 같지만, 낸시의 고유벡터 중심성 값은 워런의 세 배 정도다. 도수 중심성이 가장 높은 사람은 엘라지만, 고유벡터 중심성 값이 가장 높은 사람은 마일스다.

방정식부터 얼굴 인식 패턴에서 쓰이는 기본 요소를 구성하는 '고유얼굴eigenface'의 정의에 이르기까지 많은 영역에서 응용된다. 우리 문제에도 고유벡터를 적용해보면, 〈그림 2.6〉에서 볼 수 있듯이 낸시의 고유벡터 중심성 값은 워런의 대략 세 배 정도 된다는 것을 알 수 있다.[21]

브린과 페이지가 이룩한 혁신은 앞에서 우리가 논의한 내용 및 고유벡터 계산을 바탕으로 웹페이지의 순위를 매긴 것이다. 그들은 이러한 순위 매김 방식을 '페이지랭크PageRank'라고 불렀다. 비록 브린과 페이지가 네트워크에서 입소문을 효율적으로 퍼트리는 방법을 찾고자 했던 것은 아니었지만, 그들의 문제는 이와 비슷한 반복 문제에 근거하고 있었다. 이 문제를 '랜덤 서퍼 문제random surfer problem'라고 부른다. 한 이용자가 현재 방문 중인 페이지에 포함되어 있는 링크 중 하나를 무작위로 선택해 다른 페이지를 방문한다고 하자. 각각의 링크를 선택할 확률은 동일하다. 이용자는 이 방법을 반복하며 무작위로 웹을 서핑할 수 있다.[22] 시간이 지난 후, 이용자가 각각의 페이지를 방문한 횟수의 상대적 비율을 계산하면 이는 고유벡터 계산 문제가 된다. 여기서 각 단계에 부여되는 가중치는 각 페이지에 포함된 링크 수에 비례한다.

여기에서 브린과 페이지가 해결해야 했던 문제가 두 가지 있었다. 첫 번째 도전은 관련성이 가장 높은 페이지를 어떻게 찾는가 하는 개념적 문제였는데, 이는 웹페이지를 인기도에 따라 순위를 매기는 것이 아니라 그 페이지가 얼마나 '잘 연결되었는지'를 고유벡터 계산의 반복을 통해 정량화하고 그에 따라 순위를 매기는 방식으로 해결할 수 있었다. 또한 실현 가능성과 관련된 도전이 제기되었는데, 이는 이 순위 매김 방식을 거대한 웹상에서 어떻게 구현할 것인가 하는 문제였다. 즉 이들은 수십억 개의 웹과 인덱스 페이지를 탐색하고 각 페이지의 내용과 링크에 대한 데이터를 저장한 다음, 네트워크 위치에 대한 반복적인 계산을 수행해야 했다. 우리는 앞에서 예로 든 작은 네트워크에서 낸시와 워런에 대해 같은 작업을 수행한 바 있다. 하지만 수십억 개나 되는 페이지에 대해서 이런 계산을 하는 것은 또 다른 문제다. 심지어 이 경우에는 웹페이지의 내용과 링크가 지속적으로 변화하기까지 한다.

브린과 페이지는 이런 종류의 계산에 기초하여 마침내 거대 네트워크에 적합한 알고리듬을 개발하는 데 성공했다. '백럽BackRub'이라고 불린 이 검색엔진은 스탠퍼드 대학의 서버에서 처음 실행되었다. '백럽'이라는 이름은 역링크backlink, 즉 특정 페이지로 연결되는 링크를 추적한다는 의미를 담고 있었다. 백럽의 용량은 브린과 페이지가 스탠퍼드 대학 서버에서 할당받은 학생 계정 용량을 금세 초과해버렸고, 1997년 이들은 이 검색엔진을 옮긴 뒤 이름을 '구글'로 변경했다. 구글은 '구골goo-gol'이란 단어의 변형으로 1 뒤에 0이 100개가 붙는 수를 의미한다. 그들의 알고리듬이 정복한 웹의 방대한 규모를 가리키는 말이기도 하다. 인터넷 초창기 시절, 검색에 어려움을 겪던 사람들에게 그들이 꼭 필요로 하는 정보를 찾아주는 구글의 능력은 놀랍기 그지없었다. 당시 다른 검색엔진도 많았지만, 꼭 필요한 웹페이지를 찾기 위해서는 여러 개의 검색엔진을 써야만 했고 그마저도 헛된 시도로 돌아가기 일쑤였다.

1998년 《PC 매거진》은 "관련성이 매우 높은 자료를 검색하는 신묘한 기술"이라고 평가하며 구글을 100대 웹사이트 중 하나로 선정했다.[23] 그 다음 이야기는 여러분도 알고 있는 그대로다.[24]

소액대출 혁신과 고유벡터 중심성

구글의 역사는 고유벡터 중심성eigenvector centrality에 기반한 알고리듬이 다른 알고리듬들보다 월등히 뛰어났다는 것을 시사한다. 하지만 검색엔 진 알고리듬의 작동 방식은 상당히 복잡하다는 점에서 알고리듬의 다른 특성으로 구글의 성공을 설명할 수 있을지 모른다. 네트워크에서 친구 들이 차지하는 위치의 중요성을 좀 더 결정적으로 보여줄 수 있는 다른 증거는 없을까? 백업은 얼마나 쉽게 도달 가능한가를 기준으로 페이지 들을 평가했다. 하지만 많은 경우 우리는 타인에게 도달하는 데 있어 어 떤 인물이 얼마나 큰 영향력을 갖는지에 관심이 있다.

2006년 나는 MIT를 방문해 친구인 아브히지트 바네르지Abhijit Banerjee 교수를 만나 네트워크의 중심성에 대해 논의하며 이를 실제로 시험해 볼 수 있다면 얼마나 근사할지 이야기했다. 운 좋게도 아브히지트는 이 에 대한 논의를 나누기에 최적의 상대였다. 또 다른 MIT 교수인 에스 테르 뒤플로Esther Duflo 교수는 자신의 여동생 아니를 통해 인도 남부의 BSS(바라타 스와묵티 삼스테Baratha Swamukti Samsthe)라는 은행과 접촉하고 있었는데, 이 은행은 입소문을 통해 새로운 소액대출 프로그램을 홍보 할 계획을 가지고 있었다(이 연구 프로젝트가 시작되는 순간에도 이미 네트워 크가 작동하는 것을 볼 수 있다). 이 입소문 프로그램은 정보의 확산에서 네 트워크 구조가 얼마나 중요한지를 알 수 있는 완벽한 기회였을 뿐만 아니라, 중심성 척도가 한 개인의 정보 확산 능력을 얼마나 잘 예측하는지를 조사할 수 있는 기회이기도 했다. 나는 아브히지트와 에스테르 그리고 당시 MIT의 대학원생이던 아룬 찬드라세카르Arun Chandrasekhar(우연히도 아룬의 가족은 우리가 연구를 진행한 지역인 카르나타카 출신이었다)와 함께 장기 연구를 시작했다(바네르지와 뒤플로 부부는 지구촌 빈곤 문제를 경감하기 위한 실험적인 연구로 2019년 노벨경제학상을 수상했다—옮긴이).

무함마드 유누스Muhammad Yunus는 소액금융이라는 혁신을 일으킨 선구자다. 그는 1970년대 방글라데시에 그라민 은행Grameen Bank를 설립했고 1980년대부터 매우 적은 액수의 돈을 빌려주는 일을 시작했다. 유누스와 그라민 은행은 그들이 일으킨 혁신에 대한 공로를 인정받아 2006년 노벨평화상을 수상했다. 그들의 혁신은 단순하지만 영리했다. 전 세계 대부분의 대출 서비스는 주택이나 자동차를 담보로 삼는다. 그렇지 않은 사람에게는 고용 기록을 참고해 급료를 기준으로 지급하거나 신용 기록을 확인해 신용카드를 통해 지급한다. 또한 대출업체들은 보통 채무징수업자를 고용해 채무자를 대단히 공격적으로 압박한다. 반면에 소액금융대출은 고용 상태가 불안정하고 담보가 거의 없는 매우 가난한 사람들을 대상으로 채권추심에 상당히 높은 비용이 소요되는 지역에서 이루어진다. 자, 그렇다면 여기에 어떤 혁신이 있었을까?

소액대출의 혁신은 대출이 공동 채무에 근거한다는 것이다. 즉 이 대출은 누군가 대출금을 갚지 못하면 여러 사람이 책임을 져야 한다. 만약 누군가 채무를 이행하지 않으면 그에 따른 결과를 친구들이 함께 부담하는 것이다. 현재 이러한 소액대출을 변형한 다양한 금융 상품이 출시되어 있다. 앞으로 이야기할 BSS 은행은 그런 소액대출 서비스 중에서도 가장 전형적인 시스템을 가지고 있다. BSS의 대출은 18세에서 57세 사이의 여성에게만 제공되었고, 가구당 한 명만 대출을 받을 수 있었다. 여성들은 5인이 한 조로 구성되어 대출에 대해 공동으로 책임을 지게 된다. 조원 한 명이 자신의 대출금을 갚지 않으면 전체 조원이 채무 불이행 상태가 되고 향후 대출을 받지 못할 수도 있다. 최소한 대출금을 갚지 못한 그 여성은 다시 대출을 받기가 매우 어려울 것이다. 어떤 경우에는 공동 부채를 지는 단위가 한 조를 넘어 더 넓은 수준에서 운영되기도 한다. 따라서 한 마을에서 너무 많은 채무 불이행자가 나오면 마을 전체가 대출을 받지 못할 수도 있다. 한 집단의 구성원들이 공동으로 상환 책임을 지게 되면, 이들은 자신의 평판에 신경을 쓰는 동시에 같은 마을 사람들을 채무 불이행으로 실망시켜서는 안 된다는 사회적 압력을 받게 된다. 이는 구성원들 중 누군가가 돈을 갚지 못하는 상황에 처하면 다른 구성원들이 그를 도울 수 있도록 이끄는 장려책으로 작용하기도 한다.

상환을 독려하기 위한 또 다른 인센티브가 있었다. 대출금을 상환하고 나면 대출자들은 이후에 더 많은 돈을 대출받을 수 있다. 지금 돈을 갚으면 향후 대출이 늘어날 것이란 기대—기본적으로 대출 한 번에 한 등급씩 신용 기록을 세울 수 있다—는 대출자들이 대출금을 상환하도록 이끄는 큰 동력이었다. 게다가 이들은 대출을 받는 사람들에게 저축을 장려하는 금융 교육을 받게 했고, 소득을 기록하고 지출 계획을 세우며 장부를 쓰는 방법을 가르치기도 했다. 이런 교육은 매우 기초적인 것으로 보일 수도 있지만, 마을 사람들에게는 큰 힘이 되었다.[25] 우리 연구팀은 현지에서 한 여성과의 인터뷰를 통해 그녀가 어떻게 대출의 규모를 키울 수 있었는지에 대해 들을 수 있었다. 그녀는 가계 수입과 지출을 관리하는 회계 시스템을 마련해 운용했으며, 이슬람교도와 힌두교도를 모두 포섭하는 다문화 그룹을 조직해 이들과 함께 대출금을 마련했고, 이 자금으로 중고차를 구입해 사업을 시작할 수 있었다.

비록 상환이 늦어지는 사람도 있었지만, 우리가 연구를 진행하는 수년 동안 BSS 은행이 이 마을에서 발행한 대출 중 채무를 불이행한 건은 거의 없었다.[26]

소액금융에서 주의 깊게 살펴봐야 할 또 다른 점은 BSS가 여성에게만 대출을 제공함으로써 가계의 역학에 큰 영향을 주었다는 점이다. 비록 한 가정에서 대출금 중 일부가 남성의 손에 들어가기는 했지만, 오직 여성을 통해서만 대출을 받을 수 있었기에 여성은 대출금을 어떻게 사용하고 어디에 투자할지에 대한 발언권을 얻을 수 있었다.[27]

BSS 소액대출의 확산 과정은 네트워크 중심성의 중요성뿐만 아니라 도수 중심성과 고유벡터 중심성의 차이를 보여준다.

우리 연구에서 BSS 은행은 그들이 진출하려는 카르나타카 75개 마을의 잠재적 대출 고객에게 그들도 소액대출을 이용할 수 있다는 소식을 어떻게 퍼트릴 것인가 하는 문제에 직면해 있었다. 그 지역의 지방정부는 부패하고 불안정했으며 계급제도(카스트)에 기반을 두고 있었기 때문에 정보를 확산시키기 위해 정부의 도움을 받기는 힘들었다. 마을 사람들 중 몇몇은 휴대폰을 가지고 있었지만, 그들의 휴대폰은 스팸문자로 거의 폭발 직전이라 전화를 통한 광고 또한 불가능했다. 전단지를 붙이거나 광고 차량을 몰고 다니며 확성기로 홍보하는 것도 한 방법이지만, 이미 너무 많이―주로 정치 캠페인을 위해―사용된 방법이었다. 결국, 좋든 싫든 은행은 '핵심' 인물 몇 명을 찾아 BSS 은행과 소액대출의 이용 가능성에 대한 이야기를 퍼트려 달라고 부탁할 수밖에 없었다.

우정의 역설에 대해 알지 못하는 상태에서 BBS 은행은 어떻게 마을의 핵심 인물을 찾아낼 수 있었을까? 과연 우정의 역설이 중요하기나 한 걸까? 은행은 정보를 퍼트리기에 가장 좋은 위치에 있는 사람이 선생님, 상점 주인, 자조집단의 지도자일 것이라고 추측했다.[28] 이들을 '초기 시드initial seed'라고 부르자. 은행은 이 초기 시드들이 핵심 인물일 것이라고 기대했다. 다시 말해 은행은 도수 중심성만 고려했을 뿐 고유벡터 중심성에 대해서는 알지 못했다.

우리의 연구에 특히 도움이 되었던 부분은 몇몇 마을에서는 초기 시드들이 매우 높은 도수를 가지는 반면, 다른 마을에서는 도수가 낮았다는 사실이다. 예를 들어 어떤 마을에서는 선생님들이 매우 많은 사람과 알고 지냈지만 다른 마을에서는 그렇지 않았다. 더 중요한 사실은 어떤 마을의 초기 시드는 고유벡터 중심성은 높으나 도수 중심성이 낮은 반면, 다른 마을에서는 그 반대였다는 것이다. 또한 어떤 마을에서는 초기 시드를 찾아 정보를 퍼트리는 방법이 잘 작동했던 반면, 그와 매우 유사한 다른 마을에서는 처참하게 실패하기도 했다. 몇몇 마을에서는 대출 자격을 갖춘 가계의 거의 절반이 가입했던 반면, 다른 마을에서는 가입률이 10퍼센트도 되지 않았다. 여기서 우리는 어떤 중심성 척도가 초기 시드에서 정보가 확산되는 바를 가장 잘 예측하는지 확인할 수 있었다. 어떤 중심성 척도가 마을에 따라 여섯 배 이상 나는 정보 확산의 차이를 설명할 수 있을까?

BBS 은행이 카르나타카에 진출하기 전인 2007년에 우리는 각 마을의 성인들을 조사하여 그들의 네트워크를 도식화했다. 대부분의 상호작용이 마을 내에서 대면 방식으로 일어난다는 점에서 이 작은 마을들은 네트워크 분석에 매우 적합했다.[29]

앞서 살펴본 타인의 인식에 영향을 미치고 유행을 선도하는 인기인의 영향력을 고려해보면, 언뜻 도수가 높은 사람이 소액대출에 대한 정보를 확산시키기 위한 좋은 시드인 것 처럼 보인다. 하지만 이는 사실이 아닌 것으로 나타났다. 초기 시드의 도수와 마을에서 일어난 정보 확산 사이에는 상관관계가 없었다.[30]

인기에 대한 우리의 논의가 틀렸던 것일까? 분명히 아니다. 농구선수의 예에서 본 것과 같이 인기는 매우 중요한 요소이지만 전체 그림의 일부에 지나지 않는다. 인기가 많은 개인은 직접적으로 다른 사람들에게 영향을 미치며 사회적 규범이나 유행의 인식을 형성하는 데 역할을 한다. 그러나 우리의 연구가 밝혀낸 것과 같이 소액대출 정보 확산의 핵심 사안은 단순히 마을 사람들의 인식에 영향을 주는 것이 아니라 마을 전체에 정보를 널리 퍼트리는 일이었다. 선진국 사람들 대부분이 신용카드와 그 유용성에 대해 알고 있는 것처럼, 2008년 즈음에는 외진 마을에 사는 사람들도 소액대출에 대해 알고 있었다. 즉 문제는 소액대출을 받는 트렌드를 만들거나 주변에 얼마나 많은 사람이 소액대출을 받고 있는지 인식에 영향을 주는 것이 아니었다. 핵심은 가능한 한 많은 사람에게 그들도 대출이 가능하다는 사실을 알리는 것이었다.[31]

실제로 소액대출에 대한 뉴스를 확신시키는 일은 단순히 초기 시드가 얼마나 많은 친구에게 도달할 수 있는가의 문제가 아니라, 얼마나 많은 친구의 친구(2차 친구)와 친구의 친구의 친구(3차 친구)에게 도달할 수 있는가의 문제로 드러났다.[32] 초기 시드의 직접적인 친구는 일반적으로 전체 인구의 일부분에 지나지 않는다. 결국 초기 시드의 도수는 크게 중요하지 않은 것으로 나타났다. 반면 이들의 고유벡터 중심성은 중요했다. BSS의 초기 시드가 높은 고유벡터 중심성을 가지는 마을은 그렇지 않은 마을에 비해 상당히 높은 가입률을 보였다. 초기 시드의 고유벡터 중심성 값이 가장 높은 마을은 그 값이 가장 낮은 마을에 비해 평균적으로 소액대출 가입률이 세 배나 높았다. 마을에 정보를 널리 퍼트리기 위해서는 정보가 초기 시드에서 친구로, 다시 친구의 친구, 친구의 친구의 친구에게 원활히 전달되어야 하는 것이다.

어디까지 얼마나 퍼지는가?

소액대출 이야기는 이것으로 끝이 아니다.

어떤 주제든 시간이 지나면 그것에 대한 관심도 수그러든다. 대부분의 뉴스거리는 그것이 처음 나온 후 몇 시간 혹은 며칠 동안 대중의 관심을 받은 뒤, 곧 다른 이야기로 대체된다. 대중매체에서 사라지는 것뿐만 아니라 사람들도 그에 대해 더 이상 이야기하지 않고 더 퍼지지도 않는다. 이는 고유벡터 중심성이 정보 확산과 관련해 네트워크의 위치 계산을 과장할 수 있다는 뜻이다. 그렇다고 도수 중심성만 보게 되면 뉴스가 한 단계 이상 퍼질 수 있다는 사실을 놓치게 된다. 이에 반해 고유벡터 중심성은 네트워크를 통해 정보가 무한정 퍼져 나간다고 전제한다. 진실은 이 두 극단 사이 어딘가에 있을 것이다.

이를 염두에 두고, 다시 소액금융 이야기로 돌아가 보자. 우리는 정보의 실제 확산 과정에서 일어나는 현상을 포착하기 위해서 새로운 중심성 척도를 정의하고자 한다. 사람들은 뉴스를 퍼트린다. 하지만 어느 주제든 몇 번 이야기하고 나면 그에 대해 더 이상 이야기하지 않는다. 예를 들어 어떤 주제는 수일간 회자되지만 곧 사람들은 흥미를 잃게 된다. 소액대출의 확산에서 우리는 그 소식이 대략 3회 정도 반복되며 퍼진다고, 즉 친구의 친구의 친구를 넘어서까지 전달되는 경우는 거의 없다고 추정했다.

또한 특정 뉴스거리는 사람들로 하여금 그것에 대해 아는 모든 사람들과 이야기하고 싶도록 만들지만, 다른 뉴스는 그 정도가 덜하다. 소액대출 사례에서 우리는 한 가정이 그들의 친구들에게 반복해서 소식을 퍼트리는 빈도가 5분의 1 정도라고 추산했다. 이는 낸시와 워런의 사례에서 가중치를 2분의 1 대신 5분의 1로 부여하고, 소식이 무한히 반복되

며 전달되기보다는 친구의 친구의 친구까지만 도달한다고 가정하는 것
과 같다.[33] 이 경우에도 여전히 낸시는 워런보다 더 높은 점수를 받지만
그전만큼 차이가 크지는 않다.

확산 중심성diffusion centrality은 도수 중심성과 고유벡터 중심성의 두
극단 사이에 걸쳐 있다. 이것은 반복 횟수와 한 노드에서 다른 노드로
정보가 전달될 확률이 충분히 크면 고유벡터 중심성과 같아지고, 반대
로 정보가 단 1회만 전달되며 전달될 확률도 매우 낮다면 도수 중심성
에 비례하게 된다. 즉 확산 중심성은 네트워크의 구성원들이 미치는 도
달 범위가 제한적이라는 사실을 반영하고, 그들이 퍼트리는 정보가 얼
마나 화제성이 높고 오래 지속되는지에 맞춰 조정한 척도다.

소액대출 정보의 확산 사례에서 확산 중심성은 고유벡터 중심성보다
도 더 정확한 예측인자인 것으로 나타났다. 초기 시드들의 확산 중심성
은 마을 간에 나타나는 소액대출 확산의 차이를 고유벡터 중심성보다
몇 배나 더 잘 설명했다.[34]

이 이야기의 핵심 교훈은 중심성을 측정하는 데 여러 방법이 있으며,
무슨 일이 일어날지 예측할 때에는 맥락에 따라 더 나은 척도가 있다는
것이다.

지금까지 우리는 네트워크에서 구성원들이 차지하는 위치를 평가하
기 위한 세 가지 서로 다른 개념적 접근 방식을 살펴보았다. 이 세 가지
방식을 정리하면, 도수 중심성은 한 구성원의 직접적 영향력을 나타내
고, 고유벡터 중심성은 그 구성원이 가진 친구들의 영향력을 반영하며,
확산 중심성은 서로 다른 수명과 관심을 가진 정보를 퍼트릴 때(또는 수
용할 때) 한 구성원이 도달할 수 있는 범위를 추적한다. 농구선수의 사례
에서와 마찬가지로, 이러한 중심성 척도들은 네트워크에서 차지하는 위
치의 중요성을 나타내는 여러 방식 중 일부일 뿐이다. 여기서 모든 방식

을 알아볼 필요는 없지만, 우리가 본 것과는 중요한 면에서 다른 중심성 척도를 하나 더 소개하려 한다. 이를 위해 대단히 흥미진진한 역사적 사건인 메디치 가문의 부흥을 살펴보도록 하자.

매개 중심성으로 본 메디치 가문의 부흥

"메디치는 나를 만들고 또한 나를 망가뜨렸다."

—레오나르도 다 빈치

"모든 정치적 의제는 [코시모의] 집에서 결정되었다. 그가 선택한 자가 권력을 장악했다. ······ 그는 전쟁과 평화를 결정하는 자였다. ······ 그는 이름만 아닐 뿐 사실상 왕이었다."

—교황 비오 2세

1434년은 피렌체에서 가장 중요한 해로 초기 르네상스를 살찌운 후원체계가 마침내 형성되었다. 당시 피렌체는 정치·경제적으로 유력한 몇몇 가문―알비치 가, 스트로치 가 등―에 의해 지배되는 과두체제에서 탈피해 하나의 가문, 즉 메디치 가문에 의해 지배되는 사회체제로 이행하는 중이었다. 이 무렵 메디치 가문이 험난한 역경을 이겨낸 영웅의 승리를 기념하기 위해 도나텔로에게 독창적이고 혁신적이기로 유명한, 실물 크기의 다비드 청동상 제작을 의뢰한 일도 우연은 아닐 것이다. 메디치 가문의 수장인 코시모 데 메디치는 어떻게 그러한 힘을 손에 넣을 수 있었을까?

메디치 가문은 물론 엘리트 가문이긴 했지만 1430년대 이전에는 정치적으로나 경제적으로나 그다지 돋보이지 않았다. 일례로 메디치보다는 스트로치 가문이 더 큰 부를 누리며 피렌체 의회에서 더 많은 자리를 차지하고 있었다.

　1434년 이전 메디치 가문은 스트로치와 알비치 가문 그리고 그 밖의 부유하고 유력한 은행가 가문들을 위시한 과두 세족들에 맞서 고군분투하고 있었다. 1433년 알비치와 스트로치가 코시모 데 메디치와 그의 가족들을 피렌체에서 추방하는 데 결정적인 역할을 하면서 갈등은 극으로 치달았다. 가문들 간의 갈등은 단지 당대의 권력 투쟁이나 경쟁 도시인 루카와의 전쟁에서 패함에 따라 피렌체가 짊어지게 된 막대한 경제적 부담 때문만은 아니었다. 가문들 사이의 골은 역사적으로 뿌리가 깊었다. 1370년대와 1380년대, 메디치 가문과 그 일원인 살베스트로 데 메디치는 당시에 형성된 길드에 대항해 봉기를 일으킨 양모 노동자들과 주점 주인들을 지원하는 핵심 조력자였다. '촘피Ciompi(거칠게 번역하면 "친구여, 술잔을 들라"라는 뜻이다) 반란'이라고 불리는 이 봉기는 하층민에게 부과된 과도한 세금에 항의하고 이들이 길드를 형성해 정치·경제적 힘을 얻는 것을 막은 귀족에 대한 반발로 시작되었다. 비록 촘피 반란은 처절한 실패로 끝났지만, 그것이 피렌체 사회에 미친 영향은 오래 지속되었고, 봉기를 지지했던 메디치 가문의 이름은 이후 수십 년간 대중들의 기억 속에 남게 되었다. 한편 메디치 가문의 금융업이 계속 성장함에 따라 다른 과두 세력 가문과의 갈등도 점차 격화되었고, 이 갈등은 1433년에 정점에 달했다. 당시 과두 가문들은 피렌체를 지배하는 중앙 정치기구인 시뇨리아Signoria를 거의 독점하고 있었다. 시뇨리아는 프리오리Priori라고 불리는 9명의 길드 회원으로 구성되는데, 프리오리들은 서로 돌아가며 민간행정관 대표인 '정의의 곤팔로니에레Gonfaloniere of Justice'를 맡았다. 1433년 9월, 알비치 가문의 가까운 동맹인 베르나르도 과다니가 곤팔로니에레 자리에 선출되었다. 이때 리날도 델리 알비치를 위시한 스트로치 및 다른 과두 가문들은 메디치의 위협에 맞서고자, 베르나르도를 설득해 시뇨리아가 코시모 데 메디치와 그의 가족을 피렌체에서 추방하도록 만들었다. 이 결정은 알비치 가문의 군대가 지켜보는 가운데 시뇨리아가 시민들 몇 명을 모아 급히 협의회를 구성한 후 내린 것이었다.

메디치의 추방은 오래가지 않았다. 메디치에 적대적이었던 과두 세력들은 코시모의 힘을 대단히 과소평가했던 것이다. 코시모와 그 동맹들은 피렌체로부터 엄청난 자금을 철수할 수 있었다. 패전의 충격이 이미 상당한 상황에서 이는 피렌체에 심각한 재정 위기를 일으켰다. 게다가 메디치는 다른 많은 가문과 동맹을 맺음으로써 새로운 시뇨리아의 구성에도 개입할 수 있었다. 상황은 빠르게 반전되었고, 1434년 가을 코시모는 피렌체로 귀환했다. 그리고 며칠 뒤, 리날도 델리 알비치는 피렌체에서 추방되었다. 영원히.

코시모는 어떻게 많은 동맹들을 규합하고 그의 적들에게 보복하는 동시에 정권 교체를 이룰 수 있었을까? 그리고 알비치는 왜 이에 대응하지 못했을까?

먼저 두말할 것도 없이 코시모는 자신이 지금 어떤 상황에 처해 있는지 정확히 파악해야만 했다. 그토록 혼란스러운 상황에서 동맹들의 힘을 규합하고 이들에게 영향력을 행사하기 위해서는 상당한 선견지명과 기술 그리고 지성이 필요했다. 그러한 지성 그리고 삶에 대한 넓은 식견은 코시모의 철학에 대한 관심(그는 최초로 플라톤의 모든 저작의 완역을 의뢰한 바 있다), 예술계에 대한 폭넓은 후원(그는 도나텔로뿐만 아니라 프라 안젤리코, 프라 필리포 리피, 로렌초 기베르티, 미켈로초 디 바르톨롬메오, 필리포 브루넬레스키를 후원했다), 피렌체 최초의 '공립' 도서관 후원 그리고 국제정치

역학 속에서 대사관 역을 수행했던 그의 경험에서 나온다. 진정한 르네상스인인 코시모의 관대한 성품은 물론이고, 사업가이자 사회·정치적 책략가로서의 면모는 한 세기 후 니콜로 마키아벨리의 저작에서도 나타난다. 마키아벨리는 다음과 같이 썼다. "코시모는 가장 신중한 사람들 중 한 명으로 진지하고 예의 바르며, 자유분방하면서 인간적인 사람이었다. 그는 집단 또는 통치자에게 저항하는 행동은 결코 하지 않았고 모두에게 너그러웠다. 그의 기질에서 비롯된 끝없는 관대함으로 그는 계층을 불문하고 모든 시민의 사랑을 받았다."(《피렌체사》 4권)

우리의 관점에서 더 중요한 두 번째 요인은 코시모가 피렌체의 사회 경제적 네트워크에 대해 잘 이해하고 있었으며 운 좋게도 그 네트워크에서 좋은 위치를 차지할 수 있었다는 점이다. 그는 정당의 전신을 세우고 그것을 좌지우지하기에 좋은 위치에 있었던 반면, 다른 가문들은 그에 대응하느라 허둥지둥할 뿐이었다.

메디치 가문의 네트워크는 상거래와 혼인이라는 두 가지 핵심 연결망을 통해 형성되었다. 상거래는 그들의 은행을 중심으로 이뤄졌고, 은행을 구성하는 가맹점들은 가문의 일원들에 의해 운영되었다. 메디치 은행의 주 고객은 피렌체의 엘리트 계층뿐만 아니라 비엘리트 계층도 다수 포함하고 있었으며, 교황과 그 지역의 많은 종교 지도자도 메디치 은행의 고객이었다. 메디치 가는 기본적인 은행 업무나 대출업을 넘어 사업 제휴, 부동산 거래, 무역 업무도 처리했다. 또한 그들은 혼인을 통해 형성한 다른 엘리트 가문과의 네트워크로 이러한 경제적 관계망을 보완하였다.

당시 엘리트 가문 간의 혼사는 낭만적인 연애와는 거리가 멀었다. 보통 이러한 결혼은 한 가문의 30대 중반 남성과 다른 가문의 10대 소녀 사이에서 이루어졌다. 여기서 신부는 일종의 사회적 담보로서 그녀의

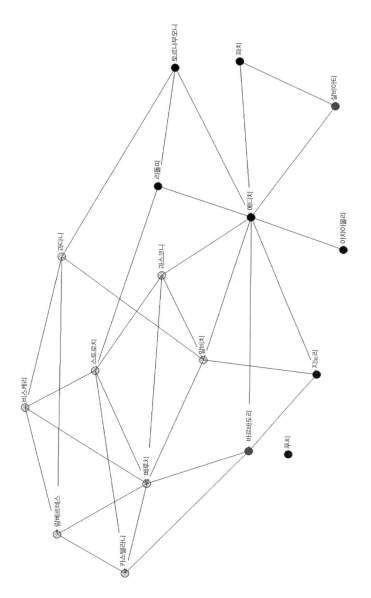

그림 2.7 노드는 15세기 피렌체의 주요 가문들을 나타낸다. 검게 칠해진 가문은 메디치 가문의 동맹이며, 빗금 무늬가 있는 가문은 메디치 가문의 적대 세력이다. 한편 회색으로 칠해진 가문(살비아티 가문과 바르바도리 가문)은 두 세력 모두와 연맹을 맺고 있다. 가문들 사이의 링크는 두 가문이 혼인 또는 사업적 거래로 맺어져 있음을 의미한다.

혈족을 남편의 가족과 연결시켰고, 신랑은 두 가문의 중요한 사업적 연결고리이자 아내의 가족을 위한 정치적 호위무사 역할을 했다.[35]

사업과 혼인을 통한 결속은 각각 협력과 담보를 상징하며, 정치적 동맹이나 경제적 계약이 성사되기 어려운 치열한 환경에서도 가문들이 서로 협력할 수 있게 해주었다.

〈그림 2.7〉에서도 볼 수 있듯이, 메디치 가문은 사업과 혼인으로 맺어진 주요 엘리트 가문의 네트워크에서 상당히 특별한 위치를 점하고 있었다. 각각의 노드는 가문을 나타내며 두 가문을 잇는 링크는 결혼 또는 다양한 사업 제휴를 통해 맺어진 관계를 의미한다.

이 네트워크는 메디치 가문의 위치에 대해 중요한 측면 몇 가지를 보여준다. 가장 눈에 띄는 것은 메디치 가문이 다른 대부분의 가문보다 더 많은 연결을 가진다는 점이다. 중요 경쟁자인 알비치나 스트로치 가문에 비하면 거의 두 배 정도 많은 관계를 맺고 있다.

관계의 수보다 더 중요한 것은, 메디치가 그들을 지지하는 가문들의 핵심 연결자였다는 점이다. 적대 가문들 중에는 어떤 가문도 그런 특이한 위치에 있지 않다. 예를 들어 아차이올리, 지노리, 파치, 토르나부오니 가문 중 어떤 가문도 서로 직접적으로 연결되지 않는다. 이들은 모두 메디치를 통해서만 연결된다. 이는 그림에 있는 15개의 가문만이 아니라 전체 92개 엘리트 가문에 대해서도 마찬가지다. 메디치 가문과 혼인 관계를 맺은 가문 중 절반 이상이 많아야 두 가문과 혼인을 맺었던 반면, 메디치의 적대 세력과 혼인한 가문 중 절반 이상이 넷 이상의 가문과 혼인을 맺었다.[36]

즉 메디치 가는 그들 동맹의 중심에 위치한 핵심 연결자로서, 마치 동맹의 한가운데서 빛나는 별과도 같았다. 반대로 메디치의 경쟁자들에게는 그러한 핵심 가문이 없었다. 그들은 좀 더 직접적인 관계를 선호했으

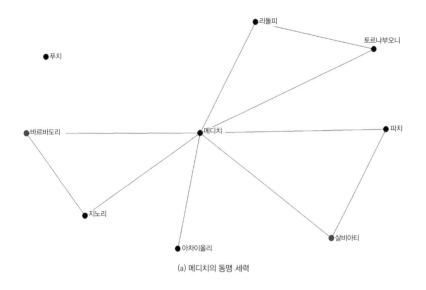

(a) 메디치의 동맹 세력

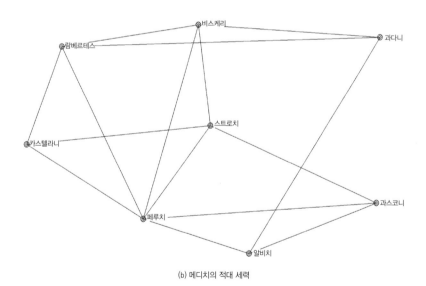

(b) 메디치의 적대 세력

그림 2.8 메디치의 동맹과 그 적대 세력의 네트워크 비교. (a)에서 볼 수 있듯 전체 네트워크에서 메디치 가문을 제거하면 네트워크는 완전히 분해되지만, (b)의 네트워크에서는 그만큼 필수적인 위치를 차지하는 가문은 없다.

며 탈중심화되어 있었다. 이 점을 분명히 확인하기 위해 〈그림 2.8〉과 같이 네트워크를 두 부분으로 나눠보자.[37]

메디치 가문의 위치가 얼마나 중요한지는 간단한 비유를 통해 이해할 수 있다. 당신이 작은 파티를 열었는데, 손님 대부분이 당신만 알거나 다른 사람을 한 명 정도 더 알고 있다고 해보자. 이 경우 대화는 주로 당신 주위에서 일어날 가능성이 높다. 당신은 파티에 온 사람들이 어떤 공통점과 관심사를 갖는지 알 수 있는 특별한 위치에 있게 된다. 반대로 모든 손님이 서로 친구 사이인 파티를 생각해보자. 손님들은 여기저기로 흩어져 대화하거나 교류할 가능성이 매우 높다. 이런 비유는 초기 르네상스 시대 피렌체의 정치 상황을 생각해보면 그다지 억지스럽지 않다. 당시에 교류는 서로 직접 대면하거나 서신 교환을 통해서만 이루어졌다. 메디치 가문은 서로 연결된 가문들 사이의 정치적 견해를 조율할 수 있었을 뿐만 아니라, 그렇게 할 수 있는 '유일한' 위치를 차지하고 있었다. 메디치는 그들의 지지세력이 균열되어 메디치 가문의 기득권을 빼앗으려 들지도 모른다는 염려를 거의 하지 않았다. 반면에 그들의 주요 경쟁자인 알비치 가문은 그리 좋은 위치를 점하지 못했다. 메디치에 반대한 세력은 핵심 가문을 가지지 못했고, 결국 중요한 순간에 의견 조율에 실패했다.[38]

네트워크에서 메디치 가문이 차지한 위치는 그들이 어떻게 엄청난 부를 축적할 수 있었는지도 설명해준다. 그들이 '르네상스의 대부'로 불렸던 것도 우연은 아니다. 메디치 가문은 네트워크에서 차지한 위치 덕분에 정치적 역학을 조율할 수 있었던 것만이 아니라, 많은 상거래에서 중개자로서 활동할 수 있었다. 더 안전한 거래를 위해서는 가족 간에 연결이 있거나 이전에 거래가 있는 사람, 또는 중개인을 통해 신원을 보증할 수 있는 사람과 거래하는 것이 도움이 되었다. 메디치 가문은 많은 가문을 이어주는 중요 연결자로 네트워크의 많은 경로가 메디치를 통하게 되어 있으며 그 어떤 가문보다 많은 연결을 가지고 있었다. 예를 들어 혼인으로 이뤄진 네트워크에서 서로 다른 가문들의 쌍을 연결하는 가장 짧은 경로의 절반 이상이 메디치 가를 거치게 되어 있다. 반면 스트로치 가문이나 알비치 가문을 거치는 다른 가문들 사이의 가장 짧은 경로는 대략 10분의 1 정도에 불과하다. 가문들 사이를 얼마나 잘 연결하는가의 관점에서 메디치 다음으로 매개도가 높은 가문은 과다니 가문으로, 네트워크의 대략 4분의 1 정도의 경로를 매개한다. 이처럼 서로 다른 노드를 연결하는 정도를 네트워크 과학에서는 '매개 중심성betweenness centrality'이라고 부른다. 이는 1970년대에 야크 안토니세Jac Anthonisse와 린턴 프리먼Linton Freeman에 의해 처음 소개되었다.[39] 매개 중심성은 네트워크에 위치한 각각의 노드에 대해 그 노드를 통과하는 모든 경로 중 다른 노드 쌍을 연결하는 최단 경로의 비율을 추적한다.

매개 중심성은 방금까지 우리가 살펴본 개념들을 설명해준다. 만일 두 사람이 친구이기는 하지만 서로 직접 연결되어 있지 않다면, 그들을 연결하는 최단 경로는 어떤 노드를 지날 것이고, 그 노드는 두 노드 사이에 위치할 것이다. 이런 특성은 다른 노드들을 연결하는 노드가 중개인 혹은 중재자뿐만 아니라 다른 노드들이 포함된 활동에서 조정자가 될 수 있도록 한다. 메디치 가문이 사업적 중개자이자 정치적 활동의 핵심 조정자로서 활동할 수 있었던 것도 매개 중심성을 통해 이해할 수 있다. 메디치 가문은 다른 가문들보다 훨씬 좋은 위치를 점하고 있었고, 또한 이 사실을 이용할 만큼 충분히 영리했다.

대부 효과: 중심성이 중심성을 낳다

"위대한 인간은 위대하게 태어나지 않는다. 위대하게 성장할 뿐이다."

—돈 비토 콜레오네, 영화 〈대부〉

"가진 자는 얻을 것이요, 못 가진 자는 잃을 것이라. 성경에 이렇게 쓰여 있는데, 이것은 여전히 사실이죠."

—빌리 홀리데이와 아서 헤르조그 주니어, 노래 〈아이를 축복해주세요〉

코시모가 메디치 가문의 네트워크를 형성하기 위해 얼마나 공을 들였고 다른 가문들을 매개하는 핵심 중개자가 되어야 할 필요성을 얼마나 느끼고 있었는지는 분명치 않다. 그렇지만 메디치 가의 혼인은 정략적으로 이루어졌다. 게다가 코시모는 채무 때문에 피렌체에서 정치 참여가 금지된 다른 가문의 빚을 대신 갚아주는 것으로도 유명했다. 즉 그는 적극적으로 인맥을 구축하고 다른 가문이 그들에게 충성하도록 만들었다. 이는 시뇨리아가 코시모의 복귀를 결정하는 투표에서 메디치 가의 손을 들어주는 데 유리하게 작용했다.

네트워크는 이런 의도적인 구축 작업(5장과 9장에서 더 설명한다)뿐만 아니라 피드백 효과에 의해 형성되기도 한다. 이러한 피드백 효과 역시 왜 특정 사람들이 다른 사람들보다 훨씬 더 중심적인 위치를 차지하게 되는지 설명하는 데 도움을 준다.

중심성은 중심성을 낳는다. 만약 우리가 이미 알고 있던 친구에 비례해 새로운 친구를 사귄다면, 친구의 수는 복리 이자처럼 불어날 것이다. 네트워크에서 더 중심적인 위치를 차지하는 사람일수록 그렇지 않은 사람보다 친구의 수는 점점 더 많아질 것이고, (도수) 중심성도 더 빠르게 커질 것이다.

이런 식으로 네트워크가 형성되는 과정을 '선호적 연결preferential attach-
ment'이라고 한다. 선호적 연결은 한 노드가 기존에 가지고 있던 연결에
비례해 새로운 관계를 형성하는 현상을 말한다. 앨버트 라슬로 바라바
시Albert-László Barabási와 레카 알버트Réka Albert가 이에 대해 연구했으며,
선호적 연결이 네트워크에서 노드 간 링크 수를 매우 불균일하게 만든
다는 것을 발견했다.[40]

그런데 네트워크의 형성에서는 왜 선호적 연결 같은 복리 효과가 나
타나는 것일까?

만일 당신이 어떤 정보를 얻고자 한다면 해당 네트워크에서 좋은 위
치를 점하고 있는 사람과 관계를 맺는 것이 합리적이다. 다시 말해 연결
이 많은 사람일수록 관계 형성에 있어 더 매력적이다.[41] 하지만 이러한
복리 효과에는 주목해야 할 측면이 하나 더 있다. 중심성이 높은 사람
일수록 중심성이 더 빨리 증가하는 이유는 그 사람이 관계를 형성하기
에 매력적일 뿐만 아니라, 중심에 있는 사람일수록 발견되기도 쉽기 때
문이다. 이는 내가 경제학자이자 나의 지도학생이었던 브라이언 로저스
Brian Rogers와 함께 연구했던 내용이다.[42]

당신은 당신의 친구들을 어떻게 만났는가? 아마도 그중 몇 명은 당신
의 친구를 통해 알게 되었을 것이다. 예컨대 당신은 친구로부터 다른 친
구를 소개받거나 친구의 파티에서 그들을 만났을 것이다. 여기에도 우
정의 역설이 도사리고 있다. 당신이 만나게 될 가능성이 가장 높은 사
람은 이미 친구가 가장 많은 사람이다. 이는 곧 부익부 현상으로 이어진
다. 더 중심에 있는 사람일수록 더 만나기 쉽고, 따라서 새로운 친구를
만들기도 쉬워지는 것이다.

만일 기존에 알고 있던 친구를 통해 새로운 친구를 사귀고자 한다면,

당신이 누군가를 만나게 될 확률은 당신의 친구들이 얼마나 많은 친구를 가졌는지에 비례하게 된다. 다른 사람들보다 두 배 더 많은 친구를 가진 사람은 누군가를 만나기 두 배 더 쉽다. 당신이 이런 인기인을 만날 기회는 그의 친구를 한 명이라도 알아야 주어진다. 이런 이유로 더 많은 친구를 가진 사람일수록 더 빠른 속도로 새로운 친구를 사귀게 된다. 연구자가 공동 연구자를 찾는 과정부터 수출업자가 새로운 사업 파트너를 찾는 과정까지 매우 다양한 상황에서 이런 효과가 작용한다는 증거가 있다.[43] 이는 소셜 플랫폼에도 내장되어 있다. SNS를 이용하면 새로운 친구 추천을 받거나 "이 사람을 아세요?"라는 질문을 받게 된다. 그런데 소셜 플랫폼이 이런 식으로 어떤 인물들을 추천하는 이유는 이들이 바로 당신의 '친구의 친구'이기 때문이다. 여기에서 사용되는 알고리듬들은 기존 네트워크에 기반해 새로운 연결을 제안하도록 설계되어 있다.

내가 브라이언 로저스와 연구한 바에 따르면, 새로운 관계의 형성에서 네트워크 자체의 역할이 지대할수록 이러한 복리 효과는 더욱 커지며, 결과적으로 노드들 간의 연결성은 불균일해진다. 사람들이 기존의 관계망을 통해 다른 사람을 찾게 된다면 여기서 막대한 승수 효과乘數效果가 발생할 수 있다. 이는 단지 노드의 도수 중심성뿐 아니라 고유벡터 중심성이나 확산 중심성 같은 다른 중심성 척도도 증가시키게 된다. 연결성이 높은 다른 노드들과 연결이 더 많아지기 때문이다. 이 사실은 비즈니스 환경에서 특히 중요하다. 네트워크에서 좋은 위치를 차지하면 매력도가 증가하는 것뿐 아니라 발견되기도 쉬워지며, 따라서 중요한 인물과 인맥을 쌓고 이를 확장하기도 쉬워지기 때문이다.

복리 효과의 정도와 그에 따라 야기되는 네트워크에서의 불균일성은 상황에 따라 크게 달라진다. 어떤 네트워크는 매우 균일해서 구성원들의 중심성 척도에 무작위적인 차이만 있을 뿐이다. 이에 반해 연결성의 분포가 매우 불균일한 네트워크도 있다. 고등학생들 사이에서 가까운 친구 수의 분포는 동전을 던졌을 때 앞면이 나오는 확률 분포와 거의 비슷한 양상을 보인다. 반면에 서로 다른 웹페이지로 이어지는 링크 수의 분포는 그보다 훨씬 불균일하다. 이들 웹페이지는 주로 기존의 링크들을 통해 발견되므로, 기존의 링크를 따라갔을 때 더 쉽게 찾을 수 있는 웹페이지일수록 더 많은 링크를 얻게 된다. 즉 웹페이지들 사이의 연결도는 고등학생들 사이의 연결도보다 격차가 훨씬 크다.[44]

네트워크의 구조와 영향력

이번 장에서 우리는 네트워크의 구조가 부와 정치적 권력을 넘어 영향력 전반에 대해 중요한 통찰을 제공한다는 것을 보았다. 네트워크의 구조는 각 구성원이 가진 관계의 수 이상으로 중요할 때도 많다. 우리는 특정 인물이 네트워크에서 얼마나 '중심'에 위치하는가에 따라 그 사람의 영향력을 측정할 수 있는 네 가지 기본적인 방법들을 알아보았다.[45]

- **인기—도수 중심성** 친구나 지인, 팔로워가 얼마나 많은가? 소셜미디어에서 수백만 명의 팔로워에게 메시지를 전달할 수 있는 능력은 많은 사람들이 무엇을 생각하고 무엇을 알게 만들지에 영향을 줄 수 있는 잠재력이 된다. 인기가 많은 사람은 다른 사람들보다 더 많이 노출되는 경향이 있으므로, 유행이나 규범에 대한 다른 사람들의 관점을 왜곡시킬 수 있다.
- **연결성**("중요한 건 당신이 아는 사람이 누구냐다")—**고유벡터 중심성** '연결성이 좋은' 사람과 연결되어 있는가? 친구를 많이 가지는 것도 좋지만, 그만

큼 또는 그보다 훨씬 중요한 것은 네트워크 연결성이 높은 사람을 친구로 가지는 것이다.

- **도달 범위─확산 중심성** 정보를 퍼트리기에 얼마나 좋은 위치에 있는가? 그 정보를 가장 먼저 전해 듣는 사람인가? 네트워크에서 몇 단계 거치지 않고 도달 가능한 사람이 얼마나 많은가?[46]

- **중개와 매개─매개 중심성** 영향력 있는 중개자 또는 필수적 매개자인가? 서로 다른 사람들을 연결해주는 고유한 위치를 차지하고 있는가? 다른 사람들이 서로에게 도달하려면 반드시 이 사람을 거쳐야 하는가? 한 집단과 다른 집단을 연결하는 핵심적인 고리로서, 이 사람이 없으면 두 집단 사이의 연결도 끊어지는가?

인기는 국소적 척도─그저 친구나 지인의 수를 모두 더하기만 하면 된다─인 반면, 다른 세 척도는 네트워크의 많은 부분에 대한 정보를 담고 있는 좀 더 전체론적인 개념이다. 특정 상황에서 어떤 중심성 척도가 더 적합한지 그리고 사람들이 어떻게 그와 같은 영향력을 행사하는지는 맥락에 따라 달라진다. 이러한 개념들은 앞으로 보게 될 전염, 불평등, 양극화 등의 현상에서 중요한 역할을 할 것이다.

3

퍼트릴 것인가,
막을 것인가?

"수없이 많은 용맹한 남성들이, 아리따운 숙녀들이, 활기 넘치는 아이들이……
그들의 가족, 동료, 친구들과 아침을 먹고, 그날 밤에는 저세상에서 그들의 조
상들과 함께 저녁을 먹었다."

— 조반니 보카치오, 《데카메론》(1353년)

림프절 페스트, 즉 흑사병은 1347년부터 1352년까지 천천히 그러나 꾸
준히 유럽 전역으로 퍼져 나갔다.

　병을 일으킨 주범인 페스트균은 감염된 숙주의 피를 빨아먹은 벼룩
에 의해 전달된다. 이 균은 벼룩의 창자를 막아 벼룩을 영양분에 굶주리
게 한다. 그 결과 벼룩은 탐욕스럽게 다른 먹이를 찾게 되고, 이 과정에
서 다른 숙주도 감염된다. 벼룩은 쥐나 다른 동물 그리고 인간에게 기생
하는데, 저항력이 있는 숙주들은 그저 보균자에 그치지만 그렇지 않은
숙주들은 일단 벼룩에 물려 감염되기만 해도 바로 사망한다. 끔찍한 병
이다. 처음에는 감기에 걸린 것처럼 기운이 없고 열이 나다가 곧 엄청난
출혈이 일어난다. 괴사한 조직은 검게 변하는데, 이것이 페스트를 흑사
병이라 부르는 이유이기도 하다.

　당시의 위생 상태, 감염에 대한 이해 부족 그리고 동물과의 잦은 접촉

등의 요인으로 페스트는 중세 신흥 도시들에서 무서울 정도로 맹렬히 확산되었다.[1] 수년 만에 파리와 피렌체의 인구는 거의 절반가량 줄었으며, 런던이나 함부르크 같은 도시에서는 훨씬 더 많은 사망자가 나왔다. 이 병은 실크로드를 따라 중국에서 콘스탄티노플로 전해진 것으로 알려져 있으며, 이후 1347년 제노바 무역선에 의해 시칠리아로 전염되어 섬 인구의 절반을 쓸어버렸다. 병은 계속해서 퍼져 나갔다. 이탈리아 일부 지역을 강타한 후 마르세유를 거쳐 프랑스와 스페인 본토에까지 침투했고, 몇 년 후에는 북쪽 나라들에 도달했다. 결국 페스트는 유럽 인구의 40퍼센트 이상의 목숨을 앗아갔다. 이미 중국과 인도에서 2500만 명의 사망자가 나온 이후였다.

현대의 관점에서 볼 때 놀라운 점은, 이 병이 상당히 '천천히' 그리고 체계적으로 확산되었다는 점이다. 아주 먼 거리를 단숨에 이동할 때도 있었지만—예컨대 실크로드나 무역선 등 무역로를 통해 이동할 때— 유럽에서 전파 속도는 평균적으로 하루 2킬로미터 정도밖에 되지 않았다. 당시의 도보 속도와 비교해도 상당히 느린 편이다.[2] 비록 림프절 페스트가 사람과 사람 사이에 직접적으로 전파되는 일이 거의 드물긴 하지만, 이 병은 사람을 따라 이동하며—선박 내의 쥐, 농장의 동물들, 사람 그리고 옷에 기생하는 벼룩에 의해서—사람들 그리고 사람과 함께 하는 여러 동물의 네트워크를 통해 전파된다.

페스트의 느린 전파 속도는 중세 사람들의 이동성 및 관계의 범위가 상당히 제한적이었음을 시사한다. 현대의 팬데믹은 매우 다르다. 놀라울 만큼 빠른 속도로 확산되며, 보통 수일 혹은 수주 사이에 대륙을 건너간다. 2014년 캘리포니아 남부의 놀이공원에서 발발한 홍역 사태를 보자. 접촉을 통해 감염되는 이 병은 예방접종을 받지 않은 성인과 아이들 사이로 확산되어 며칠 뒤에는 수백 마일 밖에 있는 학교에까지 전파되었다. 2015년 시에라리온의 의료 종사자들로부터 전파된 에볼라는 이들이 병에 노출된 이후 단 일주일 만에 유럽과 북아메리카의 도시들로 확산되었다.

본 장에서는 네트워크의 구조가 전염과 확산에 어떤 영향을 주는지 살펴보고자 한다. 이는 질병의 확산에 대한 즉각적인 통찰을 넘어, 좀 더 복잡한 생각의 전파, 금융 전염, 취업과 임금에서 나타나는 불평등을 이해하는 초석이 될 수 있다. 이들에 대해서는 뒤의 장들에서 자세히 살펴볼 것이다.

전염과 네트워크

리쿠스: 옮는 병인가요?

수돌루스: 안 그런 전염병도 있나요?

—버트 셰브러브와 래리 겔바트,《포럼으로 가는 길에 생긴 재밌는 일》

비록 현대의 네트워크 중 상당수는 중세의 것과 많은 차이가 있지만, 현대 네트워크 중 특별한 종류를 살펴보면 중세 시대 전염병의 느리고 끈질긴 전파에 대해 좀 더 잘 이해할 수 있을 것이다.

〈그림 3.1〉은 미국의 한 고등학교에서 학생들 간의 이성관계 네트워크를 그린 것이다. 학생들은 지난 18개월 동안 만난 연애 상대들을 보고했다.[3]

〈그림 3.1〉에서 볼 수 있다시피, 학생들 대부분은 연애 경험이 오직 한 번 또는 두 번에 그치지만, 그럼에도 이 네트워크에는 '거대 컴포넌트'가 생기게 된다. 그림 왼쪽의 커다란 네트워크는 288명의 학생들이 일

그림 3.1 미국 중서부 지역의 한 고등학교 학생들의 교제 관계를 나타낸 그래프(출처: 애드 보건 데이터세트). 노드는 학생들을 나타내며, 색상은 성별을 나타낸다. 링크는 18개월 동안 학생들이 맺은 이성관계를 가리킨다. 네트워크의 몇몇 컴포넌트를 옆에 표기한 숫자는 그 성분이 전체 네트워크에서 몇 번 등장하는지를 나타낸다. 예를 들어 이 네트워크에는 서로 간에만 관계를 맺은 커플이 63쌍 존재한다. 연인 관계를 맺지 않은 학생들은 이 그림에 나타나지 않았다. 절반이 조금 넘는 학생들이 왼쪽에 보이는 하나의 거대한 컴포넌트에 포함된다. 이 그림에 사용된 데이터는 2004년 피터 베어먼Peter Bearman, 제임스 무디James Moody, 캐서린 스토벨Katherine Stovel에 의해 처음 분석·논의되었다.

련의 이성관계를 통해 서로 어떻게 연결되어 있는지 보여준다.

　'컴포넌트component'란 네트워크의 한 부분으로서 각각의 노드들이 연결 경로를 통해 서로 도달할 수 있는 영역을 말한다.[4] 위의 그림에서는 절반이 조금 넘는 학생들이 거대한 컴포넌트에 포함되어 있으며, 나머지 학생들이 이루는 여러 컴포넌트들은 그보다 크기가 작다.[5] 4분의 1 이상의 학생들이 이성관계를 가지지 않았다고 대답했으며(우리 모두는 고등학교가 얼마나 외로운 곳이 될 수 있는지 잘 알고 있다) 이 그림에도 나타내지 않았다.

　이 그림은 각 개인이 평균적으로 소수의 상대와 성관계를 가지는 경우에도 상당 비율의 인구가 성병에 감염될 수 있음을 잘 보여준다. 각 링크는 한 개인이 다른 개인에게 병을 전파시킬 수 있는 잠재적 경로로 볼 수 있다. 즉 거대 컴포넌트 속 누군가가 감염되었다면(예를 들어 학교 밖 다른 사람과의 접촉을 통해) 질병은 거대 컴포넌트 내에서 그리고 학교 내에서 널리 확산될 수 있다.[6]

한 가지 예를 살펴보자. HPV(인간유두종바이러스)는 성관계를 통해 전염되어 자궁경부암을 비롯한 여러 종류의 암을 유발할 수 있다. HPV가 특히 위험한 이유는 그것이 증상이 없는 경우가 많아서, 감염자가 자신이 감염되었다는 것을 모른 채 계속해서 타인에게 병을 퍼트릴 수 있기 때문이다. 미국 성인 인구의 40퍼센트 이상이 HPV를 가진 것으로 추산되며, 그중 대다수가 이에 대해 인지하지 못하고 있다.[7] 감염자 중 상당수가 문란한 성생활을 했던 것은 아니다. 그저 거대 컴포넌트에 속했던 것뿐이다.

〈그림 3.1〉은 개인당 접촉 횟수가 상대적으로 낮을 경우에도 질병이 천천히 퍼질 수 있다는 것을 잘 보여준다. 질병이 거대 컴포넌트에 유입되면 결국 네트워크 속 구성원들 대부분을 감염시키게 된다. 림프절 페스트의 확산도 마찬가지 경우였다.

또한 우리는 이 그림으로부터 질병의 확산이 매우 문란한 개인 또는 성매매업 종사자 때문만은 아님을 알 수 있다. 도수가 높은 노드는 질병의 확산을 증폭시키고 가속화할 수 있다. 하지만 그들은 네트워크가 거대 컴포넌트를 가지기 위한 필요조건이 아니다. 그저 개인당 한 번 이상의 접촉을 가지는 것만으로도 충분하다.

이 네트워크는 광범위한 전염이 가능해지는 바로 그 연결 시점을 포착하고 있다.

변화는 급격히 일어난다

'상전이phase transition'란 용어는 열역학에서 물질의 상태 변화를 가리키기 위해 사용하는 말이다.[8] 예를 들어 물이 얼음으로 변하거나 수증기로 변할 때 상전이를 겪는다고 말한다.

네트워크 또한 상전이를 겪는다. 즉 네트워크는 고립된 노드들과 작은 컴포넌트들의 집합으로 시작해 상당수의 노드를 포함하는 거대 컴포넌트가 생기게 될 때까지 그리고 결국에는 모든 노드들이 네트워크 속 경로를 통해 서로 도달할 수 있는 상태에 이르기까지 변화한다. 네트워크에서 링크의 비율이 증가하는 것은 온도 증가에 따라 얼음이 물을 거쳐 증기로 변하는 것에 비유할 수 있다.

상전이에서 특기해야 할 부분은 그것이 매우 갑작스레 일어난다는 점이다. 어는점보다 온도가 아주 약간 낮을 때 당신은 얼음 위에 서 있을 수 있지만, 그보다 온도가 아주 약간만 높아지면 당신은 물에 빠지게 된다. 이와 유사하게 네트워크 속 링크의 빈도에 일어난 아주 작은 변화가 그 네트워크의 구조에 극적인 변화를 일으킬 수 있다. 이 과정을 〈그림 3.2〉에 나타냈다. 각각의 사람들이 평균적으로 0.5명의 친구를 가지는 상태(그림 [a])에서 1.5명의 친구를 가지는 상태(그림 [b])로 변하면, 네트워크는 완전히 분절된 상태로부터 대다수의 사람이 서로 도달할 수 있는 상태로 이행하게 된다. 친구의 수가 조금 더 늘어나면(그림 [c]와 [d]) 네트워크는 '경로연결path-connected' 또는 '연결된' 상태가 된다. 간단히 말해 각각의 사람들은 네트워크 속 경로를 통해 다른 모든 사람들에게 도달할 수 있다(그림 [c]는 경로연결 직전의 상태로 두 개의 노드는 아직 고립된 상태다).

네트워크의 상전이는 질병 퇴치에서 기본적으로 고려해야 하는 개념

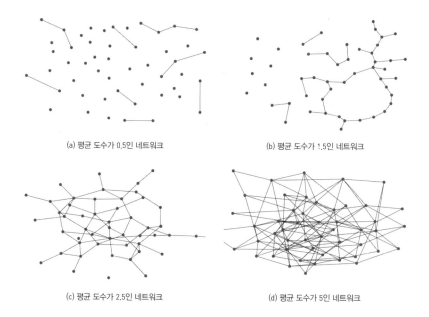

(a) 평균 도수가 0.5인 네트워크

(b) 평균 도수가 1.5인 네트워크

(c) 평균 도수가 2.5인 네트워크

(d) 평균 도수가 5인 네트워크

그림 3.2 평균 도수의 변화에 따른 네트워크의 비교. (a)에서는 노드당 연결 수가 1 이하로, 네트워크는 완전히 조각나 있다. 노드당 연결 수가 평균적으로 1보다 커지면, (b)에서 보는 것처럼 거대 컴포넌트가 형성되기 시작한다. 거대 컴포넌트란 적지 않은 수의 노드들의 집합으로, 각 노드들은 네트워크 속 경로를 통해 서로 도달할 수 있다. (c)에서 볼 수 있듯이, 노드당 연결이 조금 더 늘어나면 거대 컴포넌트는 네트워크의 거의 모든 노드들을 포함하게 되며, 결국 네트워크는 경로연결 상태가 된다. 즉 (d)에서와 같이 네트워크 속 모든 노드 쌍이 서로 연결될 수 있는 경로를 가지게 된다.

이다. 질병 전파 네트워크와 관련된 중요한 변수는 '기초감염재생산수 basic reproduction number'로 알려져 있다. 이 값은 일반적인 감염원에 의해 얼마나 많은 사람들이 새롭게 감염되는지를 나타낸다. 만일 기초감염재생산수가 1 이상이면 질병은 확산되고, 그 값이 1보다 작으면 질병은 소멸된다.

〈그림 3.2〉에서 볼 수 있듯이, 기초감염재생산수가 1이란 임계점을 가지게 되는 시점은 네트워크가 거대 컴포넌트를 가지게 되는 상전이 시점에 대응한다. 이것이 나타내는 바는 단순하면서도 매우 중요하다. 한

명의 감염원이 한 명 이상에게 병을 옮기게 되면, 감염은 계속해서 확대되고 새로운 감염자가 나올 때마다 더 많은 사람에게 도달하여 그 자체로 영구히 지속될 수 있다. 하지만 감염원이 한 명 이상에게 도달하지 못하면 이 과정은 더 이상 진행되지 않는다. 네트워크 용어로 말하면, 각 개인이 한 명 이상의 친구를 가지면 컴포넌트는 외부 방향으로 계속 자라나 거대 컴포넌트를 이룰 때까지 확대된다. 반면에 각 개인이 평균적으로 한 명 미만의 친구를 가진다면 네트워크는 분리된 작은 컴포넌트들과 고립된 노드들의 꾸러미로 남을 것이다. 인간의 번식도 마찬가지다. (번식 가능 연령까지 살아남은) 한 명의 성인이 하나 이상의 아이를 가진다면 그 사회는 성장할 것이지만, 반대로 한 명 이하의 아이를 가지게 되면 그 사회의 인구는 줄어들 것이다.

개체당 자손의 수가 한 명 이하로 줄어듦에 따라 개체군 전체가 소멸되거나 멸종 위기에 처한 사례는 쉽게 찾아볼 수 있다. 재생산수는 상황에 따라 달라진다. 18세기에 아메리카들소의 개체 수는 5000만 마리가 넘었던 것으로 추산되지만 이 수는 급격히 줄어들어 19세기 말에는 500마리밖에 남지 않았다. 들소의 번식 수는 미국의 남북전쟁 이후 급감했는데, 철도가 새로 건설됨에 따라 많은 사냥꾼이 몰려들었고 들소 가죽의 수송이 쉬워졌기 때문이다. 화기의 성능도 개선되어 이제 사냥꾼들은 원거리에서 동물을 사냥할 수 있게 되었다. 예를 들어 1870년대에 샤프스 라이플 사에서 개발한 소총 '빅 50'은 사정거리가 400미터 이상이었다. 평원 인디언들은 이 총을 일컬어 "오늘 쏘면 내일 죽는다"라고 말했을 정도다.[9] 사냥꾼의 수가 늘어나고 소총의 성능이 개선됨에 따라 더 많은 들소가 죽고 재빨리 운반되었다. 결국 들소의 사망 속도는 번식 속도를 크게 앞질렀고, 들소의 번식 수는 급격히 감소했다. 몇십 년 뒤에는 개체군 전체가 거의 멸절했다.

질병의 기초감염재생산수는 그 병이 한 개인으로부터 다른 사람에게 얼마나 쉽게 전파되는지뿐 아니라 각 개인이 얼마나 많은 사람과 접촉했는지에도 의존한다. 감염원과 접촉한다고 모두 병에 전염되는 것은 아니므로, 기초감염재생산수는 일반적으로 네트워크 구성원들의 평균 도수보다 낮다. 따라서 재생산수는 질병과 장소에 따라 달라진다.

에볼라의 기초감염재생산수는 (개입이 없었을 때) 기니와 라이베리아에서 1.5가 조금 넘었던 것으로 추산되지만, 시에라리온에서는 2.5에 근접했다.[10] 이러한 차이는 인구밀도의 차이에서 비롯하는데, 이는 한 개인이 하루에 평균 몇 명과 접촉하는지에 영향을 준다. 시에라리온의 인구밀도는 기니나 라이베리아보다 60퍼센트 이상 높았다.

반면에 홍역의 기초감염재생산수는 12에서 18 사이로 에볼라보다 훨씬 높은데, 에볼라는 피나 타액을 통해 전염되지만 홍역은 대기 중 부유 입자에 의해 퍼지기 때문이다. 홍역의 재생산수는 해당 지역의 인구밀도와 접촉 빈도에 따라 달라지며, 특히 예방접종률이 미진한 집단에서 상당히 위협적이었다. 디프테리아, 유행성 이하선염, 소아마비, 풍진과 같은 질병의 재생산수는 4에서 7의 범위로 중간 수준이었다.[11]

기초감염재생산수의 이러한 차이는 네트워크의 차이와 대응한다. HIV(인체면역결핍바이러스)는 매우 밀접한 신체 접촉을 통해 퍼지지만, 독감 바이러스는 악수를 하거나 비행기 또는 버스에서 기침을 하는 사람 근처에 앉는 것만으로도 전달될 수 있다. 결과적으로 독감 네트워크는 HIV 네트워크보다 훨씬 많은 연결을 가지게 된다. 그렇다고 HIV가 잘 확산되지 않는다는 의미는 아니다. 세계 일부 지역(그리고 몇몇 인구 하위집단)에서 HIV의 재생산수는 1보다 훨씬 크며, 지구상 수많은 공동체의 고질적인 질병으로 남아 있다.[12]

재생산수는 예방접종 정책에서 핵심을 이루는 개념이다. 광범위한 전염을 막기 위해 완벽한 효능을 지니는 백신이 개발되거나 모든 사람이 다 예방접종을 받아야 하는 것은 아니다. 그저 재생산수가 1보다 낮으면 된다. 예방접종은 그것을 받은 사람들을 감염으로부터 지켜줄 뿐만 아니라, 그 사람들의 연결을 질병 네트워크로부터 제거하는 효과를 가진다. 그에 따라 전 사회의 재생산수가 낮아지게 되고, 그 결과 백신을 맞지 못한 사람들을 보호할 수 있다. 만일 어떤 질병의 재생산수가 2이고, 따라서 각 감염원들이 평균적으로 두 명의 사람을 감염시킬 수 있다고 할 때, 전체 인구의 절반에게 예방접종을 실시하면 재생산수는 1 이하로 감소하며 질병의 확산도 제한할 수 있다.

안타깝게도 사람들이 스스로 예방접종을 하도록 만들려면 동기를 부여해야 한다. 이 점은 질병의 근절을 상당히 어렵게 만든다. 이러한 동기부여는 '외부효과'라고 알려진 현상 때문에 효력이 감소한다.

외부효과와 예방접종

"하나의 초로 천 개의 초에 불을 붙일 수 있지만, 그렇다고 그 초가 빨리 타버리는 것은 아니다. 행복은 나눈다고 해서 결코 줄어들지 않는다."

— 붓다

"때때로, 적절한 위치에 세워진 등대는 통행료를 내지 않은 채 지나가는 배들에게 크나큰 기쁨을 안겨주곤 한다."

— 헨리 시지윅,《정치경제학 원리》(1883년)

헨리 시지윅Henry Sidgwick은 영국에서 빅토리아 여왕의 통치가 시작된 이듬해인 1838년 요크셔 지방에서 태어나, 빅토리아 여왕의 통치가 끝나기 한 해 전인 1900년에 사망했다. 그는 외부효과라는 현상을 제일 처음 찾아낸 사람 중 하나라는 것으로 유명하지만, 그 외에도 생전에 많은 업적을 이룬 것으로 알려져 있다.[13] 그는 영매인 유사피아 팔라디노를 비롯해 당대 유명했던 심령술사들의 정체를 폭로했다. 또한 그는 케임브리지 대학의 부속 대학 중 하나로 여성을 위한 칼리지인 뉴넘 칼리지의 설립자이기도 하다. 그는 도덕론에 관한 에세이를 집필하기도 했는데, 이는 상당 부분 빅토리아 시대의 윤리학을 반영하고 있다.

시지윅의 이 모든 업적 중에서도 우리에게 특히 중요한 업적은 앞의 인용문에서 볼 수 있다시피 외부효과의 개념을 밝혀낸 것이다. 외부효과란 특정 개인의 행동이 다른 이들의 안녕에 영향을 주는 것을 말한다.[14] 시지윅의 인용문에서 외부효과는 등대 주위를 지나는 배들이 다른 사람들에 의해 세워지고 관리되는 등대의 존재로부터 혜택을 얻는 것을 말한다.

우리 모두는 크고 작은 외부효과를 경험해본 적이 있다. 이웃이 드럼 연주를 배울 때, 장거리 비행 중 뒷좌석에 앉은 사람이 당신의 의자를 찰 때, 교통 체증에 빠졌을 때 등이다. 또한 기후 변화의 예에서 볼 수 있듯이, 외부효과는 아직 태어나지 않은 사람에게조차 영향을 미칠 수 있다. 우리의 후손들은 우리가 방출한 오염 물질에 부분적으로 영향을 받은 기후를 겪게 될 것이다.

외부효과의 개념에 조금 익숙해졌다면, 외부효과가 세상 모든 곳에서 일어난다는 점도 쉽게 알아챌 수 있을 것이다. 외부효과는 사람들 사이의 상호작용을 흥미롭게 만드는 요인인 동시에, 자유시장경제가 결코 만능 해결책이 되지 못하는 이유이기도 하다. 외부효과는 언론의 자유에서부터 총기 규제와 기후 변화에 이르는 수많은 긴급한 사회경제적 문제뿐 아니라 도덕적·윤리적 딜레마에서 핵심을 이룬다. 외부효과는 또한 네트워크에서도 근본적인 개념 중 하나이므로 이 책에서도 계속해서 등장할 것이다.[15]

공항에 있는 커피집의 종업원이 독감에 대비해 예방접종을 받는다면, 이는 그 종업원뿐 아니라 그가 독감에 걸렸다면 그로부터 병이 옮을지도 모를 많은 여행자들까지 독감에서 지켜준다. 여기서 외부효과는 예방접종을 받을지 말지에 대한 종업원의 결정이 결국 다른 사람들이 병에 걸릴 것인지에 영향을 주게 되는 것으로 나타난다. 종업원은 예방접종 여부를 결정할 때 자신이 다른 사람들에게 병을 옮길 수도 있다는 점은 별로 고려하지 않을지 모른다. 다른 많은 기관들과 마찬가지로, 스탠퍼드 대학도 이 점을 잘 이해하고 사람들이 올바른 결정을 내릴 수 있도록 돕기 위해 학생과 직원들에게 무료로 독감 예방접종을 실시한다. 집단의 일부분이라도 예방접종을 받으면 전체 사회가 그 혜택을 받을 수 있다. 정부는 취학아동과 교사, 의료 종사자 그리고 노인을 대상으로 하는 예방접종에 특별히 관심을 기울이고 있다. 이들은 특히 전염병에 걸리기 쉬울 뿐만 아니라 이를 전파시키기도 쉽기 때문이다.

정부가 예방접종에 상당히 공을 들이는 것은 당연한 일이다. 외부효과가 존재할 때, 자유시장 원리만으로는 한 개인이 사회의 전체적 안녕을 고려하도록 동기부여할 수 없기 때문이다. 부모들이 아이들에게 예방접종을 하는 것의 장단점을 저울질해볼 때, 그러한 예방접종이 다른 사람들에게 미치는 광범위한 결과까지 생각하는 것은 아니다. 이런 시장에서는 보조금을 주거나 행동을 규제해야만 모두가 더 잘 살게 된다. 아이가 학교에 들어가기 전에 예방접종을 모두 마칠 것을 요구하는 이유는 단지 그 아이만을 보호하기 위해서가 아니라, 각각의 아이들의 예방접종이 잠재적인 전염을 통해 다른 이들에게 영향을 줄 수도 있기 때문이다. 백신을 맞지 않은 일군의 무리는 비록 그 수가 적다 해도 이후 전염병이 더 널리 퍼지게 만드는 계기로 작용한다.

질병을 근절하는 데 가장 큰 걸림돌은 외부효과가 전 세계적 규모로 작동한다는 점이다. 중국은 2000년 소아마비를 완전히 퇴치했다고 선언했으나, 2011년에 이웃 나라로부터 유입된 것으로 보이는 소아마비 감염이 보고되었다. 1988년까지만 해도 100개가 넘는 국가에 소아마비가 잔존했다는 것을 생각하면, 소아마비와의 전쟁에서 큰 진전이 있었다고 말할 수 있다. 하지만 오직 하나의 나라에만 그 병이 남아 있더라도 다른 나라를 전염시키기에 충분하다. 거의 사라진 것처럼 보이는 질병에 대해서 사람들이 경계태세를 갖추도록 만드는 것은 비용도 많이 소요될 뿐더러 어려운 일이다. 단지 몇몇 나라가 방역을 소홀히 해 병을 키웠다고 해서 전 세계 아이들이 해마다 예방접종을 받아야 한다면, 누구든 이에 불만을 느끼지 않을 수 없을 것이다.

예방접종 정책은 또한 부정적 피드백 효과를 가진다. 예방접종에 쏟는 노력이 더 성공적일수록 병의 위협은 낮아지게 되고, 이에 따라 사람들이 계속 경계심을 가지도록 하는 동기부여도 약화된다. 질병의 기세가 높을 때면 사람들은 이에 주의를 기울이고 스스로 예방접종을 받는다. 외부효과나 다른 이들의 건강을 걱정해서가 아니라 스스로가 병에 걸릴 것을 두려워하기 때문이다. 예방접종이 정식으로 개발되기 수세기 전, 천연두로 많은 이의 생명이 위태로워지자 최초의 접종 형태가 나타났다. 당시 중국인들은 천연두 환자의 흉터를 조금씩 채취한 후 그것을 흡입하거나 피부에 문질러 면역을 얻었다. 그러나 일단 전염병의 기세가 수그러들면 사람들은 공포심을 잃게 되고 예방접종률도 감소하게 된다. 결국 이는 재생산수를 증가시켜 병이 다시 발생하게 만든다.

이러한 피드백 효과는, 특히 많은 사람들이 예방접종에 두려움을 가지게 되는 상황에서(7장에서 더 설명하겠다), 병이 수그러들 때마다 예방 접종을 기피하게 되는 강력한 순환 고리로 이어진다. 예방접종률의 미세한 변화가 기초감염재생산수에서 급격한 상전이를 동반하는 것을 고려할 때 그리고 감염 네트워크의 규모가 전 세계적 수준이란 점을 감안할 때, 어떤 병이든 그것을 근절시키기는 매우 어려우며 대부분의 병이 주기적으로 재발하는 경향을 가지게 된다는 점을 알 수 있다. 세계보건기구WHO에 따르면 인간 질병 중에 공식적으로 박멸된 질병은 천연두가 유일하다. 최후의 자연 감염은 1977년 소말리아에서 보고되었으며, 1980년에 세계보건기구는 마침내 천연두가 박멸되었다고 선언했다. 천연두의 완전한 박멸은 결코 쉬운 일이 아니었다. 새로운 발병이 관찰되자마자 재빨리 환자를 격리시키고 그 지역 주민들에게 신속히 백신을 접종하길 수십 년간 이어온 결과였다.

잘 연결되었지만 엉성한 네트워크

인간 네트워크의 대다수가 상당히 잘 연결되어 있다는 점, 즉 대부분의 구성원이 거대 컴포넌트에 속해 있다는 사실에는 좋은 면도 있고 나쁜 면도 있다. 나쁜 면은 앞에서 설명한 것처럼 잘 연결된 네트워크일수록 질병의 전파에 취약하다는 점이다. 하지만 이처럼 잘 연결된 네트워크는 또한 유용한 정보, 예컨대 독재 정부의 근황, 흥미로운 도서나 영화의 출시 소식, 새로운 기술에 대한 뉴스의 확산에서도 매우 중요한 역할을 한다.

　흥미롭게도 인간 네트워크는 잘 연결되어 있는 동시에 엉성한 경향도 있다. 모순처럼 들리겠지만, 일단 다음의 설명을 보자.

페이스북을 생각해보자. 퓨 리서치 센터의 조사에 따르면,[16] 페이스북 이용자 중 미국의 성인들은 평균적으로 338명의 친구를 가지고 전 세계 성인 이용자의 절반 이상이 200명이 넘는 친구를 가진다고 한다. 청소년 이용자들이 가진 친구의 수는 훨씬 많다. 네트워크가 연결되기 시작하는 시점인 '한 개인당 한 사람의 친구'라는 임계치를 훌쩍 뛰어넘는 수다. 그런 의미에서 페이스북과 같은 인간 네트워크는 극도로 잘 연결되어 있다고 말할 수 있다. 실제로 7억 명이 넘는 페이스북의 실질 이용자 중 99.9퍼센트가 하나의 거대 컴포넌트에 속해 있다.[17] 즉 소수의 고립된 이용자나 그룹을 제외하면, 전 세계 거의 모든 페이스북 이용자들이 이 플랫폼이 제공하는 경로를 통해 거의 모든 다른 이용자들에게 도달할 수 있다.

이처럼 네트워크의 거의 모든 구성원이 하나의 거대 컴포넌트를 이루는데, 어째서 페이스북의 네트워크가 엉성하다고 말하는 것일까? 여기서 '엉성하다'라는 말은, 가설상으로는 우리 모두가 페이스북을 통해 7억 2000만 명의 친구를 얻을 수 있지만 실제로는 그렇지 않다는 뜻이다. 우리 모두는 페이스북에서 친구 수가 수천 명이 넘는 사람들을 알고 있지만(우정의 역설을 기억하라!), 그 어떤 사람도 이론상 친구가 될 수 있는 모든 사람과 실제로 친구가 되지는 못한다(모든 사람은커녕 그 중 1퍼센트와 친구 관계를 맺는 것도 불가능하다). 이론상으로는 수억 명과 연결되어 있지만 친구 수의 평균은 단지 수백 명에 그친다는 것은, 실제로 어떤 두 사람이 페이스북 친구가 될 확률이 100만 분의 1보다 작다는 것을 의미한다. 즉 페이스북 네트워크는 가능한 모든 링크 중 극히 일부만을 가질 뿐이므로 극도로 엉성하다고 말하는 것이다. 그러나 그렇게 적은 퍼센트의 실제 링크로도 거의 모든 이용자가 하나의 거대 컴포넌트 속에서 연결되기에 충분하다.

비록 페이스북의 네트워크는 상당히 엉성하지만 거의 모든 이용자가 하나의 거대 컴포넌트를 이루고 있는 이상, 이용자 간 거리는 극도로 짧아진다. 놀랍게도 페이스북의 두 실질 이용자 간 평균 거리는 겨우 4.7링크밖에 되지 않는다.[18] 이는 '작은 세상small-world' 현상으로 알려져 있다. 1929년 헝가리 작가 프리제시 카린티Frigyes Karinthy의 단편 소설을 통해 대중적으로 알려지게 된 이 현상은, 이후 존 과에어John Guare의 희곡《분리의 여섯 단계Six Degrees of Separation》에도 등장하게 된다. 작은 세상 현상은 1950년대 일군의 수학자들에 의해 발견된 수많은 무작위 네트워크에서도 일관되게 나타난다.[19] 이 현상은 또한 네트워크 과학에 큰 영향을 끼친 저작인 던컨 와츠Duncan Watts의《작은 세상》(1999년)에서도 주역으로 등장한다.

　　작은 세상 현상은 1960년대 중반 심리학자 스탠리 밀그램Stanley Milgram이 진행한 실험에서 멋지게 묘사된 바 있다. 밀그램은 캔자스 주 위치토와 네브래스카 주 오마하 주민들에게 편지를 보내 본 연구에 참여해줄 것을 요청했고, 몇몇 주민들이 이에 응답했다. 이들은 매사추세츠 주에 사는 특정 인물에게 서류 봉투를 전달해달라는 요청을 받았다. 서류 봉투를 받아야 하는 사람들 중 한 명은 증권 중개인이고 다른 한 명은 신학생의 아내로, 이 실험을 위해 특별히 선발된 사람들이었다. 이 실험의 피험자들에게는 목표 인물들의 이름과 그들이 사는 지역 그리고 그들에 대한 약간의 정보만 알려주었다. 피험자들에게 주어진 지시사항은 다음과 같았다. "당신이 개인적으로 이 사람을 알지 못한다면 그들에게 직접 연락하려고 하지 마세요. 대신 이 서류 봉투를…… 당신의 지인 중 당신보다 이 사람에 대해 알고 있을 가능성이 더 높은 사람에게 보내세요. …… 서로 이름을 부를 정도로 절친한 사이의 친구에게 보내야 합니다." 이 서류 봉투를 받는 사람들은 봉투 속에 동봉된 지시문을 읽고 서류에 자신의 개인 정보를 기입한 다음 친구에게 보낸다.

봉투 하나는 캔자스의 농부로부터 시작되었다. 농부는 이 봉투를 고향 목사에게 보냈고, 목사는 그것을 매사추세츠 주 케임브리지의 절친한 목사에게 보냈다. 그런데 이 목사는 우연히도 목표 대상인 증권 중개인을 직접적으로 알고 있었다. 이 경우, 서류는 캔자스에서 미대륙을 가로질러 목표 대상에 도달하기까지 오직 세 단계만 거쳤다.

목표 인물들로부터 서류 봉투들을 건네받은 밀그램은 얼마나 많은 봉투가 목적지에 도착했는지 그리고 목적지에 도달하기까지 몇 단계를 거쳤는지 조사했다. 네브래스카를 떠난 160개의 봉투 중에서는 44개(27.5퍼센트)가 최종 목적지에 도달했다. 서류 봉투가 거친 단계 수는 2에서 10의 값을 가졌고 중앙값은 5, 평균값은 5보다 약간 컸다.[20]

서류 봉투가 최초 시작점을 떠난 이후에 이를 받은 사람들은 모두 실험에 자원한 사람들이 아니라 그저 아는 친구로부터 봉투를 전달받은 것이었으니, 이들이 지시문에 따라 지인에게 봉투를 보낼 확률은 그리 높지 않으리라 예상할 수 있다. 이런 점을 생각하면 최종 목적지에 도착한 서류 봉투의 비율은 사뭇 놀랍기까지 하다. 하지만 봉투를 전달할지의 여부가 전적으로 자발적이었다는 점을 고려하면, 목적지에 도달하기까지의 단계 수가 그토록 적은 까닭은 이 실험이 부분적으로 편향되었기 때문일 수도 있다. 만일 봉투가 더 많은 사람을 거쳐야 했다면, 예컨대 5명이 아니라 10명을 거쳐서 전달되는 경우에는, 두 배나 많은 사람들이 이 실험에 자발적으로 참여했어야 했다. 따라서 중간 단계가 짧은 경로일수록 성공하기 쉽고 따라서 데이터에 반영될 가능성도 높다. 중간 단계를 더 많이 거칠수록 목적지에 도달하지 못할 가능성도 높아지는 것이다. 이와 같은 편향을 보정하여 진행된 후속 연구에서는 봉투가 평균적으로 10명을 거치는 것으로 나타났다. 밀그램의 연구보다는 두

배 높지만, 여전히 작은 값이다.[21]

이 실험 결과가 놀라운 이유는 단지 서류 봉투가 거친 단계 수가 적기 때문만은 아니다. 봉투가 전달되어야 할 방향을 알려주는 네트워크 지도가 있었던 것도 아닌데 그토록 많은 봉투가 목적지에 도달할 수 있었기 때문이다. 당신이 매사추세츠 주에 사는 어떤 증권 거래인—혹은 후속 연구들에서처럼 베이징에 사는 학생 또는 런던의 배관공 등등—에 이르는 네트워크상 최단 경로를 알고 있을 가능성은 극히 희박하다. 많은 서류 봉투가 상당히 짧은 경로를 통해 전달되었다는 사실은, 어떤 두 사람 사이에는 이들을 잇는 짧은 경로가 존재할 뿐만 아니라 그러한 짧은 경로들은 여러 개가 존재하므로, 어떤 경로를 통해 물건을 전달하는 것이 효율적인지 사람들이 충분히 알아낼 수 있음을 나타낸다. 사람들이 어떤 방식으로 네트워크를 탐색하는지에 대해서는 5장에서 다시 논의할 것이다.

우리의 네트워크는 가능한 전체 링크 중 100만 분의 1밖에 안 될 정도로 엉성한데 어떻게 소수의 링크만으로 수십억 이용자들이 연결될 수 있을까?[22] 페이스북 네트워크를 예로 들어보자. 수백 명 수준의 친구를 가지는 평범한 페이스북 이용자, 예컨대 다이애나가 있다고 하자. 페이스북 이용자들이 평균적으로 대략 200명의 친구(최소한 가끔씩이라도 서로 교류가 있는 친구)를 가진다고 할 때, 다이애나의 2차 친구, 즉 다이애나로부터 두 번의 링크를 건너면 도달할 수 있는 친구의 수를 계산해 보자.[23] 각각의 친구들이 200명의 친구(다이애나와는 친구 사이가 아닌)를 가진다고 가정하자.[24] 그러면 우리는 길이가 2인 경로를 통해서 200×200=40,000명의 이용자에게 도달할 수 있다. 이런 식으로 계산을 반복하면 우리는 세 단계를 거쳐 800만 명의 사람들에게 그리고 네 단계를 거쳐 16억 명의 사람들에게 도달할 수 있다. 즉 네 단계를 거치면 도달 범위가 전체 페이스북 이용자보다 더 커진다. 게다가 다음 단계에서 대부분의 이용자에게 도달할 수 있다. 즉 대부분의 이용자들은 서로 넷 또는 다섯 단계의 연결만큼 떨어져 있는 것이다. 이를 통해 우리는 인간 네트워크에서 사람들 사이의 거리가 왜 그토록 짧은지 이해할 수 있다.

우리 세계는 계속 작아지고 있다

"순례자들은 알지 못했다. 그들이 묘지로 향하고 있다는 것을."

— 찰스 C. 만(미국의 과학 저널리스트)[25]

우리의 네트워크를 중세 시대의 것과 비교해보자. 중세 사람들은 200명이 아니라 5명 정도의 친구를 가진다고 가정해보자. 따라서 현대에는 네 단계만으로 대략 16억 명에게 도달할 수 있지만, 중세에는 네 단계를 거치면 대략 625명(5×5×5×5)의 사람들에게 도달할 수 있다. 이러한 가정에서는, 중세 시대 사람들이 전 세계 인구에 도달하려면 넷 또는 다섯 단계가 아니라 수십 단계를 거쳐야 했을 것으로 추산된다.[26]

그럼에도 불구하고 중세 사람들은 서로 상당히 잘 연결되어 있었다. 친구가 몇 명 되지 않더라도 재생산수가 1 이상이 될 수 있는 것이다. 그런 관점에서 중세 시대도 '작은 세계'를 가진다고 말할 수 있다. 비록 한 사람에서 다른 사람에게 도달하기까지 수십 개의 링크가 필요하며 이는 오늘날의 링크 수인 넷 또는 다섯보다 훨씬 큰 수지만, 당시의 인구수가 수억 명에 불과했다는 점을 고려하면 여전히 작은 수다. 물론 당시에는 사람들 사이의 거리가 멀었던 만큼 오늘날보다 세균이나 소식이 퍼지는 데 더 긴 시간이 걸렸고 좀 더 산발적이었다. 그럼에도 중세 세계는 장거리 전파 또는 전염이 가능할 만큼 충분히 연결되어 있었다. 끈질기게 퍼져 나가며 우리 인간을 끝없는 생존 투쟁으로 몰아넣은 수많은 질병들의 역사를 통해서도 이를 확인할 수 있다.[27]

세계를 여행하는 사람들의 수가 수십만 명을 넘어서게 된 이후, 세계인들은 전파 속도가 매우 빠르고 치명적이기까지 한 팬데믹들을 목격하게 되었다. 사람들을 가장 놀라게 만든 사례는 1918년부터 1919년 사이 유행했던 독감이다. 이 독감은 끔찍한 변종이었다. 젊은 사람들이나 건강한 사람들에게 특히나 치명적이었는데, 과민반응성 면역반응을 초래해 감염된 사람들의 10퍼센트 이상을 사망에 이르게 했다. 이 독감은 스페인 독감으로도 알려져 있는데, 특히 스페인에 큰 피해를 입혔기 때문이다. 스페인 사람들은 감염률과 사망률을 정확히 보고했던 반면, 1914년에서 1918년 사이 세계대전을 겪고 피폐해진 다른 국가들은 사기 진작을 위해 독감에 대한 정보를 숨겼다.[28] 이는 마치 독감이 스페인에서부터 퍼진 것처럼 보이게 만들었는데, 사실 독감은 이미 전 세계에 만연해 있었다.

세계대전이 끝난 해에 독감이 확산된 것에서 볼 수 있다시피, 종전 후 세계 각지에서 일어난 대규모 병력 이동은 독감의 확산에 결정적인 역할을 했다. 많은 군인들이 비좁은 막사에서 생활하며 먼 거리를 이동했다. 이는 독감의 다음 두 가지 특성과 맞물려 이 병이 인구 집단 속으로 빠르고 광범위하게 퍼지도록 만들었다. 먼저, 독감은 누군가가 기침을 하거나 훌쩍일 때 공기 중으로 방출된 작은 비말을 통해 전달될 수 있고, 1미터 이상 떨어진 두 사람 사이를 이동할 수 있으며, 또한 다른 사람이 만진 표면에 남아 있을 수도 있다. 두 번째로, 독감에 감염된 사람들은 독감 바이러스를 일주일 이상 퍼트릴 수 있다. 때로는 증상이 시작되기도 전에 바이러스를 퍼트리기 시작해서 증상이 가라앉은 이후에야

멈추기도 했다. 당시엔 아직 독감 백신이 개발되지 않았고, 유달리 고약했던 독감은 세계 각지의 대규모 인구 이동과 맞물려 역사상 가장 큰 규모의 치명적인 독감 팬데믹을 일으켰다. 대략 5억 명의 인구(세계 인구의 3분의 1로, 유럽 도시 인구보다 훨씬 많았다)가 독감에 감염되었으며, 사망자는 5000만 명에서 1억 명 사이로 추산된다.

한편, 이 사례는 인간 네트워크의 연결성이 변화한다는 것을 보여준다. 1918년의 대규모 병력 이동은 특이적 사건이었다. 이로 인해 세계는 그 이전 해보다 더욱 작아졌다. 이처럼 가끔 발생하는 급격한 인구 이동 외에도, 사람들이 서로 얼마나 교류하는지에는 강한 계절적 변동이 있다. 예를 들어 개학 기간이 되면 각종 질병이 급증한다. 이는 1929년 시간에 따른 질병의 변동을 연구하던 통계학자 허버트 소퍼Herbert Soper에 의해 처음 기록되었다. 그는 글래스고에서 발발한 홍역의 발병 패턴이 학교의 개학 기간으로 설명된다고 언급했다. 학교가 개학하면 질병에 면역이 없는 많은 아이들이 서로 가까이 모이게 되고, 따라서 네트워크의 국소적 연결 수준은 상당히 높아진다. 반대로 방학이 시작되면 국소적 연결성은 급격히 감소한다. 이와는 반대로, 유행병이 도는 동안 장거리 여행을 하게 되면 장거리 연결성은 오히려 증가한다.[29] 즉 상호작용의 네트워크는 계절에 따라 여러 가지 방식으로 변화할 수 있다. 전염병, 특히 독감의 확산을 예측하기 위해 사용되는 현대 역학 모형은 개학 및 방학, 여행 패턴, 의료 종사자들과의 교류 등 네트워크의 연결성에 영향을 주는 많은 요인들을 반영하여 설계된다.

감염의 확산이 얼마나 치명적인지는 천연두, 홍역, 발진티푸스 그리고 인플루엔자의 아메리카 유입에서 가장 극적으로 드러났다. 이 질병들은 원주민의 90퍼센트 이상의 목숨을 앗아간 것으로 추산되고 있다.[30] 아메리카 원주민 집단은 집단마다 인구밀도가 달랐고 서로 간의 접촉

빈도도 달랐으므로 질병의 확산으로 초토화되기까지는 시간이 걸렸다.

멕시코에서는 1520년 쿠바에서 온 스페인 함선에 의해 천연두가 도입되었다. 이 함선의 노예 중 한 명이 천연두에 감염되어 있었고, 수년 뒤 아즈텍 문명은 완전히 파괴되었다. 그후 10여 년 동안 천연두는 남아메리카로 넘어가 잉카 문명까지 황폐하게 만들었다. 전염병은 북아메리카 대륙 또한 휩쓸고 지나가 동부 및 중서부의 수많은 인구를 말살했다. 이 지역은 비옥한 지대로 상대적으로 인구밀도가 높았다. 반면에 북아메리카 대륙에서도 조금 고립된, 인구밀도가 낮은 지역은 한 세기 가까이 전염병의 유입을 지연시킬 수 있었지만, 결국 예외는 없었다. 필그림 파더스(1620년에 메이플라워호를 타고 미국으로 건너간 최초의 정착민들—옮긴이)가 상륙했던 뉴잉글랜드 해안 지역 일부는 그들이 도착하기 불과 몇 년 전에 황폐해졌다. 이 지역에서 토지와 자원을 둘러싼 경쟁이 거의 사라졌기 때문에 필그림들이 생존할 가능성도 더 높아졌는데, 만일 그들이 몇 년 더 빨리 왔다면 훨씬 많은 아메리카 원주민들과 경쟁해야 했을 것이다.

전염병의 마지막 희생자는 하와이 원주민이었다. 19세기까지 안전했던 그들에게도 결국 유라시아 질병들이 하나씩 유입되었고 그때마다 엄청난 피해를 겪었다. 하와이의 군주인 카메하메하 2세와 카마마루 왕비는 협정 체결을 위해 영국을 방문했는데, 이 여행의 결과로 국왕 부부는 수행원 대부분과 함께 죽음을 맞이했다. 이들이 왕립 군보육원을 방문하던 날 이곳은 군인들의 아이들로 가득했고, 결국 아이들로부터 홍역에 전염된 것이다.[31] 홍역은 멕시코에서 출발한 미 해군 호위함 '인디펜던스' 호를 통해 1848년 하와이의 힐로에 상륙했다.[32] 같은 해 겨울, 백일해와 독감도 하와이에 창궐했다. 이렇게 일련의 전염병들이 연달아 발생함에 따라 이 해에만 하와이 원주민의 4분의 1이 희생되었고, 인구

조사에서 1848년은 '죽음의 해'로 기록되었나. 사회가 안정을 되찾기도 전에 1853년 또 다른 함선을 통해 천연두가 유입되었다. 샌프란시스코에서 출발해 호놀룰루에 정박한 '찰스 맬러리' 호는 충분한 검역을 마친 것으로 여겨졌으나 결국 병을 전파시켰고, 몇 달 동안 수천 명의 원주민이 사망했다. 1778년 쿡 선장이 하와이에 도착했을 때 하와이 전체 인구는 30만 명이 넘는 것으로 추정되었지만, 1900년에 실시된 인구조사에서 원주민은 4만 명도 채 되지 않는 것으로 나타났다.

현대 의학의 발전에 따라 전염병에 대한 이해도 크게 향상되었다. 위생과 예방접종의 중요성이 부각되면서 많은 질병의 일상적 위협도 줄어들었다. 비록 팬데믹을 완전히 근절했다고 말하기는 어렵지만, 세계의 연결성이 점점 더 높아지는 중에도 인류가 여전히 생존하고 있다는 것은 경이로운 일이다. 산업화된 세계에서 한 개인이 교류하는 사람들의 수는 몇백 년 전에 비하면 자릿수가 달라졌다. 특히 우리는 먹거리와 위생을 수많은 타인에게 의존하고 있다. 또한 매일 수십만 명의 사람들이 다른 나라로 여행하기 시작하면서, 이제 수많은 상호작용이 장거리에 걸쳐 일어나게 되었다. 결과적으로 질병의 감염 가능성 네트워크는 〈그림 3.1〉에 나온 고등학생들의 네트워크와 세 가지 큰 차이점을 가지게 된다. 즉 감염 네트워크는 훨씬 촘촘하고, 거의 모든 노드들이 거대 컴포넌트 속에 포함되며, 노드 간 평균 거리도 훨씬 짧다. 이는 유행병이 한 번 돌 때마다 수백만 인구가 목숨을 잃던 그 옛날보다 오늘날 그러한 유행병이 훨씬 빠르고 널리 퍼지게 된다는 것을 의미한다. 우리는 과학의 발전 그리고 새로운 백신의 개발 속도가 또 다른 질병이 출현하고 인간 네트워크의 연결성이 확장되는 속도를 계속해서 추월하기를 바랄 수밖에 없다.

인기의 역설

앞서 논의했던 우정의 역설은 중심성 및 영향력의 측정에서뿐만 아니라 전염과 확산에서도 시사하는 바가 있다. 어떤 사람이 친구들 사이에서 상대적으로 과대대표된다는 것은 그 사람에게 큰 영향력이 생긴다는 것뿐만 아니라 다른 사람들에게 더 많이 노출된다는 것을 의미하기도 한다. 따라서 만일 당신이 때때로 인기가 없어서 서러웠다면, 여기 작은 위안거리가 있다. 가장 인기가 많은 친구는 새로운 소식을 제일 먼저 전해 들을 수 있겠지만 동시에 새로운 전염병에 제일 먼저 노출되기도 한다.

이에 대한 가장 악명 높은 사례는 캐나다의 항공승무원 가에탕 뒤가 Gaëtan Dugas다. 미국 질병통제예방센터는 1983년 당시까지 HIV에 감염된 것으로 알려진 248명의 환자들 중 40명이 뒤가와 성적 접촉을 가졌다는 것을 알아냈다. 많은 사람들이 뒤가를 '최초 감염자patient zero'로 몰아갔고, 그는 전염병을 널리 퍼트린 것에 대한 비난을 받아야 했다.[33] 이후 더 많은 데이터가 수집되고 나서야 뒤가는 오명을 벗을 수 있었다. 에이즈AIDS(후천성면역결핍증)는 1960년대에 아이티를 통해 미국으로 유입된 것으로 추측되고 있다(본래 에이즈는 아프리카에 제일 먼저 뿌리를 내렸고 이후에 아메리카 대륙으로 확산되었다). 아마도 에이즈는 문란한 승무원이 없었더라도 세상에 단단히 자리를 잡았을 것이다. 하지만 그가 에이즈의 초기 확산에 불을 지핀 것은 사실이다.

이와 유사하게 에볼라에 감염된 사람들 중 오직 3퍼센트가 시에라리온에서 발병한 환자들의 절반 이상을 감염시킨 것으로 추산된다. 연결성이 매우 높은 사람들이 없었더라도 에볼라는 유행했을 것이다. 하지만 이들은 감염원에 더 많이 노출되고 따라서 확산을 가속시킬 수 있는 위치에 있었다.[34]

왜 전염병의 확산에서 연결성 높은 사람이 꼭 필요한 것은 아닌지 이해하기 위해서는 그저 네트워크를 한번 보기만 하는 것으로도 충분하다. 다시 〈그림 3.1〉을 보자. 이 네트워크에는 거대 컴포넌트가 있고 도수가 높은 사람들은 아주 소수만 있다. 도수가 7인 사람은 오직 한 명뿐이며, 6인 사람이 한 명, 5인 사람이 몇 명 있고 나머지 대다수의 노드들은 도수가 1이나 2다.

이는 네트워크에 대한 일반적인 오해 중 하나이기 때문에 강조할 필요가 있다. 허브hub와 커넥터connector 노드는 네트워크의 연결, 숙주 전염 또는 확산을 위해 '항상' 필요한 것은 아니다. 그들은 확산 과정에 관여되기 더 쉽고 때로는 초기 확산에 불을 지피기도 하지만, 가장 연결성이 좋은 노드가 없을 때도 많은 전염병이 확산될 수 있다. 연애 관계 네트워크에서 도수가 가장 높은 노드들을 몇 개 제거해보자. 거대 컴포넌트로부터 작은 조각들이 몇 개 떨어져 나올지도 모르지만, 전체 형태는 온전히 유지된다. 거대 컴포넌트가 광범위한 감염을 유발하도록 이끄는 원동력은 네트워크의 전체 평균 도수다. 많은 인간 네트워크에서 대부분의 사람들은 1 이상의 도수를 가지려 하는데, 이는 감염이나 정보의 확산이 그토록 보편적으로 나타나는 이유이기도 하다.

그럼에도 불구하고 연결성이 높은 사람들은 감염에 더 취약하고 전파를 가속시키며, 막 상전이가 일어나려는 네트워크에서 급격한 변동을 일으킬 수 있다. 더 중요한 점은, 만일 가장 큰 파급력을 지닌 노드를 찾고자 한다면 가장 중심성이 높은 노드에서부터 시작해야 한다는 것이다. 이처럼 연결성이 높은 개인일수록 감염 위험성이 더 크다는 사실은 자연에서 질병 확산을 분석하는 새로운 기법을 도입하는 데 활용될 수 있다.

한 예로 오스트레일리아와 뉴질랜드의 스테파니 고드프리Stephanie

Godfrey와 그 동료들은 투아타라tuatara 개체군 중에 진드기 및 응애가 얼마나 만연해 있는지 연구했다. 투아타라는 뉴질랜드에 서식하는 도마뱀처럼 생긴 파충류다.[35] '투아타라'라는 이름은 마오리족이 붙여준 것으로 '가시 돋힌 등'이란 뜻이다. 투아타라는 대단히 흥미로운 생물 종이다. 도마뱀처럼 생겼지만 사실 도마뱀이 아니라, 6000만 년 전 백악기 말 다른 공룡들과 함께 멸종된 훼두목 파충류의 마지막 후손이다. 투아타라는 정수리 부근에 세 번째 '눈'을 가지고 있는데, 이는 보기 위한 것이 아니라 자외선을 흡수해 대사과정을 조절하기 위한 것으로 추측되고 있다. 투아타라는 삶의 대부분을 자신의 영역에서 홀로 외롭게 지내는데, 보통은 벌레를, 때로는 새의 알이나 개구리를 잡아먹으며 햇살 아래 일광욕을 즐기는 것으로 시간을 보낸다. 어떤 관점으로는 적어도 나쁜 인생은 아니다.

그 고독한 본성에도 불구하고, 투아타라들 사이의 영역은 일부 겹치기도 하기 때문에 가끔씩 그들은 서로 마주치기도 한다. 물론 번식을 위해서는 필요한 일이다. 투아타라는 흡혈 기생충을 옮기는 진드기의 숙주인데, 이 기생충은 투아타라에게 매우 해롭다. 또한 투아타라는 종종 응애에 감염되기도 한다. 네트워크의 관점에서 흥미로운 부분은 진드기가 한 숙주에게 오랫동안 머물지 않는다는 점이다. 따라서 진드기가 한 투아타라에서 다른 투아타라로 이동하기 위해서는 투아타라들이 서로 근접할 필요가 있다. 즉 진드기의 확산에는 투아타라의 상호 교류 네트워크가 매우 중요한 역할을 하게 된다. 반면에 응애는 한 투아타라에 기생해서 살며, 따라서 응애의 확산은 투아타라의 교류에 덜 의존한다.

고드프리와 그 동료들은 스티븐스 섬의 투아타라를 추적하여 그들의 영역과 이동을 도표로 나타냈다. 투아타라의 영역은 서로 매우 다른 패턴을 가지고 있어, 일부 투아타라는 오직 다른 한 개체와 영역이 겹치는

그림 3.3 투아타라[36]

반면 몇몇은 좀 더 중심성이 높아 10마리 이상의 개체와 영역이 겹치기도 했다. 이는 투아타라의 도수 중심성으로, 얼마나 많은 개체들과 접촉할 가능성이 있는지를 나타낸다. 따라서 고드프리와 그 동료들은 투아타라에 기생하는 진드기의 수를 조사함으로써(당신도 여름을 이렇게 보내는 건 어떤가?) 투아타라의 도수 중심성과 각 개체가 가진 진드기 및 흡혈 기생충의 수 사이에 상당히 유의한 상관관계가 있다는 것을 발견했다. 진드기는 투아타라 사이를 이동하기 위해 이들의 네트워크에 의존하므로, 도수가 높은 투아타라일수록 진드기에 감염될 위험이 높아진다. 재밌게도, 투아타라에게 생존을 의지하는 응애에 대해서는 이러한 관계가 나타나지 않는다. 즉 응애의 확산에서 네트워크는 큰 역할을 하지 않으며 도수 또한 감염률에 영향을 주지 않았다.[37]

인간을 포함한 여러 다양한 생물 종에 대해 이러한 분석이 행해졌다.[38] 니콜라스 크리스타키스Nicholas Christakis와 제임스 파울러James Fowler는 하버드 대학에서 어느 학생이 가장 먼저 독감에 걸렸는지 조사했다.[39] 이들은 두 집단을 관찰했는데, 한 집단은 전체 학생들 중에서 임의로 선정된 수백 명의 학생들로 구성되었고, 다른 집단은 다른 학생들이 자신의 친구라고 말한 학생들 수백 명으로 구성되었다. 우정의 역설로부터 예측할 수 있듯이, 친구로 지명된 학생들은 무작위로 선발된 학생들보다 더 높은 도수를 가질 것이다. 크리스타키스와 파울러가 찾은 바에 따르면, 실제로도 다른 학생들에 의해 친구로 지명된 학생들의 집단이 평균적으로 2주 먼저 독감에 걸렸다. 인기인에게도 그늘은 있는 법이다.[40]

전염병 확산을 막는 방법

2009년 극도로 치명적이고 위험한 독감 변종, H1N1 변종 바이러스(신종인플루엔자A)가 전 세계에 확산되었다. 이 바이러스는 1918년 전 세계를 초토화시킨 스페인 독감 바이러스의 근연종이다.

그해 여름 베이징을 방문했을 때, 나는 함께 비행기를 타고 간 사람들과 체온을 재는 장치를 지나가야 했다. 중국이 여행자들을 검사한 유일한 나라는 아니었다. 당시 수십 개의 나라가 여행자들을 검사했고 독감 증상이 없는지 보고하는 양식을 작성하도록 요청했다. 감염된 것으로 판단된 사람은 입국이 거부되거나 격리되었다. 질병에 대응하여 네트워크가 변하고 있었던 것이다.

몇몇 경우에는 여행 제한과 경보가 막대한 대가를 초래하는 것으로 나타났다. 2009년 멕시코는 H1N1 독감의 최초 감염 사례가 보고된 국가들 중 하나로, 그해 봄에 발령된 여행경보 중 상당수가 멕시코를 언급했다. 그 결과, 늦은 봄 즈음에는 멕시코를 방문한 여행객의 수가 40퍼센트 정도 감소했다. 관광업이 그 지역의 주요 산업인 국가에서는 여행자 수의 급락이 심각한 폐해를 끼칠 수도 있다.

그러나 사태가 마무리된 이후 독감이 발생한 시점과 지역 그리고 여행 네트워크를 면밀히 분석한 결과를 보면, 여행 제한은 독감의 확산을 막는 데 거의 도움이 되지 않는 것으로 나타났다. 여행 패턴의 변화는 독감의 확산을 겨우 며칠 정도 늦췄을 뿐이었다.[41] 여행객 검사가 가장 까다로웠던 국가조차도 국경 내로 독감이 전파되는 것을 7일에서 12일 정도 지연시킬 수 있었을 뿐, 전염을 피할 수는 없었다.[42]

오늘날 해외여행이 워낙 대규모로 이루어지고 있기 때문에, 여행 인구의 수를 대폭 줄이고 감염자를 가능한 한 많이 찾아내 격리시키더라도 질병의 확산에는 거의 영향을 주지 못한다. 네트워크 관점에서 다시 말하면, 네트워크에서 장거리로 연결된 관계의 상당 부분(전부는 아닌)을 제거하는 전략이라고 생각할 수 있다. 하지만 이런 방식으로 독감의 재생산수를 줄이는 것은 거의 불가능하다. 물론 독감이 유행하는 동안 여행을 다니지 않는다 해도 독감에 걸릴 수 있다고 말하려는 것은 아니다. 독감 유행 기간 동안 멀리 떨어진 산속 오두막에서만 지낸 사람이 독감에 걸릴 일은 거의 없을 것이다.

때때로 격리 조치가 더 심각한 폐해를 초래하기도 했다. 특히 전염에 대한 이해가 완전하지 않았던 시절에 격리의 피해가 더 컸는데, 소아마비 유행에 대한 대응에서 이를 확인할 수 있다. 소아마비는 고대 이집트 시대부터 존재해왔고, 클라우디우스 황제부터 월터 스콧 경까지 역사적으로 유명했던 많은 인물이 앓았던 병이기도 했다. 그전까지 소아마비는 종종 아무 때나 불쑥 발생하곤 했지만, 1910년 즈음 유럽에서 대규모 유행병의 양상을 띠기 시작했다. 마침내 1916년 여름 소아마비는 엄청난 규모로 뉴욕을 강타했다. 당시에는 소아마비에 대한 이해가 거의 전무했다. 어느 날 밤 평화롭게 잠에 든 아이들이 다음 날 아침에 눈을 떠보니 걸을 수가 없었던 것이다.

병은 급속히 퍼져갔고 사람들은 공포에 떨어야만 했다. 소아마비는 인간의 배설물을 통해 경구 감염되는 병으로, 개방형 하수도 인근에 사는 아이들에게 매우 치명적일 수 있다. 하지만 이런 지식이 없던 당시 사람들은 병의 원인으로 모기, 수은, 빈대 등을 지목하며 수많은 가설을 내놓았고, 8만 마리의 개와 고양이를 죽이기까지 했다. 뉴욕에서 처음 발병한 사람들 중 상당수가 이탈리아인이었으므로 이탈리아인 거주 지역 중 일부가 격리되었다. 하지만 이런 격리 조치 때문에 해당 지역의 위생 상태는 더욱 악화되었고 더 많은 아이가 병에 노출되었다. 또한 다른 이유로 열이 나는 아이들이 소아마비 환자들과 함께 격리되면서 끔찍한 결과를 초래하기도 했다.[43]

그렇다고 해서 네트워크의 접촉 패턴을 변화시키는 것이 전혀 효과가 없다는 의미는 아니다. 에볼라처럼 기초감염재생산수가 작은 질병에 대해서는 초기 단계에 발병 확인 후 시행한 이동 제한이 효과적이었던 것으로 보인다. 여행률이 낮은 지역에서 병이 발생했다는 점도 한몫했다. 시에라리온 인근 지역의 여행을 제한하는 것은 베이징이나 런던, 뉴욕, 멕시코시티로의 여행객 수를 줄이는 것과는 전혀 다르다. 여러 연구들[44]에 따르면, 광범위한 독감 유행을 효과적으로 제어하기 위한 유일한 방법은 예방접종을 실시하고, 감염된 개인들을 격리 수용하며(더 이상 병을 옮기지 않을 때까지 집이나 병원에서만 지내도록 하는 것), 몇몇 경우에는 감염을 줄이고 전염 가능성을 낮추는 항바이러스제를 사용하는 것이다. 이 방법들은 독감의 재생산수를 상당히 낮추어 질병의 확산을 막는 데 중대한 역할을 한다.

여기서 요점은 네트워크가 내부에서 무엇이 전염되느냐에 따라 반응하고 변화한다는 것이다. 질병이나 금융 불안감처럼 해로운 전염원이 확산될 때, 공포를 느낀 사람들은 관계를 단절하고 노드들을 분리시키며 잔뜩 움츠린 채 자기방어에 나선다. 이와 반대로 중요한 소식이 전파될 때 사람들은 서로 활발히 소통하며 네트워크의 밀도를 증가시키게 되므로, 좋은 소식이나 자극적인 소문은 확산 속도가 점점 빨라진다. 네트워크의 전염 속성을 완전히 이해하기 위해서는 네트워크가 역동적 속성을 지녔으며 종종 전염 그 자체에 반응하기도 한다는 점을 이해해야한다. 이에 대해서는 7장과 8장에서 신기술 도입, 교육 투자 계획, 사회적 학습에 대해 논의할 때 더 이야기하겠다. 이런 사례들에서 사람들의행동 방식은 다른 사람이 무엇을 하는지 그리고 네트워크가 어떤 상태에 있는지에 따라 달라진다.

정보 확산에서 네트워크의 역동성

현대 사회에서는 우리의 많은 네트워크가 서로 연결되어 있으며, 좋든싫든 당신은 사회의 다른 사람들과 마찬가지로 거대 컴포넌트에 포함되어 있다. 우리는 독감과 같은 여러 질병에 끊임없이 노출되어 있고 뉴스나 소문이 확산되는 데 일조하기도 한다. 몇몇 뉴스들은 못 듣고 지나치기가 거의 불가능할 지경이다.

한 무리의 사람들이 기분 전환을 위해 진행한 흥미로운 한 게임을 살펴보자. 이는 타인과의 교류를 줄여 특정 뉴스를 가장 늦게 아는 사람이승자가 되는 게임이었다. 이 게임은 소위 "미국에서 슈퍼볼 우승팀을 가장 늦게 알게 된 사람"이라고 알려졌으며, 참가자들은 스스로를 "정보도망자"라고 불렀는데 어느 팀이 그해 슈퍼볼에서 우승했는지를 듣지않으려고 도망을 다녀야 했기 때문이다. 이들은 가능한 한 오랫동안 슈퍼볼 우승팀을 모르고 지내야 했고 소식을 알게 되면 참가자의 자율에따라 고지하도록 했다.[45] 슈퍼볼 우승팀 소식에 '전염'되는 것을 피하기는 극히 어렵다. 첫째 이미 미국 인구의 3분의 1이 경기를 직접 시청함으로써 슈퍼볼 우승팀에 대한 정보에 '감염'되어 있는 상태에서 게임이 시작된다. 다음으로 이는 매우 뜨거운 뉴스다. 경기가 끝난 후 며칠 동안 슈퍼볼 소식은 화제의 중심이 될 것이며 수많은 언론 매체에서 헤드라인으로 다룰 것이다.

화제의 뉴스를 피하기란 실로 엄청나게 힘든 일이다. 생활 습관을 바꿔 거의 모든 매체, 대화, 사람을 피해야 한다. 흥미롭게도 도전자들은 게임을 지속하기가 거의 불가능했다. 그들은 여러 가지 재밌는 방식으로 일찍 '사망했다(슈퍼볼 소식을 알게 되었다)'. 예외적으로 일주일 이상 뉴스를 피해다닌 사람도 있었지만 참가자 대부분은 몇 시간에서 며칠 정도밖에 버티지 못했다. 도전자들의 웹사이트에 보고된 기록 중 최단 기록은 8초였고, 최장 기록은 특이치로 수년이었다. 또한 불가피하게 '죽음'을 맞이한 참가자들은 다른 사람들에게 사망 원인을 알려줘야 했다. 여기에는 수많은 형태의 사회적 상호작용이 포함되어 있었다. 그 목록의 일부를 보면 다음과 같다. "항공승무원에게 죽음, 교수에게 죽음, 룸메이트에게 죽음, 대학 친구에게 죽음, 아내가 함성을 질러서 죽음(겨우 8초 만에!), 휴게소에서 친구에게 죽음, 한가하게 대화를 나누다 죽음, AP 생물학 수업에서 고의적인 방해로 죽음, CNBC 뉴스 회의에서 죽음, 흑인 역사의 달(2월)에 대해 이야기하다가 죽음(정말로)." 죽음의 원인에는 또한 이메일이나 문자 메시지, 방송, 소셜미디어, 어플리케이션 등이 포함되어 있었다.

사망 원인의 목록에서도 나타나듯이 사람들은 정보를 전달하기 위해 매우 다양한 종류의 상호작용을 하며, 그 과정에서 상호작용의 주된 목적과는 전혀 상관없는 정보들을 주고받기도 한다. 이로 인해 사람들은 시사성이 높은 정보를 얻고자 할 때 수많은 경로를 이용할 수 있게 된다. 즉 그러한 정보의 확산 네트워크는 대단히 광범위하며 기초감염재생산수가 높고 노드 사이의 거리가 매우 짧다는 특성을 가진다.

기초감염재생산수, 상전이, 거대 컴포넌트 그리고 외부효과는 질병이나 뉴스의 전파를 넘어 수많은 형태의 확산과 전염에서 중요한 역할을 한다. 그런데 세균 이상의 것들이 확산될 때 흥미로운 변칙들이 생겨난다. 이제 살펴볼 금융 전염이 바로 그런 변칙 상황이다.

4

실패하기엔
너무 연결되어 있는
금융 네트워크

"하지만 세계는 점점 더 상호의존적으로 되어 가고 있다. 주식시장은 경제와 등락을 함께한다. 신용은 번영의 핵심이 되었다. 불안감은 전염병처럼 퍼져 나간다."

—토니 블레어

"공포와 희열은 지배적인 힘이다. 그리고 공포는 희열보다 몇 배나 큰 힘을 가진다. 희열이 커지는 동안 거품은 아주 천천히 부풀어 오른다. 그러다 공포가 급습하면 거품은 급격히 무너져 내린다. 이 광경을 보게 되었을 때 나는 일종의 지적 충격을 받았다. 전염은 이 모든 것을 허물어뜨리는 결정적 현상이다."

—앨런 그린스펀

경제의 상호연결성이 점점 더 커짐에 따라, 라스베이거스의 부동산 가격 하락이 런던과 홍콩의 금융시장에 파장을 미치는 일이 가능해졌다. 프랑스 은행에서 일어난 투자 비리가 전 세계 다른 은행들의 주가를 떨어뜨릴 수도 있다.

금융 네트워크에는 다양한 기관들이 포함되어 있으며 이들 사이의 관계는 지금까지 우리가 이야기했던 개인 사이의 관계와는 전혀 다른 양상을 띠지만, 금융 네트워크 또한 인간에 의해 형성된 네트워크로서 인간에 의해 유지되며 외부효과로 가득 차 있다. 따라서 전염에 대해 앞서 우리가 논의했던 내용들은 금융 불안감의 확산을 이해하는 데도 유용하게 활용될 수 있다.

하지만 금융 네트워크에 대해 따로 한 장을 할애하는 이유는 금융 불안감의 전염은 질병의 확산과는 다른 미묘한 상쇄 효과를 가지기 때문이다. 세계화의 결과로 세상은 더 상호연결되었을 뿐만 아니라 전반적으로 더 다양한 투자 전략과 안전한 포트폴리오가 마련되었다.[1] 따라서 질병 네트워크에서 새로운 접촉이 일어나면 질병이 더 빨리, 더 널리 퍼지게 되는 것과는 반대로, 금융 네트워크에서 새로운 접촉은 주변으로 위험을 분산시켜 그 위험이 흡수되도록 한다.

이러한 상쇄 효과는 어떻게 작용하는가? 왜 우리는 여전히 세계적 불황과 금융 전염을 겪게 되는가?

본 장에서 계속 논의하겠지만, 많은 주요 금융시장들이 여러 이유로 충분히 다각화되지 않은 채 남아 있다. 금융 네트워크가 전염이 광범위하게 퍼질 수 있을 만큼 잘 연결되어 있지만 한 기관의 파산이 다른 기관들의 연쇄 도산으로 이어지는 것을 막을 수 있을 만큼 충분히 다각화되어 있지 않다면, 금융 전염의 위험한 온상이 될 수 있다.

이러한 금융 위기의 연쇄적 파급이 어떻게 일어나는지 이해하기 위해, 먼저 글로벌 금융 위기의 한 사례를 자세히 살펴보자.

글로벌 금융 위기의 구조

2008년 9월 15일, 당시 세계 최대의 투자은행 중 하나였던 리먼브러더스가 파산을 신청했다. 그날 미국 주식시장은 4퍼센트 이상 폭락했다. 하지만 이는 이후에 벌어질 일들의 예고편에 불과했다. 리먼브러더스의 실패는 서브프라임 모기지subprime mortgage 즉 비우량 주택담보대출을 과도하게 늘렸기 때문인 것으로 밝혀졌다. 그것이 '비우량'인 이유는 대출자의 신용 이력이나 대출 담보가 되는 부동산의 가치에 상당한 위험이 있기 때문이다.

실라 라모스는 그러한 주택담보대출을 여러 차례 받았다. 그녀는 수년간 알래스카에서 지내며 미용실과 소매 체인에서 일했고, 마지막에는 공공기업체에서 콘크리트 벽을 짓는 일을 하다가 결국 플로리다로 이주했다. 좋아하지도 않는 일을 하는 것에 지친 그녀는 남쪽으로 이주한 뒤, 아무런 빚도 지지 않은 채 그동안 저축해둔 돈과 부모님의 집을 판 돈 30만 달러로 집을 구입했다. 일과 수입원이 필요했던 그녀는 지역 잔디 관리 서비스업체를 산 뒤 아들과 함께 직접 경영했다. 사업체를 구입하기 위해 실라는 자신의 집을 담보로 9만 달러를 대출받았다. 모든 게 순조로웠다. 자동차 사고로 더 이상 일을 못하게 될 때까진 말이다. 주택담보대출을 갚을 수 없게 된 실라는 14만 달러를 새로 대출받았다. 그녀는 이 돈을 이전의 담보대출, 소득 감소로 인한 추가적인 부채 그리고 의료비와 변호사 수임료를 갚는 데 사용했고, 다시 일을 시작할 수 있게 되기 전까지 남은 돈으로 어떻게든 대출을 갚아 갈 생각이었다. 그러나 다시 일을 시작하는 것이 힘들어졌고, 늘어나는 빚 때문에 수금원에게 시달리던 그녀는 2006년 12월 세 번째 주택담보대출을 받았다. 이번에는 26만 2000달러였다. 이것으로 이전의 빚을 모두 갚을 수 있었지만, 다시 일을 하게 되기 전까지는 눈덩이처럼 불어난 주택담보대출을 갚기 위한 또 다른 방책이 필요했다. 각각의 주택담보대출은 변동금리의 적용을 받아 시간이 지날수록 이자율이 상승했고, 갚아야 할 돈도 점점 더 많아졌다.

실라 라모스가 주택담보대출을 받기까지는 불운한 상황, 대출업자들의 공격적인 영업 그리고 물론 그녀의 잘못된 결정이 복합적으로 작용했다. 대출회사들의 관점에서 보아도 이 주택담보대출은 터무니없는 것이었고, 결국 회사들이 채무를 떠안게 되었다. 한참 뒤 실라는 대출신청서에 자신이 매달 6500달러의 수입이 있는 취업자로 기재되어 있다는 것을 알게 되었다. 당시 대출중개인에게 자신은 더 이상 일을 할 수 없고 사업도 부진하다는 것을 고지했음에도 말이다. 결국 실라의 주택담보대출은 비극으로 끝이 났다. 담보권 행사로 집을 빼앗긴 실라는 자신에게 양육권이 있는 손자들과 함께 텐트에서 살아야 했다.[2]

실라에게 대출을 해준 회사도 결국 파산했다는 것이 한 줌의 위안이 될 수도 있다. 하지만 이러한 대출이 일으킨 재앙은 여기에 직접적으로 연루되지 않은 사람들에게도 파장을 미쳤다. 실라의 이야기는 극단적이기는 하지만 이례적인 것은 아니다. 많은 사람들이 새로운 대출을 받아 이전 대출을 갚고, 집을 담보로 현금을 대출받으려는 강한 유혹을 받았다. 또한 집을 구입하는 것이 놀랄 만큼 쉽다는 것을 깨닫고 생애 처음으로 집을 산 사람들도 많았다. 당시 호황을 누리던 라스베이거스에서 직장을 얻은 사람들부터 성장세에 있던 뉴저지 교외로 이주한 사람들까지 모두 대출을 받아 집을 구매했다. 대출채권 발행사들은 대출 건수마다 수수료를 받았으므로 매우 공격적으로 영업을 펼쳤고, 주택담보대출을 재판매하는 것도 쉬웠으므로 그들이 짊어질 위험은 거의 없었다.

상당수의 대출이 매우 창의적인 회계 처리를 거쳐 발행되었는데, 이는 이후 법정에서 계약 위반인 것으로 판결이 났다. 하지만 죄질이 상당히 나쁜 경우에도(이를테면 가장 큰 주택담보대출 업체였던 컨트리와이드 파이낸셜 같은 경우), 부주의나 계약 미이행이 아닌 명백한 사기라는 것을 입증하기는 어려웠다. 대부업체가 단독으로 이 모든 일을 일으킬 수는 없었을 것이다. 미국에서 발행된 대부분의 서브프라임 모기지는 패니 메이(연방저당공사FNMA)와 프레디 맥(연방주택대출저당공사FHLMC)이라는 두 거대 정부보증기업을 거치게 되는데,[3] 이 기업들은 여러 사람의 대출을 모아 몇 가지 보증을 붙여 재판매했다. 이후 패니 메이와 프레디 맥은 관리감독의 소홀 및 홍보한 것과는 다른 내용의 유가증권을 재판매한 혐의로 소송을 당했다. 수십 년간 이어진 저금리 정책과 주택도시개발부 등 정부 부처의 주택 소유 지원정책도 주택 가격의 폭등을 야기했다. 2008년까지 패니 메이와 프레디 맥이 소유하거나 보증한 주택담보대출 및 주택저당채권MBS의 가치는 5조 달러가 넘었으며, 이는 전체 시장의 거의 절반 수준이었다.

폭주하던 주택담보대출은 2008년 여름, 마침내 궤도에서 이탈해버렸다. 하지만 그 이전부터 붕괴는 이미 시작되고 있었다. 비교적 낮은 대출이자가 적용되던 기간이 끝나고 금리가 폭등하자, 특히 실라처럼 가진 자산 이상의 대출을 받았던 많은 사람들이 채무 불이행 상태에 빠졌다. 뒤따른 가압류와 함께 주택 가격은 폭락했고, 결과적으로 많은 사람의 담보대출이 그들이 소유한 주택의 가치를 초과하게 되었다. 탈선을 눈앞에 둔 폭주기관차는 결국 경보를 울렸다. 2008년 7월 초, 패니 메이와 프레디 맥의 과도한 시장 노출에 대한 우려의 목소리가 터져 나왔다. 패니와 프레디가 그동안 주택담보대출을 되팔면서 했던 보증은 물론, 그들의 사업에 자금을 대기 위해 발행되었던 많은 채권이 사실상 아무 가치가 없다는 것이 분명해짐에 따라, 이들이 주택저당채권을 팔고 사업을 진행하기는 거의 불가능해졌다. 하지만 이들의 사업에는 수조 달러의 자금이 묶여 있었고, 정부는 시장이 완전히 붕괴하는 것을 막기 위해 사태에 개입해야만 했다.

다시 리먼브러더스로 돌아가 보자. 주택저당채권의 최대 인수회사 중 하나였던 리먼브러더스는 2007년 이전에는 엄청난 수익을 올렸다. 하지만 담보대출에 막대한 투자를 했던 베어스턴스 사의 헤지펀드 두 개가 부도가 나면서 주택 시장의 거품이 붕괴할 조짐이 가시화되기 시작했다. 불안감이 확산됨에 따라 리먼의 주가가 곤두박질쳤다. 그러나 리먼은 현실을 직시하고 포트폴리오를 수정하는 대신, 이전보다 더 열심히 회계 작업을 진행했다. 2008년 여름경에는 일부 거래를 중단했지만 때는 이미 너무 늦어버렸다.

이제 이 이야기에서 네트워크가 등장한다. 금융 불안감은 네트워크를 타고 주택담보대출과 직접적으로 관련되어 있는 사람들 너머로 확산된다. 그해 초, 정부는 더 이상의 재앙을 막기 위해 베어스턴스가 JP모건 체이스에 인수합병되는 것을 도왔다. 따라서 리먼브러더스 역시 어느 정도의 지원을 받을 수 있으리라는 예측이 나오는 것도 당연했다. 리먼브러더스는 "너무 연결되어 있어서 망할 수 없다"라고 여겨졌지만, 불행히도 정부의 도움을 받지 못한 채 결국 파산했다.

리먼브러더스가 파산을 선언하고 며칠 뒤, AIG가 구제금융을 요청했다. AIG는 신용부도스와프CDS의 주요 투자 전문 기관으로 주택담보대출에 대한 보험을 수천억 달러치 판매했다.[4] 리먼브러더스의 파산으로 시장은 공황 상태에 빠졌고, AIG가 그동안 판매했던 보험들—보상액이 크지 않을 것이라 가정하고 엄청나게 많은 보험을 저가로 판매해왔다—을 다 보상할 수 있을지도 갑자기 불분명해졌다.

리먼브러더스의 대규모 주택담보대출 포트폴리오가 곧 정리 절차에 들어갈 것으로 예측되면서 시장은 극심한 공황 상태에 빠져들었고, 수많은 투자은행과 투자자들이 벼랑 끝에 내몰렸다. 게다가 많은 헤지펀드가 리먼브러더스를 브로커로 활용했으며 리먼을 통해 수백억 달러의 투자를 유치한 후, 그 자산을 담보로 하여 자금을 차입하거나 투자에 활용했다. 또한 가장 안전한 단기 투자로 간주되는 몇몇 주요한 단기금융펀드MMF도 리먼브러더스의 재정 손실에 크게 노출되어 있는 것으로 나타났다. 예를 들어 리저브 프라이머리 펀드는 리먼브러더스가 판매한 대출을 7억 5000만 달러 이상 보유하고 있었고, 결국 이들의 주가는 폭락해 1달러 이하로 떨어졌다. 즉 이 펀드에 투자한 사람들은 투자 원금을 돌려받지 못했다. 옷장에 현금을 쟁여 두는 것보다도 못한 투자였던 셈이다.

단기금융펀드가 신용을 잃으면서 이러한 단기 투자 펀드에 의존했던 기업들―주택담보대출 시장과 직접적 연결이 없는 기업들까지 타격을 입게 되었다. 은행 간 대출 시장interbank lending market―은행이 소유한 포트폴리오와 예금의 단기 균형을 맞추기 위해 이용하며, 은행 운영에서 매우 중요한 역할을 한다―의 자금도 완전히 고갈되어버렸다. 어느 은행이 지불 능력이 있는지, 곧 좀비가 되지 않을지 어느 누구도 장담할 수 없게 되었기 때문이다. 그 후 한동안은 연방준비은행이 개입하여 은행 간 시장의 손실분을 메워야 했다.

일 년 반이 지나는 동안 다우존스 산업평균지수의 가치는 절반 이상 하락해, 2007년 10월 1만 4000 이상이던 지수가 2009년 3월에는 7000 아래로 떨어졌다. 같은 기간 동안 영국과 아일랜드의 은행들 또한 파산함에 따라, 런던 증권거래소의 FTSE 100 지수(파이낸셜타임스 주식거래 100사 주가지수)는 40퍼센트 이상 하락했다. 홍콩, 상하이, 도쿄, 뭄바이, 프랑크푸르트 등 세계 각지의 주요 증권시장 역시 비슷한 하락폭을 보였으며, 2007년 하반기에서 2009년 상반기 사이 주요 지수가 절반 이상 하락했다. 아이슬란드의 재정 위기는 더욱 심각해 결국 아이슬란드 정부는 국가파산을 신청했다.

리먼브러더스를 구제했다면 이후에 이어진 위기에서 상황이 어떻게 달라졌을지에 대해 많은 논쟁이 있었다. 시장의 상호연결성은 매우 높고, 많은 금융기관들이 직접적으로든 간접적으로든 주택담보대출 시장의 참사에 상당히 노출되어 있었다. 설령 정부가 긴급 구제를 실시했더라도 리먼 사태가 일부 시장에 파문을 일으키는 것을 피할 수는 없었겠지만, 정말로 리먼이 파산함에 따라 많은 시장이 공황 상태에 빠졌고 충격의 파장은 금융계를 넘어 더 널리 퍼져 나갔다. 네트워크의 관점에서 보면, 전염이 퍼져 나가도록 방치해뒀다가 사후에 처리하기보다는 초기 시점에 전염을 막는 것이 훨씬 쉽고 저렴한 방법이다.

미국 정부, 즉 미 재무부와 연방준비은행이 리먼 사태에 개입하지 않은 데는 세 가지 이유가 있다.

첫째 재무부의 일부 관리들은 모든 대기업에게 구제금융을 기대할 수 없다는 메시지를 보내길 원했다. 그 이전에도 재무부는 베어스턴스, 패니 메이, 프레디 맥의 구제금융을 지원했으며, 의원들을 비롯한 많은 사람들이 이제 그만하면 됐다는 견해를 내비쳤다. 하지만 대럴 더피Darrell Duffie(스탠퍼드 대학의 금융학 교수이자 금융시장 분야의 손꼽히는 전문가로, 필자의 논문 지도교수였다)도 말했듯이, "집이 불타고 있고 소방관들은 호스로 화재를 진압하려 애쓰고 있다. 지금은 호스를 잠그고 집주인에게 침대에서 흡연하는 것의 위험성에 대해 설교할 때가 아니다."

둘째 의사결정을 내리는 위치에 있던 사람들이 리먼이 파산하도록 내버려뒀을 때의 결과를 예측하기 위한 정보를 가지고 있지 않았다. 연방준비제도이사회의 회의록을 보면 당시 그들은 이후에 무슨 일이 발생할지에 대해 거의 의식하지 못했다. 그때는 금융 시스템의 네트워크를 상세히 나타낸 도표도 없었다(물론 지금도 매우 모호한 도표밖에 없다). 만일 의회를 비롯한 여러 정부 각료들이 각 금융권들이 서로 어떻게 관여되어 있는지에 대한 선명한 네트워크 도표를 가지고 있었다면 그들은 매우 다르게 행동했을 것이다.

셋째 각종 법적 규제로 그 활동이 제한적일 수밖에 없는 연방준비은행이 이 사태에 어떻게 개입하는 것이 최선이었을지에 대한 의문도 있었다. 이는 전례가 없는 상황으로, 사실 연방준비은행이 할 수 있는 일이 무엇인지도 불분명했다.

개입을 하지 않은 결과는 금방 나타났다. 광범위한 규모의 재난이 발생한 것이다. 차후 드러난 사실이지만, 리먼브러더스가 파산하도록 방치한 것은 엄청난 실수였고, 이후 연이어 발생한 긴급 구제를 위해 훨씬 더 많은 비용이 소요되었다. 결국 세계 각지의 정부들은 자국에 금융 전염이 퍼져 나가는 것을 막기 위해 수조 달러를 들여야 했지만, 그럼에도 불구하고 전 세계가 길고 고통스러운 불황의 늪에 빠지는 것을 막을 수는 없었다. 그럼에도 상황이 더 나빠져 완전한 붕괴로 나아가지 않은 것은 행운이었다. 미 재무부가 패니 메이와 프레디 맥을 지원하지 않았다면 어떻게 되었을까? AIG에 대한 긴급 구제가 없었다면? 세계 각국 정부가 자국의 은행과 기타 사업들을 지원하지 않았다면?

1929년 대공황 때 (서브프라임 모기지의 폭등 대신) 주가의 폭등에 힘입어 과도하게 팽창했던 많은 은행이 대규모 부도를 겪은 후 정부가 올바른 조치를 취하기까지 수년이 걸리는 것을 보면서 우리는 한 가지 분명한 교훈을 얻을 수 있었다. 뒤이은 매각, 공황, 자본시장의 동결은 투자와 사업, 결국에는 임금과 소비지출을 크게 위축시켜 세계 경제를 깊은 나락에 빠뜨렸다. 그때도 네트워크의 효과는 명백했다. 한 예를 들면, 월스트리트의 폭락으로 독일에 대한 대출이 크게 삭감되자 독일은 제1차 세계대전의 배상금을 지급하는 것이 더 어려워졌다. 결국 독일은 배상금 지급을 중단했고 뒤이어 공황이 찾아왔다. 투자자들은 대출을 중단했고 사업들은 줄도산하기 시작했으며 기록적인 불황이 시작되었다. 나치당은 이러한 정치·경제적 혼란을 틈타 굳건한 지지를 얻게 되었다. 물론, 대공황의 확산이 초기 단계에 진압되었다고 해서 제2차 세계대전이 발발하지 않았을지는 알 수 없는 일이다. 하지만 대공황 당시 금융 위기가 다른 나라로 전염되었다는 것은 틀림없는 사실이다.

대공황 당시의 국제무역 네트워크는 현대의 네트워크에 비해 훨씬 더 파편화되어 있었다는 점에서 분명한 차이가 있다. 예를 들어 1930년대에 중국, 일본, 소련은 서구 사회와의 교역이 제한적이었고, 이들 국가의 은행 시스템도 완전히 독립되어 있었다. 따라서 미국과 유럽이 경제 위기로 휘청거릴 동안 이들 국가는 거의 영향을 받지 않았다. 사실, 소련의 산업은 당시 엄청난 성장을 이루는 중이었다.

금융 위기 확산의 특징

"그래서 무엇보다도 저는 제가 가진 굳건한 신념을 다시 한번 강조하고 싶습니다. 우리가 두려워해야 할 것은 오직 두려움 자체입니다. 후퇴를 멈추고 앞으로 전진하고자 애쓸 때, 이름 없는, 이유 없는, 정당성이 없는 공포가 우리의 노력을 마비시킵니다."

— 프랭클린 D. 루스벨트, 1933년 3월 4일 취임 연설

네트워크 분석을 통해 금융 전염에 대해 자세히 알아보자. 우리는 금융 네트워크의 중심성을 통해서 누가 '너무 연결되어 있어서 망할 수 없는지'를 밝혀낼 수 있으며, 이를 활용해 위험성 평가를 실시할 수 있다. 네트워크의 연결성은 글로벌 네트워크에서 위험성의 전염 가능성을 평가

하는 첫 번째 지표가 된다.

하지만 금융 네트워크에는 그것만의 매우 흥미로운 변칙들이 있다.

먼저 금융시장은 매우 다양한 참가자와 수많은 형태의 상호작용을 포함하고 있다. 독감 바이러스는 그저 바이러스의 확산에 따라 한 사람에서 다른 사람으로 옮겨갈 뿐이었던 반면, 금융시장에서의 지급 불능 상태는 채무자에서 은행으로, 보험사로, 그와 관련된 여러 사업체들로, 시장으로 그리고 고용인과 주주들에게로, 모든 경제 주체에게 퍼져 나간다. 금융 네트워크에서 연결은 한 이해당사자가 다른 사람으로부터 가치가 있는 무언가를 빚지게 되면 이 사람의 부는 상대방에게 달려 있다는 내용을 골자로 하는 모든 종류의 거래와 계약—대출에서부터 보험 계약, 유가증권, 상품과 자산의 단순 판매까지—을 포함한다. 이 네트워크는 너무나 거대해, 투자자나 정부가 그 기저에 어떤 희귀한 위험 요인이 도사리고 있는지 평가하기 어려운 수준이다.

두 번째 변칙으로 금융 네트워크에서는 더 많은 연결을 가진다는 것이 항상 더 큰 '감염' 위험성을 의미하지는 않는다. 거래상대를 많이 두는 것은 오직 한 명과 거래하는 것보다 더 안전할 수 있다. 이는 가장 기본적인 투자 원칙 중 하나로, 포트폴리오의 분산은 위험을 낮춘다. 거래상대가 충분히 많다면 그중 하나가 채무 불이행 상태에 빠지더라도 큰 영향을 받지 않는다. 바로 이 점이 금융 네트워크가 다른 형태의 전염 네트워크와 근본적으로 다른 점이다. 많은 상대와 성관계를 가진 사람이 성병에 걸릴 확률은 한 명의 상대와 여러 번 관계를 할 때에 비해 크게 증가한다. 이와는 대조적으로 기업체는 사업을 확장하고 더 많은 관계를 맺을수록 특정 지역이나 시장, 공급자가 타격을 입었을 때 곤경에 빠질 확률이 더 낮아진다.

이는 금융 네트워크에 재미있는 상충점을 만들어낸다.[5] 먼저 거래나 보증 등 계약이나 의무에 의해 여러 회사들이 서로 연결되기 시작하면 기업들은 서로 의존하게 되므로, 금융 전염의 위험은 더 커지게 된다. 즉 네트워크가 형성되고 기초감염재생산수가 1보다 커지는 것이다. 예를 들어 각각의 기관들이 둘 또는 셋의 주요 거래상대를 가진다면, 잘 연결된 네트워크가 형성되어 거대 컴포넌트가 생겨난다. 그런데 각 기관이 가진 거래상대가 오직 소수에 불과하다면, 상대 중 하나가 채무 불이행 상태에 처하거나 약속을 이행하기 어려워질 때 그 기관은 중대한 위험에 처하게 된다. 하지만 네트워크의 연결이 더 많아지고 각 기관이 더 많은 거래상대를 가지게 되면 결국 구조적 위험의 수준은 낮아지게 되며, 거래상대 중 하나가 도산한다 해도 그 자신까지 몰락하게 될 가능성은 줄어든다. 심지어 네트워크가 더 촘촘히 연결되어 있을 때도, 그 연결을 따라 연쇄 도산이 일어날 확률은 낮아진다.

금융 전염에서 가장 최악의 상황은 그 중간 즈음에서 벌어진다. 네트워크의 연결이 어떤 임계점을 넘어가면 거의 모든 회사가 서로 간접적으로 연결될 수 있을 만큼 잘 연결된 네트워크가 형성된다. 하지만 아직 연결이 충분하지 못해 대부분의 회사가 오직 소수의 거래상대만 가지고 있을 때, 그중 하나의 사업파트너가 지급 불능 상태가 되면 다른 회사도 함께 몰락하는 상황이 올 수도 있다.

〈그림 4.1〉은 이러한 상충점을 묘사하고 있다. 예를 들어 각각의 노드는 투자은행을, 링크는 은행 간의 투자나 계약 관계를 나타낸다고 하자. 이러한 관계에는 다른 은행의 투자지분 매입(예를 들어 주택담보대출), 다른 은행이 발행한 채권, 또는 단기 대출금 등 거래상대방의 자산과 투자에 대한 모든 형태의 청구권이 포함될 수 있다. 링크 선의 굵기는 은행 간 투자액의 비율을 나타낸다. 여기서는 기본적인 구조적 의존관계가 잘 드러날 수 있도록 다른 세부사항들은 추상화해서 표현했다.

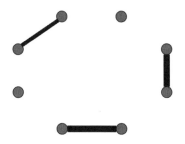

(a) 상대적으로 안전하다. 노드들이 모듈화되었다는 것은 전염이 퍼지지 않는다는 것을 의미한다. 하지만 상호작용이 매우 낮으므로 거래로부터 얻을 수 있는 이익도 그리 많지 않으며, 개별 은행들은 거래상대가 파산하면 큰 타격을 입게 된다.

(b) 위험하다. 전염이 광범위하게 퍼질 수 있다. 각각의 은행은 소수의 거래상대만을 가지므로 그 거래상대의 재정적 손실에 상당히 노출되어 있다.

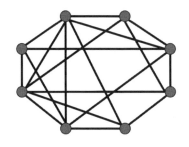

(c) 상대적으로 안전하다. 전염이 광범위하게 퍼질 수 있지만 어떤 은행도 거래상대의 재정적 손실에 큰 영향을 받지 않는 상태다.

(d) 위험하다. 네 개의 은행이 서로 과도하게 의존하고 있어, 그중 하나가 지급 불능 상태에 빠지면 그 위험이 네트워크 전체로 전파될 수 있다.

그림 4.1 위의 네 개의 네트워크는 금융 전염이 일어날 가능성이 서로 다르다. 링크 선의 굵기는 두 은행 간의 상호의존성 수준을 나타낸다.

(a)에서 볼 수 있듯이 단절된 네트워크는 광범위한 전염에 상대적으로 안전하다. 하지만 금융기관들 사이의 거래가 별로 없으므로 그에 따른 일일 관리 비용이 크게 소요될 것이다. 상호작용의 부재는 은행들이 각자의 상황에서 직면한 특유의 위험을 공유하지 않는 것을 의미한다. 하지만 그에 따른 대가는 불필요하게 소모적이고 위험하다.[6]

(b)의 경우에는 네트워크가 잘 연결되어 있다. 하지만 이는 특히 위험한 상황이다. 잠재적 전염은 모든 기관에서 다른 모든 기관으로 퍼질 수 있으며, 각각의 은행은 충분히 다각화되어 있지 않으므로 거래상대의 재정적 손실에 크게 노출되어 있기 때문이다.

반면 (c)의 경우에는 위험성이 많이 개선된다. 네트워크는 더 촘촘하게 연결되어 있지만 은행들의 상호작용은 더 확장되었고, 따라서 특정 거래상대의 위험에 노출되는 수준도 낮아졌다. 한 은행이 지급 불능 상태에 빠져도 그것이 전염되어 거래상대를 파산하게 만들 가능성은 낮다. 여기서 우리는 앞서 말한 금융 전염과 질병의 전염 사이의 중대한 차이점을 보게 된다. (b)에서 (c)로 갈수록 금융 네트워크는 상대적으로 더 안전해지지만, 질병 네트워크의 경우에는 반대다.[7]

마지막으로 (d)의 경우에는 다시 상황이 악화된다. 네 개의 은행의 재정 손실에 대한 노출이 더 커졌기 때문이다. 은행 하나가 지급 불능 상태에 빠지면 네 개의 주요 은행도 위험한 상태가 된다. 주요 은행들에 대한 다른 은행의 노출이 누적되면 향후 문제가 발생할 수 있다.

아마도 (b)나 (d)와 같은 위험한 상황은 피하고 싶을 것이다. 하지만 2008년 금융 위기에서도 볼 수 있다시피, 시장에는 피하기가 불가능한 주요 기업 또는 기관들이 존재한다. 규모의 경제에 따라 선도적 금융회사들은 점점 더 거대해져, 거의 모든 기업이 이들과 거래하지 않는 것이 불가능할 정도가 되었다.

금융시장의 세 번째 변칙은 어떠한 접촉 없이도 '감염'이 일어날 수 있다는 것이다. 즉 은행은 투자 실패 없이도 파산할 수 있다. 불안감과 불확실성은 부실 투자로 인한 연쇄 도산은 물론, 금융시장에도 타격을 줄 수 있다. 우리 모두가 내일 아침에 일어나 은행 X가 파산할 거라고 믿어버린다면, 그 은행은 정말로 파산하게 될 것이다. 사실, 다른 사람들이 은행 X가 파산할 것이라고 생각한다는 불안감, 혹은 우리의 집단적인 불안감에 대한 불안감(!)만으로도 은행 X가 파산하기엔 충분하다. 은행 X가 건전한 투자로 잘 운영되고 있다는 걸 알고 있다 해도, 다른 사람들이 거기서 돈을 빼내고 있다고 생각하게 되면 당신은 당신이 돈을 빼내는 마지막 고객이 될까봐 불안해진다. 금융 불안감은 자기실현적인 성격을 가지며, 금융시장에서 특히 골칫거리로 여겨진다. 몇몇 예금인출 사태(뱅크런)에는 그런 불안감이 근저에 깔려 있다.[8]

이는 금융시장과 여타 다른 시장의 차이점이기도 하다. 만일 당신이 인근 식료품 가게에서 사과를 사려고 하는데, 설령 그 가게가 파산할지 모른다고 두려워한다 해도 이는 당신이 사과를 사려는 계획에 영향을 주지 않는다. 미래에 당신은 사과를 사러 다른 곳에 가야 할지도 모른다. 하지만 그러한 두려움이 현재 당신의 구매 의사를 꺾지는 않는다. 반면, 당신이 은행에 돈을 예금하려는데 그 은행의 영업이 곧 중단될지도 모른다는 불안 요소가 있다면, 이때는 상황이 달라진다. 어쩌면 그것은 그저 헛소문에 불과할지도 모른다. 당신은 그러한 소문을 믿을 필요가 없으며 다른 사람들이 그 소문을 믿는다고 믿을 필요도 없다. 당신이 믿어야 할 것은 그저 이 소문이 다른 사람들로 하여금 그 은행에서 돈을 인출하게 만들리라는 것뿐이다. 일단 사람들이 금융 시스템 전반에 대한 신뢰를 잃으면 저축과 투자는 정말로 위험해진다. 대공황 당시에도 현금 비축은 큰 문제가 되었다.

대공황에 대한 루스벨트의 말에서도 알 수 있듯이, 금융 불안감은 금융계, 더 일반적으로는 투자 전반에서 시대를 초월해 나타나는 현상이다. 2007년 말에서 2009년 초까지 세계 증시가 50퍼센트 넘게 하락한 후 몇 년 이내에 회복할 수 있었던 것은, 기업들의 실제 가치가 그토록 크게 하락했다가 기적적으로 다시 회복했기 때문이라고 보기 어렵다.

오히려 그것은 어떠한 기업이 끝내 파산하게 될지 그리고 불황이 얼마나 광범위하고 오래 갈지에 대한 불확실성 그리고 그에 수반된 불안감 때문이다. 시장이 결국엔 다시 일어서게 되었다고 해서 모든 것이 잘 끝났다는 것은 아니다. 침체 국면 동안 우리는 대량 실직, 생산과 소비의 감소를 겪어야 했다. 수년간 기초 투자와 경제적 활동이 중단되었다. 불확실성은 그 자체로 비용이 많이 들며 우리의 기운을 앗아간다.[9]

이 세 번째 변칙은 존 메이너드 케인스가 그의 책《고용, 이자 및 화폐에 관한 일반 이론》에서 '케인스의 미인선발대회'를 논의하며 떠올렸던 개념이다. 그는 한 신문에 나온 미인선발대회에 대해 자세히 소개했는데, 이 대회에서 사람들은 수백 장의 사진으로부터 '가장 예쁜 얼굴'을 가진 여섯 명의 미인을 고르게 된다. 여기서도 앞에서 논의한 것과 같은 변칙이 나타난다. 즉 '가장 예쁜 얼굴'이란 가장 많은 사람들이 고른 얼굴을 의미한다. 케인스가 서술한 것처럼(156쪽), "그것은 자신의 판단에서 가장 예쁜 사람을 고르는 일이 아니었다. 보통 사람들이 가장 예쁘다고 생각하는 사람을 고르는 일도 아니었다. 우리는 보통 사람들이 다른 보통 사람들의 판단이 어떨지 예측하는 바를 예측하기 위해 머리를 굴리는 세 번째 단계에 들어선다. 내 생각으로는 네 번째 단계, 다섯 번째 단계, 심지어 더 많은 단계까지 나가는 사람들도 분명히 있을 것이다."

이러한 변칙은 투자의 일부 측면들이 그 기초 자산의 가치와는 분리되어 있어 주가에 거품을 만들거나 금융 불안감에 따른 매도 폭주를 일으킬 수 있음을 의미한다. 투자란 투자의 진정한 가치를 이해하는 것이 중요할 뿐 아니라, 다른 사람들이 무엇을 사는 데 기꺼이 돈을 지불할지 그리고 얼마나 오래 보유할지 예측하는 일이기도 하다.[10] 여기서 네트워크의 편중된 인식 문제가 다시 한번 등장한다. 중요 투자자일수록 주가의 가치에 편중된 영향력을 미치기 때문이다. 이들은 특정 주식에 대해 의견을 표하거나 소문을 만들어낼 수도 있다. 특히 우리는 다른 사람들 또한 이 중요 투자자들의 의견에 주의를 기울일 것으로 생각하기 때문에, 이들의 영향력은 더더욱 편중된다.[11]

막대한 외부효과와 규모의 경제: 크면 클수록 좋다

> "금융의 본질은 타인의 자본을 활용하지 않으면 수익도 없다는 것이다…… 채무가 있는 이상 실패와 전염이 발생할 수 있다."
>
> —앨런 그린스펀

시장의 작용에 깊은 인상을 받은 애덤 스미스는 '보이지 않는 손'이란 용어를 만들어냈다. 많은 시장은 완전히 자유롭고 개방적인 상태에서 아무런 규제도 받지 않을 때 가장 잘 작동한다. 빵에서 미용까지 사람들이 소비하는 많은 재화와 서비스에서, 그러한 재화의 생산과 소비에서 발생하는 개인의 비용과 편익에 사회의 비용과 편익이 반영되도록 하는 외부효과는 극히 적다. 또한 많은 시장에서 규모의 경제 현상은 그리 크지 않아 많은 회사들이 쉽게 시장에 참여할 수 있고, 어떤 회사도 강력한 영향력을 가질 만큼 커지지 않는다. 불행히도 이런 전제들 중 그 무엇도 금융시장에는 적용되지 않는다. 금융시장은 막대한 외부효과와 규모의 경제를 가진다.

　금융시장에서 외부효과는 한 기업의 실책으로부터 파생될 수 있는 결과물의 네트워크 형태로 나타난다. 한 회사가 채무를 불이행하거나 파산하면 거래상대방 역시 지급 불능 상태가 되며, 연쇄 도산을 일으키고 파산 비용을 초래한다. 매사추세츠 애머스트 대학의 경제학자 벤 브랜치Ben Branch는 파산비용을 분석한 논문[12]에서 채권자들은 일반적으로 회사가 파산하고 나면 그 회사가 지급 불능 상태가 되기 이전의 회사가 치(장부가)의 56퍼센트를 회수할 수 있는 것으로 추산했다.[13] 채권의 평균적인 회수율은 40퍼센트에서 50퍼센트 범위이며, 심지어 빚을 담보로 잡히거나 파산 시 선취득권을 가진 경우에도 회수율은 70퍼센트에 불과했다. 파산한 회사에 돈을 빌려줬던 사람들은 투자금의 상당 부분을 잃게 되고 엄청난 고통에 시달리게 된다.

이러한 외부효과들은 인센티브가 있다 해도 막기 어렵다. 리먼브러더스는 2008년 초에도 줄곧 서브프라임 모기지에 대한 과도한 노출이 가진 위험성을 과소평가했을 뿐만 아니라, 오직 자신들의 이익에 대해서만 걱정했다. 그들이 파산할 경우 일어날 재앙에 대해서는 고려하지 않았다. 파산하고 싶은 사람은 분명 아무도 없다. 하지만 금융시장에서는 타인의 자본을 빌려 투자를 하는 경우가 많다는 점을 볼 때, 어떤 회사의 투자로 인해 사회에 가해지는 위험은 그 회사가 직접적으로 겪는 위험보다 몇 배나 더 클 수도 있다. 많은 투자가 차입금 또는 다른 약정을 기반으로 이루어진다는 점은 문제를 더 악화시킨다.

한 예를 들어보자. 만일 당신이 고용되어 있는 회사의 현금 유동성에 문제가 생긴다면, 당신의 급여는 연체되기 시작하고 끝내는 지급이 중단될지도 모른다. 그러면 당신은 주택담보대출이나 자동차 대금을 제때 지불하지 못하게 될 것이다. 이로 말미암아 당신이 채무 불이행 상태에 빠지게 된다면 당신은 상당한 고통을 겪게 될 것이다. 어떤 회사가 지급 불능 상태에 빠졌을 때도 같은 일이 나타난다. 그 회사에 돈을 빌려준 다른 회사는 대출금의 일부만 회수할 수 있으며 그마저도 상당히 지연되기 마련이다. 그러면 이 회사는 그들이 빌린 돈을 갚는 데 어려움을 겪게 되고 지급을 연체하거나 아예 중단시킨다. 그러면 다음 회사가 대출금 지급에 곤란을 겪고, 이와 같은 지급 불능 상태가 연쇄적으로 이어진다. 각 단계마다 더 많은 비용이 누적된다.

만일 네트워크가 충분히 다각화되어 있고 각 회사가 많은 거래상대를 가져 상대방의 손실에 심각하게 노출되어 있지 않다면, 그리 큰 문제는 발생하지 않을 수도 있다. 이 경우 회사 하나가 거래 불능 상태에 빠지는 것은 그저 일시적인 문제로, 이때의 위험은 별다른 영향을 끼치지 않은 채 다른 많은 협력사에 의해 쉽게 흡수될 수 있다. 하지만 여기서 규모의 경제가 문제를 일으킬 수 있다.

금융시장에서는 큰 덩치를 가지는 것이 상당한 이점이 된다. 따라서 시장에는 너무 커서 망할 수 없는, 그리고 너무 연결되어 있어서 망할 수 없는 핵심 기업들이 생겨난다. 예를 들어 서브프라임 모기지 시장에서는 그 규모 때문에 패니 메이와 프레디 맥을 피하기란 거의 불가능했다. 이 두 회사의 파산에 따른 여파는 주변으로 쉽게 흡수될 만한 것이 아니었고, 이들이 지급 불능 상태에 처하자 정부는 어쩔 수 없이 개입해 이 회사들을 국유화하고 엄청난 손실을 떠안았다. 굴러떨어지는 눈덩이를 계속 방치해뒀다면 그 크기는 더 커졌을 것이고, 그때는 수조 달러 이상의 비용을 더 들여야 겨우 멈출 수 있었을지도 모른다.

금융시장에 '클수록 좋다'는 증거가 쌓이면서 은행의 수는 점점 줄어들었고 대형 은행의 크기는 점점 커졌다. 연방예금보험공사FDIC에 따르면 1980년 미국의 시중 은행의 수는 1만 4000개가 넘었지만 2016년에는 5000개가 조금 넘는 수준으로 감소했다. 이렇게 많은 은행이 합병된 것은 금융산업의 위축 때문이 아니다. 연방예금보험공사가 보고한 바에 따르면 시중 은행의 총자산은 1980년 2조 달러에 약간 못 미치는 수준에서 2014년 15조 달러 이상으로 여덟 배 가까이 증가했다.[14]

대형 은행의 금융 서비스 통합은 일부 영역에만 국한되는 일이 아니라 산업 전반에 걸쳐 일어나고 있는 일이다. 1933년에 발의된 글래스-스티걸 법안은 투자은행(유가증권 발행, 각종 유가증권 시장화, 인수합병 처리 등), 상업은행(예금 및 대출 발행) 그리고 보험(보험증서 발행)의 업무를 분리하는 것을 골자로 하고 있다. 하지만 1999년에 발의된 그램-리치-블라일리 법안 즉 금융서비스현대화법은 이를 폐지시켰다. 미시간 주 하원의원 존 딘겔John Dingell은 한 토론에서 이 법안으로 은행지주회사들은 '망하기엔 너무 큰' 상태가 될 때까지 커질 것이라고 예측한 바 있다. 이제 개인들은 같은 기관이 발급한 예금계좌와 투자계좌를 모두 가질 수 있게 되었다. 한 은행에서 모든 서비스를 구입할 수 있으니 편리해 보일 수도 있다. 하지만 그 결과로 생겨난 거대 금융기관들은 망하기엔 너무 큰 규모 때문에 이상과는 거리가 멀어졌다. 자산을 관리하고 투자 상담을 하는 과정에서 기본적인 이해 상충이 생길 수 있기 때문이다.[15] 예컨대 이 대형 은행들은 그들 예금자들의 이해관계에 배치되는 거래에 돈을 걸 수도 있다.

더 중요한 것은 자본이 은행들 사이에 고르게 퍼지지 않고 최상위 은행들에게 몰리게 된다는 것이다. 2016년 세계에서 가장 큰 10개의 은행—최상위 4개 은행은 중국에 있다—이 보유한 자산은 거의 26조 달러에 달한다. 이것이 어느 정도의 규모인가 하면, 중국과 미국의 GDP(국내총생산)를 합하면 2016년 29조 달러가 조금 넘었고 세계 총 GDP는 75조 달러를 조금 넘는다. 1990년 미국에서 가장 큰 다섯 개 은행은 미국의 모든 은행이 보유한 자산의 약 10퍼센트를 차지했지만 2015년에는 거의 45퍼센트를 차지했다. 2007년에 이들이 차지한 비율이 35퍼센트를 조금 넘었던 것을 고려하면, 서브프라임 위기 이후에도 상위 5대 은행의 총자산은 계속해서 증가했음을 알 수 있다. 많은 회사들이 대형 은행들을 피해 금융 거래를 하기는 거의 불가능한 일이었다.

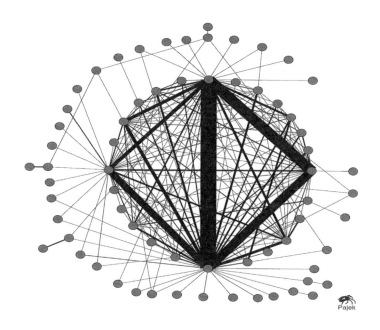

Pajek

그림 4.2 페드와이어 시스템(총 거래량의 4분의 3을 차지한다)의 상위 66개 은행. 이 자료는 2004년의 것으로, 서브프라임 모기지 사태가 벌어지기 이전이다. 이때는 은행 산업의 집중도가 현재보다 훨씬 낮았다. 활동이 가장 활발한 25개의 은행은 촘촘히 연결된 클러스터를 형성하고 있다. 연결선의 굵기는 두 은행 사이의 거래량을 나타낸다. 이 도표는 다음 논문에 실린 도표를 재인용한 것으로 엘스비어Elsevier로부터 게재 허가를 받았다. *Physica A: Statistical Mechanics and Its Applications*, Vol. 379, Kimmo Soramäki, Morten Bech, Jeffrey Arnold, Robert Glass, and Walter Beyeler, 317−333. Copyright (2007).

〈그림 4.2〉는 이러한 통합이 일어나기 이전, 미국에서 가장 큰 은행들의 네트워크가 어떤 형태를 이루고 있었는지 보여준다. 이 도표의 노드들은 페드와이어 시스템Fedwire system 내의 상위 66개 대형 은행을 나타내는데, 여기서 페드와이어 시스템이란 은행과 기타 금융기관들이 서로간에 자금을 이체하는 데 사용하는 결제 시스템이다. 이 도표는 여러 범주의 데이터를 종합한 것으로, 은행 간 실제 거래 내역의 세부사항들은 추상화되어 표현되었다. 그럼에도 불구하고 이 도표는 어떤 은행이 누

구와 얼마나 많은 사업을 진행하고 있는지 그리고 거래상대 중 하나가 지급 불능 상태가 되면 어떤 은행이 심각한 곤란을 겪게 될지를 매우 잘 보여준다.

우리는 이 도표에서 뚜렷이 구분되는 몇 가지 패턴들을 볼 수 있다. 셋 또는 네 개의 대형 은행은 서로 엄청난 규모의 거래를 하고 있다. 또한 25개의 주요 은행은 서로 긴밀히 연결된 핵심 클러스터를 형성하고 있으며, 주변부의 은행들(주로 지역 은행들)은 핵심 클러스터를 이루는 은행들 한두 개와 연결되어 있다. 이러한 패턴은 '핵심-주변부 네트워크 core-periphery network'라고 불리며, 많은 금융 네트워크들이 이 같은 형태를 가진다.[16] 이제 대형 은행 중 하나가 파산하는 것이 왜 우려스러운 일인지 분명히 알 수 있을 것이다. 그것은 다른 대형 은행들에 영향을 주고 그 다음에는 핵심 은행들, 결국에는 주변부까지 그 파장을 미칠 것이다. 이는 〈그림 4.1〉의 (d)와 그리 다르지 않은 상황이다!

대형 은행들의 거대한 크기와 계속된 성장의 바탕에는 무엇이 깔려 있는가? 금융시장에는 덩치가 크면 클수록 더 잘 되도록 만드는 몇 가지 특징들이 있다. 가장 기본적인 것으로, 먼저 정보 및 통신 기술에 수반되는 고정비용을 절약할 수 있다. 데이터베이스 및 회계 시스템을 구축하고 유지·관리하기 위해서는 많은 비용이 소요되는데, 보유하는 자료가 많다고 해서 이 비용이 더 상승하는 것은 아니다. 두 은행이 합병하게 되면 이 비용은 두 번이 아니라 한 번만 지출하면 된다. 또한 투자와 사업 측면에서, 투자할 돈을 더 많이 확보하게 되면 더 다각화된 포트폴리오를 구축할 수 있을 뿐만 아니라 소액 투자자들은 접근하지 못하는 대형 프로젝트에 투자할 기회도 얻게 된다. 이와 더불어, 규모가 커지면 더 많은 지역, 더 넓은 영역으로 사업을 확장할 수도 있다. 세계 각지에 지점을 두고 더 많은 서비스를 제공하는 은행일수록 다국적 기업에게는 더 매력적인 거래상대가 된다. 또한 금융기관이 예금과 각종 유가증권 거래로 영역을 확장하게 되면 영업과 시장 창출에서—특히 정보의 측면에서—시너지 효과를 얻게 된다. 브랜드 파워를 키우고 명성을 얻는 것은 덤이다. 실패할 수 없을 만큼 거대화된 은행은 더 매력적인 거래상대로 여겨지는 것이다. 소규모 은행들은 갖지 못하는, 암묵적 보증인 셈이다.

이처럼 크고 다각화된 거대 기업을 구축하게 되면 작은 소요나 국소적인 경기 후퇴는 쉽게 흡수할 수 있지만, 때로는 피치 못할 실수로 엄청난 재앙을 불러일으키기도 한다. 예를 들면 서브프라임 모기지 시장에 과도하게 노출되는 것과 같은 실수를 생각해볼 수 있다.[17] 기업들은 그들의 투자와 잠재적 실패가 시장에 불러일으킬 광범위한 결과에 대해서는 고려하지 않기 때문에, 그 외부효과도 엄청나게 크다.

이러한 외부효과에 핵심 기업들의 규모가 더해지면, 이제 기업들은 오직 소수의 거래상대와 사업을 해야 한다는 압박을 받게 된다. 계약과 사업에 드는 제반 비용 때문에 기업체들은 사업을 널리 확장하기보다는 한두 거래상대와 계약하는 것을 더 선호하게 된다. 이는 당신의 일상에서도 쉽게 확인할 수 있다. 가령 여러 개의 은행 계좌를 유지하기 위해서는 시간과 비용이 많이 소모된다는 점을 당신도 잘 알고 있을 것이다. 하지만 우리의 정부는 암묵적으로든 명시적으로든 많은 계좌를 보증하고 있기 때문에 우리가 걱정할 일은 별로 없다. 기업도 마찬가지로 적은 거래상대를 선호한다. 〈그림 4.2〉의 주변부 은행을 보면 이 사실을 분명히 알 수 있다. 이들은 오직 하나, 둘, 또는 세 개의 다른 은행과 대부분의 거래를 진행한다. 다수의 계약을 유지하기 위해서는 비용이 많이 들기도 하거니와, 오직 한 상대와 더 많은 사업을 하게 되면 더 큰 거래를 성사시킬 수도 있고, 그에 따라 거래상대로부터 더 나은 대우와 관심을 받을 수도 있다. 모든 수준의 사업에는 그들이 선호하는 고객이 있기 마련이다. 예기치 못한 문제가 발생했을 때, 두 당사자의 상호의존성이 높을수록 거래도 더 쉽게 체결될 수 있다.[18] 높은 상호의존성은 또한 형편이 어려울 때 특혜를 이끌어낼 수도 있다. 반복된 거래를 통해 협업자들 사이에 형성되는 신뢰는 미래 관계의 가치에 의해 더 강화된다. 어떤 기업이든 오랜 기간 동안 좋은 사업 관계를 맺어갈 것으로 예측되는 파트너를 속이거나 배신하려고 하진 않는다.

대형 핵심 은행이 내린 결정은 여러 방식으로 다른 은행들에 타격을 입힐 수 있다. 첫 번째는 과도하게 위험한 투자를 진행함으로써 부실화되는 것이다. 두 번째는 소수의 거래상대와 지나치게 많은 사업을 진행함으로써, 그들의 대형 파트너 중 하나가 파산할 위험에 노출되는 것이다. 이 두 가지 외부효과는 구분할 필요가 있다. 첫 번째 외부효과는 그 은행 자신이 파산할 수도 있는 결정을 내림으로써 다른 은행들에 전염을 일으키는 것이고, 두 번째 외부효과는 네트워크에서 다른 은행들에 영향을 받기 쉬운 지점에 자신을 위치시킴으로써 전염을 영속시키는 것이다.

현재 금융 네크워크는 전 세계를 연결하고 있다. 〈그림 4.3〉은 한 국가가 다른 국가 내 금융기관에게 지는 채무 관계를 나타낸 것으로, 나의 예전 학생이자 지금은 경제학자가 된 맷 엘리엇Matt Elliott, 벤 골럽Ben Golub과 내가 함께 진행한 연구에서 가져온 것이다. 이 그림은 그리스 재정 위기 당시 핵심적인 역할을 한 유럽의 몇몇 국가들에 초점을 맞춘 것이다. 한 예로 2011년 말에 이탈리아는 프랑스의 은행들에 거의 3300억 달러 규모의 채무를 지고 있었는데, 이는 이탈리아에서 프랑스로 향하는 두꺼운 화살표에 반영되었다.[19] 즉 프랑스 은행들은 이탈리아 부채의 가치 하락—이탈리아 은행의 건전성에 의해 영향을 받는—에

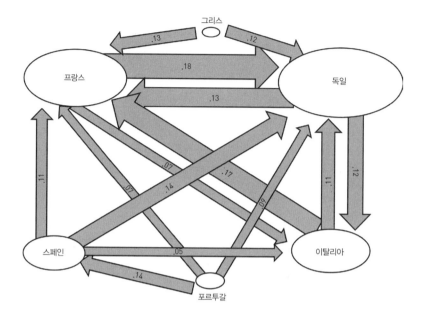

그림 4.3 화살표는 2011년 자료를 바탕으로 각각의 나라들이 상대 국가에 얼마나 많은 국가 부채(국채)를 지고 있는지 나타낸다. 화살표의 굵기는 노출의 규모를 나타낸다(의존도가 5퍼센트 이하인 것은 제외했다). 예를 들어 2011년 말 그리스의 채무 중 13퍼센트는 프랑스에 대한 것이다. 본 그림과 데이터는 엘리엇, 골럽, 잭슨의 2014년 연구에서 가져왔다.

상당히 노출되어 있었다. 독일은 이탈리아에 많은 채무를 지고 있고, 그리스는 독일에 많은 채무를 지고 있다.

비록 그리스는 상대적으로 작은 나라지만, 타 국가에 노출된 정도는 문제가 되고도 남을 만큼 컸다. 보유 주식은 대개 상당히 집중되어 있었으며, 주가가 조금만 변해도 금융기관의 수익이 널뛰기했다. 유럽 구제 금융 트로이카인 국제통화기금IMF, 유럽중앙은행ECB 그리고 유럽연합 집행위원회가 긴급 자금 대출을 통해 그리스를 구제하기로 결정하고 수천억 유로의 그리스 채권을 사들여 그 가치가 하락하는 것을 막은 데는 그럴 만한 이유가 있었다.

각각의 나라가 금융 전염으로부터 받는 충격은 그 나라가 네트워크에서 차지하는 위치, 위기의 근원 그리고 위기에 노출된 정도에 따라 달라졌다. 예를 들어 1997년에 시작된 아시아 금융 위기 때 한국은 큰 시련을 겪었다. 경제가 회복되기까지 오랜 시간이 걸린 것은 물론, 그 과정에서 극적인 개혁과 대규모의 정부 개입이 이루어져야만 했다. 당시 한국 시중 은행의 투자가 위험해진 것은 물론 원화도 급락했는데, 이는 자국 은행들뿐만 아니라 대우와 같은 몇몇 대기업의 광범위한 파산으로 이어졌다. 한국은 이 위기의 거의 한가운데 있었다. 반면, 2007~2008년 세계 금융 위기 때는 매우 달랐다. 외부에서 시작된 경제 위기는 주로 무역업체를 통해 한국으로 전파되었다. 이로 인해 제조업, 특히 반도체와 자동차 분야는 막대한 손실을 입어야 했다. 하지만 한국은 내수와 여타 경제 분야가 기본적으로 건전했으며 금융시장과 연결되어 있지 않았기 때문에 다른 나라들보다 더 빨리 경제 위기에서 회복했다. 따라서 당시의 한국은 전 세계 대부분을 강타한 깊고 장기적인 경기 침체를 겪지 않았다.

　　요약하면, 금융 네트워크는 여러 다양한 힘에 의해 전염이 가능한 상태로 전이된다.

- 규모 및 범위의 경제에 따라 규모가 큰 은행일수록 더 많은 이점을 누리게 되며, 따라서 상당량의 거래가 큰 은행들에 집중된다.
- 은행 및 다른 금융기관들 사이에 거래가 이루어짐에 따라 네트워크의 연결이 생긴다.
- 많은 사업 파트너를 두는 대신 소수의 거래상대와 많은 거래를 하게 되면 관계 형성을 위한 비용을 절약할 수 있고 거래상대로부터 특전 대우를 받을 수도 있다. 이에 따라 금융시장에는 한 회사가 다른 회사의 손실에 과다하게

노출되는 연결 관계가 생긴다.

- 파산에 의해 발생하는 막대한 비용은 그와 관련된 다른 회사들까지 지급 불능 상태에 빠뜨릴 수 있다.
- 기업들은 포트폴리오를 구축하고 동업 상대를 결정할 때, 그러한 결정이 거래상대에 미치는 외부효과나 이후에 발생할 수 있는 일들에 대해서는 고려하지 않는다.
- 불확실성과 불안감은 투자자들로 하여금 투자금을 인출하고 대출을 중단하도록 만든다. 이는 도산 위기에 처한 회사는 물론 재정적으로 건전한 금융기관까지 급속히 지급 불능 상태에 빠뜨릴 수 있다.

금융시장에 관리 감독과 보호가 필요한 이유는 바로 이러한 힘들—특히 이 힘들의 조합—때문이다.

금융시장을 어떻게 규제해야 하는가?

> "하지만 투기의 소용돌이 속에서 사업에 거품이 발생하면 상황은 심각해진다. 한 국가의 자본 성장이 도박 활동의 부산물에 불과하다면, 그 나라가 잘될 리는 만무하다."
>
> —존 메이너드 케인스, 《고용, 이자 및 화폐에 관한 일반 이론》

금융시장을 어떻게 규제할 것인가? 이 문제에 대해서는 엄청난 견해 차이가 존재한다. 어떤 사람들은 단순히 금융시장은 혼자서도 완전히 잘 작동한다고 주장한다. 이러한 사람들은 규모의 경제, 외부효과 및 네트워크 문제에 무지하거나, 혹은 시장에 이해관계가 있기 때문에 그저 이 문제들에 대해선 눈감아버린 것일 수도 있다. 그들은 경제학 개론 첫 수업이 끝난 후 더 이상 수업에 들어가지 않아 외부효과에 대해 전혀 들어보지 못했거나, 혹은 네트워크에서 이익을 얻는 자리를 차지하고 있는 것이다. 또 다른 부류는 앨프리드 마셜부터 루트비히 폰 미제스, 밀턴 프리드먼 등의 수많은 경제학자들을 따라—정부에 대한 불신, 또는 개인에 대한 강한 철학적 믿음, 또는 경쟁의 힘은 결국 모든 것을 이겨낼 수 있다는 신념에 따라—정부의 개입을 최소화하거나 정부로부터 완전히 멀어져야 한다고 주장한다.

정부는 분명 한계를 가지고 있고, 몇몇 정부는 특히 최악이다. 그럼에도 불구하고 너무 커진 기업을 구제하기 위해 정부가 시장에 개입해야만 했던 일은 세계 금융 역사 전반에 걸쳐 반복적으로 일어났다. 즉 정부의 개입은 피할 수 없는 일이다. 재앙이 발생한 후 그 뒤처리를 위해 비용을 들이기보다는, 그전에 재앙을 피할 수 있도록 최소한의 관리감독이라도 하는 편이 낫다. 그 출발점은 분명 대기업들이 특정 투자나 거래처에 과도하게 노출되지 않도록 하는 일이 될 것이다. 이는 스트레스 테스트(예외적이긴 하지만 실현 가능성이 있는 사건에 대하여 금융 시스템의 잠재적 취약성을 측정함으로써 금융 시스템의 안정성을 평가하는 것—옮긴이)의 바탕이 되는 생각이기도 하다. 금융기관을 감독하는 것이 쉬운 일은 아니다. 보통 기업들은 그들의 투자나 거래 전략을 감추려 하며, 특히 유가증권과 파생상품이 점점 복잡해짐에 따라 위험에 대한 노출을 구체적으로 파악하기가 매우 어렵기 때문이다.

심지어 이제 이 문제는 국제적인 과제가 되었다. 미국의 한 투자은행의 파산, 그리스 채권에 대한 채무 불이행, 태국 통화의 가치 하락,[20] 중국의 주택 가격 변동은 더 이상 그 지역만의 문제가 아니다. 현재로서는 세계 금융 네트워크를 상세히 파악하는 것이 불가능하며, 그저 부분적인 그림만 그릴 수 있을 뿐이다.[21] 이를 개선하기 위해서는 세심하고 통일된 회계 기준, 각국 정부와 기관 간의 의사소통, 노출에 대한 위험이 명백해질 때까지 기다리지 않고 그것이 나타났을 때 바로 확인 후 제거할 수 있는 기법 등이 마련되어야 한다. 또한 이 모든 것은 정부 및 시장 참여자 모두에게 부과되는 비용의 균형을 맞추면서 이루어져야 한다. 네트워크를 다루는 것은 어떤 면에서 뇌 수술과 같다. 둘 다 매우 섬세한 작업이며, 다루고 있는 대상에 대해 완전히 이해하고 있지 못하며, 복잡계를 나타내는 지도를 마련하지도 못했지만, 어떤 상황에선 꼭 필요한 조치인 것이다.

이처럼 복잡한 시장에서는 인센티브가 작동하지 않는 경우가 많다는 사실도 덧붙일 필요가 있다. 서브프라임 모기지 대출에서도 보았듯이, 주택담보대출은 재판매될 수 있었고―그리고 신용평가기관, 보험사, 그 밖에 자산 실사를 책임져야 했던 사람들은 담보대출에 대해 철저히 심사하지 않았으며―담보대출 판매업자들은 담보대출을 가능한 한 빨리 팔수록 더 많은 이득을 얻었기 때문에 대출자가 담보대출을 받기에 적합한지, 이후에 상환할 수 있을지에는 거의 신경을 쓰지 않았다. 이는 소위 말하는, '남의 돈'으로 벌이는 게임에 지나지 않는다. 투자에 대한 결정을 내리는 사람이 투자금 전체에 대한 위험을 지지 않는 것이다. 대부분의 금융 투자는 상당히 레버리지되어 있다. 즉 투자금의 상당 부분이 차입금이거나 매일매일의 선택에 직접 관여하지 않는 다른 협업자에게서 나온 것이다. 대형 투자은행, 뮤추얼펀드, 헤지펀드, 그 밖의 다른 투자기관의 거래중개인들은 위험한 투자에 성공했을 때 보상을 받는다. 하지만 투자가 실패했을 때도 그들이 보는 손실은 제한적이다. 이는 거래중개인들의 결정을 왜곡시켜 너무 큰 모험을 하도록 만든다.[22] '실패하기엔 너무 큰' 기업들의 뒤에 구제금융이 묵묵히 대기하고 있다는 사실은 그들이 남의 돈—돈을 맡긴 거래상대들뿐만 아니라 납세자들의 돈까지—으로 게임을 한다는 것을 의미한다. 네트워크의 구조와 파산비용에서 기인하는 연쇄적 도산 등의 외부효과 때문에 그들의 이익의 불일치는 더욱 악화된다.

즉 정부가 맞서 싸워야 하는 것은 끊임없이 변화하는 상호의존성의 거대하고 복잡한 그물망이다. 이 그물망의 한 축을 이루는 위험에 대한 노출 또한 시시각각 변화하고 있어 감시가 어렵다. 또한 정부는 그들이 암묵적으로 또는 명시적으로 보호하고 있는 거대 기업들도 제어해야 한다. 이들 거대 기업은 막대한 외부효과를 쏟아내지만, 이들이 국가의 장기적 번영에 부합하는 의사결정을 내리게 만들 장려책도 없다. 여기에는 규모의 경제도 복합적으로 작용하므로, 기업의 입장에서는 더 넓은 지역, 더 많은 분야로 사업을 확장함에 따라 발생하는 막대한 비용 절감 효과를 쉽게 포기하지 않으려 한다.

어떤 기관이 어떤 종류의 투자를 할 수 있는가의 관점에서 시장 규제는 그 자체의 어려움도 가지고 있다. 어떤 시장에 규제가 가해지면, 투자자들은 그러한 규제를 받지 않는 다른 기관으로 돈을 이동시킨다. 예를 들어 대공황이 끝난 후 은행들은 당좌예금에 이자를 제공할 수 없도록 규제를 받았다. 하지만 저축은행이나 대부업체, 투자은행은 그러한 규제를 받지 않았고 이자를 제공할 수 있었다. 따라서 저축은행과 대부업체 및 그 밖의 다른 금융기관들은 당좌 계좌를 발행하기 시작했고, 이자를 제공하는 것은 물론 고객이 손쉽게 자산을 이동할 수 있도록 했다. 당연하게도 사람들은 이자가 지급되는 계좌로 돈을 옮기기 시작했고, 결과적으로 규제를 덜 받는 저축은행과 대부업체, 단기금융시장의 성장이 촉진되었다.[23] 저축은행과 대부업체는 고객을 유치하기 위해 고객들에게 더 높은 이자를 지급하기로 약속했고, 갈수록 늘어나는 이자를 지불하기 위해 위험한 투자를 해야만 했다. 결국 1980년대 후반과 1990년대 사이 1000개가 넘는 저축은행 및 대부업체가 파산했다(당시 미국에는 3000개가 조금 넘는 저축은행과 대부업체가 있었다). 이로 인해 금융 스트레스가 초래된 것은 물론 사람들은 저축은행과 대부업체에서 자신의 돈을 모조리 인출했고, 그 결과 투자은행과 다양한 기금, 금융회사가 성장할 수 있는 발판이 마련되었다. 물론 이때 성장했던 기업들도 결국 2008년 서브프라임 경제 위기에 발목이 잡혀버렸다.

즉 금융 규제는 그것을 피하기 위해 지속적으로 움직이고 변화하는 과녁을 맞혀야 하는 문제다.[24] 현재 이에 대해 준비가 되어 있는 정부는 거의 없다. 금융 규제는 거래와 노출의 관점에서 각 기관들이 서로 어떻게 얽혀 있는지, 네트워크를 파악하기 위한 더 나은 시스템을 마련하는 것에서부터 시작해야 한다.

금융 위기는 팝콘인가, 도미노인가?

금융 위기가 실제 네트워크를 타고 전파되는지에 대해서는 고려해야 할 두 가지 특징이 있다. 과연 금융 위기는 '팝콘'인가, '도미노'인가? 이는 2006년부터 2009년까지(즉 서브프라임 위기 때) 백악관 경제자문위원회 회장을 지낸 에드워드 러지어Edward Lazear가 비유로 든 것이다.

금융 위기의 전파는 도미노와 유사한 양상을 보인다. 어디선가 채무 불이행이 발생하면 다른 곳에도 문제가 일어난다.

마치 일렬로 줄지어 선 도미노처럼 한 블록이 넘어지면서 다른 블록도 차례차례 쓰러트리는 것처럼 말이다. 반면 금융 위기는 팝콘과 같은 특징을 보이기도 한다. 뜨거운 기름 솥에서 거품을 내며 끓어오르는 옥

수수 알갱이들은 동일한 원인 때문에 거의 비슷한 시점에 튀어 오른다. 사람들은 이런 이유로 알갱이들이 서로를 튀어 오르게 만들었다고 착각을 하게 된다.

서브프라임 위기는 팝콘과 도미노를 모두 포함하고 있었다. 점차 악화되어 가던 주택 시장과 담보대출에 대한 채무 불이행이란 '기름 솥'에서 많은 기업이 부글부글 끓고 있었다.[25] 어떤 기업이 완전히 독자적인 이유로 파산해버렸는지를 파악하기는 어렵겠지만, 정부의 구제금융 및 부실기업 인수—특히 패니 메이, 프레디 맥 그리고 AIG—가 이 사태를 진정시키는 데 중요하게 작용했다는 것은 쉽게 알아차릴 수 있다. 이들은 미국을 비롯한 세계 각지의 기업들과 수조 달러 수준의 계약을 맺었으므로, 이에 대한 채무 불이행은 엄청난 재앙을 불러일으킬 수 있었다.[26] 게다가 도미노의 첫 번째 열에 서 있던 대형 은행 및 거대 기업은 주택담보대출 실패의 위험에 직접 노출되어 있지 않았지만, 기름 솥에서 튀어 오른 다른 기업과의 큰 상호작용을 통해 위험에 간접적으로 노출되어 있었다.

《금융 위기 조사 보고서》(의회 결의에 따라 작성되었다)는 곧 무너질 것이 임박한 도미노가 어떻게 정부의 개입—AIG 지원, 패니 메이와 프레디 맥 인수, 그 밖의 여러 기관들에 대한 구제금융과 매입 지원—을 촉발시켰는지 잘 보여준다.[27] 예를 들어 보고서가 인용한 2008년 9월 뉴욕 연방정부은행의 헤일리 베스키Hayley Boesky가 자본시장팀 팀장인 윌리엄 더들리William Dudley에게 보낸 이메일에는 다음과 같은 내용이 나온다 (보고서 346쪽). "[헤지펀드에서] 더 큰 공황이 일어나고 있다. 지금은 AIG에 초점을 맞추고 있다. 듣기로는 리먼브러더스보다 더 나쁘다고 한다. 모든 은행과 거래처가 AIG에 노출되어 있다." 또한 보고서 347쪽에서는 상황을 다음과 같이 언급한다. "AIG의 파산은 다른 기업에도 영향을 줄 것이다. 이는 이들의 '중요 비정형 파생상품' 때문인데, 이 상품은 2조 7000억 달러 규모의 장외 파생상품 포트폴리오로서, 그중 1조 달러가 12개의 대형 거래상대에 집중되어 있다." 이 거래상대들은 AIG로부터 받아야 하는 대금을 충당하기 위해 결국 수십억 달러의 정부 지급금을 받게 된 은행들의 목록과 일치한다.[28] 보고서는 다음과 같이 결론짓는다(352쪽). "구제금융이 없었다면, AIG의 채무 불이행과 파산이 그 거래상대들을 모두 몰락시키고 금융 시스템 전반에 막대한 손실과 붕괴를 일으킬 수도 있었다."[29] 도미노 이론에 대해 이보다 더 명확히 설명하는 인용문은 찾기 어려울 것이다.

계기판 없는 제트기를 위한 금융 네트워크 지도

세계화가 가속됨에 따라 금융 네트워크는 점점 더 연결되고 있고, 그 중심에 위치한 참가자들은 더없이 비대해지고 있다. 이처럼 조밀해진 네트워크와 핵심 참가자들의 거대화로 인해 시스템이 손실—엄청나게 큰 손실도—을 흡수하기가 더 쉬워졌지만, 주요 노드의 예기치 않은 충격으로 인해 전 세계적인 불황이 야기될 가능성도 그만큼 커졌다.

우리의 네트워크적 관점은 금융 네트워크를 이해하는 필수적 도구임이 분명하지만, 이에 관련된 수많은 트레이드오프—규모와 범위의 경제, 점점 더 얽혀가는 세계 시장 그리고 이에 포함된 수많은 외부효과와 변칙적 행동들 중 무엇을 희생해 무엇을 얻을 것인지—를 어떻게 관리하는 것이 최선인지에 대한 논쟁에는 답을 주지 못한다. 자유시장과 규제 사이에 올바른 균형을 찾는 것이 바로 우리가 해결해야 할 문제다.

그럼에도 불구하고 네트워크적 관점은 거대한 외부효과의 존재를 확인시켜주며, 구조적 위험을 평가하기 위해서는 노출에 대한 더 완벽한 금융 네트워크를 그리는 것이 필요함을 우리에게 일깨워준다. 금융기관들을 따로따로 고려한다면 실제 위험을 완전히 놓치게 될 것이다. 올바른 정보만 확보할 수 있다면 금융시장에서 확산 중심성도 계산해볼 수 있을 것이다. 금융기관은 말할 것도 없고, 중앙은행 및 그 밖의 다른 정부기관 그리고 국제정부기관은 본질적으로 계기판 없는 제트기를 조정하는 조정사와 같다. 그들은 제한된 정보를 바탕으로 신속한 판단을 내려 복잡한 기기를 조종해야 한다. 금융 네트워크에 대한 더 광범위하고 상세한 지도를 마련할 수 있다면, 민간과 공공 모두 미래에 닥칠지도 모를 위기를 피하기 위한 몇 가지 도구를 갖출 수 있을 것이다.

　더 일반적으로 금융 네트워크에 대한 고찰은 다음의 몇 가지 시사점을 재조명해준다. 네트워크는 한 개인 또는 한 기관의 행위가 다른 구성원들에게 영향을 끼치도록 만든다. 이러한 외부효과는 예방접종을 받으려는 사람들의 열의는 왜 그렇게 약하고 위험한 투자를 무릅쓰려는 열의는 그토록 강한지를 이해하는 데 중요하다. 또한 사람들 사이에 형성되는 파트너십 또는 동반자 관계에도 외부효과가 있음을 주지해야 한다. 즉 기혼자가 혼인 관계가 아닌 성적 파트너를 가지는 것과 마찬가지로, 위험한 거래상대에 상당히 노출되어 있는 재정적 파트너를 가지는 일은 큰 대가가 따르는 일이다. 마지막으로 사람들은 그들의 네트워크에서 벌어지는 일에 반응한다. 여행 경로를 바꾸는 것부터 시장에서 투자금을 회수하는 행동 모두 극적인 결과로 이어질 가능성이 있다.

5

끼리끼리 무리 짓고
남과 구별 짓기

동종선호의 이익

"격리는 강자가 약자에게 강요하는 것이고, 분리는 동등한 두 주체가 자발적으로 행하는 것이다."

— 맬컴 X

카스트 제도는 인도 사람들의 삶 곳곳에 스며들어 있다. 그들이 누구와 결혼할지, 어떤 직업을 가질지, 어떤 신(들)을 숭배할지 그리고 일상에서 누구와 교류할지는 모두 카스트 제도를 따른다.

　카스트 제도는 그 제도 아래서 살아가는 사람들에게도 상당히 복잡하다. 그것은 힌두교에 깊은 뿌리를 두고 있지만 수억 명의 시크교인, 자이나교인, 무슬림, 기독교인 또한 이 제도하에 있으며, 수천 년의 시간 동안 지역 부족사회 및 씨족사회의 지배계급이 광범위한 변화를 겪는 과정에서 진화해왔다. 인도는 수많은 다양한 씨족사회로 형성되어 있어서, 카스트 제도는 그 지역의 관습과 전통에 맞춰 변화했다. 19세기 영국의 식민 지배를 받던 때, 몇몇 영국 치안판사들은 카스트 위계 서열을 간소화하려고 시도해보기도 했지만, 그럼에도 불구하고 이 제도는 여전히 미묘하고 복잡한 채로 남아 있다. 그 복잡한 제도를 필설로 다 설명할 수는 없으므로, 여기서는 기본적인 구조에 대해서만 간략히 소개하고자 한다.

카스트 제도는 '바르나varna' 곧 '색깔'로 알려진 네 개의 기본 집단으로 구성된다. 각각의 집단은 계급적 의미를 지니는데, 사제 및 성직자 계급인 브라만, 왕족과 무사 계급인 크샤트리아, 농부·상인·장인 계급인 바이샤, 노동자와 소작농 계급인 수드라로 구분된다. 네 개의 바르나 외에도, 달리트('기타 노동자')와 아디바시스('원주민 부족 집단')를 포함하는 '아웃카스트'와 '불가촉천민' 집단이 있다. 이러한 계급제도는 육체와 인격은 일시적이지만 영혼은 불멸한다는 사상에 의해 뒷받침된다. 당신의 '업보karma'는 당신의 믿음 및 행동의 옳고 그름에 따라 결정되며 일생에 걸쳐 축적된다. 좋은 업보를 쌓으면 당신은 다음 생에 더 높은 카스트로 환생할 수 있다. 궁극적으로 당신이 당신의 영혼을 깨닫게 되면, 당신은 영원한 환생의 굴레로부터 해방되는 신성한 경지 즉 '해탈moksha'에 이를 수 있다. 카스트가 지난 생의 업보를 반영하고 있다는 생각은 사람들로 하여금 자신의 카스트를 받아들이게 만들고, 적어도 이번 생에서는 그 카스트에서 벗어나길 바라서는 안 된다는 인식을 이끌어낸다.

바르나는 다시 출생지, 가문의 직업, 혼인법 그리고 종교에 따라 수천 개의 자티jati, 즉 하위카스트로 나뉜다. 이처럼 정교한 구분에 따라, 카스트 제도는 집단 간 상호작용이나 신분 상승을 더욱 제약한다.[1] 카스트 제도가 비록 부나 교육 수준 등에 연관되어 있는 경우가 많긴 하지만, 단순히 그렇게 이해하기 힘든 것은 불가촉천민이 유명 정치인이나 사업가가 되거나 브라만이 궁핍하게 사는 등 예외적인 상황도 많기 때문이다.

카스트 제도에서는 사회적 계급 이동을 엄격히 제한하기 때문에, 정부는 그 영향력을 완화하기 위한 광범위한 정책을 펼쳐야 했다. 불리한 조건에 있는 것으로 여겨지는 카스트와 하위 카스트는 인도 헌법에 의해 차별철폐조처를 받고 있으며, 이들을 위한 여러 법령과 정책도 마련되었다. 이러한 카스트들은 소위 '지정 카스트Scheduled Castes' 또는 '지정 부족민Scheduled Tribes'으로 알려져 있으며, 바르나 밖에 있는 불가촉천민 집단은 물론 다양한 원주민 집단을 포함하고 있다. 카스트 제도는 종교적 신념에 뿌리를 두고 있기 때문에 그것의 사회적 지배력을 완화하는 것에는 큰 어려움이 따른다. 예를 들어 대학이나 정치계, 정부는 지정 카스트 및 지정 부족민을 위해 극히 제한된 자리만 제공할 수 있다. 사람들은 자신의 카스트 및 종교적 신념에 따라 이 제도를 열렬히 옹호하기도 하고 또 증오하기도 한다.

인구의 20퍼센트 이상이 최극빈층인 몇몇 지역에서는 많은 사람들이 지정 카스트 또는 지정 부족민 제도 밖에 있어 심각한 불이익을 받고 있다. 인도 인구의 3분의 1 이상이 '기타 하층 카스트'로 분류되는데, 몇몇 지역에서는 이들 또한 차별철폐조처의 대상이 된다. 그 밖의 계층은 상층 카스트 또는 일반 카스트 또는 일반적 우수 카스트로 불린다.

카스트 제도 자체는 간단히 설명할 수 없을 만큼 복잡하지만 그것의 결과는 명확하다. 각각의 카스트가 전체 인구 집단에서 차지하는 비율은 매우 작다. 따라서 카스트가 문제가 되지 않는다면 대부분의 사람은 자신의 카스트에 속하지 않는 사람과 결혼하게 될 것이다. 그러나 카스트 간 혼인에 대한 최근 연구에 따르면, 비록 정부가 서로 다른 카스트 간 혼인에 보조금을 지급하고 있지만, 전체 인도인 중 오직 5퍼센트만이 자신과 카스트가 다른 사람과 혼인한 것으로 밝혀졌다.[2] 사실, 이 연구에 따르면 3분의 2가 넘는 여성이 남편을 결혼식 날 처음 만난 것으로 나타났다. 인도 사회에서 혼인은 여전히 지역사회의 엄격한 규범에 따라 주선된다. 결혼은 남편과 아내에 대한 것인 만큼이나 그 가족들에 대한 것이기도 했다.

카스트는 혼인 관계를 넘어서까지 그 영향력을 미친다. 〈그림 5.1〉은 카스트 제도에 의해 생성된 분열의 정도를 나타낸 것이다. 이 그림은 2장에서 논의한 소액대출 연구에서 우리가 방문했던 한 마을에 대해, 서로 물건을 교환하는 가정들 사이의 관계를 네트워크로 나타낸 것이다. 여기서 노드는 각 가정을 나타내며, 서로 등유나 쌀을 빌리거나 빌려준 적이 있는 가구들을 링크로 연결했다. 이 마을에서 등유는 요리와 난방을 위해 사용되는 중요한 연료이며, 쌀 또한 주요 생계 수단이다. 이 네트워크는 여러 가지 면에서 마을의 중추적 연결 관계를 보여준다. 등유나 쌀을 공유하는 가정들은 또한 돈을 빌려주기도 하고 조언을 해주기도 하며, 서로 의료적인 도움을 주고받기도 한다.

〈그림 5.1〉에서 색이 칠해진 원형 노드는 지정 카스트와 지정 부족민에 해당하는 가구들이며, 체크 무늬가 그려진 사각형 노드는 기타 하층 카스트와 일반 카스트에 해당한다. 이처럼 작은 마을에서도 같은 카스트에 속한 사람들끼리 호의를 베풀 가능성은 다른 카스트 사람들에게 호의를 베풀 가능성보다 15배나 높다. 여러 카스트의 사람들과 교류함에 따라 얻을 수 있는 이익이 상당할 때도 말이다.

또한 〈그림 5.1〉은 우리가 가구들 사이의 네트워크를 그림으로 나타내지 않았다면 어쩌면 간과할 수도 있었던 중요한 사실을 하나 보여준다.

〈그림 5.2〉에서 나타냈듯이, 이 네트워크는 마을에 또 다른 분열이 있음을 분명히 보여준다. 지정 카스트와 지정 부족민들 사이에 서로 교류하지 않는 두 그룹이 있다. 이들 사이엔 오직 하나의 연결만 있을 뿐이다. 이는 지정 카스트와 지정 부족민 사이에 분열이 있음을 나타낸다. 일부 하위 카스트들은 서로 완벽하게 상호작용하지만 다른 카스트들은

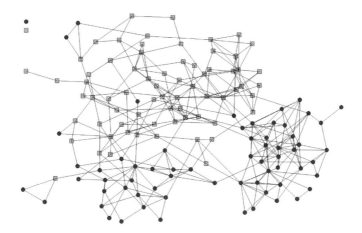

그림 5.1 인도의 한 시골 마을 내에서의 분열 현상. 노드는 각 가정을 나타내며, 링크는 이웃들끼리 적어도 한 번 이상 등유나 쌀을 빌려본 적이 있는 관계를 나타낸다. 색이 칠해진 원형 노드는 지정 카스트와 지정 부족민을 나타낸다. 이들은 특히 정부로부터 차별철폐조처를 받고 있다. 체크 무늬로 표시된 사각형 노드는 기타 하층 카스트와 일반 카스트를 나타낸다. 노드의 위치는 서로 연결된 노드가 더 가깝게 위치하도록 그룹을 짓는 스프링 알고리듬spring algorithm을 이용해서 나타냈다(지역이나 카스트, 기타 가정별 특징은 참고하지 않았다). 동일한 카스트에 속하는 가구 쌍 사이의 링크 빈도는 다른 카스트에 속하는 가구 쌍에 비해 15배 더 높다.

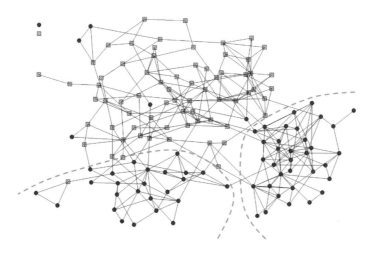

그림 5.2 여기 그려진 네트워크는 카스트 제도하에서는 포착되지 않는 또 다른 분열이 있음을 명백히 보여준다. 점선으로 이러한 분열을 나타냈다.

그렇지 않다. 사실 그 지역 문화의 구성원이 되지 않고서 거기서 어떤 일이 일어날지 예측하는 것은 항상 쉽지만은 않다.

이처럼 선명한 분열은 심각한 결과를 초래할 수 있다. 마을 사람들은 의료 문제, 흉작, 고용률의 큰 변동 등의 문제를 겪고 있다. 지참금 등 현금이 필요할 때도 있다. 이들은 보험에 들지 않았으며 저축도 많지 않다. 도움이 필요할 때는 그저 서로를 의지하는 것이다. 위험의 분산을 고려할 때 이러한 분열이 문제가 될 수도 있다는 것은 쉽게 예측할 수 있다. 가뭄이 들면 모든 농부들은 어려움을 겪으며 서로를 도울 여유조차 없다. 만약 농부들이 다른 농부들과만 교류한다면 마을의 농부들은 모두 굶주리는 반면, 장인들은 그들이 감당할 수 있는 것보다 더 많은 일을 해야 할지도 모른다. 물론 그 반대의 경우가 일어날 수도 있다.

〈그림 5.2〉의 네트워크가 잘 보여주듯이, 마을 사람들이 서로 빌려주고 빌리는 돈의 87~90퍼센트가 같은 카스트에 속하는 누군가에게 전달되는 것으로 추정되었다. 즉 다른 카스트로는 위험이 분산되지 않는 것이다.[3]

카스트 제도가 확고히 자리잡게 된 이유 중 하나는 그것이 특권층에게 엄청난 이익을 제공하기 때문이다. 즉 이들은 카스트 제도를 영속시킬 동기를 가진다. 그러나 이러한 관점은 카스트 제도를 극복하기 위해 넘어야 할 한 가지 중요한 장애물을 간과하고 있다. 카스트는 많은 인도인들의 정체성, 문화, 종교에 깊이 스며들어 있어서, 심지어 제도의 혜택을 받지 못하는 사람들, 그 자신과 자손들의 더 나은 삶을 희망하는 사람들까지도 다른 카스트에 속하는 사람과 교류하거나 결혼하기를 꺼리게 된다. 카스트의 경계를 넘어서는 접촉은 양쪽 모두에게 수치스러운 일로 여겨지는 것이다.

같은 것은 같은 것을 좋아한다

"옛말에 이르듯, 같은 것은 같은 것을 좋아한다…… 그리고 닮음은 우정을 낳는다."

— 소크라테스, 플라톤의《파이드로스》

인도의 카스트 제도에서만 집단 간에 그토록 선명한 분열 현상이 나타나는 것은 아니다. 그러한 분열은 전 세계에 걸쳐 다양한 이유로 나타난다.

사람들이 자신과 비슷한 사람들과 어울리려 하는 일반적인 경향은 1954년 폴 라자스펠드Paul Lazarsfeld와 로버트 머턴Robert Merton에 의해 '동종선호homophily'라고 명명되었다. 이 용어의 어원은 분명하다. 'homo'란 같은 것을 의미하며 'phily'는 좋아함을 뜻한다.

〈그림 5.3〉은 동종선호의 또 다른 예로, 인도의 카스트 제도와는 상당히 다른 경향을 보여준다. 이 그림은 미국 고등학교에서 인종에 따라 친구 관계가 어떻게 나뉘는지를 보여준다. 여기서도 같은 인종의 학생들(여기서는 주로 백인과 흑인 집단)이 친구 관계일 가능성은 서로 다른 인종일 때보다 15배 높다.[4]

또한 우리는 학생들이 서로 어떤 활동을 얼마나 수행하는지에 따라 우정의 깊이를 측정할 수도 있다. 〈그림 5.4〉에는 일주일에 적어도 세 번 이상 함께 활동하는 친구들의 쌍, 즉 매우 가까운 친구 쌍만을 포함시켰다. 이 그림은 우리가 1장에서도 본 네트워크다. 이 그림에서 확인할 수 있듯이, 이제 서로 다른 인종 간의 친구 관계는 거의 사라져, 전체 255명의 학생 중 흑인과 백인이 서로 친구인 경우는 손에 꼽을 정도밖에 남지 않는다.[5]

모든 종류의 중요한 인간관계에서 이러한 패턴을 볼 수 있다. 예를 들

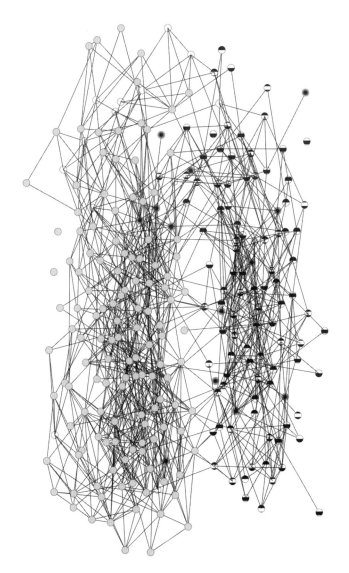

그림 5.3 학생들이 스스로 보고한 고등학교에서의 친구 관계. 출처는 애드 보건 데이터세트. 굵은 줄무늬가 있는 노드는 본인을 흑인이라고 보고한 학생이며, 중앙에 점이 있는 노드는 히스패닉, 회색 노드는 백인, 빈 노드는 그 밖의 학생들을 나타낸다. 이 그림은 스프링 알고리듬을 이용해 그린 것으로, 친구 관계의 노드는 더 가깝게 배치하고 친구가 아닌 쌍은 더 멀리 배치했다. 본 알고리듬에는 노드의 인종이 반영되지 않았다. 따라서 이 그림에서 보이는 분열은 우정 패턴의 결과로 나타난 것이다.

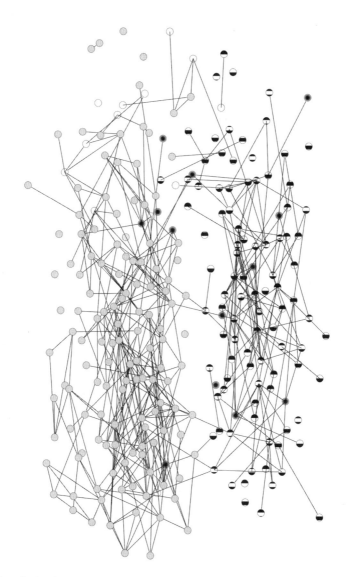

그림 5.4 〈그림 5.3〉과 같은 네트워크지만 이번에는 두 사람이 일주일에 적어도 세 번 이상 교류하는 '깊은 우정 관계'만 나타냈다. 이러한 교류에는 방과 후에 어울리거나 주말에 함께 시간을 보내거나 서로 통화하는 것(본 데이터는 1990년대 중반에 수집된 것이다) 등을 포함한다. 네트워크에서의 분열을 더욱 분명히 볼 수 있다.

어 경제학자로서 나의 친구이자 공동저자이기도 한 롤런드 프라이어Roland Fryer는 미국의 백인 중 흑인과 결혼한 사람의 비율이 1퍼센트가 되지 않는다는 것을 관찰했다(미국 인구에서 흑인이 차지하는 비율은 10퍼센트가 넘는다).[6] 마찬가지로, 전체 미국 인구 중 백인이 차지하는 비율은 60퍼센트가 넘지만, 전체 흑인 중 백인과 결혼한 사람의 비율은 5퍼센트가 되지 않는다.[7]

동종선호가 없는 사회를 찾아보기는 힘들 것이다. 동종선호는 젠더, 인종, 종교, 나이, 직업, 교육 수준 등 다양한 차원에서 나타나며, 심지어 유전자 표지genetic marker에서도 볼 수 있다.[8] 사실 동종선호가 나타나지 않는 특징을 찾기가 더 어려울 정도다. 인구통계학자 루이 베르부르게Lois Verbrugge는 미국 디트로이트 주와 독일 알트 노이슈타트 주의 성인 인구들에게 나타나는 동종선호에 대해 조사했는데, 그들의 가장 가까운 친구의 성별을 물었을 때 68퍼센트의 여성이 여성이라 답했고, 90퍼센트의 남성이 남성이라고 답했다. 나이, 학력, 직업, 종교, 혼인 여부, 고용 상태 등 그가 조사한 모든 항목에서 동종선호가 강하게 나타났다.[9]

동종선호는 인류의 역사에 걸쳐 거의 모든 사회에서 나타난다. 사실 수렵채집 사회에서도 강한 동종선호가 존재했다. 대지구대Great Rift Valley 는 아프리카 북동쪽의 에리트레아와 지부티로부터 에티오피아, 케냐, 탄자니아를 지나 모잠비크까지 수천 킬로미터를 잇는 지구대다.[10] 이 열곡은 아프리카판이 천천히 갈라지는 과정에서 형성되었다. 지대가 비옥해 수백만 년 동안 생명이 번성해왔으며, 침식과 그에 따른 침전물로 인해 화석과 유물이 훌륭한 상태로 보존될 수 있었다. 여기서 우리는 '루시'라는 300만 년 이전에 살았던 인류의 조상, 호미니드hominid가 남긴 골격을 찾기도 했다. 이 지구대에서 가장 오래된 것으로 알려진 도구가 발견되었으며, 도구로 사용된 흔적이 있는 동물뼈도 출토되었는데, 이는 250만 년 전에서 350만 년 전의 것으로 추정된다. 놀랍게도 대지구대에는 지금도 여전히 수렵채집 생활을 하는 유목민들이 살고 있다. 우리는 이들의 삶을 들여다봄으로써 수백만 년 전의 생활방식이 어떠했는지 짐작해볼 수 있다. 하드자Hadza 족도 그런 부족 중 하나로, 탄자니아의 대지구대 남쪽 끝에 위치하는 에야시 호수 주위에 거주하고 있다. 이들 마을 주변에는 세렝게티가 펼쳐져 있다. 대략 1000명 정도로 구성된 하드자 부족은 그들을 개종하려던 선교사들과 끊임없이 영역을 침범해오는 농부 및 목축업자들에도 불구하고 여전히 그들만의 문화를 유지해오고 있다.

하드자 부족의 삶은 결코 쉽지 않다. 매일 그들은 가용한 식량을 찾아 이동한다. 그들은 주로 과일이나 꿀, 식물의 뿌리, 채소 등을 먹으며, 때때로 계란을, 간혹 독화살로 사냥한 동물의 고기를 먹기도 한다. 열량의 획득은 쉬운 일이 아니었다. 꿀을 얻기 위해서는 벌집을 먹고 사는 새를 따라가야 하는데, 이런 경우 벌집은 대체로 키가 매우 큰 나무 위에 있었다. 사냥은 주로 건기에, 희소한 수자원 주변으로 동물들이 모일 때를 노려 이루어졌다. 호수의 수위는 계절에 따라 그리고 해에 따라 변화했다. 어떤 때는 물로 가득 차 하마들이 살 수 있을 정도였고, 어떤 때는 완전히 말라버려 갈라진 진흙바닥이 드러났다.

가용한 식량을 예측할 수 없다는 것은, 이들에게는 생존을 위해서 서로 자원을 공유하는 것이 필수적임을 의미한다. 코런 아피첼라Coren Apicella와 그 동료들은 하드자 부족 내에서 각 구성원이 이웃하는 캠프의 구성원들과 어떻게 교류하는지(이들은 상황에 따라 서로 뭉치거나 나뉘는 유동적인 집단들로 구성된다), 누가 누구와 식량을 공유하는지 등, 하드자 부족의 네트워크에 대해 연구했다.[11] 이들 사회는 그 구조가 매우 자유로움에도 불구하고, 연령, 키, 체중, 체지방, 근력 등 여러 차원에서(심지어 다른 특징들을 통제한 후에도) 유의한 수준의 동종선호가 나타난다. 예를 들어 사람들의 체중이 얼마나 비슷한지를 봤을 때 체중이 7.5킬로그램 범위 내에서 비슷할수록 그들이 서로 연결될 확률은 세 배가 된다.

여기서도 동종선호는 놀라운 일이 아니다. 비슷한 사람들이 서로를 끌어줄 이유는 충분히 많다. 하드자 부족의 경우는 특히 신체적 특징과 연령이 그렇다. 이는 동종선호가 사회의 형태를 막론하고 나타날 수 있음을 의미한다. 하드자 부족의 다른 쪽 극단에 위치하고 있는 현대 기술 사회에서, 우리는 엄청나게 많은 사람들 중에서 친구를 선택할 수 있음에도 불구하고 여전히 자신과 비슷한 사람을 선택한다. 심지어 이러한 경향은 점점 더 강해지고 있다.[12]

인터넷은 온라인 데이트 서비스와 온라인 매칭 프로그램의 폭발적인 증가를 이끌었다. 미국인의 15퍼센트가 온라인 데이트 사이트를 이용해 본 적이 있다고 대답했으며,[13] 데이트 서비스의 사용에 대한 인식도 그동안 상당히 바뀌었다. 특히 젊은이들에게서 이런 변화가 두드러지게 나타나는데, 그들 중 4분의 1 이상이 온라인 데이트 사이트나 앱을 사용하고 있다.

이러한 온라인 사이트는 동종선호에 흥미로운 동역학을 유발한다. 먼저, 사람들은 온라인 사이트를 통해 그들이 일상생활에서 전혀 만나볼 수 없었던 사람들과 더 많은 만남을 가지게 된다. 이 점은 동종선호의 경향을 약화시킨다. 그러나 다른 한편으로 이러한 기술은 데이트 상대를 거르는 필터 역할을 하게 되고, 이에 따라 사람들은 잠재적인 데이트 상대가 갖춰야 할 조건들에 대해 더 까다로워진다.

결국은 필터 작용이 이긴 것으로 보인다. 한 연구에서는 독일의 온라인 데이트 사이트를 이용한 사람들 10만 명의 행동을 분석했다.[14] 이 사이트에서 사람들은 먼저 자세한 설문에 응답한 뒤 자신의 사진과 소개글이 첨부된 프로필을 게시할 수 있다. 그 후 사람들은 목록을 훑어보면서 마음에 드는 사람에게 메시지를 보낼 수 있다. 메시지를 받은 사람은 거기에 답장할지 선택할 수 있다. 평균적으로 남성은 138명의 프로필을 훑어본 후 12명에게 먼저 메시지를 보내며 4명으로부터 답신을 받는다. 여성은 73명의 프로필을 훑어본 후 6명에게 메시지를 보내고 4명으로부터 답신을 받는다. 즉 남성은 보낸 메시지의 3분의 1만 응답을 받은 반면 여성은 3분의 2를 응답받았다. 여기서 우리는 인구통계학에 의거해, 누가 누구에게 메시지를 보내고 어떤 사람이 대답하는지 조사함으로써 동종선호가 어떻게 작용하는지 확인할 수 있다. 예를 들어 여성이 먼저 메시지를 보낼 때, 이들은 자신과 비슷한 교육 수준을 가진 남성에게 메시지를 보낼 확률이 평균보다 35퍼센트 높으며, 자신보다 교육 수준이 낮은 남성에게 메시지를 보낼 확률은 평균보다 41퍼센트 낮다. 남성들은 약간 덜 까다롭다. 이들이 자신과 비슷한 교육 수준의 여성을 찾을 확률은 평균보다 15퍼센트 높으며, 그보다 낮은 교육 수준의 여성을 찾을 확률은 평균보다 6퍼센트 낮다. 응답률에서도 유사한 경향이 나타나며, 이러한 경향은 연령, 키, 외모와 같은 다른 개인적 특성을 통제한 이후에도 통계적으로 유의했다.[15]

온라인 데이트 사이트를 이용하는 수백만 명의 미국인들은 특히 인종에 관해 더욱 강한 동종선호의 경향을 보여준다. 동성애자든 이성애자든, 심지어 교육 수준을 포함해 다른 요인들을 통제했을 때도, 이들은 주로 자신과 같은 인종의 사람에게 메시지를 보내는 것으로 나타났다.[16]

이수형은 2008년 연구에서 한국의 결혼과 중매에도 많은 측면에서 동종선호가 현저히 나타난다는 것을 밝혔다. 한국인은 결혼 상대로 어떤 사람을 원하는지에 대한 기본적인 선호도를 가지고 있었다. 이에 대해 남성은 최우선 순위로 외모(44.6퍼센트)를 꼽았고, 그 다음으로는 성격(33.7퍼센트), 직업과 소득(11.0퍼센트)을 꼽았다. 여성의 선호도는 남성과는 정반대로, 상대의 직업과 소득(55.6퍼센트)을 최우선 순위로 여겼고 성격(26.8퍼센트)과 외모(5.1퍼센트)는 그 다음이었다. 하지만 사람들은 자신이 우선시하는 기본 선호도보다는 나이, 교육 수준, 종교, 지역, 소득, 근무 형태, 종사 업계, 부모의 재산과 결혼 상태 등의 관점에서 자신과 비슷한 상대를 만나 결혼할 가능성이 더 높았다.

하나의 집단이 다른 집단들보다 월등히 크다면 동종선호의 효과는 더 강화될 수 있다. 크리스 록이 농담으로 했던 말처럼, "내 모든 흑인 친구들은 백인 친구가 엄청 많죠. 그리고 내 모든 백인 친구들은 흑인 친구가 오직 한 명뿐이죠."

물론 이것은 우스갯소리지만, 실제로 간단한 계산으로 확인해볼 수 있다. 아홉 명의 백인과 한 명의 흑인으로 구성된 집단을 생각해보자. 이들은 서로 모두 친구다. 그러면 각각의 백인에게는 한 명의 흑인 친구가 있지만 흑인에게는 아홉 명의 백인 친구가 있는 셈이다. 사실 이것은 미국에서의 인구 비율과 크게 차이가 나지 않는다. 즉 간단히 셈을 해봐도 평균적으로 백인이 가진 흑인 친구의 수보다 흑인이 가진 백인 친구의 수가 더 많음을 알 수 있다. 소수자가 있는 집단이라면 어디든 마찬가지다. 이처럼 필연적인 비대칭에 동종선호의 경향이 더해진다면, 다수 집단의 구성원이 소수 집단의 구성원과 친구가 되는 것은 매우 드문 일임을 알 수 있다.

미국의 전형적인 백인에게 흑인 친구가 몇 명이 있을지 추측해보자. 여기서 친구란 '정기적으로 만나 중요한 문제들에 대해 서로 의논하는' 사람이다. 한 명도 없다. 적어도, 2000명의 성인을 대상으로 한 어떤 조사에 따르면 그렇다. 이 조사에서 백인 중 4분의 3은 가까운 친구 중에 다른 인종의 사람이 한 명도 없다.[17] 이러한 분열 양상을 볼 때, 우리는 어떻게 한 집단이 다른 집단의 경험, 신념, 문화에 거의 완전히 무지하게 될 수도 있는지를 어렴풋이 이해할 수 있다.

동종선호는 당신에게 별로 놀라운 현상이 아닐 것이다. 비록 이 단어에 대해 들어본 적이 없거나 관련 통계를 접해본 적이 없다 해도, 세상에서 완전히 고립되어 살았던 게 아니라면 이러한 경향에 대해 모르고 지나칠 수는 없기 때문이다. 하지만 동종선호가 얼마나 강한지 그리고 그것이 얼마나 만연해 있는지에 대해서는 당신도 미처 알지 못했을 것이다. 앞으로 좀 더 살펴보겠지만, 동종선호의 결과로 네트워크에 발생하는 극명한 분열은 우리의 행동과 그 결과에 큰 영향을 미친다.

왜 같은 곳에 모이는가?

"주변에 에스키모인이 없으면 에스키모인과 결혼할 수 없다."

— 피터 블라우, 〈이론적 관점 비교〉

사람들이 자신과 닮은 사람과 불균형적으로 더 많이 연결되는 데는 몇 가지 이유가 있다. 때로는 우리가 그렇게 선택했기 때문이지만, 때로는 우리의 개인적 통제를 넘어서는 이유 때문이기도 하다.

우리가 어떤 일을 하려고 할 때, 같은 상황을 먼저 겪어본 사람보다 더 나은 조언을 해줄 사람이 있을까? 새로 부모가 되는 사람들은 자녀의 양육과 관련된 결정을 내려야 하는 상황에서, 먼저 부모가 된 다른 사람들과 이야기를 나눔으로써 도움을 얻을 수 있다. 의사나 변호사 또는 회계사가 되기 위해 시험을 준비하는 학생들은 같은 시험을 준비하는 학생이나 최근에 시험을 친 학생들과 서로 고민을 나눔으로써 도움을 얻을 수 있다. 같은 직업에 종사하는 사람들은 서로로부터 새로운 기술, 직업과 관련된 뉴스, 기회에 대해 배울 수 있다. 아이들은 비슷한 정신 연령의, 공통된 관심사와 취미를 가진 또래 친구들에게 끌린다.

근접성은 공통된 관심사 이상으로 우리의 우정에 큰 영향을 끼친다. 학교에 다니는 아이들은 나이 차가 한 살 내외인 아이들과 하루의 대부분을 보낸다. 아이들이 다른 나이의 친구를 사귀고 싶어도 그런 기회를 가질 가능성은 극히 제한되어 있다. 거의 만나지 못하는 사람과는 친구가 되어봐야 장점이 그리 많지 않다.

기업이나 다른 조직에서도 전문지식과 업무에 따라 자연스럽게 분리가 발생하는데, 이 또한 서로 다른 지식을 가진 직원들이 서로 접촉하는 것을 제한한다. 기업에서의 층별 사무실 배치는 누가 누구와 정기적으로 이야기하는지 결정하는 데 중요하다. 건축설계사들은 주택 단지 내 정원을 설계하는 것에서부터 한 회사의 업무 공간을 배치하는 것까지 이 점을 반드시 고려해서 도면을 그린다.

사람들은 또한 그들에게 친숙한 기업이 있는 곳이나 비슷한 문화생활을 영위하는 지역에 거주하기를 선호한다. 다른 나라로 이주한 사람들은 보통 자신들이 사용하는 언어를 쓰고, 같은 명절을 지내고, 같은 종교를 가진 사람들이 많이 사는 지역을 선택한다. 또한 대부분의 이민자들은 그들이 살 지역과 일자리를 찾기 위해 그리고 그 나라에 대해 좀더 잘 알기 위해서, 먼저 그곳에 거주하고 있던 친구와 친지들에게 많이 의존한다. 이러한 연결 관계를 거슬러 올라가 보면 그들의 고향에서 그 지역으로 가장 먼저 이민온 사람에게 닿기도 한다. 유럽인들이 미국으로 이주해왔을 때, 그들은 자신들의 고향과 기후가 비슷하며, 또한 그들이 가진 기술을 그 지역 산업에 적용할 수 있는 곳을 선택했다. 밀을 경작하는 농부들은 로키 산맥 동부의 그레이트플레인스로 갔고, 정육업자들은 시카고와 오마하의 가축 시장으로 갔다. 스웨덴 사람들은 일리노이, 아이오와, 위스콘신, 미네소타로 가고, 노르웨이 사람들은 다코타와 몬태나로 향했으며, 독일인은 일리노이, 뉴욕, 위스콘신, 펜실베이니아로, 폴란드인은 시카고로 향했다. 오랫동안 시카고는 바르샤바 다음으로 폴란드인이 많이 거주하는 지역이었다.

사회 네트워크는 초기 이민자들에게는 매우 중요한 생명줄이었기 때문에, 한 세기가 지난 후에도 그들의 네트워크에는 이민자들의 유산이 상당히 남아 있었다. 이민자들의 행렬이 이어지던 19세기 후반과 20세기 초, 미국 사회에는 민족을 기반으로 긴밀히 연결된 공동체들이 생겨났고, 이 공동체들은 지금까지도 미국 사회에 영향을 주고 있다. 각 주에서 아일랜드 또는 이탈리아 혈통의 인구밀도는 그 주와 아일랜드 또는 이탈리아 사이의 페이스북 친구의 수를 놀라울 정도로 높은 확률로 예측한다. 특정 국가의 혈통을 물려받은 사람의 비율이 1퍼센트 더 많은 주에서는 그 국가와의 페이스북 친구 수 비율이 0.34퍼센트 더 높은 것으로 나타난다.[18]

출신지가 같은 이민자들이 함께 모여 사는 경향이 있는 것처럼, 사람들은 자신과 비슷한 특징을 가진 사람들과 모여 살기를 선호한다. 예를 들어 실리콘밸리가 성공하게 된 이유 중 하나가 그곳이 고학력자들의 집단 거주지역이 되었기 때문이라는 것은 공공연한 비밀이다. 팰러앨토에 거주하는 사람들 중 13퍼센트가 박사 학위를 소지하고 있다. 교수들이 많이 거주하는 스탠퍼드 대학 캠퍼스는 포함되지 않은 수치다(실제로 스탠퍼드 대학은 팰러앨토에 속하지 않는다). 마운틴뷰와 쿠퍼티노 인근에도 많은 수의 고숙련 노동자들이 살고 있다(팰러앨토, 마운틴뷰, 쿠퍼티노는 모두 실리콘밸리 지역의 도시들이다. 팰러앨토에는 휴렛팩커드와 테슬라 모터스, 마운틴뷰에는 구글, 쿠퍼티노에는 애플 등의 기업이 소재하고 있다—옮긴이). 고학력자들의 비율이 여기와 비슷한 곳은 대학가에서나 찾아볼 수 있다. 즉 캘리포니아의 데이비스처럼 많은 주민이 교직원이거나 학생인 시골 지역, 또는 매사추세츠의 브루클린처럼 MIT와 하버드와 가까운 교외 도시가 그 정도의 고학력자 비율을 가진다. 실리콘밸리에서는 어떤 커피집을 가든 옆 테이블에서 흘러나오는 흥미로운 이야기들을 엿들을 수 있다. 이러한 아이디어들의 범람이 실리콘밸리의 성공을 이끈 원인 중 하나라고도 말할 수 있을 것이다. 또한 실리콘밸리에서는 전문지식과 경험을 갖춘 사람들이 한 회사에서 다른 회사로 자유롭게 이동한다. 아이디어와 정보, 혁신의 원활한 흐름과 이를 장려하는 문화 덕분에, 실리콘밸리는 기술회사를 창업하려는 사람들이 가장 먼저 찾는 장소가 되었다.[19]

정보의 원활한 흐름 외에도, 첨단기술산업과 고숙련 노동자들을 한 장소에 모이게 만드는 더 강력한 원동력이 있다. 스타트업 기업인 서치퀀트SearchQuant의 창업자 크리스 재어라이어스Chris Zaharias는 사업을 시작하기 전에 넷스케이프, 이피션트프론티어, 옴니추어, 야후, 트리짓에서 일했다. 이런 종류의 이력은 특이한 것이 아니다. 현대의 기업들은, 특히 첨단기술 사업체일수록 빠르게 등장했다가 빠르게 사라진다. 만일 이런 회사들이 세계 각지에 위치하고 있다면, 이 회사에서 일하는 사람들은 몇 년에 한 번씩 이사를 해야만 했을 것이다. 이는 고용인은 물론 회사에게도 상당히 많은 비용을 초래한다. 하지만 실리콘밸리에 산다면, 당신은 이제 곧 없어질지도 모르는 회사에서 일한다 해도 집에서 수 킬로미터 떨어진 새로운 회사로 곧바로, 심지어 이전 회사가 문을 닫기도 전에 옮길 수 있을 것이다. 수많은 기술 노동자와 회사들이 실리콘밸리로 모여듦에 따라, 비슷한 배경을 지닌 사람들의 집중은 더 강력한 유인책이 되어 이제 첨단산업에 종사하거나 사업을 시작하려는 사람들은 실리콘밸리 이외의 지역을 생각하기 어렵게 되었다.

실리콘밸리만 그런 것은 아니다. 같은 원리에 따라 할리우드는 오랜 기간 영화산업을 지배할 수 있었고, 뉴욕, 런던, 도쿄, 싱가포르, 상하이 같은 도시들은 금융산업의 중심지로 자리잡았다. 비슷한 기술을 가진 사람들이 한 지역에 모여 살며 일하려는 경향은 동종선호의 배후에 있는 또 다른 힘이기도 하다. 지리적 위치가 동종선호를 증폭시키는 이유로 한 가지를 더 살펴보자.

셸링의 통찰

토머스 셸링Thomas Schelling은 갈등과 협력에 대한 게임이론 분석의 토대를 마련한 공로로 2005년 노벨경제학상을 수상했다. 그가 보여준 깊은 통찰들 중 하나는 분열의 배후에 놀랄 만큼 단순하고 미묘한 힘이 숨어 있다는 것이다.

한 도시가 인종과 소득에 따라 분열된다는 현상은 평범한 사람들의 눈에도 명백해 보이는 사실이다. 이 또한 동종선호의 한 형태로, 앞에서 우리가 논의한 것과 같이 여러 종류의 힘에 의해 일어나는 일이다.

여기서 셸링이 주목한 것은 인종에 대한 '아주 작은' 편향조차 엄청난 효과로 이어질 수 있다는 점이다. 셸링이 개발한 모형은 놀랄 만큼 강력해, 이후에 이어진 수많은 응용 및 후속 연구의 바탕이 되었다.[20]

셸링의 모형은 다음과 같이 작동한다. 사람들은 인종이나, 종교, 계급 등 다양한 특징을 가질 수 있으며 때로는 두 가지 이상의 특징을 가지기도 한다. 여기서는 간단히, 사람들을 단색 또는 체크 무늬로만 구분하자. 나는 사람들을 '격자'에 사는 가족들이라고 칭하겠다. 각각의 가족들은 그들과 인접한 사각형(상하좌우 그리고 대각선 방향)에 위치한 여덟 가구의

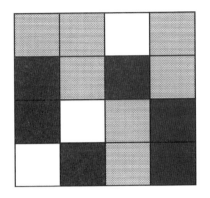

그림 5.5 분리에 대한 셸링의 모형. 이 마을(격자)은 단색 가족과 체크 무늬 가족들로 구성되어 있으며, 몇몇 칸(빈칸)은 아직 아무도 살지 않는다. 각 가정은 그들의 이웃들 사이에서 지나치게 소수가 되지 않으면 만족한다. 만일 그들과 같은 유형인 이웃이 전체 이웃 중 3분의 1이 안 되면 그들은 다른 곳으로 이사한다.

이웃을 가진다. 각 가족들은 이웃의 유형에 대해 특정한 선호도를 가진다. 즉 가족들은 적어도 이웃의 3분의 1 이상이 그들과 같은 유형(단색 또는 체크 무늬)일 때 행복해진다.

이것은 선호도에 대한 매우 약한 제약이다. 사람들은 그저 이웃들 사이에서 너무 소수자가 되지 않는 것을 선호할 뿐이다. 만일 사람들이 더 강한 선호도를 가지고 있다면 이들은 모든 이웃이 그들과 같은 유형이길 바랐을 것이고, 그렇다면 유형 간에 분리가 발생하는 것도 그리 놀랍진 않을 것이다. 하지만 셸링의 모형에서 사람들은 오직 최소한의 이웃만이 그들과 같은 유형이라도 만족할 수 있다.

〈그림 5.5〉에 묘사된 것과 같이, 격자에 열세 가구를 임의로 배치한 후 이제 무슨 일이 일어나는지 살펴보자. 흰 사각형은 빈칸이다. 각 가정들은 이웃 중 적어도 3분의 1 이상이 그들과 같은 유형인 한 현재 위치에 거주하는 것을 선호하며, 그렇지 않을 경우 그들은 다른 곳으로 이사를 갈 것이다.

〈그림 5.5〉에는 행복하지 않은 가정이 세 가구 있으며, 이를 〈그림 5.6〉에 X로 나타냈다. 예를 들어 맨 아래 줄에 있는 체크 무늬 가족은 이웃 중 4분의 3이 단색 가족이며 오직 한 가구만 체크 무늬다.

그림 5.6 X가 표기된 세 가구는 행복하지 않다. 이웃들 중 그들과 같은 유형이 3분의 1 이하이기 때문이다. 그 밖의 다른 가족들은 모두 행복하다.

셸링의 모형에서 불행한 가족들은 아직 채워지지 않은 칸(빈칸)으로 임의적으로 이동한다. 한번 차례차례 해보자. 특별한 전략 같은 것은 필요 없다. 불행한 가족들은 앞으로 어떻게 될지 예측하지 않고, 그저 가능한 칸으로 옮겨갈 뿐이다. 원한다면, 불행한 가족들이 자신들을 행복하게 해줄 장소를 찾아서 이동하도록 해 셸링의 모형을 더 풍부하게 만들 수도 있다. 하지만 그런 과정 없이도 모형은 잘 작동한다. 모든 가족이 행복해질 때까지 각 가족들을 계속 이동시킨다. 그러다 결국 모두가 행복해지면 이제 어떤 패턴이 나타나는지 살펴보도록 하자.

한번 직접 해보자. 〈그림 5.7〉은 그 과정을 나타낸 것이다. 〈그림 5.7〉의 (a)는 불행했던 한 가족이 이동한 결과를 보여준다. 여기서는 단색의 가족이 아래쪽 왼 칸으로 이동했고, 이 가족이 원래 있던 자리는 빈칸이 되었다(X로 표시되어 있음). 어떤 가족이 먼저 움직일지의 순서는 임의적이다.

(a)에서 이동이 생기고 나면, 이제 '다른' 가족이 불행해진다. 한 가족이 이동하면, 그들의 새로운 이웃들 사이에 그 가족과 같은 유형은 늘어나고, 이전 이웃들 사이에서 그 가족과 같은 유형은 줄어든다. 이는 다른 가족들을 행복하게 만들거나 또는 불행하게 만든다. 〈그림 5.6〉과

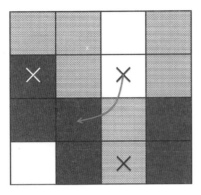
(a) 단색의 불행한 가족이 아래쪽 왼 칸으로 이동했다.

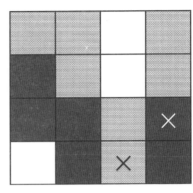
(b) 이제 불행한 가족은 둘이 되었다.

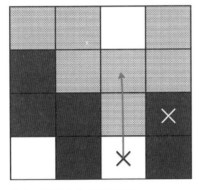
(c) 체크 무늬의 불행한 가족이 이동한다.

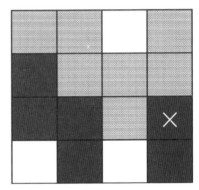
(d) 여전히 한 가족은 불행하다.

그림 5.7 불행한 가족들은 이사를 간다. 이동 순서 및 이동한 장소(칸)는 모두 임의적이다.

〈그림 5.7〉의 (b)를 비교해보면 한 불행한 가족이 이동한 결과를 확인할 수 있다. 〈그림 5.6〉의 가장 왼쪽에 있던 불행한 단색 가족은 전혀 이동하지 않았지만, 이웃 중에 단색 가족이 늘어났고 따라서 이제 행복해졌다. 〈그림 5.6〉의 오른편에 있는 또 다른 단색 가족은 원래는 행복했지만, 〈그림 5.7〉의 (b)를 보면 단색 이웃을 하나 잃고 이제 불행해졌다.

이러한 외부효과는 셸링의 모형에서 매우 중요한 구성 요소다. 특정

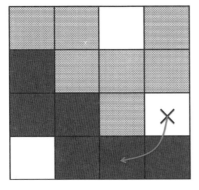 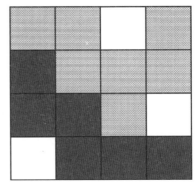

(a) 남아 있던 불행한 단색 가족이 이사한다.　　　　(b) 이제 모두가 행복하다.

그림 5.8 모든 가족은 그저 이웃들 중에서 '지나치게' 소수가 되지 않기를 바랐을 뿐이지만, 그에 따른 이동들은 결과적으로 공동체의 분리로 이어졌다.

유형의 가족들이 그들의 이웃을 떠남에 따라 남겨진 이웃 중 그들과 같은 유형인 가족들은 불행해지고, 결국 그들도 이동하게 된다. 새로 이사 간 곳에서도 이웃들 중 그들과 다른 유형의 이웃들은 이제 불행해질 수 있다. 이러한 전환은 매우 극적으로 일어난다.

이동이 끝나면, 우리는 〈그림 5.8〉의 (b)와 같은 배치를 볼 수 있다. 이제 모든 가족들이 행복해졌지만, 단색 가족들과 체크 무늬 가족들은 결국 분리되고 말았다. 그들은 그저 이웃 중 자신과 비슷한 유형이 최소한으로 존재하길 바랐을 뿐인데 말이다. 이 모형은 서로 다른 선호도 수준에 대해서는 물론, 다양한 형태의 지역에 대해서도 작동한다.

여러분도 셸링의 모형에 어떤 힘이 관여하고 있는지 짐작할 수 있을 것이다. 바로 외부효과와 행동의 연쇄적 파급이다. 사람들이 이사를 결심하면 이는 이웃들의 행복에 영향을 미친다. 그 피드백 효과에 따라 다른 이웃들도 연쇄적으로 이사를 하게 되고, 선호도에 대한 최초의 미세한 편향은 상호작용을 통해 점차 강화되어 결국은 극적인 결과로 이어

지게 된다.[21]

한 연구에서는 특정 지역의 소수자 인구 비율이 얼마 이상이 되면 백인들이 그 지역을 떠나기 시작하는지, '백인 이주'의 문턱값을 추산했다. 이들에 따르면 문턱값은 5퍼센트에서 20퍼센트 안팎으로 추정된다. 즉 백인들은 그리 많지 않은 수의 소수 인종이 이사해와도 그 지역을 떠나버린다는 것이다.[22] 이 결과는 백인들이 이주하는 이유가 큰 다수 집단에 속하려는 그들의 선호도 때문임을 나타낸다. 이는 우리가 살펴본 셸링 모형보다 훨씬 더 극단적 조건이다. 여기에는 우리가 '케인스의 미인선발대회'에서 본 것과 같은 효과도 반영되어 있을 수 있다. 즉 셸링의 통찰에서 한 단계 더 나아가, 사람들은 다른 사람들이 이 지역을 떠나리라 생각해 이사를 결정하는 것인지도 모른다.

물론 셸링의 것과 같은 단순한 모형은 실제 현상의 몇몇 측면들을 간과하게 된다. 어떤 지역은 유색인종의 비율이 상당히 높아도 백인들이 떠나지 않는 경우가 있는 반면, 어떤 지역은 좀 더 격렬한 반응을 보이며 소수 인종의 비율이 조금만 증가해도 백인들이 떠나버리는 경우도 있다.[23] 모든 사람들이 같은 선호도를 가지는 것도 아니다. 어떤 사람들은 매우 균질적인 인구 분포를 선호해서 그 지역의 인구 분포에 조그만 변동이 있어도 바로 이동해버리는 반면, 어떤 사람들은 여러 유색인종과 함께 사는 것에 만족하고, 심지어 백인만 사는 지역보다 더 선호하기도 한다.

그럼에도 여전히 셸링의 모형은 우리에게 중요한 함의를 가진다. 그것은 상대적으로 사소한 선호도의 편향이 매우 큰 영향력을 가질 수 있음을 분명히 보여준다. 사람들이 어디에서 살지 결정할 때 발생하는 외부효과에 의해 이들의 결정은 연쇄적인 파급 효과를 낳고, 결국 최초의 사소한 편향은 엄청나게 거대한 결과로 이어지게 된다. 이러한 효과는 비단 이웃들과의 관계에서만이 아니라 동호회나 네트워크에서도 볼 수 있으며, 우리가 여러 차원에서 살펴보았던 동종선호의 힘을 설명해준다. 동종선호가 일어나는 데는 여러 가지 힘이 작용하며, 그러한 힘들은 셸링이 지적한 현상에 의해 증폭될 수 있다.

같은 유형에 끌리게 되는 이유들

"가장 흥미로운 끌림은 서로 결코 만날 수 없는 양극단 사이에서 일어난다."

—앤디 워홀

당신은 우리가 지금까지 논의한 힘들로 거의 모든 동종선호 현상을 설명할 수 있으리라 생각할지 모른다. 하지만 우리를 우리의 형제자매들에게 이끌리게 만드는 데는 생각보다 더 많은 힘들이 공모하고 있다.[24]

지역사회는 우리가 일상생활에서 서로를 믿고 협력하는 데 중요한 역할을 한다. 지역사회 안에서 우리는 다른 이들과 상호작용을 반복하며, 우리를 돕는 사람들은 보상하고 해로운 행동을 하는 사람은 처벌한다. 우리는 우리 이웃들을 믿고 자녀를 잠깐 맡기거나 중요한 소지품의 보관을 부탁하기도 하며, 그들 또한 우리를 믿고 똑같이 행동한다. 한편으로 우리는 아이들에게 낯선 사람을 조심하라고 가르치기도 한다.

많은 인구가 도시에 살기 시작하면서 지역사회의 경계를 정의하는 것이 극도로 어려워졌다. 우리는 직업, 인종, 종교 등 그 구성원들이 서로 자주, 쉽게 교류할 수 있도록 만들어주는 장을 중심으로 네트워크를 형성한다. 이제 우리는 우리가 거주하는 지역의 지리적 한계에 구애받지 않고, 더 직접적인 동종선호 경향에 따라 우리가 신뢰할 수 있는 친구 집단을 직접 정의하고 이들과 교류를 지속한다.

　동종선호는 또한 자체적으로 강화되기도 한다. 사람들은 자신과 가까운 사람일수록 그 행동이나 반응을 더 쉽게 예측할 수 있다.[25] 다시 말해, 사람들은 그들과 비슷한 사람들일수록 그들이 사는 지역의 문화나 규범을 더 잘 이해하며, 특정 상황에서 어떤 행동을 할 것으로 기대되는지 쉽게 예측할 수 있다. 이는 일상생활에서 스트레스를 낮추고 사람들이 서로 협력하도록 만드는 데 도움을 주지만,[26] 또한 이것은 집단 간 차이를 더 크게 만들고, 사람들로 하여금 집단 내에서의 교류가 상대적으로 더 쉽고 안전하다고 느끼도록 만든다.

　집단 간 경쟁에 대해 설명하지 않고서, 동종선호에 대해서 완전히 이해했다고 말하기는 어렵다. 여러 집단에 걸쳐 있는 사람은 종종 배신자로 여겨지거나 의심을 받기 마련이다. 로미오와 줄리엣의 비극은 물론, 역사를 통틀어 사회를 좀먹게 했던 수많은 갈등과 반목들 모두 집단 간 경쟁에서 비롯되었다. 고대 중국에서의 종족 간 영역 분쟁에서부터 이슬람에서의 수니파와 시아파의 분열까지, 서로 경쟁하는 집단들은 상대 집단에 종종 강한 경쟁심을 표출하기도 한다. 지구상 어디든 서로 다른 인종 또는 서로 다른 종교의 혼재가 경쟁의식을 불러일으키지 않는 곳은 거의 찾아보기 힘들다.

　집단 간 적개심과 불신이 커질수록 동종선호의 경향도 커진다. 2004년 이전, 스페인에서는 스페인 원주민과 아랍계 이민자 사이의 분열 양상이 조금씩 감소하는 추세였다. 2004년 3월 11일 아침, 이러한 경향은 갑작스레 뒤바뀐다. 러시아워로 한참 혼잡한 시간에 네 대의 열차에서 폭탄이 터져 수백 명이 죽고 수천 명이 다쳤다. 수사는 혼선을 겪었고 수많은 거짓 단서가 난무했지만, 결국 20명 이상의 용의자가 유죄판결을 받게 되었다. 폭탄테러의 배후에는 이슬람 무장세력이 있었으며, 이는 스페인 원주민과 아랍계 이민자들 사이의 긴장을 고조시켰다. 이후 2년 동안 아랍인과 스페인 사람 사이의 분리는 5퍼센트 이상 증가한 것으로 추산된다. 사람들이 그리 자주 이사를 다니지 않는다는 것을 고려하면 매우 높은 증가치다.[27]

이러한 분열은 분명 스페인의 고유한 문제는 아니며, 또한 어떠한 사건이라도 그 영향력은 결국에는 사라지기 마련이다. 그럼에도 불구하고 이 사건은 집단 정체성에 대한 인식이 얼마나 중요해질 수 있는지를 잘 보여주는 사건으로 남았다.

사람들이 자신의 역할과 정체성을 얼마나 쉽게 받아들이는지 이해하는 것은 집단 사이의 분리에 대한 새로운 통찰을 제공한다. 집단 정체성은 동종선호를 이끄는 또 다른 동력이다.

유명한 스탠퍼드 감옥 실험(이제는 거의 진부하게 느껴지지만)은 사람들이 자신의 정체성을 어떻게 규정하는지에 따라 집단 내에서 분열이나 갈등을 초래할 수 있음을 보여준다. 본 실험을 자세히 설명하는 한 웹사이트는 다음과 같은 소개글로 시작된다.[28] "8월의 어느 조용한 일요일 아침, 캘리포니아의 팰러앨토에서는 경찰차가 이 마을, 저 마을을 순회하며 대학생들을 집단으로 검거했다. 캘리포니아 형법 제211조 무장강도법 및 459조 절도법을 위반한 혐의였다. 용의자들은 그들의 자택에서 체포되어 기소되었고, 법적 권리를 권고받은 후, 경찰차에 두 손을 짚은 상태로 몸수색을 받았으며, 놀란 이웃들이 지켜보는 가운데 수갑이 채워졌다. 경찰은 용의자들을 경찰차 뒷좌석에 태운 후 사이렌을 울리며 경찰서로 향했다."

이 실험은 1973년 필립 짐바르도Philip Zimbardo, 크레이그 헤이니Craig Haney, 커티스 뱅크스Curtis Banks에 의해 진행되었다. 실험대상자는 대학생 나이의 건강한 남성 21명으로, 이들은 무작위로 죄수와 교도관의 두 집단으로 나뉘었다. 수감자들이 실제로 무장강도나 절도를 범한 것은 아니며, 교도관들 또한 이전에 법을 집행하는 일을 해본 적이 없다. 모의 교도소는 이전 재소자의 조언에 따라 스탠퍼드 대학 건물의 지하에 설치되었다. 연구자들은 죄수 역할로 뽑힌 실험대상자들이 그 역할에 좀 더 몰입할 수 있도록 극적인 방식으로 그들을 '체포'했으며, 몸수색을 한 뒤 옷을 벗기고 방역 스프레이로 소독했다. 이들에게는 죄수복이 주어졌고, 시계도 창문도 없는 작은 방에 수용되었다. 교도관들에게는 특별한 지침이 내려지지 않았다. 그 대신, 웹사이트에 묘사된 것처럼, "그들은 그들 생각에 교도소의 법과 질서를 유지하고 수감자들을 장악하기 위해 필요한 것이라면 아무런 제약 없이 무엇이든 할 수 있었다."[29]

이후의 결과는 실험 설계자들의 예측을 훨씬 뛰어넘는 것이었다. 피험자들은 그들의 역할에 지나치게 빠져들었고, 상황은 점차 위험하게 변모했다. 실험이 시작되고 둘째 날이 되기도 전에 죄수들은 폭동을 일으켰고, 교도관들에게 처우 개선을 요구했다. 이에 교도관들은 수감자들에게 소화기를 분사하여 제압했으며, 감방에서 침대를 모두 치우고, 폭동의 주동자를 독방에 가두었다. 둘째 날, 8612번 죄수가 날카로운 비명을 지르고 울며 쓰러졌다. 교도관들은 그가 연기를 한다고 생각해 풀어주지 않았고, 대신 정보원이 되어준다면 처우를 개선해주겠다며 그를 회유했다. 그러나 그의 상태는 더욱 심각해졌고, 그의 행동이 연기가 아님이 분명해진 이후에야 이 죄수는 실험에서 풀려날 수 있었다. 실험은 결국 5일차에 끝내야 했다. 몇몇 교도관들이 '가학적인 행동'을 하는 것으로 보였고, 다른 교도관들은 이를 막을 수 없었다. 죄수들은 '병리학적 행동'을 보이며 감방에 틀어박힌 것으로 보였다.

동종선호와 분열의 문제

알베르토 알레시나Alberto Alesina와 예카테리나 줄랍스카야Ekaterina Zhu-ravskaya는 분열된 국가들이 인종, 언어, 종교적 차원에서 어떤 양상을 보이는지 그리고 이것이 그 나라의 성공과 어떤 관계를 가지는지 조사했다.[30] 그들은 동종선호의 경향을 정량화하기 위해 '분리지수segregation index'라는 것을 개발했는데, 이는 한 국가의 여러 지역에 특정 인구 집단이 얼마나 집중되어 있는지를 나타낸 값으로, 만일 사람들이 전체 인구 비율에 따라 전 지역에 고르게 분포하고 있다면 어떤 상태가 되는지와 비교하여 계산한다. 예를 들어 남아프리카공화국의 인구 분포를 보면 대략 80퍼센트가 흑인, 9퍼센트가 그 지역에서 유색인이라고 부르는 사람들(여러 인종의 혈통을 물려받은 사람), 9퍼센트가 백인, 나머지가 아시아인이다. 만약 인종에 따른 분리가 없다면, 각각의 지역은 이와 비슷한 인구 분포를 가질 것이다. 하지만 가령 특정 지역에는 거의 흑인들만 살고 있고 다른 지역은 유색인만, 또 다른 지역에는 백인과 아시아인만 살고 있다면 이 나라에는 심각한 인종 분리가 있는 것으로 생각할 수 있다. 분리지수 값이 0일 때는 서로 다른 인종 집단이 전 지역에 걸쳐 고르게 분포하고 있음을 의미하고, 그 값이 1일 때는 각 인종이 서로 다른 지역에 거주하고 있음을 의미한다.

짐바브웨, 과테말라, 아프가니스탄 그리고 터키는 분리 양상이 가장 심한 상위 5개 국가로, 분리지수 값이 모두 0.36 이상이다. 인종적 분리가 거의 나타나지 않는 국가로는 독일, 스웨덴, 네덜란드, 캄보디아 그리고 한국이 있으며, 분리지수가 0.01 이하다. 중국, 인도, 러시아, 이스라엘, 스페인의 분리지수는 0.08에서 0.24 범위에 있으며, 미국과 영국은 0.01과 0.03 범위다. 이 결과가 사뭇 놀랍게 여겨질 수도 있을 것이다. 미국과 영국의 많은 도시에서 쉽게 인종 분리를 찾아볼 수 있기 때문이다. 하지만 그런 지역에서 보이는 인종 분리는 대개 동네 수준에서 나타나는 반면 이 조사는 그보다 더 넓은 지역을 단위로 시행되었다. 즉 이러한 방식의 측정은 지역 혹은 네트워크 수준에서 동종선호가 나타나는지의 여부보다는, 한 국가 내에서 서로 다른 인종이 완전히 분리된 지역에서 살고 있는지의 여부를 보여주는 것이다. 예를 들어 이스라엘에서는 아랍인과 유대인이 서로 다른 도시에서 거주하는 경향이 있으며(물론 예외도 있다), 따라서 이들의 분리지수는 상당히 높다. 이와는 반대로, 미국에서 아시아인, 흑인, 백인 그리고 히스패닉은 보통 같은 도시 내에 거주하지만 사는 동네는 각자 다르다. 결과적으로 조사결과에서는 이스라엘이 미국보다 훨씬 더 분리되어 있는 것처럼 보이게 된다.

한 국가의 인종 분리 수준이 왜 그렇게 높은지(혹은 낮은지)에 상관없이, 분리지수는 그 국가가 얼마나 잘 기능하는지를 예측하는 척도가 될 수 있다. 앞에서 예로 든 국가들과 그 분리지수만으로도 알 수 있을 것이다. 분리 정도가 심한 나라일수록 가난하며 정부가 제대로 기능하지 않는 반면, 분리가 거의 나타나지 않는 국가들일수록 부유하며 잘 작동하는 정부를 가지고 있다.

나는 알레시나와 줄랍스카야의 데이터를 바탕으로, 한 국가의 분리지수와 몇 가지 기본 변수들의 상관관계를 도표로 나타냈다. 경향성을 좀 더 명확히 드러내기 위해, 나는 특정 수준 이상의 GDP를 가지는 국가들만 포함시켰다. 예컨대, 가나는 내가 정한 최소한의 GDP 기준에 부합했고, 코트디부아르는 그에 미치지 못했다. 사실 모든 국가가 포함된 도표는 훨씬 가파른 기울기를 보여주지만, 도표에 나타난 국가가 이보다 많아지면 레이블을 읽기 힘들어지므로 여기서는 특정 GDP 이상의 국가만 표시했다.[31]

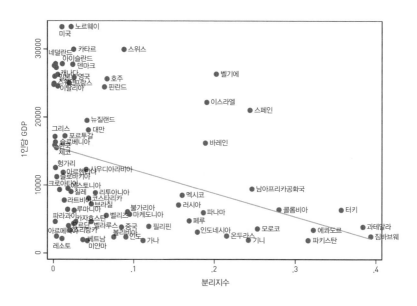

그림 5.9 각 국가의 인종 분리 수준과 GDP의 상관관계

〈그림 5.9〉에 각 국가들의 전체적인 생산성을 나타내는 지수인 1인당 GDP와 그 나라의 분리지수 사이의 관계를 나타냈다. 전반적으로 분리도가 높은 나라일수록 생산성이 낮은 경향성이 나타나는 것을 볼 수 있다. 분리지수가 가장 낮은 나라들의 평균 GDP는 분리도가 가장 높은 나라들에 비해 6배 이상 높다. 이 데이터를 바탕으로 추세선을 그려본 결과 그 기울기는 음의 값을 가지며, 이 값은 통계적으로 유의한 수준인 것으로 나타났다(99.9퍼센트의 신뢰수준).

〈그림 5.9〉에서 살펴봐야 할 것이 하나 더 있다. 바로 그래프에 여전히 노이즈가 많다는 것이다. 국가들 사이에는 큰 편차가 존재한다. 예를 들어 분리지수가 매우 낮은 국가들은 GDP 수준의 변동폭이 매우 크다. 즉 분리지수가 낮다고 해서 GDP가 높은 것은 아니다. 인종 분리가 거의 없으면서도 매우 가난한 나라들이 있는 것이다. 그런데 이보다

더 눈여겨봐야 할 점은 분리지수가 매우 높은 국가들 중에서—0.25 이상—GDP가 높은 나라는 없다는 점이다. 높은 수준의 인종 분리와 높은 GDP는 양립하지 않는다. 도표에서도 볼 수 있듯이, 오른쪽 상단—분리 수준이 높으면서 경제 생산성이 높은 영역—에는 아무 국가도 없다. 분리 수준이 낮다고 해서 번영이 보장되는 것은 아니지만, 분리 수준이 높다면 번영을 기대하긴 어려운 듯 보인다.

왜 인종 분리가 심할수록 정치와 경제가 제대로 작동하지 않을까?[32] 이에 대해 알레시나와 줄랍스카야는 국가의 분열 수준이 높으면 시민들 사이의 신뢰가 깨지고 자신들만의 이익을 위해 정부를 압박하는 정당들이 활개를 치게 되며, 결국 정치는 더 분열되고 정부 기능은 약화되기 때문이라고 설명한다.

다음 장에서는 동종선호가 우리 삶에 미치는 다양한 영향들을 살펴볼 것이다. 여기에는 집단 사이에서 발생하는 신념, 규범, 기회의 차이도 포함된다.

보이지 않는 손

다음 장으로 가기 전에 마지막으로 강조하고 싶은 것이 있다. 바로 사람들로 하여금 자신과 비슷한 사람들에게 이끌리도록 만드는 데는 여러 종류의 힘이 작용한다는 것이다. 이 장에서 살펴보았듯이 우리는 지리적으로 가깝고 접촉하기 쉬운 사람, 도전의식과 목적을 공유하는 사람 그리고 소통하기 쉽고 예측하기 쉬우며 그 행동과 규범을 이해하기 쉬운 사람에게 이끌린다. 집단 간 경쟁이나 그에 따른 편견과 인종주의 그리고 자기 자신을 집단과 동일시하려는 우리의 사회심리학적 성향도 동종선호를 이끄는 데 기여한다. 셸링이 거주지를 찾는 사람들에게서 발견했던 것과 같이, 행동의 연쇄는 집단 간 분열을 더 증폭시킬 수 있다. 그리고 집단 간 규범과 행동의 차이가 더 커질수록 이들 집단 사이의 골도 더욱 깊어진다.

동종선호는 인간 네트워크의 가장 근본적인 요소로 우리에게 너무 익숙한 것이라 오히려 눈에 띄지 않는다. 우리는 일상생활에서뿐만 아니라 문화, 규범, 행동을 설명할 때에도 동종선호의 영향력을 거의 눈치채지 못한다. 동종선호는 우리가 우리 주변 사람들의 행동을 예측할 수 있게 해주지만,[33] 동시에 그것은 집단에 분열을 초래하기도 한다. 우리 사회에 만연한 깊은 분열은 사회 구성원들의 신념과 의견을 양극화시키는 것뿐만 아니라 기회, 고용 그리고 삶의 질에서의 불평등을 영속화시키는 데 일차적인 역할을 한다(이에 대해서는 다음 장에서 계속 살펴보겠다). 이런 근본적인 분리 현상에서 네트워크의 영향력을 간과한다면 이 문제를 바로잡기 위한 효율적인 대책을 마련하기도 어려울 것이다.

6

네트워크가
불평등을 만든다

비유동성의 위협

클레어 베이 왓킨스Claire Vaye Watkins는 네바다 주의 패럼이란 마을에서 어린 시절을 보냈다. 패럼은 '물의 산'이란 의미로, 라스베이거스와 배드워터(데스밸리) 중간쯤에 위치하고 있다. 인근 지역과 마찬가지로 패럼의 기후 또한 매우 지독하며, 한여름에는 평균 기온이 38도까지 상승한다. 패럼은 상당히 외진 곳에 있지만 자분정自噴井[1]이란 매우 귀중한 수자원을 보유하고 있다. 이곳은 1800년대에 개척자들이 정착하기 전까지는 남부 파이우트족이라는 인디언 부족의 고향이었다. 당시에는 목화와 알팔파의 재배가 패럼의 주된 수익원이었지만, 지금은 카지노와 (합법) 윤락업소, 골프장, 경주로 등이 성행하고 있다. 패럼의 중위소득은 미국 전체에 비해 매우 낮다. 하지만 이곳에는 하위 중산층이라고 부를 수 있는 계층이 견고하게 자리잡고 있다.

여러분은 하위 중산층이라도 그중에서 가장 뛰어난 학생이 일류 대학에 들어갈 기회를 쉽게 얻을 수 있으리라 생각할지도 모르겠다. 하지만 클레어 왓킨스의 에세이 〈아이비리그는 다른 행성에 있었다〉에 따르면, 그것은 완전히 착각이다.[2] 클레어는 12학년 때 고향 친구 라이언과 시에

라네바다 산맥의 타호 호수로 여행을 떠났다. 그녀와 라이언은 네바다 주의 '탑 100' 졸업반 학생을 선발하는 대회의 최종 후보로 선정되었다. 클레어는 당시 상황을 다음과 같이 묘사했다.

> 비행기에서 라이언과 나는 라스베이거스 출신의 한 소년을 만났다. 우리는 대회의 규모를 가늠해보고자, 그에게 어느 고등학교에 다니는지 물었다. 그는 우리가 들어본 적 없는 학교의 이름을 말하며 "마그넷 스쿨magnet school(인종이나 통학 구역에 관계없이 다닐 수 있는 뛰어난 설비와 교육 과정을 갖춘 학교—옮긴이) 중 하나야"라고 덧붙였다. 라이언은 마그넷 스쿨이 무엇인지 물어보고, 남은 시간 동안 이 소년의 교육이력, 즉 해외에 나간 경험, 방과후 활동(그는 로보틱스 동호회에 속해 있었다), 과외 경험, 대학 준비 과정 등에 대해 상세히 캐물었다.
>
> 그때 우리는 모든 교육이 평등하지는 않다는 것을 깨달았다. 패럼이라는, 대도시에서 한 시간 떨어진 작은 마을에서 온 라이언과 내게, 이 라스베이거스 소년은 마치 우리가 한 번도 가보지 못한 행성에서 온 것 같았다. 그때 우리가 몰랐던 것은 또 다른, 우리가 아직 본 적 없는 더 먼 행성들이 있다는 것이었다. 그리고 이 행성들도 우리를 볼 수 없었다.

비록 클레어가 살던 곳은 대도시에서 한 시간밖에 걸리지 않지만, 그녀는 대학에 대해 그리고 대학에 어떻게 들어가는지에 대해 아는 것이 거의 없었다. 그녀가 왜 소외감을 느껴야 했는지 그리고 왜 대학에 대한 정보가 부족할 수밖에 없었는지를 이해함으로써, 우리는 비유동성과 불평등이 그저 일시적인 현상에 그치지 않는다는 것을 설명할 수 있다. 클레어의 이야기는 교육을 받은 사람과 그렇지 않은 사람 사이의 임금 격차가 점점 커지고 있는데 왜 많은 사람들이 교육을 받지 않는지에 대한 의문에 답하면서 시작된다.

비유동성은 사람들이 그들이 나고 자란 사회적 환경에 갇히게 될 때 발생한다. 그들이 속해 있는 네트워크가 그들이 성공하는 데 필요한 정보나 기회를 충분히 제공하지 못하는 것이다.

비유동성은 단지 도덕적으로 바람직하지 못한 현상일 뿐만 아니라 비효율적이기도 하다. 한 사회의 가장 유능한 인재들을 비생산적인 역할에 가둠으로써 전체적인 생산성을 낮추기 때문이다. 얼마나 많은 피카소들이 석탄을 캐면서 인생을 마감했을까? 어쩌면 암 치료제를 발견하게 될지도 모르는 사람이 슬럼가에서 태어났다면? 이처럼 비유동성은 한 사회의 성장률에 중대한 영향을 미칠 수 있다.

비유동성에 대한 논의에서 동종선호는 중요한 역할을 한다. 동종선호는 부모들이 어떤 정보를 획득하게 되는지를 결정하고, 결국 그들이 아이들을 키우는 방식에 영향을 주게 된다. 부모에 대한 조건을 통제하는 경우 아이들이 속한 지역사회는 아이들의 교육과 일생의 생애소득 기회를 상당 부분 설명할 수 있다. 지역사회는 아이들이 사회에 무엇을 기대하는지 그리고 사회가 그 아이들에게 무엇을 기대하는지에 영향을 준다. 스탠퍼드 대학에서 컴퓨터과학을 전공한 젊은 흑인 여성 알로나 킹Alona King은 핵심을 정확히 포착했다. "나는 '게이츠 컴퓨터 과학동'의 복도를 지나가는 걸 싫어해요. …… 공학자가 아닌 소수 인종들은 공학동에서 잘 모르는 다른 소수 인종을 만나면 꼭 이렇게 물어보거든요. '학생, 길 잃었어요?'라고."[3]

비유동성과 불평등에서 네트워크의 역할을 이해하기 위해 우선 비유동성과 불평등이 무엇인지 그리고 이들이 서로 얼마나 단단히 얽혀 있는지 알아보고자 한다. 또한 우리는 노동시장의 변화, 즉 대학 학위자와 비학위자 간 임금 격차의 확대에 대해서도 논의할 것이다. 그리고 이어 교육에서의 비유동성을 살펴보고자 한다. 교육을 많이 받지 않은 부모에게서 태어난 아이들은 어릴 때부터 인지적 상호작용이나 교육의 수준이 낮고 고등교육을 받을 기회가 훨씬 적은 경향이 있다.

일단 이런 배경지식들을 살펴본 다음 본격적으로 비유동성과 불평등의 확산에 있어 네트워크의 역할에 대해 이야기하고자 한다. 첫 번째 클레어의 이야기에서 본 것처럼 동종선호는 교육의 가치에 대한 기본적인 정보는 물론 그 정보를 어떻게 얻을 수 있는지에 대한 정보도 제한한다. 이는 부모가 아이들을 키우는 방식과 아이들이 주변에서 배우는 바 모두에 영향을 준다. 두 번째 교육을 받고 정식 노동 인구에 들어가도록 만드는 동인은 친구와 지역사회의 행동에 크게 의존한다. 세 번째 일단 인력 시장에 뛰어들고 나면 고용 기회와 임금은 친구들이 얼마나 많이 고용되었느냐에 따라 크게 달라진다. 왜냐하면 많은 일자리가 지인과의 네트워크에서 나오기 때문이다. 이런 네트워크 효과들의 결합은, 특히 그 구성원들이 서로 도움을 주고받는다는 것을 고려할 때, 비유동성과 불평등이 왜 갈수록 커지며 고착화되는지를 잘 설명해준다. 이 효과들의 힘은 부의 세습보다 더 강력할 수 있는데, 이는 최근에 나타나기 시작한 현상을 일부 설명할 수 있다.

위대한 개츠비 곡선: 비유동성과 불평등의 관계

"그렇게 우리는 물살을 거슬러 계속 노를 저었다. 끝없이 과거로 밀려나면서."
—F. 스콧 피츠제럴드, 《위대한 개츠비》

의심의 여지 없이 향후 아이들이 자라서 성공할 수 있을지의 여부는 처

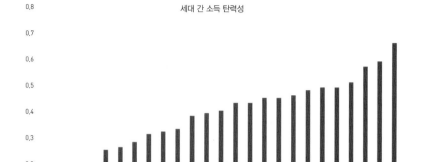

0.8
0.7
0.6
0.5
0.4
0.3
0.2
0.1
0

덴마크 | 노르웨이 | 핀란드 | 캐나다 | 오스트레일리아 | 뉴질랜드 | 스페인 | 독일 | 일본 | 스웨덴 | 한국 | 프랑스 | 뉴질랜드 | 뉴질랜드 | 싱가포르 | 파키스탄 | 스위스 | 미국 | 아르헨티나 | 이탈리아 | 영국 | 칠레 | 브라질 | 중국 | 페루

그림 6.1 비유동성과 세대 간 소득 탄력성. 이 도표는 부모와 아이들의 소득 사이의 상관관계를 정규화하여 측정한 것이다. 여기서 0은 아이와 부모의 소득 사이에 본질적인 관계가 없음을 의미하며, 1은 부모의 소득 분위가 자녀들의 소득 분위에 완전히 반영되는 것을 의미한다. 본 데이터 중 인도의 데이터는 나트콥스카Hnatkovska, 라히리Lahiri, 파울Paul의 2013년 논문에서, 러시아의 데이터는 보리소프Borisov와 피사리데스Pissarides의 2016년 논문에서, 한국의 데이터는 김수빈의 2017년 논문에서 인용했으며, 그 외 국가의 데이터는 마일스 코락Miles Corak의 2016년 논문에서 인용했다.

음부터 부모와 지역사회가 그 아이에게 무엇을 해줄 수 있느냐에 달려 있다. 세대에 걸쳐 지위가 대물림되는지를 측정하는 표준적인 방법은 소득, 부, 학위 수준과 같은 요인에 따라 아이들과 그들의 부모를 비교하는 것이다. 아이들의 운명은 그들의 부모와 얼마나 강하게 연결되어 있을까? 〈그림 6.1〉은 아이들이 성장한 후의 소득과 그 부모의 소득 사이의 상관관계를 나타낸 것이다. 구체적으로 말해, 여기서 측정된 값은 '세대 간 소득 탄력성'이라고 불린다.

세대 간 소득 탄력성은 다음과 같은 질문에 대한 대답이라고 생각할 수 있다. 당신의 가족이 나의 가족보다 1년에 10퍼센트 더 번다고 가정해보자. 나중에 우리가 성인이 되었을 때 당신의 수입은 나보다 얼마나 더 높을까? 그 답이 10퍼센트라면 당신의 가족이 우리 가족에 대해 점하는 우위는 세대에 걸쳐 완전히 보존된다. 당신과 나의 소득 격차가 당신 가족과 우리 가족 간의 소득 격차와 같다면(탄력성이 1), 이는 완전한 비유동성을 의미한다. 우리의 소득 분위는 우리 부모의 소득 분위와 같은 것이다. 하지만 당신의 소득이 나보다 1퍼센트 높은 데 그친다면, 당신의 가족이 우리 가족에 대해 점하는 우위는 오직 10분의 1만 대물림되었음을 의미한다. 그리고 당신과 나의 소득이 같다면, 이는 완전한 유동성을 의미한다. 이때 우리의 소득 분위는 우리 부모의 소득 분위에 의존하지 않으며, 탄력성은 0이다. 이처럼 탄력성은 비유동성의 척도다. 미국의 탄력성, 즉 비유동성 값은 2분의 1보다 약간 작다. 페루가 3분의 2로 전 세계에서 가장 높은 탄력성을 가진다.[4, 5]

이 그래프에서 미국이 차지하는 위치를 보고 놀란 독자가 있을 수도 있다. 예를 들어 미국의 비유동성은 캐나다보다 두 배 이상 크다. 영국 역시 상당히 높은 비유동성을 가진다.

미국의 높은 비유동성이 상당히 놀라운 것과는 반대로 미국의 높은 불평등 수준은 자명해 보인다. 미국의 어느 대도시를 가든 매우 가난한 지역이 매우 부유한 지역과 이웃하고 있는 것을 볼 수 있기 때문이다. 하지만 미국은 '기회의 땅'이라 여겨지며 '아메리칸 드림'은 미국인의 정신과 정체성 속에 녹아들어 있다. 사람들은 그들의 근면함, 기술, 재능에 따라 보상받지, 그들의 혈통에 따라 보상을 받지 않는다. 미국 독립 선언문의 핵심은 양도할 수 없는 행복추구권이므로, 우리는 미국이 적어도 다른 나라보다 비유동성이 낮으리라 기대하는 경향이 있다.

우리 모두 믿을 수 없을 정도로 놀라운 성공 스토리를 하나쯤은 알고 있다. 나의 아버지는 간신히 대학과 대학원을 마치고 핵물리학자가 되었다. 비록 할아버지는 고등학교도 마치지 못한 채 트럭 회사에서 일했지만 말이다.

미국의 역사를 봤을 때 '기회의 땅'이란 꽤나 적절한 비유였다. 19세기와 20세기 초 이민자들의 물결이 이어지는 동안 국가는 계속 서쪽으로 확장해가며 경제적 호황을 누렸다(몇 번 일시적으로 하락하기도 했지만). 특히 이민자들—상당수가 가난에서 벗어나기 위해 고향을 떠난 사람들이다—에게 일자리는 물론 성공의 기회는 널려 있었다. 사람들은 캘리포니아로 이주해 벼락부자가 되었다. 교육은 가치 있는 일이었으나, 그럭저럭 괜찮은 삶을 영위하기 위해 반드시 필요한 것은 아니었다. 당시의 미국은 성장의 황금기였고 아메리칸 드림의 실현을 향해 가고 있었다. 그 이후 제2차 세계대전이 끝나고 제조업과 경제가 호황을 맞이하자 중산층이 부흥하기 시작했다. 경제적 계층 상승을 위한 사다리에 오르는 것도 여전히 가능했다.

하지만 15년 전 내가 비유동성에 대해 공부하기 시작했을 때, 상황은 놀랍도록 달라져 있었다. 나는 미국에서의 부모-자녀 간 교육 수준의 상관관계에 대한 자료를 보고는 데이터가 잘못된 것이 틀림없다고 생각했다. 조금 더 조사하고 나서야 나는 모든 수치가 같은 결과를 가리킨다는 것을 받아들였다. 소득, 교육 수준, 부, 심지어 수명까지 어떤 값을 측정하든, 현재 미국에서의 부모-자식 간 상관관계의 크기는 다른 나라에 비해 매우 큰 것으로 나타났다. 이 값이 크다는 것은 결코 좋은 일이 아니다. 이는 계층 간 유동성이 매우 낮다는 것을 의미한다.

아마도 당신만 미국의 경제적 계층 이동성이 그리 나쁘지 않으리라고 생각했던 것은 아닐 것이다. 유동성에 대한 많은 사람의 인식이 실제 현실과 일치하지 않는다. 다시 〈그림 6.1〉을 보면 독일은 비유동성 값이 0.32로 미국이 0.47인 것에 비하면 3분의 2밖에 되지 않는다. 그러나 사람들에게 "내가 열심히 일한다면 나의 삶이 더 나아질 수 있을 것이다"
란 문장에 동의하는지 물어보면, 미국인은 84퍼센트가 그렇다고 대답하
는 반면 독일인은 62퍼센트만 동의한다.[6]

불평등과 비유동성 사이의 관계는 앨런 크루거Alan Krueger에 의해 구
체화되었다. 그는 백악관 경제자문위원회 회장을 맡고 있던 2012년 1월,
한 인상적인 발표에서 '위대한 개츠비 곡선'이라는 것을 제시했다. 이
곡선은 2011년 마일스 코락이 지적한 불평등과 비유동성 사이의 놀랍도
록 높은 상관관계를 보여주었다. 크루거는 이 곡선에 가장 어울리는 이름
을 찾기 위해 부하 직원들을 불러 가장 좋은 이름을 생각한 사람에게 와
인 한 병을 선물하겠다고 약속했다. 와인은 사회적 계층 상승을 꿈꾸었던
개츠비에서 아이디어를 얻은 주드 크래머Judd Cramer에게로 돌아갔다.[7] 불
평등과 비유동성 사이의 강한 상관관계는 〈그림 6.2〉에 나타냈다.

비유동성과 불평등 사이의 관계는 어떤 면에서 기계적이란 점을 지적
할 필요가 있다. 작고 균질적인 국가와 크고 비균질적인 국가를 비교한
다고 했을 때, 그 밖의 것은 모두 같다고 가정하면, 작고 균질적인 나라
일수록 상대적으로 불평등 및 비유동성이 더 낮은 값을 가지리라 예측
할 수 있을 것이다.

예를 들어 엔지니어의 자녀들만을 조사한다면, 이 아이들 사이에서는
불평등도가 그리 크지 않게 나올 것이다. 대부분의 아이가 좋은 교육을
받고 성장해 좋은 직장을 가지게 될 것이기 때문이다. 또한 부모와 자
식 사이의 소득에 대한 상관관계도 그리 높지 않을 것이다. 부모들의 소
득에서 작은 차이는 나중에 아이들이 커서 얼마를 벌게 될지에 그리 결
정적인 영향을 주지 않기 때문이다. 마찬가지로 석탄 광부의 아이들만
을 조사해보면, 이 아이들 대부분은 노동 계급에 머무르게 될 것이며 불
평등도는 낮은 수준을 보일 것이다. 부모와 자식의 소득도 거의 상관관

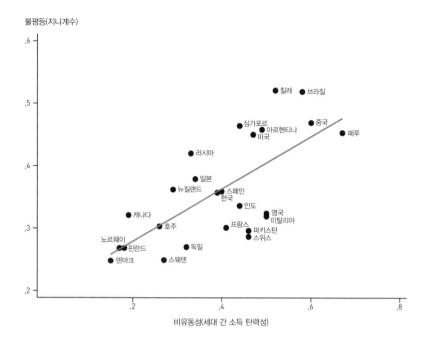

그림 6.2 위대한 개츠비 곡선. 국가에 따른 불평등과 비유동성의 상관관계를 나타냈다. 수직축에 나타낸 불평등 값은 각 국가의 지니계수를 사용해 측정했으며, 0은 불평등이 없음을 나타내고 1은 가능한 한 최대의 불평등을 나타낸다. 비유동성은 각국의 세대 간 소득 탄력성 값으로 나타냈다. 본 데이터의 출처는 〈그림 6.1〉과 〈그림 6.3〉의 데이터와 일치한다.

계가 없을 것인데, 부모들이 거의 비슷한 특징을 가질 것이기 때문이다. 대부분의 불평등과 비유동성은 다양한 경제 분야들을 비교할 때 생겨난다. 즉 경제가 더욱 분화될수록 우리는 더 높은 수준의 불평등과 비유동성이 나타나리라 예측할 수 있다.

그럼에도 불구하고 위대한 개츠비 곡선은 기계적인 규모 효과 이상의 무언가를 알려준다. 예를 들어 덴마크가 불평등도와 비유동성에서 모두 낮은 값을 보여주는 이유는 국가의 규모가 작기 때문이기도 하지만, 그것만으로 설명이 충분한 것은 아니다. 덴마크의 비숙련 노동자들은 미국의 해당 직종 종사자들에 비해 임금이 50퍼센트 이상 높고 수당도 훨씬 많다. 즉 미국에 비해 덴마크에서 불평등도가 낮은 이유는 덴마크의 비숙련 노동자들이 미국보다 훨씬 더 나은 대우를 받는다는 사실로 어느 정도 설명할 수 있다. 대부분의 사람이 비숙련직종과 숙련직종 중에서 직업을 선택할 수 있는 사회에서는 자연스럽게 비숙련직종의 임금이 상승한다. 따라서 다른 기회가 없어서 어쩔 수 없이 비숙련 노동자가 된 다수를 떠안기보다는 노동자들이 직업을 택할 수 있도록 유인해야 한다. 비유동성에 대해 살펴보면 덴마크에서 부모와 자식 간 교육 수준의 상관관계는 10퍼센트가 되지 않는 반면, 미국에서는 거의 50퍼센트에 육박한다. 대학 학위자의 비율은 두 나라가 비슷한 수준임에도 말이다. 이렇듯 균질성만으로는 개츠비 곡선에서 나타나는 국가들 간의 차이를 설명하지 못한다.[8]

캐나다는 인구의 거의 4분의 1이 다양한 소수 인종으로 구성되어 있다. 캐나다는 상당한 규모의 이민을 받고 있으며 경제 또한 매우 다양해 넓은 범위의 재화와 서비스를 생산한다. 그럼에도 불구하고 캐나다는 세계에서 사회적 유동성이 가장 높은 나라 중 하나이며, 불평등도도 북유럽 국가들에 비해 크게 높지 않다. 어째서 캐나다 같은 국가들은 불평등도와 비유동성이 모두 낮지만, 미국과 중국은 그토록 높은 수치를 보이는 것일까?

비유동성이 불평등을 함축한다는 점을 강조하기 위해 나는 크루거의 위대한 개츠비 곡선을 뒤집어 보았다. 〈그림 6.2〉은 비유동성과 불평등을 각각 수평축과 수직축에 나타낸 도표인데 불평등을 비유동성의 함수로 볼 수 있다. 즉 불평등의 상당 부분이 비유동성에서 기인한다는 점을 알 수 있다.

만일 모든 아이가 비슷한 네트워크 속에서 태어나 동등한 성장의 기회가 주어진다면—즉 부모, 또래집단, 지역사회의 조건이 비슷하다면—불평등은 개인의 선천적인 재능이나 성격, 선택이나 행운과 같은 불규칙적인 차이의 결과로 나타날 것이다. 사실 아이들은 매우 다른 네트워크 속에서 태어나며—부모, 행동 양식, 정보, 주어진 기회가 서로 다르다—그 결과로 형성되는 불평등은 더 극단적인 양상을 가지게 된다. 다시 말해 기회와 유동성의 차이가 일정 부분 소득의 불평등을 야기한다.

본질적으로 비유동성과 불평등은 서로 밀접하게 얽혀 있다. 불평등 또한 비유동성을 야기하며, 피드백 효과도 있다. 기회를 제약하는 부모, 또래집단, 지역사회의 차이는 어느 정도 불평등 때문에 나타난다. 하지만 궁극적으로 아이들의 선택 기회와 행동을 제약하는 것은 동종선호에 의해 형성된 행동 양식과 정보의 견고한 네트워크다. 주된 것은 비유동성의 배후에 있는 이 힘이며, 불평등은 그 근본 원인이 아니라 결과로 볼 수 있다. 이것은 부유한 부모들일수록 아이들의 성공을 위해 더 많은 것을 해줄 수 있기 때문에 사회적 계층 이동이 둔화된다는 일반적인 통념과는 조금 다른 관점이다.

이러한 관점은 비유동성과 불평등의 악순환을 끊고 이를 개선할 수 있는 방안을 마련하는 데 특히 도움을 준다. 이를 통해 우리는 자본세 같은 것에 너무 집중하는 대신 불평등과 비유동성을 야기하는 근본적인 사회구조를 어떻게 바꿀 것인가를 고민할 수 있다.

불평등의 가속화

"통치가 잘 이루어지는 나라에 가난한 자가 있다면, 이는 부끄러운 일이다. 통치가 잘 이루어지지 않는 나라에 부유한 자가 있다면, 이 또한 부끄러운 일이다."

—공자

앞에서 중심성과 그 영향력의 측정에 대해 논의했던 바와 마찬가지로 불평등을 단일한 수치나 지표로 환산하는 것은 현상을 지나치게 단순화시킬 위험이 있다. 부, 소득, 지출, 소비, 고용, 행복, 수명을 측정해야 할까? 아니면 이들 중 일부 조합을 측정해야 할까? 세금과 복지 수당은 어떻게 계산해야 할까? 가족 단위로 계산해야 할까, 아니면 개인별로 계산해야 할까? 아이들의 수는 또 어떻게 반영해야 할까? 측정해야 할 값이 너무 많다. 하지만 그중 대다수는 서로 밀접하게 관련을 맺고 있어 간단한 지표 몇 개만 가지고도 우리의 목적에 부합하는 큰 그림을 그릴 수 있다.

이탈리아의 통계학자이자 인구학자, 사회학자인 코라도 지니Corrado Gini는 1912년 간단명료하면서도 통찰력 있는 불평등 지수를 개발했다. 지금 이 지수는 '지니계수'로 알려져 있다. 역설적이게도 그는 파시스트이자 우생학자였다. 지니는 처음부터 무솔리니를 지지했으며 그와 막역한 사이이기도 했다. 하지만 그는 결국 파시스트 운동에서 멀어졌는데 파시스트들이 그의 학문적 연구에 낱낱이 개입했기 때문이다. 이런 사실들에도 불구하고 그는 불평등을 측정할 때 가장 널리 이용되는 척도를 개발해냈다.

지니계수에 대해 쉽게 이해하는 방법은 다음과 같다.[9] 한 사회에서 두 사람을 골라보자. 그중 더 부유한 사람은 다른 한 사람에 비해 소득이 얼마나 더 높은가? 만약 그 사회에서 가능한 모든 두 사람의 쌍에 대해 소득 격차를 측정한 후 그 평균값을 도출하면 그 사회가 평균적으로 얼마나 불평등한지 측정할 수 있다. 지니계수의 국가 간 비교를 위해서는 국가 평균 소득의 2배로 나눠 지니계수가 0과 1사이의 값을 갖도록 만드는 정규화가 필요하다. 여기에서 국가 평균 소득의 2배로 나누는 이유는 우리가 한 쌍의 사람들을 비교하기 때문이다. 한 사람이 전체 소득

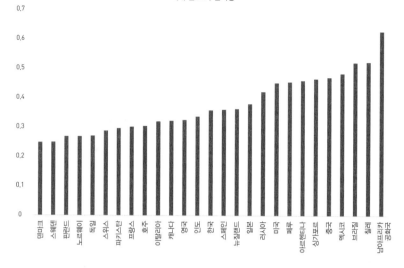

세대 간 소득 탄력성

그림 6.3《CIA 세계 팩트북CIA World Factbook》에서 인용한 지니계수 데이터. 지니계수는 완전히 평등한 0에서부터 극도로 불평등한 1까지의 값을 가진다.

을 취하고 다른 한 사람은 아무 것도 가지지 못하는 극단적인 경우를 생각해보자. 이 경우 이 둘 사이의 소득 차는 평균 소득의 2배다. 따라서이 극단적 상황을 평균 소득의 2배로 나눠 정규화하면 지니계수가 1이된다. 이와 반대로 모든 사회 구성원의 소득이 동일하다면 지니계수는 0이 된다.[10]

〈그림 6.3〉은 국가별 지니계수를 보여준다. 지니계수는 시기나 소득측정 방식에 따라 다르지만 일반적으로 0.25(매우 평등한 나라)에서 0.7(극히 불평등한 나라)의 범위를 가진다.[11]

이 데이터에서 덴마크는 지니계수가 0.25로 가장 평등한 사회로 나타났다. 반면 남아프리카공화국은 지니계수가 0.6 이상으로 측정 국가 중불평등도가 가장 높은 것으로 나타났다.

불평등도는 국가에 따라 차이가 있듯 시간에 따라서도 변화한다. 한 세기 전 소득 분배가 어떻게 이루어졌는지 명확한 그림을 그리기는 어렵다. 하지만 몇몇 연구자들의 세심한 추적과 탐구를 바탕으로 대략의 값은 추정할 수 있다.[12] 예를 들어 사람들은 수렵채집 사회가 목가적이고 평등했다고 여기지만 이 사회에도 상당한 불평등이 존재했던 것으로 보인다.

캐나다의 키틀리 크릭Keatley Creek에 인접한 곳에 형성되었던 한 수렵채집 사회는 브리티시컬럼비아 산에서 흘러오는 수자원을 이용했다. 이들 마을은 밴쿠버에서 북동쪽 방향으로 수백 킬로미터 떨어진 곳에 위치하고 있었다. 키틀리 크릭은 수천 년 동안 원주민의 고향이었다. 원주민들은 봄에서 가을까지 강을 타고 올라오는 연어를 잡아먹거나 사슴, 여우, 곰 등 숲에 사는 다양한 동물과 나무 구근, 야생 양파, 라즈베리 등의 식물로 생계를 이어왔다. 야생에 먹을 것이 풍부하긴 했지만 그중에서도 어떤 지역은 특히 자원이 풍부했고, 이 지역에 대한 접근성은 원주민 사회에 차이를 만들어냈다. 예를 들어 강가의 특정 위치에서는 연어가 훨씬 많이 잡혔는데, 이 장소에 접근할 수 있는 권한은 소수의 가족들에 의해 통제되었고, 그러한 통제권은 세대에 걸쳐 대물림되었다. 이 지역의 전통 가옥들을 발굴한 결과, 최고의 낚시터나 사냥터에 대한 접근권을 가진 가족들은 다양한 식량을 보관할 수 있는 튼튼한 창고와 넓은 침실, 요리와 난방을 위한 대형 난로를 가지고 있었다. 인근에 위치한 다른 가족들의 집은 상대적으로 작은 저장 공간이나 부엌을 가지고 있었다.[13]

이런 종류의 불평등은 그저 단발적 사건에 그치지 않는다. 인류는 재화를 모으고 토지에 대한 독점적 지배권을 가지게 되자마자 부를 축적하고 이를 자손에게 물려주기 시작했다. 인류학자들은 여러 유목사회와 농경사회의 토지 및 가축 보유량을 조사해 이들의 지니계수가 0.3에서

0.7에 이르는 다양한 분포를 보인다는 점을 발견했다. 이들의 평균 지니계수는 0.4에서 0.5 정도였다.[14]

이처럼 불평등은 수천 년간 존재했지만 그것이 결정적으로 치솟은 것은 산업혁명 시기 동안이었다. 산업혁명은 유례가 없는 생산성의 향상을 이끌었다. 당시에는 독점 규제가 미미했기에 성장을 통해 산업 국가의 상위층에 위치한 소수의 사람들이 국부의 상당 부분을 독식했다. 경제가 성장함에 따라 불평등 수준은 사상 최고치에 도달하기 시작했다. 산업혁명 중반쯤 잉글랜드와 웨일스의 지니계수는 0.59로, 유럽은 대략 0.57 정도로 추산된다. 이는 지금의 남아프리카공화국에 뒤지지 않는 수치다. 미국은 좀 더 평등한 농업사회에서 시작해, 영국으로부터 독립하기 직전인 1774년에 0.44 정도의 지니계수를 가진 것으로 추산된다. 하지만 남북전쟁 이전까지 산업의 성장이 가속화되면서 미국의 불평등 수준도 유럽을 따라잡기 시작했으며, 1860년 지니계수는 0.51을 기록했다(노예도 포함한 값이다). 20세기 초가 되자 미국은 산업 생산성에서뿐만 아니라 불평등 수준까지 유럽을 앞지르게 되었다. 불평등과 관련해 제2차 세계대전 이전의 독일 정도가 유일한 경쟁 상대였다.

중국과 인도 등 좀 더 최근에 산업화된 국가들은 산업혁명을 겪는 동안 상대적으로 낮은 지니계수를 유지했다. 하지만 이들 국가도 산업화가 이루어진 후에는 지니계수가 치솟기 시작했다. 인구 중 가장 부유한 계층이 새로 얻은 부의 대부분을 가져갔고, 나머지 인구는 여전히 빈곤한 수준에 머무르고 있다. 전체적인 소득은 증가했지만 상위 계층에서의 소득 증가 속도는 그보다 훨씬 빨랐다. 〈그림 6.4〉에서 지난 수십 년 동안 중국의 지니계수가 얼마나 빨리 증가했는지 확인할 수 있다.[15]

한국의 불평등 수준 역시 해마다 증가해왔다. 한국의 지니계수를 잘 정리한 시계열 자료는 찾기 어렵지만 구하기 쉬운 다른 자료를 통해 불평등도를 가늠해볼 수 있다. 〈그림 6.4〉의 (b)는 임금 수준 상위 10퍼센트 계층이 하위 10퍼센트 계층에 비해 임금이 얼마나 더 높은지를 로그 척도로 나타낸 것이다. 다시 말해 이 그래프는 부자가 가난한 사람에 비해 임금을 얼마나 더 많이 받는가를 보여준다. 만일 불평등이 전혀 없다면 이 비율은 1이 될 것이며, 또한 이 값이 1.5라는 것은 임금 수준 분포에서 최상위 계층에 속하는 사람의 임금이 최하위 계층에 비해 (로그 척도로) 50퍼센트 더 높은 임금을 받는다는 것을 의미한다. 이 표는 불평등도가 1.2(부자가 가난한 사람에 비해 임금이 20퍼센트 더 높은 수준)에서 계속 상승해 거의 1.4(부자들의 임금이 40퍼센트 더 높음)에 육박하는 것을 보여준다.

산업혁명과 함께 나타난 극심한 불평등은 여러 요인에 의해 일시적으로 상쇄되기도 했다. 노동조합의 성장과 함께 정부에 의한 독점 규제가 시행되고 반트러스트 법안(독점규제 및 공정거래법)이 마련되었다. 또한 대공황과 두 차례의 전쟁을 겪으며 정부의 역할이 커짐에 따라 세금과 재분배도 증가했다. 제조업에서는 새로운 기술을 가진 더 많은 노동력을 필요로 했고, 노동에 대한 수요가 늘어남에 따라 고용률 또한 최고치를 경신했다. 그리고 중산층이 나타났다. 제2차 세계대전 이후 수십 년 동안, 특히 유럽과 북아메리카에서 중산층의 생활 수준은 전례가 없을 정도로 향상되었다. 중산층이 가질 수 있는 재화나 상품은 전화기에서 자가용, 라디오, 텔레비전까지 엄청나게 늘어났다. 늘어난 것은 그뿐만이 아니다. 가족 구성원 중에서 고등교육을 받은 사람의 수도 늘어났다.[16] 지니계수는 산업혁명 이후 최저치로 떨어졌다. 〈그림 6.4〉에서도 이러한 하락 국면을 확인할 수 있다.

대략 1980년대부터 현재까지 몇 가지 변화에 의해 세계의 여러 나라에서 불평등이 부활하고 있다. 그중 한 가지 변화는 이제 기술이―노동

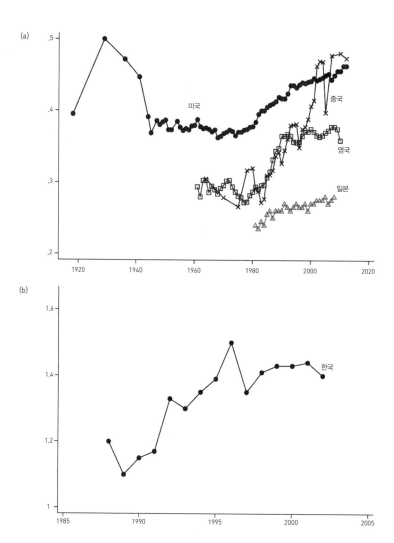

그림 6.4 (a) 중국, 영국, 일본, 미국의 시간에 따른 지니계수의 변화. 중국과 영국의 데이터는 브랑코 밀라노비치Branco Milanovic가 작성한 세계은행의 '모든 지니계수All the Ginis' 데이터세트(2014년 11월 기준)에서 가져왔다. 미국의 데이터는 앳킨슨Atkinson과 모렐리Morelli의 2014년 저서《차트로 보는 경제적 불평등Chartbook of Economic Inequality》에서 인용했다. 일본의 데이터는 리즈Lise 등의 2014년 연구에서 인용했다.

(b) 시간에 따른 한국의 불평등도의 변화. 임금 수준 상위 10퍼센트 계층과 하위 10퍼센트 계층의 임금 차이를 로그변환한 것이다. 본 데이터는 카라자오발리Karacaovali와 타바키스Tabakis의 2017년 연구에서 인용한 것으로 한국노동패널조사의 조사에 근거했다.

력의 수요를 끌어올리는 대신—노동력을 대체하기 시작했다는 점이다. 이는 많은 국가의 중산층과 하위 중산층에게 엄청난 충격을 안겨주었다. 기술 수준이 갈수록 정교해짐에 따라 이제는 노동 인구를 대신해 더 많은 상품과 서비스를 공급할 수 있게 되었다. 그렇다고 해서 기술이 인간을 일터에서 아예 쫓아냈다는 의미는 아니다. 그저 자동차 제조 노동자와 여행사 직원의 수가 줄어들고 애완견 산책 도우미가 늘었다는 의미다.

이러한 전환에 대비해 적절한 대처가 이루어지지 않으면 상황은 더욱 악화될 수 있다. 1940년대에 조지프 슘페터Joseph Schumpeter는 새로운 혁신에 의해 이전에 널리 퍼져 있던 기술과 사업이 폐기되어가는 과정을 묘사하기 위해 '창조적 파괴'라는 용어를 만들었다. 현재 우리는 전례 없는 규모의 '창조적 파괴'를 목격하고 있다. 최고 수준의 기술자를 제외한 노동력들이 많은 혁신에 의해 대체되고 있다. 쓸모를 다한 기계는 폐기되거나 재활용할 수라도 있지만 더 이상 쓸모가 없는 노동력은 어떻게 해야 하는가?

한 예로 런던의 택시 운전사들은 '블랙캡'의 면허를 받기 위해서 전통적으로 '놀리지Knowledge'라고 알려진 세계에서 가장 어려운 면허 시험을 통과해야만 했다. 많은 수험자가 수년 동안 런던의 복잡한 지도를 익히고 수만 개의 작은 거리, 골목, 지형물들을 외워, 오로지 기억에만 의존해 한 지점에서 다른 지점으로 가는 최단 거리를 산출하는 방법을 익혀야 했다. 만일 당신이 런던에서 택시를 타본 적 있다면, 그것이 얼마나 대단한 일인지 알 수 있을 것이다. 하지만 그러한 지식은 GPS 기술과 지도 어플리케이션의 등장에 의해 이제 더 이상 쓸모가 없게 되었다. 이러한 기술들은 단지 최단 거리만 산출해내는 것이 아니라 현재의 교통량까지 감안해 최적의 루트를 찾는다. 영국의 몇몇 정치인은 이제 '놀리지' 같은 시험은 구식이 되었다고 발언해 택시 운전사들의 심기를 건드리기도 했다.

기술에서의 이러한 발전은 농업에서부터 제조업, 서비스업까지 모든 종류의 생산 과정에 필요한 노동력을 감소시킨다. 이제 대부분의 여행 예약은 온라인을 통해 이루어진다. 온라인 쇼핑이 자리잡으면서 유명했던 소매상점까지 사라지고 있다. 향후 운송업을 완전히 바꿔 놓게 될 무인 자동차와 트럭이 이제 막 등장하려는 참이다. 이러한 변화가 미치는 영향은 중산층과 하위 중산층에서 가장 뚜렷이 나타난다. 이들 대다수가 그동안 고등교육 대신 약간의 경험과 기술만 요구하는 제조업이나 서비스업 분야에서 일해왔기 때문이다.

〈그림 6.5〉는 지난 40년 동안 제조업에서 노동생산성이 어떻게 변해 왔는지 보여준다. 근본적으로 같은 일을 수행하기 위해 현재 필요한 노동력은 1980년대 후반의 40퍼센트에 지나지 않는다. 이러한 변화는 엄청난 규모로 매우 빠르게 일어났다. 겨우 30년 만에 노동생산성이 두 배 이상 증가한 것이다. 물론 이는 여러 가지 결과로 이어졌다. 먼저 생산 규모(예를 들어 생산된 자동차 수)는 물론 그 품질(현재의 자동차는 30년 전에 비해 더 정교한 전자 장비를 탑재하고 있다)에서도 놀라운 향상이 이루어졌다. 반면에 자동차 제조업체가 필요로 하는 인력은 줄어들었다. 이는 제조업만의 일이 아니며 최근에 처음 등장한 일도 아니다. 예를 들어 19세기 초 미국에서는 농업생산성이 증가함에 따라 농장에서 필요한 노동력이 거의 70퍼센트까지 줄어들었고 오늘날에는 과거와 비교해 2퍼센트 정도의 노동력으로도 충분하다. 이는 인류가 예전보다 덜 먹기 때문이 아니다. 같은 기간 동안 식품의 생산량과 품질은 오히려 급격히 향상되었다.

게다가 중국이나 멕시코, 인도, 한국과 같은 국가에서 생산 및 수출이

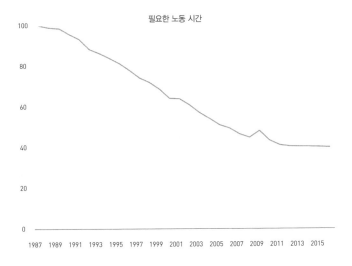

그림 6.5 이 그림은 시간의 변화에 따라, 같은 산출량을 제조하기 위해 필요한 노동 시간의 변화를 나타낸 것이다. 제조업에서 같은 GDP를 산출하기 위해 필요한 시간을 측정하고 1987년을 기준으로 정규화했다. 1987년에 100시간이 걸리던 일이 2016년에는 40시간이 채 걸리지 않는다. 데이터는 미국 노동통계국에서 가져왔다.

폭발적으로 증가하면서 노동의 세계화가 시작되었다. 아시아와 남아메리카 그리고 일부 아프리카 지역에서 제조업과 서비스업 노동자들이 점점 늘어나기 시작하자 유럽과 북아메리카에서 중산층은 그 입지가 더욱 약화되었다. 물론 이들의 입지가 약화된 것은 세계화 때문만이 아니라 상당 부분 기술의 혁신에서 비롯되었다는 것을 기억할 필요가 있다. 예를 들어 한 연구에 따르면 1999년과 2011년 사이 미국의 제조업 노동자 중 중국으로부터의 수입 증가 때문에 실직한 사람은 오직 10~20퍼센트밖에 되지 않는다. 대부분은 기술 변화로 인해 직장을 잃었다.[17]

〈그림 6.6〉은 이런 힘들의 결합을 나타낸 것이다. 농업에서의 고용률은 계속해서 하락했고 제조업 또한 같은 추세로 가고 있다. 제2차 세계대전 직후부터 제조업에서 고용률이 하락하기 시작했고 곧 한 자리 숫

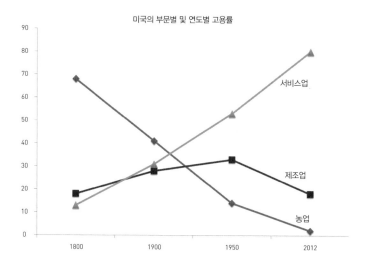

미국의 부문별 및 연도별 고용률

서비스업

제조업

농업

그림 6.6 농업 분야는 1800년대 이후 고용률이 계속 감소해왔다. 제조업 또한 1950년대부터 하락하기 시작했다. 서비스업 분야의 고용은 계속 늘고 있지만, 일부 서비스 산업에서는 필요한 노동량이 조금씩 감소하고 있다. 데이터는 토마스 피케티Thomas Piketty의 《21세기 자본Capital in the Twenty-First Century》의 〈표 2.4〉에서 인용했다.

자까지 떨어지는 것이 불가피해 보인다.

이러한 추세는 미국과 유럽뿐만 아니라 아시아에도 영향을 주고 있다. 예를 들어 인도와 중국에서도 농업의 현대화가 일어남에 따라 고용률이 하락하기 시작했다. 아직 농부의 비율이 전체 인구의 2퍼센트밖에 안 되는 수준까지 내려온 것은 아니지만 그렇게 되는 것도 시간문제로 보인다. 중국에서 농업 분야에 종사하는 노동력의 비율은 1990년에 60퍼센트에서 2015년에 28퍼센트까지 감소했고, 인도에서는 동기간 60퍼센트에서 45퍼센트로 감소했다. 아시아에서는 제조업 분야에서 노동력 증가가 나타났지만 기술이 빠르게 발전함에 따라 그 성장세가 둔화되기 시작했다. 제조업에서 전체적인 생산량은 계속 증가하고 있지만 이에 필요한 노동량은 오름세가 꺾이기 시작했다.

미국과 유럽에서는 이제 서비스 산업(의료 서비스, 금융, 교육, 대중매체, 호텔 및 식음료 서비스, 소매업, 창고업, 운송업, 엔터테인먼트 산업 등)이 가장 지배적인 고용주로서 군림하게 되었다. 서비스 분야는 아시아에서도 빠르게 성장하고 있으며, 현재 중국에서 가장 독보적인 고용주가 되었다. 인도도 마찬가지다. 예를 들어 벵갈루루와 같은 도시에서는 컴퓨터 프로그래밍 산업이 엄청나게 성장하고 있으며 지금은 전 세계에 코드를 공급하고 있다.[18] 서비스 분야의 노동력 또한 생산성 증가의 영향을 받지 않는 것은 아니다. 런던의 택시 운전사들은 그 하나의 사례에 불과하다. 전반적으로 인간은 컴퓨터와 점점 정교해지는 프로그램에 의해 대체되는 추세에 있다. 몇 가지 예를 들면 세금 신고, 외국어 교습, 금융 증권 거래 등은 곧 프로그램으로 대체될 것이다.

이러한 힘들은 임금 격차를 더 확대시켰으며 그러한 추세는 계속 이어지고 있다. 1950년대 미국에서 대학 학위가 있는 노동자는 고등학교 이하의 학위를 가진 노동자보다 50퍼센트 더 높은 임금을 받았다. 현재 이 격차는 100퍼센트까지 상승했다. 대학 졸업생의 임금은 계속해서 증가해온 반면, 고등학교만 졸업한 노동자의 임금은 하락했기 때문이다.[19] 더 높은 수준의 교육을 받은 사람들이 보유한 역량은 현대 기술의 발전에 힘입어 더욱 증폭되었다. 이들은 더 놀라운 발견을 해내고, 더 많은 사람들에게 도달하며, 이전에는 불가능했던 과제를 수행한다. 이와는 극명히 대조적으로 중하위 수준의 기술을 가진 사람들은 기술에 의해 대체된다.

생산성이 폭발적으로 증가했다고 해서 비숙련 노동자의 필요성이 사라진 것은 아니다. 테마파크에 대한 수요는 지속적으로 증가하고 있으며, 피트니스 산업 및 관광 산업은 물론, 레저용품 제조업의 규모는 계속해서 팽창 중이다. 요리나 청소처럼 사람들이 스스로 하던 일을 이제

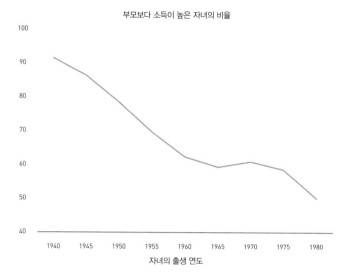

부모보다 소득이 높은 자녀의 비율

자녀의 출생 연도

그림 6.7 자녀와 부모의 가구 세전 소득 비교. 30세를 기준으로 소득을 비교했으며, 물가상승분을 반영했다. 데이터는 다음 논문에서 인용했다: Chetty, Grusky, Hell, Hendren, Manduca, and Narang (2016a).

비숙련 노동자가 대신하고 있다. 즉 양극단에 있는 노동에 대한 수요는 계속해서 증가하고 있다. 한쪽에는 설계나 경영 등 높은 수준의 기술을 요구하는 직업이 있고 다른 쪽에는 낮은 수준의 교육이나 경험으로도 충분한 시시한 직업이 있는 것이다.

이러한 변화로 인해 부모보다 높은 수익을 얻는 사람의 비율은 제2차 세계대전 이후 거의 절반으로 떨어졌다. 〈그림 6.7〉은 1940년에 태어난 사람들 중 90퍼센트 이상이 부모보다 소득이 높았음을 보여준다. 당시에는 중산층이 늘어나고 경제가 성장하면서 거의 모든 미국인이 전 세대보다 더 높은 수익을 올렸다. 하지만 1980년에 태어난 사람들은 오직 절반만이 부모보다 소득이 높았다. 남성들만 분리해서 보면 수치는 더욱 나빠진다. 1940년에 태어난 거의 모든 남성은 30세가 되었을 때 부모보다 훨씬 높은 소득을 얻었지만, 1984년에 태어난 남성은 오직 41퍼센트만이 부모보다 소득이 높았다. 즉 59퍼센트의 남성은 그들의 아버지만큼 성공하지 못했다는 말이다. 전체 생산성 증가에 기여하는 정도도 불평등하다. 상위 소득 계층은 대개 부모보다 더 생산성이 높지만, 하위 소득 계층은 부모와 학력 수준이 비슷한 경우에도 생산성이 더 낮다.

노동력의 구성은 생산성만큼 빠르게 변하지는 않았다. 기술의 진보가 계속됨에 따라 임금 및 생산성이 높은 고숙련직 인력은 부족해지고, 임금이 낮은 비숙련직 노동력은 넘쳐나게 되었다. 25세에서 29세 사이의 청년층 중에서 학사 학위를 가진 인구의 비율은 1974년에는 20퍼센트가 약간 넘었지만 2014년에는 30퍼센트 가까이 되었다. 거의 50퍼센트가 증가했으니 고학력 인구가 엄청나게 늘어난 것처럼 보일지도 모르겠다. 하지만 이러한 증가폭은 생산성의 증가에 비하면 한참 뒤처진다. 고학력자의 수요는 높아져갔으나 고등교육을 마친 인구의 비율은 그에 비해 천천히 증가했고, 이러한 격차는 고학력자에 대한 임금 프리미엄을 더 높이는 결과를 가져왔다. 결국 생산성 증가에 따른 가장 큰 혜택은 가장 높은 수준의 교육을 받은 사람들에게 돌아갔다.

임금 격차가 커진다는 것은 소득이 인구 중 상위 1퍼센트에 집중되고 있음을 의미한다. 이러한 부의 집중 현상은 미국과 유럽에서 지난 100년 동안 보기 어려웠던 극단으로 치닫고 있다. 유럽의 상위 1퍼센트는 전체 소득 중 10분의 1을 가져가며, 미국의 경우에는 거의 5분의 1을 가져간다.[20]

여기서 짚고 가야 할 사실은 미국과 유럽의 최상위 계층이라 할지라도, 상위 1퍼센트에게 돌아가는 소득의 대략 3분의 2는 근로소득이며, 자본소득은 3분의 1에 지나지 않는다는 점이다. 이런 최상위층에서도 부에 따른 수익이나 투자 수익은 전체의 일부분에 지나지 않는다.[21] 소득 불평등, 특히 상위 1퍼센트 계층에게 부가 집중되도록 만든 주된 요인은 근로소득의 변화다. 상위 1퍼센트의 임금은 1970년대 초반 이후 2.5배 이상 상승했다. 상위 5퍼센트의 임금은 2배 그리고 상위 10퍼센트의 임금은 4.5배 증가했다. 반면에 하위 60퍼센트는 같은 기간 동안 임금이 3분의 1도 채 오르지 않았다. 불평등의 확대는 인구 계층의 상대적 임금이 크게 변화했기 때문이다.[22]

대학 학위자와 비학위자 간의 임금 격차가 갈수록 커지는 것을 보고 있으면 한 가지 의문이 든다. 왜 더 많은 사람이 고등교육을 받지 않을까?

이는 다시 비유동성의 문제로 돌아온다. 어떤 사람들로 하여금 노동시장에서 성공을 위해 필요한 기술을 습득하기 어렵게 만드는 강력한 사회적 힘이 존재하는 것이다.

교육 격차: 능력주의는 허구다

미국에서 부유한 부모를 둔 아이는 가난한 집안에서 태어난 아이보다 대학을 졸업할 가능성이 2.5배 이상 높다.[23] 인종에 따른 차이도 존재한다. 20대 후반을 기준으로 대학 학위가 있는 사람의 비율은 놀랍게도 아시아인 중에서는 72퍼센트, 백인 중에서는 54퍼센트, 아프리카계 미국인 중에서는 31퍼센트 그리고 히스패닉 중에서는 27퍼센트다.[24] 이러한 차이를 만드는 인과적 메커니즘은 상당히 복잡하다. 가족의 소득, 인종, 부모의 학력, 문화, 지역사회가 모두 뒤얽힌 문제이기 때문이다.

아이들의 대학 진학 여부만큼이나, 어느 대학에 다니느냐에도 큰 차이가 존재한다. 미국에서 가장 경쟁력 있는 대학(즉 아이비리그 학군이나 스탠퍼드, MIT)의 생물학 개론이나 경제학 개론 또는 컴퓨터과학 개론 수업을 들어가 보면, 당신 옆에 앉아 있는 학생이 소득 수준 하위 25퍼센트 가정에서 왔을 가능성보다 상위 25퍼센트 가정에서 왔을 확률이 '20배'나 높다.[25] 또한 미국의 소득 상위 1퍼센트 가정의 학생은 하위 20퍼센트의 학생보다 아이비리그 대학에 진학할 가능성이 77배나 높다.[26] 저소득층 학생을 위해 상당한 재정적 지원을 하고 있지만 명문 대학에 진학하는 학생들 중에는 상위 소득 계층이 여전히 압도적으로 많다.

이는 중대한 결과로 이어진다. 일자리를 구해본 사람이라면 누구나 알겠지만 어떤 대학에 다녔는지는 매우 중요하다. 미국 교육부는 대학의 수익을 평가하는 평가표를 만들었는데, 이에 따르면 하버드 대학과 스탠퍼드 대학, MIT 졸업생이 받는 연봉의 중앙값은 전국 대학 졸업생이 받는 연봉의 중앙값과 비교해 두 배가 넘는 것으로 나타났다.[27]

교육에서의 격차는 대학에 다니기 훨씬 전부터 생겨나며, 아이들이 십 대가 될 무렵이면 이미 그 격차가 상당히 두드러진다. 〈그림 6.8〉에 이를 나타냈다.

이러한 차이는 아이들이 태어난 직후부터 나타나기 시작한다. 예를 들어 학교에 들어가기 전까지 고소득층 가정의 아이는 생활보조비를 받는 가정의 아이에 비해 3000만 개의 단어를 더 많이 듣는 것으로 추정된다. 이 값을 계산하기 위해 베티 하트Betty Hard와 토드 리즐리Todd Risley는 엄청나게 단순한 작업을 했다.[28] 바로 부모가 아이에게 얼마나 많은 단어를 말하는지 일일이 셈한 것이다. 생활보조비를 받는 가정의 부모는 아이들에게 시간당 대략 600개의 단어를 말한 반면, 고소득층 가정의 부모는 시간당 2000개 이상의 단어를 말했다. 이는 생활보조비를 받는 가정과 비교해 아이에게 3배 이상 말을 많이 하는 셈이다. 이는 향후 일어날 일에도 영향을 미친다. 아이가 사용하는 단어의 86~98퍼센

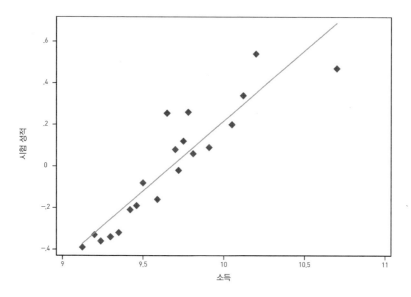

그림 6.8 가장 가난한 지역부터 가장 부유한 지역까지 평균 시험 성적을 표준화하여 나타냈다. Y축의 시험 성적은 뉴욕의 8학년 학생(일반적으로 13세에서 14세 사이)을 대상으로, 수학과 영문학에서의 성취도 점수를 합산한 후 표준화한 것이다. X축은 각 지역의 1인당 소득에 로그를 취한 값이다(학교의 우편번호를 이용해 지역을 구분했다). 소득의 크기가 같은 것으로 분류되는 20개의 관측치를 얻었다. 데이터는 프라이어 주니어Fryer Jr.와 카츠Katz의 2013년 논문에서 인용한 것이다.

트는 부모가 사용하는 어휘에서 나온다. 아이의 언어 패턴은 양육자의 패턴과 매우 유사한 것이다. 또한 하트와 리즐리는 3세 무렵의 언어 능력이 9세 또는 10세 무렵의 언어 및 독해 능력과 유의한 상관관계가 있음을 발견했다.[29]

어린 시절의 상호작용이 미치는 효과는 시간이 지날수록 눈덩이처럼 커진다. 어릴 적부터 아이들의 인지 발달을 돕는 일은 향후 학습 과정에 커다란 영향을 미친다. 인내와 끈기를 가르치는 것은 아이들이 어떤 기술이든 원활히 습득할 수 있도록 돕고 일생에 걸쳐 새로운 기회에 도전할 수 있는 문을 열어준다. 좀 더 빨리 글을 읽기 시작한 아이들은 다른 아이들보다 더 이른 시기에 더 많은 지식을 습득할 수 있으며 이 과정에는 점점 가속도가 붙는다. 아이들이 자신을 표현할 줄 알게 되면 더 넓은 세상을 탐험하며 앎의 영역을 넓혀갈 수 있다. 아이들이 더 많이 알수록 학교에서도 더 좋은 성적을 받고 학업에서 더 큰 보람을 느끼게 되므로 공부에 더 전념하게 된다. 노벨상을 수상한 경제학자이자 아동 조기 교육 전문가인 제임스 헤크먼James Heckman은 이를 다음과 같이 표현했다. "하나의 기량은 또 다른 기량을 낳는다. 상호보완적이며 역동적인 방식으로 말이다. 최대의 효율과 효과를 위해서는 어릴 때에 모든 노력을 집중해야 한다. 사회적 약자 계층의 아이와 그 가족을 위한 최선의 투자는 아이가 태어난 직후부터 5세까지 초기 아동 발달을 돕는 것이다."[30]

이렇게 자녀 양육에서 차이가 생기는 이유 중 하나는 저소득층일수록 부모가 아이와 함께할 시간이 부족하기 때문이다. 하지만 아이들과 시간을 보내는 것이 얼마나 중요한지에 대한 부모들의 믿음 또한 자녀 양육에 차이를 만드는 것으로 밝혀졌다. 예를 들어 영국에서 진행된 최근 연구에 따르면 부모들에게 "아이의 인지 발달은 그 나름대로의 속도로 진행되며 이에 대해 부모가 도와줄 수 있는 일은 거의 없다"라는 문장에 동의하는지 물었을 때, 소득 분포 하위 25퍼센트 계층의 부모들은 상위 25퍼센트의 부모와 상당히 다른 답을 했다.[31] 가난한 부모의 약 40퍼센트가 이 문장에 동의하거나 잘 모르겠다고 대답한 반면, 부유한 부모들 중에서 동의하거나 잘 모르겠다고 대답한 사람은 채 20퍼센트도 되지 않았다. 즉 2배 더 많은 빈곤층 부모들이 자신의 행동이 아이의 발달에 얼마나 영향을 미치는지 확신하지 못한다는 말이다. 아마도 여러분은 빈곤층의 부모들이 자녀와 많은 시간을 함께 보내지 못하는 상황을 합리화하기 위해 이런 믿음을 가진다고 생각할지 모르겠다. 하지만 다음 질문은 이야기가 그렇게 단순하지 않음을 보여준다. 부모들에게 "당신의 자녀에게 소프트웨어 프로그래밍을 배울 능력이 있습니까?"라고 질문을 하자 부유한 부모들은 약 80퍼센트가 그렇다고 긍정적으로 답한 반면, 가난한 부모들은 오직 50퍼센트만이 긍정적으로 답했다.[32] 교육에서 정보의 역할은 아동의 초기 성격 형성기를 지나서까지 확대된다.

저소득층 아이가 성장하면서 겪는 여러 어려움에도 불구하고 고등학교를 마칠 때까지 높은 내신 점수(A- 이상)나 대학입학시험(SAT나 ACT) 90 백분위순 이상과 같은 훌륭한 학업 성취를 보이는 학생도 많다. 이처럼 학업 성취도가 뛰어난 학생들 중 17퍼센트는 소득 분위 하위 25퍼센트 가정 출신이다. 이는 소득 분위 상위 25퍼센트 가정에서 온 학생 (34퍼센트) 수의 절반에 해당한다.[33]

어린 시절에 받는 모든 효과가 축적되어 고소득층 가정의 아이들은 높은 학업 성취를 거두는 데 있어 저소득층 가정의 아이들보다 2배의 이점을 가진다. 이 차이도 어마어마하지만 여전히 우리가 놓치고 있는 부분이 있다. 교육에 관해 앞서 이야기했던 통계 수치들을 떠올려보자. 미국의 명문대학 입학자 중 고소득층 가정의 자녀는 저소득층 가정의 자녀에 비해 20배 이상 많다.[34] 이를 고려하면 학업 성취도가 높은 학생이 명문대학에 들어갈 가능성은 소득 수준에 따라 10배 정도 차이가 난다.

명문대학은 학비가 너무 비싸서 저소득층 학생이 들어가기 어렵다는 반론이 있을 수 있다. 하지만 학비는 그리 중대한 요인이 아닌 것으로 보인다. 대학을 선택할 때 소득의 제약을 받는 가정은 미국 전체 가정 중 8퍼센트 이하인 것으로 추산된다.[35]

물론 대학을 마칠 때까지 실제로 학비가 얼마나 들지 추정하기 쉽지 않다. 마치 대량 구매의 실질적 비용을 계산하기 어려운 것처럼 말이다. 많은 국가에서 자동차를 구매할 때 가격표대로 사는 일은 바보 같은 행동으로 여겨진다. 가장 최근에 출시된 모델이 아니고서야 가격표는 그저 자동차 딜러가 제시하는 협상의 출발점일 뿐이다. 소비자는 점점 영리해졌고 제조사가 투입한 비용이 표기된 청구서를 요청하는 사람이 많아졌다. 이에 업계는 좀 더 이윤을 남기기 위해 송장에 여러 가지 명목을 덧붙임으로써 고객들이 딜러가 수용할 수 있는 최저 가격을 예상하기 어렵게 만들었다. 소비자들은 다른 대리점도 돌아보고 차량에 대해 좀 더 조사한 뒤에야 가격표에 적힌 가격보다 훨씬 낮은 가격으로 흥정할 수 있게 되었다.

이와 마찬가지로 가장 부유한 사람이나 그대로 지불할 수 있는 대학이 제시하는 학비도 협상의 시작점일 뿐이다. 다행스럽게도 대부분의 대학은 자동차 딜러만큼 공격적이지는 않다. 대학 학비의 경우 흥정을 별로 하지 않아도 자동차 할인과는 비교도 되지 않을 만큼 큰 할인을 받을 수 있어 대부분의 학생이 실제로 지불하는 학비는 대학이 처음 제시한 학비에 비해 엄청나게 낮다. 즉 많은 학생이 다양한 종류의 보조금, 장학금, 연구비의 혜택을 통해 학비를 상당히 낮출 수 있다. 정규 학생 중 오직 3분의 1만이 '가격표'대로 학비를 낸다. 2016년 미국의 4년제 사립대학의 연간 평균 학비(숙식비 포함)는 4만 4000달러(약 5300만 원)였지만, 실제로 학생들이 지불한 학비의 평균은 2만 6000달러(약 3110만 원)에 불과했다. 4년제 공립대학의 경우 소득 분위 상위 25퍼센트 가정의 학생이 지불한 학비는 평균적으로 6330달러(약 753만 원)였던 반면, 하위 25퍼센트 가정의 학생의 경우는 −2320달러(약 −277만 원)였다. 여기서 마이너스 표시는 이 학생들이 학비 및 수업료를 모두 충당하고도 남을 만큼의 장학금을 받아 숙식 비용도 일부 지불할 수 있었음을 의미한다. 4년제 (비영리) 사립 칼리지의 경우 소득 분위 상위 25퍼센트 가정의 학생이 학비 및 수업료로 지불한 비용은 1만 9720달러(약 2358만 원)인 반면, 하위 25퍼센트의 경우는 4970달러(약 594만 원)였다.[36]

이렇듯 학비를 많이 낮출 수 있지만 많은 고등학생과 학부모가 이런 제도가 어떻게 작동하는지 거의 알지 못한다. 그들은 상당한 재정적 지원을 받을 수 있다는 점을 모르고 지레 겁을 먹는다. 이런 정보 부족은 저소득층 학생이 자신의 능력에 맞는 대학에 지원하는 일을 꺼리게 만든다.

다시 클레어 베이 왓킨스에게로 돌아가 보자. 클레어의 이야기는 이 문제에 대한 더 깊은 통찰을 담고 있다.

> 나의 부모처럼 대학에 다닌 적이 없는 대다수의 부모는 대학 입학과 재정적 보조의 복잡한 내용들을 보고 겁을 먹거나 아예 모른 척하기도(때로는 노골적으로 반대하기도) 한다. 나는 대학에 지원할 때 내가 뭘 해야 하는지 전혀 아는 바가 없었다. 나는 한때 학교의 배구 코치가 자신의 학자금 대출 상황에 대해 이야기하는 것을 듣고 대학이 식사를 마치고 비용을 지불하는 레스토랑과 비슷하다고 생각했다. 학자금 대출을 위해 엄마와 양아버지의 소득 정보와 세무 서류가 필요했지만, 그들은 내게 이 서류들을 주지 않으려고 했다. 내 생각에 그들은 부끄러웠던 것 같다.[37]

사회적 자본의 힘

왜 우리의 행복과 복지는 우리의 부모 그리고 우리가 태어난 지역사회와 그토록 강하게 연결되어 있는 것일까? 이는 결코 새로운 질문은 아니다. 하지만 우리는 네트워크 관점을 통해 이 질문에 대한 새로운 통찰을 얻을 수 있다. 방금 본 것처럼 교육과 유동성의 엄청난 차이를 이해하는 핵심에 '정보'가 있다. 부모와 자녀가 거주하고 있는 지역사회가 이런 정보를 제공한다.

한 사람이 그가 속한 지역사회로부터 얻는 정보를 이해하는 데 '자본'이란 개념이 도움이 될 수 있을 것 같다. 이를 위해서 고전적 개념보다 확장된 자본의 개념이 필요하다. 고전적 의미에서의 자본—예컨대 자금이나 노동력 등 다른 형태로 전환될 수 있는 금융 자산을 일컫는 '금융 자본'이나 토지 등 물질적 자원을 뜻하는 '물적 자본'—은 우리 이야기에서 큰 역할을 하지 않는다.

앨프리드 마셜은 이미 한 세기 전에 자본의 고전적 개념을 확장해 '인적 자본'을 포함시켰다. 마셜이 말했듯이, "모든 자본 중 가장 가치 있는 자본은 인간에게 투여되는 자본이다. 그리고 그중에서도 가장 가치 있는 부분은 어머니의 보살핌과 양육의 결과다." 좀 더 현대적 의미의 '인적 자본'이란 생산과 거래의 모든 측면—예술, 발명, 설계, 사업 운영, 경영, 마케팅—에서 사용되는 지식과 기술을 일컫는다. 선천적인 재능 이외의 인적 자본의 많은 부분은 후천적으로 획득되는 것이다. 우리는 학교 수업, 관찰, 견습, 시행착오, 경험을 통해 무언가를 배운다.

우리의 논의와 가장 관련이 깊은 형태의 자본은 '사회적 자본'이다.[38] 최근에 논의되기 시작한 이 개념을 사람들이 자신이 속한 사회적 연결망을 통해 접근할 수 있거나 평판의 결과로 얻을 수 있는 호의, 자원, 정보를 지칭한다.[39]

사회적 자본을 제공하는 사회적 연결망에는 우정, 직장 동료 관계, 민간 및 공공 단체에 소속되는 회원 자격 등이 있다. 이 개념은 가장 포괄적인 형태의 자본으로 정의하기 쉽지 않고 네트워크에서의 위치나 관계와 같이 측정하기 쉽지 않은 개념들을 포함한다.[40] 예를 들어 사회적 자본은 앞서 소개한 메디치 가문의 부흥에서 중요한 역할을 한다. 메디치 가문은 수많은 가문을 자기 편으로 끌어들일 수 있었을 뿐만 아니라 이 가문들을 조율할 수 있는 고유한 위치를 점하고 있었다. 바로 이것이 엄청난 권력의 근원이었다. 다른 이들을 조율하는 능력에서 오는 영향력 또한 자본의 한 형태로 그것을 소유한 사람에게 매우 생산적이고 가치 있는 자원이 될 수 있다.[41] 사회적 자본은 평판, 지위, 우정, 단체와 같이 해석의 여지가 있는 다양한 개념에 의존한다. 앞서 살펴본 동종선호도 여기에 영향을 준다. 신뢰할 수 있는 광범위한 연결망을 가진 사람도 중요한 자원이나 정보에 접근하지 못할 수 있다. 비록 사회적 자본을 측정할 수 있는 간단명료하고 단일한 방법을 찾기는 어렵지만 사회적 자본은 우리가 피할 수 없는 매우 중요한 개념이다.

한 형태의 자본은 다른 형태의 자본으로 전환될 수 있으므로 어느 형태든 풍부한 자본을 보유하고 있으면 다른 형태의 자본도 쉽게 얻을 수 있다. 예를 들어 교육을 통해 인적 자본에 투자하는 데 금융 자본을 이용할 수 있다. 마찬가지로 사회적 자본은 인적 자본이나 금융 자본을 쌓는 데 도움이 되는 정보나 기회로 이어질 수 있다.

모든 형태의 자본이 대물림이 가능하다는 사실—자본은 부모로부터 아이에게로 전달될 수 있다—은 비유동성에도 시사하는 바가 있다. 부모는 자녀들에게 돈, 자산, 부동산을 물려줄 수 있다. 또한 부모는 아이들이 가지는 인적 자본의 첫 번째 원천으로 아이가 어느 학교에 갈지, 무엇을 어떻게 배울지를 결정한다. 마지막으로 아이들은 사회적 자본의 근간을 형성하는 특정 가족과 지역사회에서 태어난다. 이는 결코 과소평가해서는 안 될 중요한 영향력이다. 더욱이 부모의 사회적 자본은 부모가 자녀를 대하는 태도에 차이를 가져온다. 예를 들어 교육에 얼마나 투자할지, 아이의 재능을 펼칠 수 있게 무엇을 해줄 수 있을지와 같은 고민에 영향을 주는 것이다. 지역, 소득, 인종, 문화에 따라 나타나는 동종선호는 이 집단들이 서로 분리되어 있고 배타적인 관계를 맺을 수 있음을 의미한다. 이는 정보의 흐름을 차단해 각 집단의 구성원들이 그들만의 생각에서 헤어나오지 못하도록 만든다.

한 지역사회의 구성원들은 서로 뭉치려는 경향이 강하다. 부유하고 높은 수준의 교육을 받은 사람들은 그들끼리 모여 살고, 가난하고 교육을 덜 받은 사람들 또한 그들끼리 모여 산다. 일리노이 주의 이스트세인트루이스나 미시간 주의 벤턴하버의 주민 중 대학 학위가 있는 사람은 10퍼센트가 채 되지 않는다. 반면에 뉴저지 주의 어퍼몬트클레어는 물론 캘리포니아 주의 팰러앨토의 경우에는 성인의 80퍼센트 이상이 대학 학위를 가지고 있다. 클레어의 고향인 네바다 주 패럼에서는 25세 이상 인구 중 13퍼센트만이 학사 학위를 가지고 있다.[42] 대학 학위를 가진 인구의 비율이 성인 일곱 명 중 한 명이 채 되지 않는다면, 이 지역의 많은 부모와 아이가 대학에 어떻게 지원하는지 그리고 학비는 어떻게 내는지 모르는 것도 이상한 일은 아니다. 게다가 대학을 나온 사람들도 대부분 지역 전문대학이나 그다지 유명하지 않은 대학을 다녔기 때문에 클레어처럼 학업 성취도가 높은 학생이라 해도 명문대학에 대한 정보를 가진 사람과 네트워크를 형성하기 어렵다.

지역사회는 소득 수준에 따라 상당히 분열되어 있으며, 이런 현상은 소득 불평등이 커짐에 따라 더 심화된다. 1970년 미국인 세 명 중 두 명은 소득 중앙값이 미국 전체 소득 중앙값과 20퍼센트 정도밖에 차이가 나지 않는 마을에서 살았다. 2009년 이 수치는 다섯 명 중 두 명 수준으로 하락해서 이제는 과반수가 넘는 사람들이 미국의 소득 중앙값과 상당히 차이가 나는 소득 중앙값을 가지는 마을에서 살고 있다.[43]

1992년 미국 의회는 거주지역이 가족의 행복과 안녕에 어떤 영향을 미치는지를 연구하기 위해 한 실험을 승인했다. '공정한 주택 공급을 위한 이주 기회'라는 표어는 이 연구의 핵심을 잘 나타낸다. 이 연구의 참가자로 볼티모어, 보스턴, 시카고, 로스앤젤레스, 뉴욕의 공영 주택에 거주하는 4600가구가 선발되었다. 이들은 세 개의 그룹에 무작위로 배정되었다. 그중 한 그룹에게는 주택 임대료를 지원해주는 바우처를 제공했는데, 단 빈곤율이 낮은 지역에서만 이 서비스를 받을 수 있었다. 따라서 이 그룹이 바우처를 사용하기 위해서는 좀 더 부유한 지역으로 이사를 가야 했다. 또 다른 그룹에게는 그들이 원하는 곳 어디서든 사용할 수 있는 바우처를 제공했다. 따라서 이 그룹은 원한다면 같은 지역에 계속 머무를 수도 있었다. 마지막 그룹은 비교를 위한 대조군으로서 어떤 바우처도 받지 못했다.

'이주 기회 프로그램'은 1994년부터 1998년까지 이루어졌다. 이 실험에 참가한 아동들은 성인이 되었고 이제 우리는 그들의 삶이 어떻게 변화했는지 볼 수 있다. 결과는 엄청났다.[44] 가장 큰 효과는 가족들이 이사할 때 나이가 가장 어렸던 아이들에게서 나타났다. 라즈 체티Raj Chetty, 네이선 헨드런Nathan Hendren, 래리 카츠Larry Katz는 이동한 가족과 남아 있는 가족을 조사한 후 이를 국세청으로부터 받은 세금 자료와 결합해 거주지역이 향후 아이들의 소득과 삶에 어떤 영향을 미쳤는지 알아보았다. 가족들이 빈곤율이 낮은 지역으로 이사할 때의 나이가 13세 이하였던 아이들은 20대 중반이 되었을 때의 소득이 바우처를 받지 못한 대조군에 비해 거의 30퍼센트 이상 높았다. 또한 당시 8세였던 아이들은 이동을 통해 생애소득에서 '30만 달러(약 3억 6000만 원)'의 혜택을 받은 것으로 추산된다. 빈곤율이 낮은 지역으로 이사한 아이들은 대학에 갈 가능성이 16퍼센트 더 높았고, 상당수가 상위권 대학에 갔으며, 그 이후에도 가난한 지역에 살거나 (자녀가 태어나는 시기에) 한부모 가정이 되는 확률이 낮았다.

가장 운이 좋은 가족은 그들이 원하는 곳 어디서든 바우처를 사용할 수 있었던 사람이라고 생각할지도 모르겠다. 하지만 이들 중 대다수는 그들이 살던 지역에서 임대료를 절약하기 위해 바우처를 사용했을 뿐 다른 지역으로 이사를 하지는 않았다. 여분의 돈은 생활에 유용하게 사용되었겠지만, 이사를 통해 변화된 아이들의 삶만큼 큰 효과를 내지 못했다. 가장 큰 혜택은 바우처를 사용하기 위해 빈곤율이 낮은 지역으로 이사해야 했던 가족들에게 돌아갔다. 바우처를 받았지만 이사가 필수가 아니었던 집단에서도 약 절반 정도의 소득 효과가 나타났는데, 이 결과 역시 이사를 선택했던 사람들에게서 온 것이었다. 가장 주목할 부분은 이사 당시 아이들이 어리면 어릴수록 그 영향은 더 극적이었다는 점이다.[45]

'이주 기회' 연구는 매우 극명한 방식으로 많은 사회과학자가 수십 년 동안 주장해온 바를 입증했다. 바로 사는 지역과 그 지역사회가 매우 중요하다는 사실 말이다.[46]

사회적 자본과 일자리 네트워크

사회적 자본을 취업 기회에 대한 접근성과 관련해서 생각해보는 것도 비유동성을 이해하는 한 가지 방법이다. 이는 같은 대학에서 같은 전공을 가진 두 사람이 소득 계층 배경에 따라 다른 잠재적 임금을 갖는 이유를 설명해준다. 최근 영국에서 진행된 한 연구는 이들의 수입이 얼마나 차이가 나는지 조사했다.[47] 학생들이 다닌 대학을 고려하지 않았을 때 고소득층과 저소득층 졸업생의 소득 중앙값은 25퍼센트 차이가 났다. 그다음으로 같은 대학에서 동일한 전공을 선택한 학생들을 비교했을 때 이 차이는 10퍼센트였다. 다시 말해 가정환경이 어떤 대학과 전공을 선택할지에 미치는 영향력은 가정환경에 의해 나타난 차이 중 약 5분의 3(25퍼센트 중 15퍼센트)을 차지하고, 대학 이후의 선택에 미치는 영향은 약 5분의 2(25퍼센트 중 10퍼센트)를 차지한다.[48]

이런 차이가 지속적으로 발생하는 현상을 이해하려면, 누가 어떤 직업을 얻고 보수를 얼마나 받는지 결정하는 데 네트워크와 사회적 자본이 얼마나 중요한가를 올바로 인식해야 한다.

"기업의 채용 담당자들은 인터넷 구직 사이트에 올라오는 구직자들을 종종 '호머'라고 부릅니다. 게으르고 매일 도넛만 먹는 호머 심슨에게서 따온 이름이죠. 가장 바람직한 구직자는 '자주색 다람쥐'라고 부릅니다. 보통 추천을 많이 받은 사람인데, 이런 사람은 찾기 어렵거든요." 인력 개발 컨설턴트의 말이다.[49] 이는 당신에게 일종의 연줄이 없다면 어떤 직업도 구하기 어렵다는 것을 말해준다.

빵집에서 일하고 싶은가? 아마도 빵집 주인은 이렇게 생각할 것이다. "일단 우리는 이곳을 방문하는 사람에겐 누구에게나 지원서를 줍니다. 하지만 이들이 고용될 가능성은 매우 낮죠. 왜냐면 우린 이 사람들을 전혀 모르니까요. 길거리에 있는 사람들을 아무나 데려다 일을 시킬 수는 없습니다. 안 좋았던 기억이 많거든요. 백인이든 흑인이든 마찬가지예요. 인종은 별로 중요하지 않아요."[50]

어쩌면 당신은 재활용 센터에서 쓰레기를 분류하는 일을 하고 싶을지 모른다. 이런 일이라면 연줄 없이도 쉽게 일자리를 구할 수 있을 것이다. 하지만 다시 한번 생각해보자. "우리는 알음알음으로 사람을 뽑습니다. 여기서 일하는 사람들은 다 제가 아는 사람 몇 명이 데려왔습니다. 다들 숙련자들은 아니었습니다. 그들은 자기 친구를 데려오고 그 다음엔 조카, 그 다음엔 삼촌, 이런 식이었습니다. 예전에 인맥 없이 다섯 명을 뽑은 적이 있는데 두세명 정도만이 잠시 일하다가 나갔어요. 여기 들어오는 사람들도 정식으로 지원서를 쓰긴 합니다만 그저 기록 보관용일 뿐이에요."[51]

많은 사람이 일자리를 구하기 위해 고군분투해본 적 있을 것이다. 어떤 산업 분야든 친구나 가족의 연줄이 없다면 직장을 구하기란 하늘의 별 따기다. 사람들의 구직활동에 대해 상세히 고찰한 최초의 연구는 1951년 조지 슐츠George Shultz에 의해 이루어졌다.[52] 그가 인터뷰한 직물 노동자 중 절반 이상이 친구를 통해 일자리를 구했다고 대답했다.[53] 어쩌면 이것이 직물 산업에만 한정되어 일어나는 일일 수도 있으므로 슐츠는 다양한 직업군에 종사하는 노동자들을 대상으로 그들의 구직 과정을 조사했다.[54] 그 결과, 비서, 경비원, 지게차 운전사, 트럭 운전사, 전기 기사 등 광범위한 직업군에서 50~70퍼센트 이상의 노동자가 친구를 통해 일자리를 구한 것으로 밝혀졌다.

이후 계속된 연구를 통해 비숙련직부터 관리직까지 전 직종에 걸쳐 높은 비율로 친구나 지인을 통해 사람을 채용하는 것으로 확인되었다. 이러한 현상은 전 세계적으로 만연해 있었다. 어떤 직장이든 거기에 이미 고용되어 있는 사람과 개인적인 인맥이 없는 경우에 일자리를 얻는 것이 더 예외적인 상황으로 보였다.[55]

좋든 싫든 간에 당신의 운명은 당신의 친구들과 밀접하게 연결되어 있다. 당신의 친구들이 좋은 위치를 점하고 있다면 그들은 당신을 도울 수 있다. 당신의 친구들이 실직 상태라면 당신은 그런 행운을 누리지 못할 것이다. 약 15년 전 나는 토니 칼보 아르멩골Toni Calvó-Armengol과 함께 이에 대한 연구를 시작했다. 일자리에 대한 정보가 인맥에 따라 연결된다는 사실은 고용 및 임금 패턴에서 어떤 의미를 지니는가? 좀 더 높은 수준의 교육을 받을지 그리고 노동시장에 남을지 결정하는 것에도 영향을 주는가?[56] 좋은 직장에 다니는 친구가 많다는 것은 몇 가지 면에서 확실히 유리하다. 친구가 많으면 그중 한 명이 자신의 회사에서 사람을 뽑는다고 할 때 당신에게 이 소식을 전해줄 가능성도 높아지며, 결국 당신에게 꼭 맞는 직장을 찾을 가능성도 높아진다.

어떻게 이런 뜻밖의 행운 같은 일이 일어날 수 있는지 이해하기 위해 다음과 같은 간단한 시나리오를 생각해보자. 당신이 면접을 볼 때마다 당신이 그 일자리에 꼭 맞는 자격을 갖춰 취업 제의를 받을 확률이 반반이라고 하자. 설명을 위해 면접에서 떨어져서 다음 면접을 볼 때도 합격 확률이 반반이라고 해보자. 만일 당신이 면접을 볼 기회가 한 번밖에 없다면 당신이 직장을 가질 확률은 2분의 1이다. 면접을 두 번 본다면 당신이 직장을 구할 확률은 4분의 3이다. 두 번의 면접이 모두 잘 안 풀리면 당신은 빈손으로 돌아가게 될 것이다(이러한 일이 일어날 확률은 2분의 1 곱하기 2분의 1, 즉 4분의 1이다). 면접을 세 번 본다면 확률은 8분의 7로 상승하고, 네 번 보면 16분의 15가 된다. 면접을 한 차례 더 볼 때마다 당신이 직장을 구할 확률은 그 이전에 비해 절반만큼 증가하게 된다. 따라서 면접을 계속 볼수록 확률이 증가하는 폭은 점점 줄어들어 나중에는 면접을 더 본다고 해도 직장을 구할 확률은 크게 달라지지 않는다. 하지만 처음 몇 번까지는 확률이 크게 변화한다.

이러한 효과는 취업 기회에만 국한되지 않는다. 당신이 받을 연봉 또한 영향을 받는다. 취업 제의를 한 번 더 받을 때마다 연봉이 더 높은 직장에 들어갈 확률도 높아진다고 가정해보자. 또한 당신이 제안받은 일자리 중 절반은 당신의 경력에 알맞은 자리로서 시급이 20달러이고, 나머지 절반은 당신이 하향 지원한 일자리로 시급이 15달러밖에 되지 않는다고 가정하자. 당신이 취업 제의를 한 건 받는다면 당신의 기대 수익은 평균 17.50달러다. 만일 취업 제의를 두 건 받는다면 그중 하나가 시급 20달러의 직장일 확률은 4분의 3이다. 취업 제의가 세 건이라면 이 확률은 8분의 7이 되고, 이렇게 계속 증가한다. 친구가 많을수록 취업의 기회뿐만 아니라 더 높은 임금을 받는 더 좋은 직장을 얻을 기회도 높아진다.

물론 당신이 아는 모두가 취업 정보를 알고 있는 것은 아니기에 한 명의 친구가 한 번의 면접 기회를 뜻하지는 않는다. 또한 면접 합격 확률이 50퍼센트나 되는 것도 아니다. 이런 사실들은 앞서 살펴본 단순한 상황보다 왜 현실에서 네트워크가 더 중요한지 말해준다. 일자리를 구하기 위해서는 기꺼이 당신을 도와주는 여러 명의 친구가 필요하고, 당신의 스펙에 맞는 좋은 직장을 구하기 위해서는 그보다 많은 친구가 필요할지 모른다.

별로 놀랄 일은 아니다. 당신이 풍부한 인맥을 지녀 면접을 볼 기회를 더 많이 얻게 된다면 고용될 확률은 올라가고 기대 연봉도 높아진다.[57] 직업이 있는 친구가 많을수록 당신 또한 좋은 직장을 구할 가능성이 높아지며, 당신이 고용된 상태이긴 하나 현재의 직장에 만족하지 못하는 상황이라면 더 좋은 직장으로 이직할 수 있는 가능성이 높아진다.

이것은 많은 함의를 가진다. 예를 들어 고용과 관련해 친구들 사이에는 상관관계가 결국 나타나게 된다. 두 집단을 가정해보자. 한 집단은 고용률이 높아 집단 내 누군가 직장을 잃게 돼도 다른 친구들을 통해 새로운 면접 기회를 얻을 수 있다. 다른 집단은 고용률이 낮아 누군가 직장을 잃게 되었을 때 친구들을 통해 새로운 직장을 구할 수 있으리라는 기대는 하지 않는 편이 낫다. 전자의 집단에 속한 사람들은 직업을 잃었을 때도 새로운 직업을 찾을 기회가 높고 연봉도 더 높을 것이다. 토니 칼보 아르멩골과 내가 연구한 바와 같이, 한 집단은 고용률이 높고 다른 집단은 낮을 때, 전자의 집단은 고용에 관해 더 큰 이점이 있으므로 집단 간 격차는 점점 더 커진다. 이러한 동역학적 경향은 불평등을 더 심화시킨다. 일자리에 대한 정보가 네트워크를 통해 전달되면서 친구들 사이의 고용률은 상관관계를 갖게 된다. 즉 친구 집단은 더 높은 고용률 혹은 더 낮은 고용률로 향하는 경향이 있다. 고용률이 높은 집단의 고용률은 점점 높아지고 낮은 쪽은 더 낮아지는 식으로 피드백 효과에 의해 양극단으로 치닫게 되는 것이다.[58]

이는 합리적으로 보이며 실제로도 사실이지만, 친구들 사이의 고용률에서 나타나는 상관관계가 일자리 정보의 네트워크화 '때문'이라는 주장을 입증하기란 쉽지 않다. 상관관계의 실제 존재는 이 주장의 충분한 근거가 아니다. 경제학자는 모두 회의주의자로 진짜 증거를 원한다. 상관관계만으로 충분하지 않은 이유는 당신의 친구가 인구 집단에서 무작위로 선발되지 않았기 때문이다. 예를 들어 성실하고 믿을 만한 사람들끼리 서로 친구가 되고, 신뢰하기 어렵고 게으른 사람들끼리 서로 친구가 되는 경향이 있다. 일종의 동종선호에 의해 사람들은 그들과 비슷한 연봉 및 고용 상태를 가진 사람들과 친구가 될 수 있는 것이다.

만일 친구 관계가 임의적으로 형성되었을 때 이러한 우정이 고용률에 미치는 영향력을 측정할 수 있다면, 우리는 친구 관계와 고용률 및 임금 사이의 상관관계에 대한 진정한 증거를 확보할 수 있을 것이다. 하지만 그렇게 임의적으로 형성된 친구 관계를 어디서 찾을 수 있단 말인가? 경제사학자 론 라셰버Ron Laschever가 획기적인 아이디어를 내놓았다. 징집된 병사들 사이의 관계를 조사하기로 한 것이다. 군인들은 비교적 작은 집단에 배속되어 오랜 기간 동안 함께 지내며 서로 간에 깊은 우정을 쌓게 된다.

미국은 제1차 세계대전에 참전하면서 수많은 군인을 징집했다. 1917년 봄, 미 육군의 규모는 30만 명에 조금 못 미쳤으나 1918년 말에는 거의 400만 명이 넘었고, 그중 300만 명이 징집된 군인이었다. 징집된 병사들은 무작위로 100명씩 하나의 군 단위를 이루는 중대에 각각 배치되었다. 이 '도우보이doughboy'[59]들은 2년이 넘는 군 복무 기간 동안 거의 모든 시간을 중대원들과 함께 보냈다. 그들은 함께 훈련하고 함께 여행하며 함께 싸우고 함께 죽을 고비를 넘겼다. 그들 사이에는 매우 강하고 끈끈한 연대가 형성되었다. 10년이 지난 후에도 그들의 동료에 대한 연대감은 여전히 강했다. 라셰버는 이들에게서 흥미로운 점을 발견했다. 1930년에 중대에서 함께 생활하던 전우들의 고용률이 10퍼센트 증가하면 그 일원 중 한 명이 고용될 확률이 4퍼센트 증가했다. 이는 꽤나 인상적인 결과다. 비록 동료 한 명당 일자리가 하나씩 늘어나는 정도까지는 아니지만 적어도 40퍼센트는 늘어나는 것이다. 더욱이 이는 군대 동료의 고용에 따른 효과일 뿐 가족이나 친구의 영향이 반영되지 않았다. 이런 효과가 군대의 다른 특징이나 개인의 배경 때문이 아니라 중대 인맥의 효과임을 확실히 하기 위해서는 이런 상관관계가 당시 중대원이었던 동료들 사이에서만 성립한다는 사실을 보일 필요가 있다. 실제 해당 중대원의 고용 상태는 당시 비슷한 시기에 비슷한 인적 구성으로 조직된 다른 중대의 고용률과는 관계가 없었다. 즉 당시 군인의 고용 상태는 해당 중대원들의 고용 상태에 상당히 의존하고 있는 것이다.

군대가 사람들을 임의의 집단으로 나누는 유일한 조직은 아니다. 대학에 들어간 학생들은 임의적으로 기숙사에 배정된다. 데이비드 머르머로시David Marmaros와 브루스 사체르도트Bruce Sacerdote는 다트머스 대학의 신입생들이 기숙사를 임의로 배정받는다는 사실을 바탕으로 4년 뒤 이들의 취업 운명이 어떻게 얽혀 있는지 조사했다.[60] 이들은 학생들의 취업 여부뿐만 아니라 연봉도 함께 조사했다. 학생들의 졸업 후 취업은 신입생일 때부터 기숙사 시설을 공유한 홀메이트hall mate(기숙사에서 같은 층을 쓰는 학생들로 샤워실이나 주방 등을 공유한다)들의 취업률과 상관관계를 가졌다. 한 학생의 홈메이트들의 취업률이 오르면 그 학생이 고용될 확률이 전체 학생들 평균에 비해 24퍼센트 증가했다. 또한 홈메이트들의 연봉이 1달러 늘어날 때마다 그 학생의 연봉은 26센트가 늘어나며, 이는 다른 학생들의 연봉 상승폭보다 높은 값이었다. 즉 홈메이트들의 취업 결과는 그 학생의 취업 여부 및 연봉에 대략 25퍼센트 수준의 영향을 미치는 것이다.

이러한 효과는 고용에서 네트워크가 차지하는 영향력의 하한선을 나타낸다. 군대 동기나 대학 친구 같은 특정 친구 집단의 영향력만 반영되었기 때문이다. 나이가 들어감에 따라 우리의 지인 목록은 점점 더 방대해진다. 우리는 어떤 식으로든 수천 명의 사람들을 알게 된다. 그리고 이러한 얕은 관계의 지인들조차 고용에 영향을 미치는 것으로 나타났다. 우연히 길에서 고등학교 역사 수업 시간에 당신 옆자리에 앉던 친구를 만나 서로의 근황을 묻던 중, 그 친구가 당신이 구직 중이라는 것을 알게 되어 당신에게 새로운 고용주를 소개시켜줄 수도 있는 것이다. 우리가 맺는 관계들 중 오직 소수만이 매우 강한 관계로 남는다. 이런 관계의 사람들에 대해 우리는 서로를 잘 알고 있고 많은 상황에서 도움을 기대할 수 있으며 교류도 잦다. 그 밖의 관계들은 다양한 범주로 분류할 수 있다. 예컨대 가끔씩 연락하다 필요할 때는 도움을 요청할 수도 있는 어릴 적 친구, 같이 시간을 보내긴 하지만 자주 교류하진 않는 회사 동료나 지인들, 먼 친척, 친구의 친구 등이 있다. 우리는 이들 대다수와 약한 관계를 맺는다. 서로에 대해 알고 있으며 정보를 얻기 위해 혹은 사소한 부탁을 위해 연락을 할 수도 있지만, 정기적으로 연락을 주고받지는 않으며 오직 제한된 상황에서만 만난다.

강한 관계와 약한 관계 사이의 구분은 지난 반세기 동안 사회과학에서 가장 중요한 연구 주제 중 하나였다.[61] 마크 그래노베터Mark Granovetter

는 매사추세츠 주 애머스트의 인구 집단 사이에서 약한 관계 혹은 강한 관계에 따라 얻을 수 있는 일자리 정보가 얼마나 차이가 나는지를 조사했다.[62] 그래노베터는 강한 관계를 통해 얻을 수 있는 일자리는 전체 일자리 중 6분의 1에 불과하고, 나머지는 모두 중간 정도의 관계나 약한 관계로부터 구한 것이라는 사실을 발견했다. 약한 관계를 통해 얻는 일자리도 4분의 1 이상이었다.

강한 관계일수록 동종선호 경향이 더 크다는 점에 대해서는 이미 논의했다(〈그림 5.3〉과 〈그림 5.4〉를 비교하라).[63] 당신의 가장 가까운 친구는 보통 당신과 가장 비슷한 사람으로, 당신 근처에 살고 함께 일하거나 공부하는 사람이다. 즉 그 사람은 당신과 가정환경이나 관심사를 공유하고 있어 당신과 관련이 깊은 정보들을 가지고 있을 가능성이 높다. 하지만 그 정보는 당신도 이미 알고 있는 것들일 수 있다. 이와는 반대로 약한 관계는 보통 지리적으로나 인구통계학적으로 멀리 떨어진 사람들 사이에서 형성되므로 이들이 가진 정보는 좀 더 유용할 수 있다. 왕래가 잦지 않더라도 이러한 약한 관계의 지인들은 상당량의 정보, 특히 우리가 다른 방법으로는 접근하기 어려운 정보들을 제공하기도 한다.

물론 영향력의 측면에서 보면 강한 관계가 약한 관계보다 더 힘이 강하다.[64] 하지만 그저 조금 아는 사이의 지인이나 이전 직장 동료도 당신에게 큰 영향을 끼칠 수 있다. 마리 러랜Marie Lalanne과 폴 시브라이트Paul Seabright는 미국과 유럽 기업 5064개의 고위 간부 2만 2389명의 연봉과 그들의 네트워크를 추적했다.[65] 그들은 고위 간부의 전 직장 동료 중 현재 영향력 있는 자리에 있는 사람이 몇 명인지 조사했다. 예를 들어 당신이 함께 일한 적 있는 앨리슨이 현재 한 회사의 고위 임원으로 있고 존은 실직 상태에 있는 경우, 앨리슨은 당신과 관계가 있는 것으로 간주하고 존은 그렇지 않은 것으로 간주했다. 이들 중 몇몇은 강한 관계를 맺었지만 상당수는 연결 관계가 약했다. 그들은 그저 우연히 같은 회사에서 동시에 일을 했던 적이 있었을 뿐이다. 전 직장 동료라는 관계는 인간관계에서 사소하다고 여겨지기 때문에 과소평가되기 쉽다. 하지만 이 관계는 같은 직종에서 일하며 그 직종과 유관한 정보를 가장 많이 공유하고 있는 사람을 포함한다. 이런 네트워크에서 간부들은 일반적으로 60명 이상과 관계가 있었고 수백 명 이상의 사람과 관계가 있는 사람도 있었다. 러랜과 시브라이트는 연결 수가 중앙값 수준인 간부와 상위 25퍼센트 이내인 간부를 비교했을 때 다른 조건이 동일한 경우, 연결 수가 상위 25퍼센트인 간부의 연봉이 20퍼센트 더 높다는 점을 발견했다.

연결성과 연봉 사이의 상관관계는 여성보다 남성에게서 더 강하게 나타났다. 다시 말해 연결 수의 증가에 따른 연봉 상승 폭은 여성보다 남성에게서 더 큰 것으로 관찰된 것이다. 이는 평균적으로 여성 간부의 교육 수준이 약간 더 높음에도 불구하고 왜 남성 간부가 여성 간부보다 25퍼센트 더 높은 연봉을 받는지 설명해준다.[66] 이러한 결과는 여성이 일자리를 소개받는 데 남성보다 불리한 조건에 있다는 다른 연구 결과들과도 일치한다. 예를 들어 말라위에서 연구를 진행한 로리 비어먼Lori Beaman, 니알 켈러허Niall Keleher, 제러미 매그루더Jeremy Magruder는 남성들이 자격이 충분한 여성들을 알고 있을 때도 다른 남성들을 추천하는 경향이 있다는 것을 밝혔다. 여성들 또한 남성보다 여성을 더 추천하는 경향이 있지만 남성의 편향된 선택에 따른 효과를 상쇄할 만큼 크진 않다.[67]

이것이 얼마나 큰 영향력을 가지는지는 쉽게 알 수 있다. 여성보다 남성의 수가 더 많은 직종 하나를 생각해보자. 남성의 전 직장 동료는 물론 여성의 전 직장 동료 중에서도 남성의 수가 우세할 가능성이 크다. 성별에 따른 동종선호에 의해 남성들은 남성들끼리 서로 친하게 지내고 또한 여성들은 여성들끼리 서로 친하게 지내게 된다. 비록 시간이 지남에 따라 남성과 여성은 비슷한 수의 전 직장 동료들을 가지게 될 수도 있지만 그중 대부분의 인맥은 남성들과 맺어지므로, 동종선호에 따라 여성들이 그들을 좋은 자리에 추천해줄 수 있는 사람들과 맺을 수 있는 관계의 수는 남성에 비해 더 적을 것이다. 고위 경영진으로 갈수록 남성의 비율은 극도로 높아지는데, 이러한 편향은 남성과 여성 사이의 막대한 차이로 이어지게 된다. 앞서 간단히 계산해본 것처럼 아주 약간의 기회를 더 가져도 직장의 수준과 연봉에 상당한 차이를 만들 수 있다.

고용주들은 왜 그토록 추천서를 사랑할까? 그들이 만일 아무런 편견 없이 전체 지원자 중에서 가장 뛰어난 인재를 고용한다면, 이는 노동시장에 스며들어 있는 연줄에 의한 왜곡을 상당 부분 제거할 수 있을 것이다. 인력풀이 더 넓어지면 그 속에서 귀한 인재를 발굴할 가능성도 높아진다. 그럼에도 왜 고용주들은 이런 기회를 차버리고 현재 고용인들의 친구나 지인을 고용하는 것일까?

추천은 동종선호가 네트워크의 탐색을 돕는 것처럼 고용주가 어떤 특징을 가진 사람들을 찾는 데 도움이 된다. 당신이 사업체를 운영한다고 해보자. 당신은 야간과 주말에 일할 사람이 필요할지도 모른다. 어쩌면 여행을 좋아하고 스페인어를 할 줄 아는 사람이 필요할지도 모른다. 혹은 특정 종류의 데이터베이스를 다룰 줄 아는 프로그래머가 필요할지도 모른다. 만일 당신의 회사에 이미 저런 역할을 수행하는 고용인이 있다면, 동종선호에 따라 그는 자신과 비슷한 친구를 가졌을 가능성이 있다. 고용인의 친구들이 바로 당신이 필요한 사람일 가능성이 있다는 말이다. 특정 유형의 소프트웨어를 설계하는 기술을 가진 프로그래머를 찾고자 할 때, 당신 회사에서 이미 그 소프트웨어로 작업을 하고 있는 프로그래머 외에 누가 더 나은 도움을 줄 수 있을까? 당신의 프로그래머들은 자격을 갖춘 사람을 알고 있는 것뿐만 아니라 그 직무에 필요한 역량이 무엇인지도 정확히 알고 있다. 당신이 게시한 구인 공고를 보고 응시한 임의의 지원자들—앞서 말한 '호머'들—은 그 직무에 요구되는 역량을 모두 갖추고 있을 가능성이 훨씬 낮다.

당신이 신용카드에 대해 물어볼 것이 있어 고객 상담 센터에 전화를 걸었을 때, 전화를 받은 상담 요원은 업무로 한창 바쁠 가능성이 높다. 당신은 그 사람이 한 달 동안 처리해야 하는 대략 5000명의 고객 중 한 명일 뿐이다. 이러한 상담 문의에 응대하는 직원들을 구하고 계속 일을 하도록 만드는 것은 상당히 어려운 일이다. 콜센터에서 직원을 뽑는 가장 좋은 방법은 현 직원들에게 그들의 친구를 소개받는 것이다. 한 연구에 따르면 실제로 동종선호는 강력한 힘을 발휘해 현재 직원이 추천한 사람은 그 직원과 성별, 학력, 직장 경력, 임금 수준 등이 비슷한 것으로 나타났다.[68] 당연하게도 현 직원이 추천한 지원자는 그렇지 않은 지원자에 비해 직장을 얻을 확률이 거의 2배나 높았다(11.9퍼센트 대 6.7퍼센트). 이들은 면접을 볼 기회를 더 많이 가질 뿐 아니라 면접을 보고 난 후에도 고용될 가능성이 50퍼센트 이상 높았다. 게다가 이들을 면접하거나 고용하기 위해 들어가는 비용도 다른 방법과 비교해 평균적으로 400달러 이상 적었다. 이들을 추천한 사람들에게는 상여금 250달러를 지급하기만 하면 됐다.[69]

고용인이나 다른 개인적 인맥으로부터 받은 추천서에는 지원자의 개인적 성향이나 신뢰도에 대한 정보도 담겨 있다. 내가 속해 있는 스탠퍼드 대학의 경제학부는 매년 새로운 조교수를 임용하는데 한두 자리를 놓고 거의 400명에서 500명의 지원서를 받는다. 그중 일부는 기본적인 자격 요건을 갖추고 있지 않아서 쉽게 배제시킬 수 있다. 하지만 여전히 수백 명의 지원자가 남아 있고, 우리는 그중에서 가장 뛰어날 것으로 예측되는 몇 명의 후보자를 뽑아야 한다. 성실하고 창의적인가? 다른 연구자들과 얼마나 잘 협력할 수 있는가? 선생이나 멘토로서의 역할도 잘 수행할 것인가? 이 질문들에 대한 답은 이력서나 그들이 직접 작성한 논문이나 글에서는 찾을 수 없다. 그래서 추천서가 중요하다. 하지만 추천서에 적힌 내용을 어떻게 믿을 수 있는가?

추천서가 이력서만 봐서는 알기 어려운 지원자의 역량에 대한 유용한 정보를 담고 있는지를 검증하기 위해 어맨다 팰레이스Amanda Pallais와 에밀리 글래스버그 샌즈Emily Glassberg Sands는 온라인 구직 사이트를 통해 고용 실험을 진행했다.[70] 실험 결과, 추천서를 받은 직원은 이력서에서 예측할 수 있는 것 이상으로 뛰어난 성과를 보였으며 더 오랫동안 근무한 것으로 나타났다. 지원자가 추천을 받았다는 사실은 그 자체로 그가 비슷한 조건을 가졌지만 추천을 받지 않은 사람에 비해 더 나은 성과를 낼 가능성이 높다는 것을 의미한다.[71]

사회적 의사결정은 줄다리기와 같다

구직 기회를 얻는 데 네트워크가 기여함에 따라 의사결정 과정에서는 좀 더 일반적인 상호보완 효과가 나타난다. 만약 주변의 친구들이 노동시장에서 탈락된다면 이제 당신은 좋은 직업을 구하기 매우 힘들거나 직업을 아예 구하지 못하게 될지 모른다. 어쩌면 불법적인 일을 찾는 게 더 쉬울지도 모른다. 친구들이 노동시장에서 대거 탈락했다는 사실은 당신 역시 불법적인 일을 하는 것이 최선의 결정이라는 신호일 수 있다. 심지어 친구들이 불법을 함께하자고 직접적으로 압박할지도 모른다.

부모, 동료, 지역사회로부터 오는 이런 모든 힘은 앞서 논의한 확산과 전염에서처럼 일련의 행동 연쇄로 이어진다. 그런데 이런 힘들이 지리 및 인구통계적 동종선호의 경향과 맞물리면 재미있는 변칙이 생긴다. 그 결과로 나타나는 전염의 양상은 우리가 앞서 보았던 전염과는 매우 다르게 진행된다.

봉건사회에서는 전염병이 사회 네트워크의 엄중한 경계선을 뚫고 다른 계층으로 확산될 수 있었다. 당시 귀족들은 소작농들과 분리된 공간에서 살았으며 글을 읽고 쓰는 능력, 식생활, 부의 수준 등에서 소작농과는 완전히 달랐다. 하지만 질병이 신분의 경계를 넘어 확산되는 것을 막을 도리는 없었다. 서로 다른 계급 사이에 아주 약간의 교류만 있어도 질병은 전 계급에 걸쳐 퍼져 나갈 수 있었다. 18세기에 천연두가 발발했을 당시, 많은 군주가 백성들과 함께 천연두에 걸려 사망했다. 스페인의 루이스 1세(1724년), 러시아의 표트르 2세(1730년), 모나코 공국의 루이즈 이폴리트 여왕(1731년), 프랑스의 루이 15세(1774년), 바바리아의 선제후 막시밀리안 3세 요제프(1777년), 대영제국의 왕자 앨프리드(1782년)가 천연두에 희생됐다.[72]

이와는 대조적으로 대학 입학과 같은 결정은 주변의 수많은 사람이 영향을 미치기 때문에 일종의 줄다리기와 비슷한 양상을 보인다. 이런 결정을 내리는 데 대학 경험이 있는 어떤 한 사람을 만나 대학 생활, 입학 방법, 입학 동기에 대해 이야기하는 것만으로는 충분하지 않다. 우리의 결정 중 상당수는 가장 친숙한 것과 가장 큰 영향을 주는 사람에 의해 이끌린다. 이것이 바로 질병의 확산과 다른 점이다. 천연두는 그 병에 걸린 사람을 한 명만 알아도 전염되기에 충분하다.

다시 말해 질병은 사회적 경계를 넘어 쉽게 전달될 수 있지만 상호작용의 강화와 강도에 의존하는 행동들은 그렇게 쉽게 확산되지 않는다.

이를 명확하게 하기 위해 나와 토니 칼보 아르멩골이 연구한 '중퇴자 게임'의 한 사례를 살펴보도록 하자.[73] 설명을 위해 게임을 단순화했다. 한 학생이 학교에 남을지 혹은 중퇴를 할지(대학원에 갈지 말지, 범죄를 저지를지 말지 등)를 결정하려고 한다. 여기서 가장 중요한 점은 친구 중 절반 이상이 중퇴를 했다면 그도 중퇴를 하기로 결정한다는 것이다. 이것이 바로 사회적 줄다리기 상황이다. 결국 그는 친구 대다수가 가는 방향으로 이끌린다. 여기에 결정적 요소인 동종선호를 추가하기 위해 흰색과 회색 유형의 사람들이 있다고 해보자. 회색 사람은 회색 사람과 친구를 맺는 경향이 있고, 흰색 사람 역시 흰색 사람과 친구가 된다. 이를 〈그림 6.9〉에 나타냈다.

여기서 흰색 사람 중 두 명이 중퇴를 하게 되면 어떤 일이 벌어지는지 알아보자. 〈그림 6.10〉은 이들의 행동이 어떻게 연쇄 작용을 일으켜 모든 흰색 사람에게 전파되는지 보여준다. 그런데 이런 연쇄 작용은 회색 사람에게는 전파되지 않아 곧 멈춘다. 동종선호는 마치 방화벽과 같다. 네트워크의 각기 다른 영역에서 나타나는 행동은 서로 완전히 달라진다. 중퇴가 확산되는 과정에서 동종선호가 어떤 역할을 하는지 알아보기 위해 네트워크를 다시 편성해 서로 다른 집단 간의 연결을 하나 늘려보자. 〈그림 6.11〉에서 볼 수 있듯 이때 중퇴의 유행은 좀 더 빨리 멈춘다.

이 예제는 과도하게 단순화된 것이긴 하지만 〈그림 6.9〉에서 〈그림

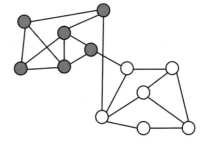

그림 6.9 동종선호가 있는 사회에서 흰색 사람의 친구는 대부분 흰색 사람이며, 회색 사람의 친구는 대부분 회색 사람이다.

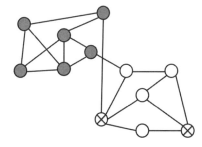

(a) 흰색 사람들 중 두 명의 중퇴자가 발생한다.

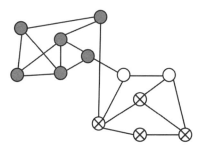

(b) 이 두 명의 중퇴자들 사이에 있는 노드는 이제 친구들 중 과반수가 중퇴자이므로 그 또한 중퇴하기로 결정한다.

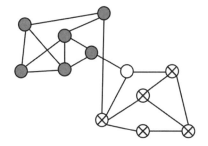

(c) 흰색 사람 중 제일 위쪽 오른편에 있는 노드 또한 친구 중 과반수가 중퇴자가 되었다. 따라서 이 노드도 중퇴한다.

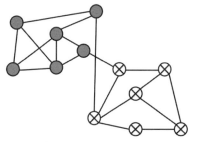

(d) 마지막으로 남은 흰색 사람의 친구 중 과반수가 중퇴를 해버렸다. 따라서 이 노드도 중퇴한다. 동종선호에 따라 중퇴의 유행은 여기서 멈춘다.

그림 6.10 두 명의 중퇴자로부터 시작된 중퇴 결정의 연쇄적 확산. 각각의 사람은 자신의 친구 중 과반수가 하는 행동을 따른다. 만일 친구 중 과반수가 학교를 중퇴하기로 결정하면 그 또한 중퇴한다. 만일 과반수가 학교에 남기로 결정하면 그 사람 또한 남는다.

6.11〉까지 묘사한 논리는 더 많은 상황에 확대 적용될 수 있다. 비록 동종선호는 질병의 확산을 늦추지는 못하지만 행동의 확산은 막을 수 있다. 동종선호는 분할된 두 집단이 투표나 종교적 신념의 관철 혹은 대학에 갈 것인지의 결정에서 서로 다른 규범을 취하고 서로 다른 행동을 나타내도록 한다.[74] 이런 단순한 힘과 동종선호에 의한 인종, 소득, 계급에 따른 극명한 차이는 교육 선택에서 관찰되는 상관관계의 상당 부분을 설명할 수 있다.[75] 더욱이 동종선호는 미래의 대학뿐만 아니라 공부에

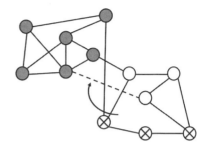

그림 6.11 동종선호의 경향을 제어하면 행동의 확산을 멈출 수 있다. 이 예제에서는 두 명의 중퇴자 사이에 놓여 있던 노드의 연결 상태를 바꿔 회색 노드와 연결시켰다. 그러자 행동의 확산은 조기에 멈췄다.

얼마나 시간을 쓸지, 학교 수업에 얼마나 집중할지, 자유시간에 무엇을 할지, 어떤 직업을 선택할지 등에도 영향을 주게 된다.

재분배만으로는 충분하지 않다

비유동성과 불평등은 사회적 암과 같다. 과세나 소득 재분배와 같은 방식으로 증상을 치료할 수도 있지만 이러한 조치들은 단지 증상을 완화시키는 데 그칠 뿐 질병 그 자체를 치료하지는 못한다. 다행히도 비유동성과 불평등은 암보다 진단이 쉽다. 하지만 암과 마찬가지로 비유동성과 불평등 또한 상호작용하는 많은 요인에 의해 야기된다. 무엇이 이런 현상을 일으키는지 이해하면 그에 맞는 치료법을 처방할 수 있다. 동종선호의 강력한 힘은 네트워크를 타고 흐르는 정보 및 기회와 맞물려 교육에 대한 투자는 물론 비유동성과 불평등을 일으키는 근본적인 토대가 된다.

그렇다면 네트워크의 관점에서 어떤 치료법을 제공할 수 있을까? 이 이야기에 앞서 일단 그다지 효과적이지 않은 방식들부터 배제해보자.

비유동성과 불평등을 척결하는 방법 중 하나로 상당히 급진적인 방법을 떠올려볼 수 있다. 바로 사유재산을 금지하고 코뮌을 형성하는 것이다. 1930년대와 40년대에 생겨난 이스라엘의 키부츠를 생각하면 되겠다. 나의 동료인 랜 아브라미츠키Ran Abramitzky는 키부츠의 변천과 완전히 평등한 사회를 세우고자 할 때 나타나는 문제들에 대해 연구했다.[76] 각각의 공동체마다 이데올로기나 사상이 약간씩 다르긴 했지만 키부츠를 세운 창립자와 초기 구성원은 동유럽에서 온 유대인들로서 확고한 마르크스주의적 신념을 바탕으로 완전한 평등을 추구했다. 키부츠에는 재산의 사적 소유권이 없었고, 모든 수익은 집단에 귀속되었으며, 모든 구성원은 공동식당에서 식사했다. 불평등한 양육의 부담에서 여성을 해방시키기 위해 아이들은 부모로부터 떨어진 채 공동체 내에서 양육되었다. 아이들은 이타성과 협동, 공동체의 중요성 그리고 사회주의를 배웠다. 이스라엘이 국가가 된 후 첫 10년 동안 키부츠주의는 절정에 달했고 인구의 5퍼센트 이상이 키부츠에서 살았다. 키부츠인 중 많은 이가 이스라엘의 국가 안보를 돕는 핵심적인 지위에 있었다. 이들은 새로운 정착촌의 형성은 물론 새로운 국가를 세우기 위해 필요한 안전망의 상당 부분을 지원했다. 예를 들어 새로운 환경에 적응하는 과정에서 이주민 중 상당수가 말라리아에 걸렸는데, 이러한 사람들을 공동체가 돌보았다. 1950년대와 1960년대에 키부츠는 이스라엘 경제에서 가장 생산적인 활동 주체 중 하나였다.

하지만 1980년대가 되면서 키부츠의 인구는 조금씩 감소하기 시작해, 2000년에는 이스라엘 인구의 오직 2.5퍼센트만이 키부츠에 남았다. 인재 유출도 함께 일어났는데, 고학력자의 경우 새로운 구성원이 가입하는 속도보다 기존 구성원이 탈퇴하는 속도가 더 빨랐다. 키부츠의 새로운 구성원들은 대부분 키부츠에서 태어난 아이들이거나 교육 수준이 낮은 사람들이었다. 일부 키부츠에서는 노동 윤리도 위축되기 시작했다.

완전한 평등주의 체제 내에서는 사람들이 노동에 참가해 열심히 일했을 때의 보상이 거의 없었으므로 이들은 이데올로기와 구성원들의 이타심에 전적으로 의존할 수밖에 없었다. 가장 생산적인 구성원들이 키부츠를 떠나거나 일을 덜 하기 시작하면서 몇몇 키부츠는 경제적 위기에 처하기도 했다. 결국 그들은 완전한 평등주의의 이상에서 한걸음 물러서야만 했다. 많은 키부츠에서 구성원들이 수익의 일정 부분을 취득해 사유재산으로 삼을 수 있도록 허용하는 방침을 시행했다. 공동체는 이제 수익의 일부만 가져갔다. 심지어 많은 키부츠가 보건 및 교육 서비스를 외부에 위탁하기 시작했다. 2004년이 되자 키부츠 중 오직 15퍼센트만이 완전한 협동 공동체로 운영되었다.

키부츠의 변천은 좀 더 넓은 시각에서, 다른 공산주의 체제의 변화와 연관지어 생각해볼 수 있다. 전 소비에트연방이나 중국이 시장경제로 돌아선 데에는 노동을 장려하기 어렵다는 문제뿐만 아니라 거대한 계획경제를 운영할 때 나타나는 물류 문제도 있었다. 여기서 분명히 알 수 있는 것은 평등과 인센티브 그리고 생산성 사이에는 트레이드오프가 존재한다는 것이다. 시장경제는 재화와 서비스를 할당하고 혁신과 성장의 동기를 제공한다는 점에서 큰 이점을 지닌다. 이는 곧 사유재산의 폐지나 코뮌의 형성과 같은 방법으로는 불평등과 비유동성의 문제에 대처하기 어렵다는 점을 시사한다.

이제 우리는 돌이킬 수 없는 몇 가지 추세에 직면하고 있다. 기술의 진보로 비숙련 노동자는 계속해서 기계로 대체될 것이고 고학력·고숙련 노동자의 힘은 강화되고 있다. 그 결과 많은 인력이 특별한 훈련이 필요 없는 따분한 노동으로 내몰리고 있다. 게다가 시장의 세계화가 계속 이어지는 한 향후 수십 년 동안은 세계 각지에서 더 많은 사람이 가난에서 벗어나 더 나은 교육을 받게 될 것이다. 관심 있게 지켜보고 있던 사람들은 이미 알고 있겠지만, 중국의 대학은 양적으로나 질적으로 놀라운 성장을 거두고 있다. 한 국가 내에서의 급격한 인구통계학적 변화—예를 들어 고숙련직부터 비숙련직까지 전 기술 수준에서 엄청난 노동력을 공급하고 있는 인도와 중국처럼—는 전 세계에 영향을 미친다. 이러한 사실들을 받아들인 후에야 비로소 우리는 현실의 문제를 직시하고 더 나은 처방을 내릴 수 있다.

일반적으로 정부는 무역 장벽과 이민 정책을 통해 자국 산업에서 노동력의 수요를 증가시키고자 한다. 하지만 기술이 비숙련 노동자를 대체하고 있는 상황에서 그러한 정책들은 고용을 활성화하는 데 거의 도움이 되지 않는다. 어쩌면 재앙에 가까운 부수적 피해를 입힐 수도 있다(이에 대해서는 9장에서 논의하겠다).[77]

모든 사람이 고학력자가 되는 것은 (최소한 단기적으로는) 불가능하므로 노동력은 물론 정치 영역에서도 양극화가 점차 심화될 것이다.

지난 과거는 앞으로 일어날 일들의 서막에 불과하다. 19세기와 20세기 초반 동안 농업 인구가 감소하고 의무교육이 확대되면서 아이들은 특정 연령까지(대부분의 국가에서 14세에서 18세까지) 학교에 다녀야 했다. 글을 읽을 줄 아는 사람이 늘어나고 노동의 유연성이 높아지면서 갈수록 늘어나는 숙련된 육체노동자 및 사무직 종사자의 수요가 충족되었다.[78] 하지만 현재의 기술 변화는 노동자에게 요구되는 역량의 수준을 더 높은 단계로 끌어올렸다. 이에 각 국가는 기술 수준을 따라잡기 위해 훨씬 더 높은 수준의 교육에 투자해야 했다. 〈스타트렉〉 같은 미래를 기대한다면 노동의 재편성은 우리가 상상하는 수준에서 크게 벗어나지 않을 것이다. 하지만 교육과 기술은 지금은 우리가 상상할 수도 없는 영역에서 필요해질 것이다.

비숙련직과 숙련직 사이의 소득 격차 문제를 해소하기 위해서는 저소득층에 대한 일정한 지원이 필요하다. 다행히도 세상은 전례 없는 번영을 누리고 있으며, 어마어마한 기술적 변화로 인해 이러한 풍요로움을 나눌 수 있게 되었다. 그중에서도 핀란드는 상당히 급진적으로 보이는 방식을 시험해보고 있다. 그들은 핀란드인 중에서 실직자 수천 명을 무작위로 선정해 아무런 조건 없이 돈과 복지 혜택을 제공하고 있다. 수혜자들은 구직 중이라는 증거를 제출하거나 교육 기관에 등록할 필요도 없고 구직을 해도 자격을 잃지 않는다. 그냥 돈만 받아가면 된다. '기본소득'이라는 이 아이디어는 점점 더 많은 사람의 관심을 끌고 있으며 캐나다, 인도, 케냐, 네덜란드, 심지어 미국 캘리포니아 주의 한 회사에서도 비슷한 실험을 진행할 예정이다.[79] 이것은 점점 더 양극화되고 있는 노동시장에 대한 확실하지만 매우 논쟁적인 대응 중 하나다.[80]

기본소득 제도가 실패하든 성공하든 그러한 정책만으로는 비유동성의 기저를 이루고 있는 기회의 불평등 문제를 해소할 수 없다. 이는 부당한 것뿐만이 아니라 비생산적이기도 하다. 비유동성은 그것이 어떤 형태든 상당 부분 부모나 자녀들이 취할 수 있는 정보 및 기회를 제한하는 동종선호로부터 비롯된다. 저소득 가정일수록 대학에 대한 정보가 거의 없고 고학력자와의 연고도 없어 자녀의 교육에 충분히 투자를 하지 않는 구조적 문제가 발생하는 것이다. 또한 우리는 동종선호가 다양한 피드백 효과를 일으키는 것을 보았다. 제한된 기회와 그러한 기회에 대한 정보의 결핍은 이후 지역사회에서의 접근성과 정보까지 제한하게 된다. 네트워크 피드백 또한 지역사회가 고용 및 임금 수준과 상관관계를 가지도록 이끈다. 한 구성원의 인적 자본에 대한 투자, 직업의 선택 그리고 중퇴 또는 퇴사에 대한 결정이 지역사회와 상관관계를 가지게 되는 것이다.

자, 그러면 동종선호의 악영향에 우리는 어떻게 대응할 것인가? 사람들이 이루고 있는 네트워크에 급격한 변화를 주는 전략은 실패할 가능성이 높다. 예컨대 동종선호의 해로움을 사람들에게 인식시키고 네트워크를 올바른 방향으로 이끌 수 있다. 하지만 역사적으로 대규모로 진행된 사회적 실험은 재앙으로 끝난 경우가 많으며, 모든 사람이 균등한 기회를 갖도록 네트워크에서 위치를 이동시키는 것도 현실적으로 불가능하다. 하지만 약한 관계가 큰 역할을 할 수 있기 때문에 단기적으로 이동의 기회를 제공함으로써 더 많은 관계를 형성하도록 돕는 방법이 효과가 있을 수 있다.

좀 더 직접적인 처방은 동종선호가 일으킨 효과들을 원 상태로 돌리는 것이다. 예를 들어 정보와 기회에 접근하기 어려운 계층에게 정보와 기회를 제공하는 것이다. 이러한 접근법은 저렴하면서도 매우 효과적이다. 마치 예방 의학처럼 향후에 발생할 수도 있는 막대한 비용을 절감하는 효과를 가진다. 사람들에게 특정 행동이 왜 중요한지 이해시키고 주기적으로 그 중요성을 환기시키는 일은 놀랄 만한 성공으로 이어질 수 있다.[81] 부모들에게 초기 교육의 중요성과 유치원생일 때부터 아이들의 학습을 돕는 법을 알리는 일은 좋은 출발점이다. 네트워크를 통해 정보와 행동이 확산된다는 말은 여기에서 피드백이 도움을 줄 수 있음을 의미한다. 즉 네트워크에 더 많은 정보가 있을수록 더 쉽게 퍼트릴 수 있다는 말이다. 또한 비용이 적은 유치원이나 방과 후 프로그램과 같은 지원을 통해 아이들에게 충분히 관심을 줄 수 없는 저소득층 가정이 핸디캡을 극복하도록 도울 수 있다. 이러한 프로그램의 효과는 벌써 나타나기 시작했다. 주 정부가 지원하는 유치원에 등록된 4세 아동의 비율이 2002년 이후 2배 증가했으며, 고소득층과 저소득층 사이의 학령 전 교육 격차도 그에 상응하는 폭으로 감소하고 있다.[82]

다음 단계에서 제공해야 하는 정보는 더 높은 수준의 교육 및 경력과 관련된 것이다. 클레어의 이야기에서도 분명히 알 수 있듯이 많은 고등학생이 그들이 사는 지역사회 이상의 더 넓은 세계에 대해서는 가장 기본적인 정보조차 갖추지 못하고 있다. 도미니크 공화국에서 마다가스카르까지 학생들에게 교육의 가치를 인식시키는 일은 그들의 학업 성취와 출석률을 크게 향상시키는 것으로 보고되었다.[83] 대학과 관련된 기본 정보 제공—약간의 훈련 및 조언과 함께—역시 저소득층 학생이 대학에 지원하는 데 도움이 된다. 스탠퍼드 대학을 다니는 제프리 발데스피노 릴의 부모는 고등학교를 졸업하지 않았다. 제프리는 고등학생 때 그가 사는 주가 아닌 곳에 위치한 대학은 학비가 너무 비싸서 갈 수 없다고 생각했다. 하지만 그는 초대를 받아 참석하게 된 워크숍에서 그가 대학 입학에 필요한 재정 지원을 받을 수 있다는 사실을 알게 되었다. 블룸버그 자선재단이 지원하는 미국재능계획은 제프리에게 윌리엄스 대학을 다니는 한 학생을 소개시켜주고 에세이와 지원서 작성에 도움을 받을 수 있도록 했다. 제프리는 다음과 같이 말했다. "여기에 저소득층의 학생이 더 많이 있었다면 좋을 거예요. 우리도 다른 학생들처럼 잘할 수 있다는 것을 보여줬을 테니까요."[84]

그저 고등학교 학생들에게 정보를 제공하는 것만으로는 한계가 있다. 미래를 위해 해야 할 일을 알려준다고 해서 십 대 아이들이 순순히 말을 따르는 것은 아니기 때문이다. 특히 주위 친구들이 아무도 그런 행동을 하지 않는 상황이라면 더욱 그렇다.[85] 따라서 이런 대학생의 지도는 제프리에게 결정적인 도움이 되었을 수 있다. 또한 그러한 도움은 네트워크 피드백에 의해 효과가 더 커질 수 있다. 중퇴자 게임에서 살펴본 것과 같이 사람들에게는 집단의 결정을 따르는 경향이 있기 때문이다(이에 대해서는 7장과 8장에서 더 이야기하겠다). 따라서 그저 학생들 하나하나에게 정보를 제공하고 지원하는 것보다는, 집단 전체의 행동을 바꾸는 데

공력을 집중하는 것이 훨씬 더 효과적일 수 있다. 이런 추세는 저소득층 출신 학생이 늘어남에 따라 더욱 증가할 것이다. 결과적으로 유동성이 증가하게 되면 '기울어진 운동장'도 차츰 수평이 되어갈 뿐만 아니라 생산성도 더 향상될 것이다.

마지막으로 고숙련 노동이 점점 더 중요해지고 불평등의 비용 또한 증가하는 추세임을 감안할 때, 우리는 유동성의 제한이 낮고 높은 수준의 교육을 제공하는 국가일수록 미래가 밝다고 예측할 수 있다. 비숙련 직 외에 다른 대안이 없는 노동자의 비율이 높은 나라일수록 기술의 진보가 미치는 영향에 더 취약할 것이므로, 그러한 국가는 결국 도태될 수밖에 없다.[86] 캘커타의 빈민가 출신이든 몽골의 시골 지역 출신이든 시카고의 가난한 동네 출신이든 모든 계층에서 교육은 이제 필수불가결한 사항이 되었다. 계층 이동성을 높여야 하는 이유는 평등한 기회를 제공해야 한다는 윤리적 의무 때문만은 아니다. 미래의 보건, 복지, 법 집행 비용을 감소시키고 경제적 생산성을 증가시킬 수 있기 때문이기도 하다. 사회적 계층 유동성은 날로 확대되는 불평등을 해소하고 경제를 성장시키는 데 필수적이다. 의사결정, 기회, 그에 따른 결과가 사회 네트워크를 통해 어떤 관계를 맺는지 네트워크 이론은 중요한 통찰을 제공한다. 이러한 요인들이 가지는 상보성을 고려한다면 우리는 그저 각 개인을 임의로 돕기보다는 그러한 상보성을 이용해 사회정책을 세심하게 조율함으로써 더 큰 효과를 거둘 수 있다. 두 지역사회 각각 한 명을 돕는 것보다 한 지역사회에서 두 명을 돕는 것이 더 효과적일 때가 있다. 더 많은 사람이 움직여야 다른 사람들도 함께 행동하도록 만드는 문턱값을 넘을 수 있기 때문이다(이는 8장에서 좀 더 살펴보겠다). 상보성에 대한 이해는 네트워크에서 차지하는 위치나 영향력을 고려하지 않고 사람들을 범주화할 때와는 완전히 다른 정책으로 이끈다.

7

군중의 지혜와 적

인간은 어떤 측면에서 다른 생물 종과 구분될 수 있는가? 다른 많은 생물들 또한 복잡한 사회조직을 구성하고 있다. 예를 들어 수천 조 마리[1]의 개미들은 군락을 형성해 전 지구를 뒤덮고 있고, 세렝게티를 누비는 멋진 동물인 점박이 하이에나는 강력한 모계사회를 구축하고 있다. 인간만이 도구를 다루는 유일한 종인 것도 아니다. 이러한 속설은 제인 구달이 침팬지가 흰개미를 잡아먹기 위해 풀잎을 이용하는 것을 관찰한 이후 무너졌다. 또한 인간만이 어린 개체들을 가르치는 것도 아니다. 미어캣은 어린 새끼들에게 전갈을 어떻게 다루는지 가르치기 위해 처음에는 죽은 전갈을 가져와 새끼들이 가지고 놀게 하고 그 다음에는 살아있지만 독침이 망가진 전갈을, 마지막으로는 건강한 전갈을 가져다준다. 또한 미어캣은 이러한 교육을 집단적으로 실시한다. 어린 개체들은 그 개체의 부모가 아닌 성인 미어캣들로부터 교육을 받는 것이다. 심지어 인간이 소리로 의사소통을 하는 유일한 동물도 아니다. 코끼리, 고래, 새 등 많은 생물 종이 소리를 중요한 의사소통 수단으로 여기는 것이 관찰되었다.

다른 생물 종들도 사회구조를 형성하고, 집단적으로 어린 개체들을 양육하며, 소리로 의사소통하고, 도구를 이용한다면, 인간에게만 특별한 것은 대체 무엇이 있을까? 답은 바로 인간만이 추상적인 개념을 형성하고, 이를 이용해 의사소통을 하는 능력을 지녔다는 점이다. 나는 17세기 중국에서 살아본 적 없지만, 거기서 소작농들이 봉기해 반란을 일으켰다는 사실을 믿고 있다. 심지어 나는 이 일이 정말로 일어났다는 것을 완전히 확신하지도 못한다. 모든 증거는 유물이나 문서, 역사적 기록과 연구에서 나온 것이니 말이다. 나는 이 시기에 대한 문헌을 읽고 당시 중국 역사에서 일어난 일을 소상히 연구한 전문가를 만나 이야기를 들어볼 수도 있다. 하지만 나는 결코 청 왕조를 직접 경험한 것은 아니다. 그럼에도 불구하고 나는 이용 가능한 수많은 정보들을 통해 그때 무슨 일이 일어났는지에 대해 아주 많은 것을 배울 수 있으며, 기본적인 사실들에 대해 상당한 확신을 가질 수 있다. 우주로 여행할 기회가 생기기까지는 시간이 좀 걸릴지 모르지만, 나는 아폴로 11호의 모험에 대한 우주비행사 마이클 콜린스의 이야기를 읽음으로써 그것이 어떤 느낌인지에 대한 인상을 받을 수 있다.

나는 컴퓨터가 어떻게 조립되는지 알지 못하며, 거기에 어떤 부품이 들어가는지, 그중 특정 부품들을 제조하려면 어떤 재료나 광물이 필요한지에 대해서는 더더욱 아는 바가 없다. 사실 어떤 인간이라도 컴퓨터에 들어가는 부품 중 일부를 처음부터 만들어내기는 불가능하다. 컴퓨터는 여러 사람들로 구성된 팀 그리고 일련의 회사들의 공동의 노력에 의해 생산된다. 나는 컴퓨터에 대해서는 이를 이용해 연구를 수행하고 네트워크를 연구하며 이 책을 쓸 수 있을 정도의 지식만 배우면 충분하다.

켄 매팅리Ken Mattingly는 아폴로 16호의 우주비행사로, 달에 가본 사람들 중 하나다(지금까지 스무 명 정도가 달까지 여행했다). 그가 말하기를, "이는 정말 엄청난 일이다. 솔직히 말해 우리가 어떻게 그 일을 해냈는지 모르겠다. 나 또한 여기에 참여하고 있었지만, 시도하는 것조차 대담한 일이라고 생각했다. 승무원 중 한 사람으로서 나는 어떻게, 어떻게 이 일이 성공할 수 있었는지 확실히 이해하지 못하겠다. 나는 그저 내 몫의 일을 하는 방법만 배웠을 뿐이다."

추상적인 개념을 이해하는 능력은 사람들로 하여금 타인으로부터 무언가를 학습하고 자신의 활동을 조율할 수 있도록 만들었다. 하지만 이 능력은 양날의 검이다. 우리는 사실에 대한 것만큼이나 거짓도 배운다. 백신이 우리 아이들에게 자폐증을 일으킬까? 기후 위기는 인간의 활동에 의해 야기되었을까? 이런 질문에 대해 우리는 우리의 개인적 경험만을 바탕으로 답을 내릴 수 없다. 우리가 가진 것은 기껏해야 단발적인 일화들뿐이다. 따라서 우리는 다른 사람을 통해 듣거나 믿을 만한 출처로부터 얻은 정보에 기댈 수밖에 없다. 그 결과로, 특정 사실에 대해 사람들이 가지는 신념에는 극적이면서 지속적인 양극화 현상이 일어난다. 추상적 개념을 형성하는 능력을 통해 인류는 거대한 과학적·기술적 진보를 성취할 수 있었지만, 동시에 인류는 의혹과 미신, 의견의 대립 속에 남겨져야만 했다.[2]

본 장에서는 우리가 어떻게 서로로부터 학습하며 언제 옳고 그름을 따지는지에 대해 논의할 것이다. 우리가 친구나 지인들로부터 얻은 정보를 해석하는 과정에서 구조적인 오류가 발생한다. 예를 들어 우리는 서로 다른 출처로부터 유사한 정보를 얻게 되었을 때, 이들 각각을 특정 사실에 대한 독립적인 증거들로 간주하곤 한다. 사실, 이 정보들은 하나의 공통된(그리고 신뢰성이 낮은) 출처로부터 나온 것일 수도 있지만 말이다. 네트워크에서의 분열—그리고 특히 동종선호—은 집단 내에 서로 다른 신념과 규범을 발생시킬 수 있다. 추상적 수단을 통한 의사소통 능력으로 인해 우리는 속임수에 곧잘 넘어가게 되었고, 그 결과 거짓말이나 가짜 뉴스가 진실을 밀어내고 그 자리를 차지할 수 있게 되었다. 이러한 모든 어려움에도 불구하고 어떤 상황에서는 모든 일이 올바르게, 제대로 돌아갈 수도 있다. 이번 장에서 우리는 군중이 언제 현명해지는지 그리고 언제 속기 쉬워지는지 찾아내는 방법을 네트워크의 관점에서 알아볼 것이다.

군중의 지혜

저울 없이 황소의 무게를 알아맞혀야 한다고 해보자. 당신이라면 어떻게 할 것인가? 대체 당신이 왜 황소의 무게를 재는 법 같은 걸 알아야 하는지 되묻는다면, 물론 그럴 필요는 없다. 사실, 황소의 무게를 재는 법에는 흥미로운 역사가 있다.

표준적인 방법은 다음과 같다. 먼저 줄자를 가지고 황소의 대경帶徑을 인치 단위로 측정한다. 사람의 가슴둘레를 측정할 때처럼, 소의 앞다리 바로 뒤편의 가슴통 둘레를 측정하는 것이다. 다음으로는 소의 길이를 측정한다. 어깨 지점부터 엉덩이 지점('관골臗骨'이라고 알려져 있다)까지 측정하는 것으로, 목과 앞다리가 만나는 지점부터 거의 꼬리 부분까지의 길이를 잰다. 이때 소에게 몰래 다가가서는 안 된다. 특히 대경을 측정할 때는 소가 차분하고 편안한 상태인지 먼저 확인해야 한다. 이제 이 수치를 곱해서 소의 부피를 구할 수 있다. 초등학교에서 원통의 부피를 구하는 공식을 배웠을 것이다. 대경을 제곱한 값에 길이를 곱하고 300으로 나누면(여기서 300은 일종의 보정 상수다. 다양한 무게의 황소에 대해 그 대경과 길이 그리고 무게를 측정한 후 이 값들이 이루는 상관관계로부터 어림짐작한 상수다—옮긴이) 소가 몇 파운드인지 대략 추정할 수 있다.[3]

만일 줄자도 없다면 어떻게 해야 할까? 그때는 친구들을 많이 불러

모은다. 각각의 친구들에게 소의 무게가 얼마나 나갈 것 같은지 물어본 후, 그 값들을 평균을 내거나 중앙값을 구한다. 이 방법이 놀랍도록 정확하게 소의 무게를 예측한다는 사실은 1907년 과학 저널 《네이처》에 프랜시스 골턴Francis Galton이 기고한 논문 〈복스 포퓰리Vox Populi〉를 통해 알려졌다. 한 세기 후 이 논문은 제임스 서로위키James Surowiecki에 의해 대중들에게도 알려졌다.[4]

'복스 포퓰리'란 '인민의 목소리'라는 뜻의 라틴어로, '대중의 지혜'로 알려진 현상을 일컫는 말이다. 골턴은 영국 플리머스에서 열린 '잉글랜드 서부 가축 및 양계 전시전'의 연례행사에 참석했다. 거기서는 곧 도축될 황소를 두고 어떤 대회가 열리고 있었다. 바로 소의 무게가 얼마나 나갈지 맞히는 대회로, 6페니를 내면 참여할 수 있으며 정답에 가장 가까운 근사치를 적어낸 사람이 대회에서 승리했다. 800명의 사람들이 대회에 참가했고 골턴은 그중 787명의 예측치를 읽어볼 수 있었다. 측정 결과, 황소의 무게는 1198파운드인 것으로 밝혀졌는데, 대회 참가자의 예측치의 평균값은 이와 1파운드밖에 차이가 나지 않는 1197파운드였고 중앙값은 9파운드 더 나간 1207파운드였다. 두 값 모두 실제 무게와 1퍼센트도 차이가 나지 않았던 것이다![5]

대회 참가자들 중에는 당신이나 나보다 소에 대해 잘 아는 전문가들이 많이 섞여 있었을 수 있다. 사실, 예측치의 절반이 실제 값과 3퍼센트 내외의 오차만 보였으며, 90퍼센트 이상이 1000파운드에서 1300파운드 사이의 값을 적어냈다. 그럼에도 불구하고 골턴의 분석에서 놀라운 점은 전체 예측치를 집계하면 개별적인 오차가 사라진다는 점이다.

골턴의 분석이 작동하기 위해서는 몇 가지 조건이 만족되어야 한다.

첫 번째는 다양한 관점이 존재해야 한다. 거의 800명에 가까운 사람들이 그들 개개인의 경험을 바탕으로 소의 무게를 예측했다. 그처럼 다

양한 경험에서 나온 폭넓은 견해들로부터 우리는 새로운 사실을 도출해 낼 수 있다.[6]

그 다음으로, 그러한 경험과 관점들은 어떠한 체계적 방식으로 인해 편향되어서는 안 된다. 예를 들어 가축의 무게를 예측하기 위해 모두가 같은 기법을 사용한다고 가정해보자. 예컨대, 이들 모두가 줄자를 사용하는 방식으로 소의 무게를 예측할 수 있다. 이런 경우 두 가지 문제점이 생길 수 있다. 하나는 예측치에서 다양성이 감소한다는 것으로, 이들이 가지는 견해의 차이는 측정치에서의 차이 정도에 그친다. 이것이 항상 바람직하지 않은 것은 아니지만, 체계적 편향이 일어날 위험이 있다. 즉 사용된 측정 기법이 구조적으로 무게를 너무 무겁게 측정하거나 혹은 너무 가볍게 측정하는 방식일 수 있는 것이다.

예를 들어 하필이면 대회에 나온 소가 다른 소들에 비해 둔부에는 살이 많지만 흉부는 살이 적은 품종이라고 해보자. 이러한 소들은 대경 부위의 무게가 적게 나가기 때문에, 줄자 기법으로 이 소의 무게를 측정하면 실제 무게보다 가벼운 것으로 예측된다. 따라서 모두가 같은 방식을 이용해 예측치를 내놓게 되면, 이들은 평균적으로 소의 무게를 과소평가하게 된다. 이것은 흥미로운 결과로 이어질 수 있다. 예컨대, 이제 사람들의 예측치는 1000에서 1300파운드 범위에 있는 것이 아니라, 거의 대부분의 사람들이 1130에서 1180파운드 사이의 값을 적어낼 것이다. 이들 모두가 정답과는 거리가 한참 멀지만 아무튼 같은 방향으로 틀리게 된다. 평균값 또한 편향되어 부정확해진다. 이러한 체계적 오류는 과학계에도 지속적으로 나타나는 난제이기도 하다. 많은 연구자가 같은 기법을 사용하거나 같은 데이터를 바탕으로 작업하게 되면 공통적인 오류를 범할 수 있는 것이다.

마지막으로, 사람들이 가진 다양한 의견들은 수합되어 통계적 분석을 거쳐야 한다. 중앙값이나 평균값을 내야 하는 것이다. 그저 아무 값이나 고르거나 가장 많은 사람이 예측한 최빈값을 고르는 것은 평균이나 중앙값만큼 효과적이지 못할 것이다. 이 과정이 제대로 이루어진다면, 집단의 전체 의견을 종합한 것은 그 어떤 개인, 적어도 일반적인 한 개인의 의견보다는 더 나은 성과를 낼 것이다.[7]

어떤 조직에서든 가장 중요한 과제는 조직 안팎의 다양한 출처로부터 얻은 정보들을 수합해서 처리하는 것이다. 이 일을 수행하기 위해서는 여러 가지 방법이 있지만, 여기서는 중요한 핵심 사항 몇 가지만 알아보겠다.

정치인을 뽑는 선거에서부터 스포츠 이벤트까지 수많은 사건에 대해 가장 정확한 정보를 얻을 수 있는 곳은 바로 예측시장prediction market이다. 예를 들어 선거에서 누가 이길지 예측하기 위해 예측시장에서는 그곳에 참가한 사람들로 하여금 단순히 설문지에 응답하도록 하는 대신 누가 이길지 내기를 하도록 한다. 당신은 당신이 예측한 후보가 이기면 1달러를 받고 그렇지 않으면 아무것도 받지 못하는 주식을 살 수 있다. 당신의 예측으로 후보자가 이길 가능성이 60퍼센트라면 당신은 이 주식이 60센트의 가치를 지닌다고 기대할 수 있다. 즉 1달러를 받을 확률이 60퍼센트인 것이다. 만일 주식의 가격이 60센트 이하라면 당신은 이 주식을 매수함으로써 이윤을 남길 수 있다. 반면에 주식의 가격이 60센트 이상이라면, 이윤을 남기기 위해서는 주식을 매도해야 할 것이다. 따라서 주식의 가격은 선거에서 어느 후보가 이길지에 대해 서로 다른 믿음을 가진 사람들 사이의 줄다리기 속에서 책정된다. 매수 압력과 매도 압력이 균형을 이루는 지점에서 그 가격이 정해지는 것이다.[8] 스포츠 경기에 대한 내기 또한 이와 비슷한 방식으로 이루어진다.

물론 예측시장에서 정확한 가격을 얻기 위해서는, 앞에서 논의한 바와 같이, 편견에 치우치지 않은 다양한 견해를 가진 참가자들, 매우 정확한 정보를 가진 사람, 상당한 정도의 신뢰 그리고 매우 많은 돈이 필요하다. 예측시장은 설문조사나 다른 통계 기법에 비해 몇 가지 장점을 가진다. 첫 번째는 사람들이 자신의 믿음을 얼마나 확신하는가에 따라 시장이 조정된다는 점이다. 만일 누군가 자신의 판단에 강한 확신을 가진다면, 그는 대량의 주식을 매도 또는 매수할 것이며 그에 따라 주식의 가격은 폭락 또는 폭등하게 된다. 또 다른 장점으로는 예측시장은 실시간으로 운영되므로 새로운 정보가 입수되면 그에 따라 재빨리 조정될 수 있다는 점이다. 세 번째 장점은 참가자들이 현재 가장 높은 예측치를 확인할 수 있어서 그들 자신의 생각을 조정할 수 있다는 것이다. 이 점은 때로는 단점이 될 수도 있는데, 참가자들은 자신의 예측치가 시장의 예측치와 너무 큰 차이가 나면, 그것이 옳은 경우에도 자신의 믿음을 철회할 수 있기 때문이다.

예측시장이 많은 선거에서 설문조사를 능가하는 놀라운 예측력을 보인 이후(예를 들어 아이오와 전자시장) 다양한 분야에서 이 기법을 도입하기 시작했다.[9] 구글, 프랑스텔레콤, 인텔, HP, 일라이 릴리, IBM, 마이크로소프트 등의 기업이 판매량이나 금리 등을 예측하기 위해 이 기법을 사용하고 있다. 심지어 미 국방부마저 다양한 정보기관과 군 장성들이 지정학적 동향과 잠재적 테러 위협을 예측하는 것을 돕기 위해 예측시장을 도입하는 방안을 고려했지만, 그러한 사안들에 '내기'를 거는 것에 대해 대중들이 불쾌감을 드러내면서 이 방안은 폐기되었다.[10] 당시 상원 소수당 원내대표였던 톰 다쉴Tom Daschle은 다음과 같이 말했다. "죽음에 대한 거래를 진지하게 제안한 사람이 있다니, 도저히 믿을 수가 없다." 캘리포니아 주 상원의원 바버라 복서Barbara Boxer는 "뭔가 심하게 역겹다"면서 그러한 방안을 제안한 사람을 해고할 것을 제안했다. 그렇다고 해서 전 세계의 정부들이 중요한 사건들을 예측하는 일을 그만둔 것은 아니다. 그저 이러한 사안들에는 예측시장을 이용할 수 없다는 것을 깨달았을 뿐이다.

앞으로 무슨 일이 일어날지 그리고 무엇을 해야 할지에 대한 다양한 견해들을 종합하는 또 다른 방법으로는 신중한 숙고가 있다. 배심원제가 어떤 논리에 의해 작동하는지 생각해보면 알 수 있을 것이다. 이 방식은 좀 더 방대한 규모로 이루어지기도 하는데, 일례로 '카스파로프, 세계를 상대하다Kasparov versus the World'라는 이름으로 알려진 사건이 있다. 1999년 역사상 가장 위대한 체스 선수 중 한 명인 가리 카스파로프는 수만 명의 열성 팬들을 상대로 체스 대전을 벌였다. 이들은 온라인상에서 수를 논의하고 어디로 말을 옮길지 투표에 의해 결정했다. 경기는 4개월간 이어졌으며, 결국 백말을 잡은 카스파로프가 62수 만에 승리했다. 비록 군중들이 이기지는 못했지만, 카스파로프는 이 게임을 체스 역사상 가장 위대한 게임이라고 말했다. 항상 그런 것은 아니지만, 이 게임에 참여한 사람들은 그들이 개별적으로 게임을 할 때보다는 집단으로 참여할 때 더 뛰어난 실력을 보여주었다. 또한 카스파로프는 백말을 잡았다는 점에서 좀 더 유리했을 뿐만 아니라, 그 또한 온라인 포럼에 올라오는 논의들을 읽었던 것으로 밝혀졌다.[11]

안타깝게도, 우리가 얻을 수 있는 대부분의 정보는 설문조사나 투표, 예측시장 혹은 숙고의 과정을 통해 수합되는 과정을 거치지 않는다.

어떤 결정을 내려야 하는 상황을 생각해보자. 예컨대, 당신이 지금 보고 있는 이 책을 살지, 아이에게 예방접종을 할지, 다가오는 선거에서 누구에게 투표할지, 시위에 참여할지, 다른 종류의 휴대폰을 살지 등이 있다. 이런 결정을 내리기에 앞서 정보를 모으는 과정에서, 당신은 수백 명의 사람들에게 의견을 물어서 평균을 내거나, 예측시장을 가동하거나, 당신이 무엇을 해야 할지 투표해달라고 사람들에게 물어보며 다닐 여유는 없다. 바로 이 지점에서 사회적 구조가 중요한 역할을 한다. 당신이 정보를 수합하는 과정에서 당신이 속한 네트워크가 매우 중요해지는 것이다. 당신은 친구들, 가족들, 지인 그리고 당신이 주로 접하는 다양한 매체들로부터 의견을 모으기 때문이다.

우리 주변의 모든 정보를 처리하기란 상당히 까다로운 일이다. 만일 당신의 친구가 당신에게 백신은 위험하다고 들었다며 아이에게 예방접종을 하면 안 된다고 경고한다면, 이에 당신은 친구의 말을 믿어야 할지 어떻게 알 수 있을까? 친구는 그 정보를 어디서 얻었을까? 다른 친구들도 그렇게 말한다면, 이것은 새로운 정보로 간주해야 할까? 혹시 그들은 모두 같은 출처로부터 이 정보를 얻은 것은 아닐까? 또 다른 친구는 최근에 뉴스에서 백신이 안전하다는 최신 연구 결과를 보았다며 아이에게 예방접종을 해야 한다고 말한다. 그 뉴스와 연구는 신뢰해도 좋을까? 당신의 친구는 뉴스를 정확히 이해했을까?

당신의 의견과 신념은 시간에 따라 어떻게 변하는가? 친구나 지인과 교류하는 것만으로 필요한 모든 정보들을 정확하게 합칠 수 있을까? 당신이 속을 수도 있지 않을까? 새로운 정보를 얻었을 때 당신은 당신의 믿음을 얼마나 빨리 수정하는가? 당신과 당신의 친구는 결국 합의에 도달하게 될까? 같은 네트워크에 있는 사람과 서로 다른 결론에 이르는 일이 일어날 수 있을까? 이 모든 질문은 내가 경제학자이자 나의 지도 학생이었던 벤 골럽과 함께 연구했던 것이다.

탈중심화된 사회에서 어떤 일이 옳고 그른지 판단하기 위해, 다시 황소의 무게를 재는 일로 돌아가 보자. 황소의 무게에 대해 당신은 그저 어림짐작만 할 수 있을 뿐 아는 바가 거의 없어서 일단 친구들에게 물어보기로 했다. 친구 중 몇 명은 당신보다 높은 값을 예측해 당신의 예측치를 끌어올릴 수 있고, 또 다른 친구들은 당신보다 낮은 값으로 추측해 당신의 예측치를 낮출 수 있다. 친구들의 추측에 따라 예측치를 조절했다면, 이제 당신의 예측치는 당신과 당신 친구들의 초기 예측치의 가중 평균이라고 할 수 있다. 이 값이 '가중' 평균값인 이유는, 당신은 친구들의 의견이 얼마나 정확할지 예상해 그중 몇 명의 의견을 다른 사람들의 것보다 더 많이 반영하기 때문이다. 예를 들어 친구 중 한 명이 목축업자이고 다른 사람들은 경제학자라면, 당신은 목축업을 하는 친구의 견해에 좀 더 귀를 기울일 것이다.

이런 형식의 숙고는 정보를 모으는 매우 자연스러운 방식이며, 어쩌면 가장 최적의 방식일 수도 있다. 골턴이 모든 예측치를 평균함으로써 실제와 거의 일치하는 값을 얻은 것처럼 말이다. 하지만 여기서 모든 과정이 끝난 것은 아니다. 당신 친구들 또한 그들의 친구와 논의해 자신의 의견을 바꿀 수 있다. 이제 친구의 의견에는 네트워크에 있는, 당신 친구가 아닌 사람들로부터 얻은 새로운 정보가 반영될 수 있다. 이제 친구들과 다시 만나 얘기해보자. 친구들의 두 번째 견해를 듣고 난 이후 당신은 친구의 친구로부터 얻은 정보까지 당신의 예측치에 반영할 수 있다.

당신이 황소의 무게 같은 주제에는 별로 관심이 없다면 금방 흥미를 잃고 기껏해야 몇 차례 친구의 견해를 묻는 선에서 그칠 것이다. 하지만 당신의 삶에 좀 더 지속적인 영향을 주는 주제라면—예컨대 백신이 아이들에게 해로운지, 건강을 위해 얼마만큼 운동을 해야 하는지—당신은 계속해서 친구들과 이에 대해 논의할 것이다. 시간이 흐르면 당신의 믿음은 친구의 친구의 친구로부터 얻은 정보까지 반영하게 된다.

이 과정을 〈그림 7.1〉에 나타냈다.

〈그림 7.1〉에서 나타난 과정을 볼 때, 네트워크를 통한 학습은 확산 및 전염과 몇 가지 유사성을 지닌다. 그저 몇 명의 친구에게 의견을 물어

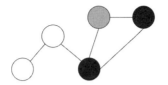

(a) 서로 황소의 무게에 대해 논의하기 전 최초의 예측치.
노드의 색이 연할수록 황소의 무게를 가볍게 예측한다. 회
색 노드가 정확한 예측치를 나타낸다.

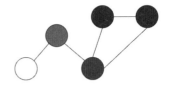

(b) 친구들과 논의하고 난 이후 자신의 예측치를 수정한다.
새로운 예측치는 각 노드의 본래 예측치와 친구들의 예측
치를 평균한 것이다. 이제 많은 노드의 색이 회색을 띄기
시작했다. 왼쪽 아래에 있는 사람은 여전히 의견을 바꾸지
않았는데, 그와 그의 친구 모두 같은 정도의 예측치에서 시
작했기 때문이다. 처음에 정확한 값을 예측했던 사람의 노
드 색상이 더 어두워졌는데, 그의 친구들은 모두 황소의 무
게를 과대평가했기 때문이다.

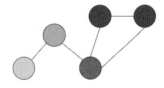

(c) 이들은 한 번 더 논의한 이후 예측치를 다시 수정했다.
대부분의 사람들이 회색에 가까워지고 있다. 왼쪽 아래 노
드 또한 연한 회색을 띄기 시작했다.

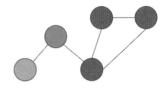

(d) 예측치가 서로 상당히 비슷해졌다.

그림 7.1 네트워크를 통한 학습. 네트워크에 있는 다섯 명의 사람이 황소의 무게를 예측한다. 이때
황소의 실제 무게는 1200파운드다. 가장 왼쪽에 있는 두 사람(흰색 노드)은 처음에 황소의 무게를
과소평가해 1000파운드라고 예측한 반면, 검은색 노드의 두 사람은 과대평가해 1400파운드로 예
측한다. 회색 노드의 사람은 처음부터 1200파운드로 황소의 무게를 정확히 예측했다. 즉 노드의 색
깔이 연할수록 황소를 가볍게 예측했음을 나타낸다. 사람들은 친구들과 반복적으로 황소의
무게를 논의하며, 친구의 의견이 바뀔 때마다 이를 반영해 자신의 예측치를 수정한다.

보기만 해도 이러한 행동은 금방 외부로 퍼져 나가, 친구들과 논의하기
를 몇 번 반복하고 나면 더 넓은 네트워크로부터 얻은 정보들을 간접적
으로 취할 수 있게 된다. 네트워크가 가진 '작은 세상'의 속성으로 인해,
단지 몇 번의 반복적인 상호작용만으로 한 사람이 가진 정보는 네트워
크의 거의 모든 구성원들에게 도달할 수 있다. 그 과정에서 정보가 다소
희석될 수는 있지만 말이다.

이처럼 각각의 구성원이 그 친구들의 의견을 수합해 평균을 내는 과정을 반복함으로써 이루어지는 학습을 통계학자 모리스 디그루트Morris DeGroot의 이름을 따서 '디그루트 학습'이라고 부른다.[12] 디그루트 모형에서는 사람들이 친구들의 의견을 종합하기 위해 뭔가 복잡한 계산을 수행하는 것이 아니라 평균을 내는 것처럼 간단한 계산을 한다고 가정한다. 아마 그리 놀라운 일은 아니겠지만, 적어도 몇몇 상황에서 사람들은 실제로 그렇게 행동한다. 네트워크 규모가 작을 때도 말이다. 즉 다른 사람의 의견이 변화하는 것을 반영하고 그 정보를 처리하는 방식에서, 디그루트 모형은 전지하고 정교한 계산기처럼 행동하기보다는 실제 사람과 좀 더 비슷하게 행동한다. 이에 대해서는 앞으로 좀 더 논의하겠다.

하지만 디그루트 학습 모형은 교류가 반복적으로 일어나고 그 강도도 변화한다는 점에서 단순한 확산 모형보다 훨씬 복잡하다.

네트워크 속 구성원들의 중심성은 그들이 다른 사람의 믿음을 변화시키는 데 중대한 영향을 끼친다. 2장에서 살펴본 우정의 역설이 여기서도 작동한다. 친구가 많은 사람일수록 그 사람의 의견은 더 많은 사람의 의견을 반영하게 된다. 〈그림 7.1〉의 네트워크에서 아래쪽 검은색 노드는 어떤 중심성 척도를 적용하든 중심성이 가장 높은 사람이다. 이 사례에서 모든 노드의 1차 예측치를 평균을 내면 실제 무게인 1200파운드와 정확히 같은 값이 나오지만, 검은색 노드의 사람들(실제보다 무겁다고 예측)이 흰색 노드 사람들(실제보다 가볍다고 예측)보다 중심성이 더 높으므로, 결과적으로 전체적인 의견은 실제 무게보다 더 큰 값으로 기울어 이들은 황소의 무게를 과대평가하게 된다.

즉 중심성이 높은 사람의 의견일수록 더 큰 영향력을 지닌다. 중심성에 대한 앞선 논의를 떠올려보면, 사람들이 반복해서 논의하고 논의하고 논의하는 한, 정말로 중요한 것은 단순히 각 구성원의 도수가 아니라 그들의 고유벡터 중심성이란 것을 알아차릴 수 있을 것이다. 그렇다. 연결이 잘 된 사람들과 친구가 된다는 것은 내가 그들에게 전달한 의견이 나의 네트워크 밖으로 더 멀리 퍼질 수 있음을 의미한다. 즉 연결성이 높은 친구를 가지는 것은 친구를 많이 가지는 것만큼이나 중요하다. 실제로도, 특정 주제에 대한 사회적 합의에 도달하기 위해 사회가 각 구성원의 의견을 반복적으로 수합해 평균을 낸다고 할 때, 각 구성원들이 처음에 제시한 의견이 최종적인 합의에 얼마나 반영될지는 그들의 고유벡터 중심성에 정확히 비례한다.[13]

사회가 이 과정을 따라 구성원들의 의견을 모으면 결국 이들은 사회적 합의에 도달할 수 있다. 〈그림 7.1〉은 사회적 합의가 일어나는 과정을 잘 보여준다. 처음에는 노드들의 색상이 서로 다르지만 결국에는 비슷해진다. 검은색 노드의 색은 옅어지고 흰색 노드의 색은 진해지는 것이다. 그 이웃보다 색이 진하거나 연한 노드가 있는 한, 네트워크는 계속해서 변화할 것이고 결국에는 전체 네트워크가 같은 색을 가지게 된다.[14]

어떤 합의에 이르게 될지는 각 노드의 초기 예측치와 그 중심성에 따라 달라진다. 그에 따라 결과적으로 도달하게 되는 합의의 내용은 놀랄 만큼 간단한 식으로 나타나는데, 그저 각각의 사람들이 가진 초기 예측치에 그 사람의 고유벡터 중심성을 곱한 후 전부 더하면 된다.[15]

그런데 이 과정에서 몇 가지 중대한 편향이 생길 수 있다.

첫 번째는 '반향echo'이다. 당신의 의견이 다시 당신에게 돌아오는 것이다. 당신 친구들의 의견은 부분적으로 당신의 과거 의견을 반영하고 있다. 따라서 당신이 친구들과의 반복적인 논의를 통해 얻는 '새로운' 정보 속에는 당신이 가진 견해의 반향이 남게 된다. 이제, 당신의 친구들은 당신의 의견이 옳다는 것을 확인시켜주게 되고, 결국 당신은 당신의 견해를 과대확신하게 된다. 이는 상당히 자연스러운 일이다. 다른 사람들이 당신의 의견에 동의하면 당신 또한 그 의견을 더 확신하게 되는 것이다. 심지어 당신이 네트워크 구조에 대해 잘 알고 있더라도 당신 자신의 반향을 걸러내기란 상당히 까다로운 일이다.

두 번째는 '이중 집계double counting'로서, 좀 더 광범위하게 나타나는 편향이다. 당신은 당신의 친구인 리사와 에밀리에게 의견을 구한다. 그런데 이들은 각각 알렉스와 친구다. 그러면 당신은 알렉스의 견해를 두 명의 서로 다른 친구를 통해 얻게 된다. 즉 알렉스의 의견은 이중으로 반영되는 것이다. 같은 내용의 정보를 서로 다른 출처로부터 얻게 되면 그것을 하나의 출처로부터 얻을 때보다 신뢰성이 더 높은 것처럼 느껴진다. 심지어 같은 내용의 정보가 전달될 때도 말이다.[16]

〈그림 7.2〉에 이중 집계와 반향을 나타냈다.

정보의 이중 집계나 반향과 같은 편향은 피하기 매우 어렵다. 한 예로, 당신이 영화 〈스타워즈〉의 새 에피소드를 봐야 할지 알고 싶다고 해보자. 당신은 영화의 촬영이 훌륭하다는 리뷰를 읽었다. 당신 친구 중 두 명도 그렇게 말한다. 그런데 그것이 정말 그들 자신의 의견일까? 그들의 의견 또한 당신이 읽은 그 리뷰의 영향을 받은 건 아닐까? 아니면 그 둘은 영화를 본 후 그에 대해 대화를 나눴던 것은 아닐까? 이후 당신 또한 그 영화를 보게 되었다고 할 때, 누군가 당신에게 그 영화를 얼마나 좋아하는지 물어오면 당신은 뭐라고 대답할 것인가? 만일 당신이 이 영화가 정말 좋았다고 말한다면 그것은 당신 친구들이 이 영화의 촬영 기법을 좋아하기 때문에, 혹은 평론가들 또한 이 영화가 대단하다고 평가했기 때문은 아닐까? 이 영화를 보고 받은 인상 중 어느 부분이 전적으로 당신의 것이라 할 수 있는지, 당신이 영화를 보기 전과 후에 들은 평들은 영화에 대한 평가에 어떤 영향을 주었는지 말할 수 있는가? 만

(a) 논의가 있기 전 초기 예측치. 가장 오른쪽에 위치한 노드인 알렉스는 과대예측을 하고 있다.

(b) 가운데 두 사람, 리사와 에밀리는 알렉스의 과대예측치의 영향을 받는다.

(c) 당신 또한 리사와 에밀리의 영향을 받아, 알렉스로부터 나온 간접적 정보를 이중 집계한다.

(d) 알렉스의 영향력은 부분적으로 그에게 다시 되돌아온다.

그림 7.2 디그루트 학습: 이중 집계와 반향

일 당신이 친구에게 영화 속 대사들이 형편없었다고 말하고 그들도 동의한다면, 이제 당신은 당신의 의견을 얼마나 더 확신하게 되는가? 그들의 의견은 당신 의견의 반향은 아닐까? 정말로 당신 친구들도 대사가 형편없었다고 생각했을까?

간혹 당신은 다른 사람의 의견을 전달하면서 그것이 당신에게서 나온 것은 아니라고 명시적으로 밝힐 때도 있다. 만약 누군가 내게 금리가 오를 것으로 예측하는지 묻는다면, 금리는 내 전문 분야가 아니므로 나는 전문가인 다른 동료의 견해를 인용할 것이다. 하지만 이런 상황에서 나는 내 전문가 친구가 가진 정보가 어디서 왔는지는 설명하지 못한다.

이중 집계가 일어나는지, 혹은 자신의 의견이 반향되어 돌아오는 건 아닌지 직접적으로 확인하는 한 가지 방법은 네트워크로 흘러간 정보가 완전히 통제되고 있는지 실험을 해보는 것이다. 사람들이 최초에 가진 정보가 무엇이며 네트워크에 어떤 상호작용이 일어나고 있는지 정확히 안다면, 우리는 이중 집계나 반향이 일어나는지뿐만 아니라 사람들의 행동이 디그루트 학습 모형과 일치하는지도 확인할 수 있다.

아룬 찬드라세카르Arun Chandrasekhar, 호라시오 라르과이Horacio Larreguy 그리고 후안 피블로 산드리Juan Pablo Xandri가 한 일이 바로 이것이다.[17] 이들의 연구 결과, 디그루트 학습 모형은 사람들의 믿음이 어떻게 변천하는지를 놀라울 만큼 훌륭하게 예측하는 것으로 나타났다.

이 실험에서 사람들은 네트워크로 연결되었다. 즉 연구자들은 각각의 사람들에게 그들이 서로 대화할 수 있는 사람—그들의 친구—을 할당하여, 정보가 누구로부터 누구에게로 전달되는지 알 수 있도록 했다. 이 네트워크에서 모든 구성원은 최대한 네 단계를 걸치면 다른 모두에게 도달할 수 있다. 다시 말해, 그들은 서로 친구이거나, 친구의 친구이거나, 친구의 친구의 친구이거나, 친구의 친구의 친구의 친구다.

찬드라세카르, 라르과이, 산드리는 또한 사람들이 처음에 가지는 정보와 그들이 추측해야 하는 대상에 대해서도 통제했다. 피험자들에게는 겉보기에 서로 구별되지 않는 두 개의 가방이 주어졌는데, 각각의 가방에는 7개의 공이 들어 있었다. 그중 한 가방에는 파란 공이 다섯 개, 노란 공이 두 개가 들어 있고(이 가방을 파란 가방이라고 하자), 다른 가방에는 파란 공 두 개와 노란 공 다섯 개가 들어 있었다(이 가방은 노란 가방이라고 하자). 연구자들은 둘 중 하나의 가방을 고르는데, 어떤 가방을 골랐는지 실험에 참여하는 사람들이 모르게 한다. 그런 후 사람들을 한 명씩 불러 가방에서 무작위로 꺼내든 공을 보여준다. 만일 당신이 본 공이 파란 공이라면 그 가방은 파란 가방일 가능성이 높다(정확히 말해서 당신이 내릴 수 있는 최선의 추측은 그 가방이 파란 가방일 확률이 7분의 5라는 것이다). 하지만 만일 당신이 본 공이 노란색 공이라면, 당신은 그 가방이 파란 가방일 확률은 7분의 2밖에 되지 않고 노란 가방일 확률이 7분의 5라고 생각할 것이다. 모든 사람에게 무작위로 꺼낸 공을 보여준 후, 그들은 각각 가방의 색상에 대한 최초의 추측을 내린다. 첫 번째 추측 이후, 그들은 네트워크 속 친구들을 만나 그들의 견해에 대해 들어본다.

친구들이 추측하는 바를 들은 이후 그들은 다시 한 번 가방의 색을 추측한다. 그리고 다시 친구를 만나 그들의 두 번째 추측을 듣는다. 또 다시 추측을 하고 친구를 만나길 반복한다. 시간이 흐름에 따라 당신은 당신의 추측을 바꾸고 싶을지도 모른다. 예컨대, 만일 당신은 처음에 그 가방이 파란 가방일 것이라고 추측했지만 당신의 친구들 모두가 노란 가방이라고 추측한 것을 보고 나면, 당신 친구들이 모두 그 게임에 진지하게 참여하고 있다고 가정할 때, 그들이 모두 노란 공을 보았다고 추론하게 된다. 즉 거기엔 네 개의 노란 공과 한 개의 파란 공이 있으니, 당신의 두 번째 추측은 그 가방이 노란 가방이라는 것이 된다. 그런데 네트워크에 있는 각각의 구성원들은 서로 다른 친구의 조합을 가진다는 점을 생각해보자. 당신의 친구들 중 한 명은 처음에는 노란 가방이라고 추측했다가 다음에는 파란 가방으로 바꿀 수도 있다. 여기서 당신은 무엇을 추론할 수 있는가? 또한 당신의 친구들 중 몇 명은 당신 때문에 의견을 바꿀 수도 있고(반향), 공동의 친구에 대한 반응으로 의견을 바꿀지도 모른다(이중 집계). 단지 한 번의 반복만으로도 친구들의 추측을 수합하고 그 추측이 어떻게 변했는지 추적하기는 상당히 까다로워진다.

실험에 참여한 사람들은 그들의 네트워크가 전체적으로 어떤 형태인지 알고 있다. 즉 그들은 실제로 몇 명의 친구는 공동의 친구를 가진다는 점도 알고 있다. 따라서 우리는 사람들이 고성능 컴퓨터처럼 정교하게 행동하며 반향을 모두 거르고 이중 집계를 피하게 될지, 혹은 디그루트 학습 모형에 따라 너무 깊이 생각하지 않고 그저 친구들이 내린 가장 최근의 추측만으로 의견을 조정할지 확인해볼 수 있다.

본 실험에는 전체 665명의 인원이 참가했으며, 이들은 각각 7개의 네트워크로 나뉘었다. 하나의 네트워크에는 모두 95명의 구성원이 포함되며, 각각의 사람들은 저마다 서로 다른 추측과 상황을 가졌다. 본 실험을 통해 연구자들은 사람들이 어떻게 행동하는지에 대한 풍부한 데이터를 얻을 수 있었으며, 이들이 내리는 판단이 얼마나 정교한지에 대해 상당히 정확히 파악할 수 있었다.

사람들이 단순히 디그루트 학습 모형을 따른다고 가정했을 때(각각의 친구에 부여되는 가중치는 동등하다) 이 모형은 사람들이 내리는 추측의 94퍼센트를 정확히 예측할 수 있었다. 반면 사람들이 완전히 정교한 계산을 바탕으로 행동한다고 가정하면 이는 74퍼센트의 추측만 정확히 예측할 수 있다. 사실 두 모형 모두 사람들의 추측을 상당한 수준으로 예측할 수 있는 것으로 보이는데, 이런 상황에서는 사람들이 어떤 추측을 할지 예측하기 쉽기 때문이다. 예를 들어 최초의 추측에서 우리는 사람들이 각각 자신이 확인한 공의 색상에 따라 가방의 색을 추측하리라고 쉽게 예상할 수 있다. 또한 두 번째 추측에서는 사람들이 친구들의 첫 번째 추측을 듣고 그중 대다수가 추측한 색상을 고르리라 예상할 수 있다. 다시 말해, 반향(친구의 의견이 나 때문에 변하는 시점)이나 이중 집계(친구 중 두 명의 행동이 그들의 공동 친구의 행동에 의해 변하는 시점)가 나타날 수 있는 시점 이전에는 두 모형은 예측에서 큰 차이를 보이지 않는다. 그러나 추측과 논의를 반복하면 점차 사람들은 이중 집계와 반향의 늪에 빠지게 되고, 디그루트 학습 모형이 정교한 계산 모형보다 우세해지기 시작한다. 즉 디그루트 모형이 사람들의 행동을 훨씬 더 정확하게 예측하는 것이다.

또 다른 실험에서도 사람들은 이중 집계나 반향 그리고 그 밖의 수많은 편향에 쉽게 빠지는 것으로 나타났다.[18] 여기서 가장 중요하게 봐야 할 부분은, 이러한 편향이 대가가 낮은 실험 상황에서만 일어나는 것이 아니라는 점이다. 우리의 일상생활에서, 대가가 상당히 높은 결정을 내려야 할 때도 종종 우리는 쉽게 편향에 빠진다.

마이클 베일리Michael Bailey, 뤼칭 카오Ruiqing Cao, 테리사 쿨러Theresa Kuchler 그리고 요하네스 슈트로벨Johannes Stroebel은 사람들이 집을 살 때 친구들과의 교류가 이 결정에 어떤 영향을 주는지 추적했다.[19] 이들은 페이스북을 통해 사람들의 친구 관계를 조사한 후, 한 사람이 집을 사기로 할 때 친구들의 경험이 어떤 영향을 주는지 알아보았다. 일례로, 로스앤젤레스에 사는 찰리라는 사람이 집을 구입할지 아니면 임차를 할지 고민하는 중이라고 해보자. 찰리에게는 수천 마일 떨어진 보스턴에 사는 루시라는 친구가 있다. 만일 루시의 집이 가격이 올랐다면 찰리는 집을 구입할 가능성이 높으며, 아마도 루시의 집값이 떨어졌을 때보다 돈을 더 지불하고 더 큰 집을 사게 될 것이다. 즉 찰리의 결정은 수천 마일 떨어진 곳에 있는 루시의 집값에 영향을 받는다. 본 연구에서는 사람들의 성격이나 경제적 동향 등 가능한 모든 종류의 교란 요인들을 세심히 조정했다. 그 결과 친구가 미치는 효과는 여러 면에서 상당히 큰 것으로 나타났다. 친구의 주택 가격이 지난 2년간 5퍼센트 상승했다면 사람들이 집을 살 확률은 3퍼센트 상승하며, 3퍼센트 더 높은 비용을 지불하고 2퍼센트 더 큰 집을 산다. 또한 친구의 주택 투자가 잘 풀리지 않으면, 사람들은 자신의 집을 팔 확률이 높아지고 집을 팔아서 얻는 돈도 적어진다. 게다가 친구들의 경험 사이에 격차가 크면 사람들은 결정에 좀 더 조심스러워진다. 예를 들어 두 명의 친구 모두 집값이 5퍼센트 상승하는 것이, 한 명은 집값이 15퍼센트 오르고 다른 한 명은 5퍼센트 떨어진 경우보다 더 큰 영향을 준다.

여기서 짚어야 할 부분이 몇 가지 있다. 먼저, 사람들의 결정은 친구들이 아주 멀리 사는 경우에도 그들이 가진 정보에 영향을 받는다. 둘째, 이러한 경향은 집을 사는 것과 같이, 삶에서 중요한 결정에 상당히 자주 영향을 미친다. 셋째, 친구들로부터 얻은 정보는 올바른 처리 과정을 거치지 않는 것으로 나타났다. 찰리의 친구 루시의 경우엔 비록 집값이 상승하긴 했지만 루시의 집이 있는 곳은 찰리가 사는 곳에서 멀리 떨어져 있으며, 집값이 오른 것도 지난 2년간의 일일 뿐이다. 찰리는 집을 살지 결정할 때 이러한 점들을 고려했을까? 연구에 따르면 사람들은 친구들이 사는 지역은 그다지 고려하지 않는 것으로 나타났다. 예컨대 보스턴의 주택 시장은 샌디에이고에 비해 로스앤젤레스와 관련성이 상당히 낮다. 하지만 찰리는 보스턴에 사는 루시의 의견을 샌디에이고에 사는 라이너스의 의견과 같은 정도로 받아들인다. 라이너스의 경험이 찰리에게 훨씬 더 유용함에도 말이다.

우리들 대부분은 반향과 이중 집계의 편향에 빠져 관련이 없는 정보를 가진 사람에게 주의를 기울이곤 한다. 그렇다면 우리가 네트워크를 통해 모은 정보는 우리에게 유익할까? 단지 친구들과 이야기하는 것만으로도 황소의 무게를 정확히 예측하는 수준에 이를 수 있을까?

벤 골럽과 나 또한 이에 대해 연구했고, 그 결과, 몇 가지 필수적인 조건만 갖춰지면 디그루트 학습처럼 단순한 방식으로도 매우 정확한 정보를 산출해낼 수 있는 것으로 나타났다.

그중 몇 가지 조건에 대해서는 이미 앞에서 살펴보았다. 즉 사회 구성원들이 각기 다양한 견해를 가지고 있고 체계적인 편향이 없을 때 우리는 그 사회에 나타난 모든 의견을 평균함으로써 정확한 결과를 얻을 수 있다. 하지만 처음 예측을 내릴 때 구성원 중 누군가가 정확한 정보를 가지고 있지 않으면, 결과적으로 정확한 정보를 산출하긴 어렵다. 이 모든 조건에 더해, 네트워크에서 의사소통은 균형적으로 이루어져야 한다. 우리 모두가 오직 한 사람과만 친구 관계로 연결되어 있다면 최종적

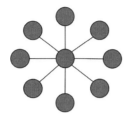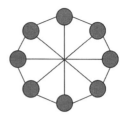

그림 7.3 왼쪽 그림은 불균형한 네트워크를, 오른쪽 그림은 균형 잡힌 네트워크를 보여준다. 왼쪽의 네트워크는 링크 수가 적고 네트워크의 모든 정보에 접근할 수 있는 노드가 있다는 점에서 더 효율적이다. 하지만 가운데 위치한 사람의 의견이 다른 의견에 과도하게 반영되는 문제가 발생할 수 있다.

인 합의에는 그 사람의 의견이 두드러지게 반영될 것이다. 정확한 정보를 얻기 위해서는 사회 구성원 각각의 고유벡터 중심성이 그 친구들의 중심성 값을 모두 합친 것에 비해 작아야 한다. 이 조건을 만족하려면 네트워크는 균형 잡힌 분포를 가져야 한다. 즉 사람들이 자신이 속한 작은 그룹의 의견을 수용하는 정도가 그들이 다른 사람의 의견을 수용하는 정도에 비해 과도하게 커져서는 안 된다.

〈그림 7.3〉에 불균형한 네트워크와 균형 잡힌 네트워크의 사례를 나타냈다. 불균형한 네트워크에서 모든 링크는 한 사람을 지나게 된다. 만약 이 사람이 다른 친구들의 의견보다 자신의 의견에 좀 더 가중치를 둔다면(사연적 성향[20]), 이 사람의 의견은 최종적인 의견에 다시 반영될 것이다. 반면, 좀 더 균형 잡힌 네트워크에서는 전반적인 합의를 주도하는 사람이 없으므로 대칭성이 관찰된다.[21] 불균형한 네트워크에서는 정보가 일괄적으로 한 장소에 집결되므로 의사소통에 드는 비용을 절약할 수 있다. 즉 네트워크 주변부에 있는 사람들은 다른 사람들이 무슨 생각을 하는지에 대한 정보를 얻기 위해서 오직 한 사람과 이야기하면 된다. 이런 네트워크들이 보통 별 모양을 하고 있는 이유이기도 하다.[22] 하지

만 불균형적이고 중심화된 네트워크에서는 결국 의견이 편향될 수밖에 없다.

사람들이 누구에게 주의를 기울이는지는 그동안 광범위하게 연구되어 온 주제다. 예를 들어 1940년대와 1950년대에 진행된 일련의 연구에서 폴 라자스펠드는 사람들이 어떻게 그들의 의견을 형성하는지 조사했다. 첫 번째 연구는 1940년 미국 대통령 선거 이전 수개월 동안 오하이오 주의 2400명의 성인을 대상으로 이루어졌다. 라자스펠드는 두 명의 동료 및 한 무리의 연구보조원들과 함께 일군의 사람들을 반복적으로 인터뷰하며, 그들이 누구와 이야기를 나누었는지, 어떤 매체를 주로 접했는지 그리고 그들이 의견을 바꿀 때마다 어떤 이유로 생각을 바꾸었는지 물어보았다.[23] 또한 라자스펠드는 이후 일리노이 주 디케이터에 사는 800명의 여성에 대한 연구도 진행하며, 소비재를 비롯해 여러 가지 주제에 대해 그들이 어떻게 의견을 형성하는지 물어보았다.[24] 이들 연구로부터 나온 이론이 바로 '2단계 의사소통' 이론으로, 라자스펠드는 엘리후 카츠Elihu Katz와 함께 쓴 책에서 이를 자세히 서술했다. 2단계 의사소통 이론에 따르면 사회에는 '여론 주도층opinion leader'이란 일종의 전문가들이 존재하며, 이들은 매체로부터 얻은 정보를 다른 사람 즉 '여론 추종자opinion follower'에게 전달한다. 비슷한 이론으로 맬컴 글래드웰Malcolm Gladwell의 '소수의 법칙Law of the Few'이 있다.[25]

사회가 오직 한 사람의 의견에 휘둘리는 일이 어떻게 가능할까? 사실 그런 사례를 찾아보기는 어려운 일이 아니다. 로버트 파커Robert Parker를 떠올리는 사람들이 있을 것이다. 유명한 와인 비평가인 그는 와인 산업 전반에 엄청난 영향력을 가지고 있었다. 수십 년 동안 파커가 '바로 그 와인 비평가'로 지배력을 행사해왔다는 데 이의를 제기하긴 어려울 것이다.

와인 산업은 그러한 비평가들이 생산하는 정보가 필수적인 분야다. 수만 개의 포도원에서 매년 300억 병이 넘는 와인이 생산되어 전 세계로 수출된다. 와인의 품질은 포도 산지의 날씨와 토양의 조건은 물론, 포도나무가 어떻게 관리되는지, 언제 포도를 수확하는지 그리고 어떻게 와인이 생성되는지에 따라 달라진다. 같은 포도밭에서 수확한 포도를 같은 포도원에서 만들어도 와인의 품질은 매년 크게 차이가 날 수 있다. 이 모든 조건들을 고려해야 하는 것은 물론, 많은 와인이 고가라는 점을 감안하면, 특정 와인에 기대할 수 있는 품질과 특성에 대한 정보는 상당한 가치를 지님을 알 수 있다.

로버트 파커는 자수성가한 대표적인 인물이다. 외판원의 아들로 태어난 그는 1970년대 후반 와인에 대한 비평이 그리 많지 않다는 것―특히, 프랑스어를 읽을 줄 모르면―을 깨닫고 와인의 품질을 평가하는 소식지를 발간하기 시작했다. 수년 동안 그는 은행에서 변호사로 일하면서, 한편으로는 와인을 시음하며 자신이 만든 소식지를 판매했다. 그는 와인 비평에 꼭 필요한 미각을 가지고 있었다. 또한 파커는 자신의 소식지에 광고를 싣지 않았고 시음을 위한 와인도 자신의 돈을 들여 구매했다. 와인 제조업자와 연관된 사업체나 그들로부터의 뇌물에 영향을 받고 싶지 않았던 것이다. 그는 와인을 100점 만점으로 평가했는데, 여기서 90점 이상을 받은 와인은 일반적으로 매우 훌륭한 품질을 가졌음을 나타낸다. 이러한 평가 방식은 이제 업계 표준이 되었다.

와인 시음을 위해서는 재능이 필요하다. 와인이 현재 어떤 맛이 나는지 구분할 수 있어야 할 뿐만 아니라, 와인이 병에 밀봉된 후 수년이 흘러 완전히 숙성되면 어떤 맛이 날지도 예측할 수 있어야 한다. 이를 위해서는 타닌, 산, 설탕 함량 및 다양한 향을 감지할 수 있어야 하고, 이런 성분들이 시간이 지남에 따라 어떻게 변화하는지 이해하고 있어야 한다. 파커가 명성을 얻기 시작한 것은 그가 1982년산 보르도 와인을 최고의 빈티지로 평가한 이후부터다. 당시 많은 전문가들이 와인을 시음한 후 그와 반대 의견을 냈지만, 이후 이 와인은 역사상 가장 훌륭한 빈티지 중 하나로 평가받게 된다. 《와인 스펙테이터*Wine Spectator*》의 제임스 라우브James Laube가 말했듯이, "1982년 보르도에서는 그동안 세계가 맛본 것 중 가장 뛰어난 와인이 쏟아져 나왔다."[26] 1980년대 중반쯤 파커는 변호사 일을 그만두고 와인 시음을 전업으로 삼았고, 얼마 지나지 않아 파커는 와인 산업의 중심으로 떠올랐다. 베리브러더스앤러드(영국의 와인 판매상)에 와인을 납품하는 맥스 러런드렐Max Lalondrelle은 다음과 같이 말했다. "아무도 로버트 파커처럼 와인을 팔지 못했다. 그가 돌아서서 2012년 와인은 그동안 맛본 것 중 최악이라고 말하면 아무도 그것을 사지 않을 것이다. 반대로 그것이 최고의 와인이라고 말하면 모두가 그 와인을 살 것이다."[27]

파커의 영향력이 막대해지면서 와인 업계에는 와인의 '파커화Parkerization'라고 불리는 현상이 나타났다. 와인제조업자들은 파커가 빅big 와인—포도와 그것이 자라난 토양 그리고 포도주가 숙성된 오크통의 향취가 강하게 느껴지고, 알코올 도수가 높으며, 숙성된 풍부한 향의 와인—을 선호하는 경향이 있음을 깨닫고 파커의 취향에 맞춰 와인을 생산하게 되었다. 엘린 매코이Elin McCoy는 파커의 평전[28]에서 와인제조업자들의 수익에 파커가 미치는 영향력을 보여주기 위해 보르도 판매상의 말을 인용하는데, "파커로부터 85점을 받은 와인과 95점을 받은 와인은 그 수익이 대략 600만에서 700만 유로의 차이가 난다."

맛과 향에 대한 뛰어난 감식력과 기억을 갖춘(그리고 100만 달러 보험에 든 코를 가진) 비평가가 온 세상이 좋아할 만한 와인을 추천해주는 것은 분명 멋진 일이다. 하지만 만일 당신이 로버트 파커와 같은 종류의 와인을 좋아하지 않는다면, 당신은 그의 명성이 드높아지는 것을 그리 반기지 않을 것이다. 한 비평가가 와인 판매에 막대한 영향력을 가지는 것에 우리는 경각심을 느껴야 할까? 와인 산업이 매년 거두는 매출은 수천억 달러를 호가한다. 한 비평가의 취향에 어떤 와인의 성공과 실패가 달려 있다면, 이는 와인제조업자의 삶에 막대한 불확실성과 위험을 안겨주게 될 것이다.

황소의 무게를 맞추는 대회에서 사람들이 깊은 고민 없이 그 무게를 추측했을 뿐이지만 결과적으로 정확한 값을 예측할 수 있었던 까닭은 예측에 참여한 사람이 매우 많았기 때문이다. 상당히 정확하지만 완벽하지는 않은 어느 한 사람의 의견만 참조한 것이 아니다. 와인에서부터 주식까지, 가치 평가가 이루어지는 다른 모든 일에서도 마찬가지다.[29]

와인이나 다른 수많은 생산품의 가치를 평가하는 일은 상대적으로 쉬운 일에 속한다. 비록 당신의 친구들 중에 부르고뉴의 소규모 포도원에서 생산된 가장 최근 빈티지를 맛본 사람이 아무도 없다 해도, 어딘가는 그런 사람이 있기 마련이다. 온라인을 통해 그들의 견해를 찾는 것도 어렵지 않다. 우리의 정보 네트워크는 계속 커지고 있으며, 이러한 네트워크는 우리가 한 번도 만나보지 못했던 그리고 다시 들어볼 일이 없는 사람들과 우리를 연결해줌으로써, 우리가 얻을 수 있는 정보와 견해의 범위를 더 확장시킨다. 상품에 대한 그들의 리뷰가 오직 그들만이 가진 경험과 새로운 정보를 담고 있다면 이는 분명 도움이 될 것이다.[30]

하지만 때로는 그 모든 정보를 추적해보면 결국 하나의 출처에서 나온 것일 때도 있다. 그런데 그 출처가 당시엔 매우 평판이 높았지만 결국 신뢰성이 매우 낮은 것으로 드러나면, 그 결과는 재앙으로 이어질 수도 있다. 특히 전문 지식을 요하는 분야에서 이런 일이 발생할 경우에는 더더욱 치명적이다.

1998년 2월 28일, 영국의 명망 있는 의학 저널 《랜싯Lancet》은 앤드루 웨이크필드와 12명의 다른 연구원들이 자폐증과 MMR 백신—홍역Measles, 유행성 이하선염Mumps, 풍진Rubella —사이의 연관성을 발견했다는 연구를 발표했다. 이 연관성에 대한 그들의 설명은 일견 그럴듯해 보였다. 세 가지 백신을 혼합 투여함으로써 장내 문제와 면역 반응을 유발했고, 결국 일부 아이들의 뇌 발달에 문제를 일으켰다는 것이다.

당시에 전 세계적으로 자폐증 진단이 증가하고 있었고, 동시에 아이들에게 MMR 백신을 접종하는 부모의 수도 매년 늘어나고 있었기 때문에, 이 기사는 많은 사람의 이목을 끌게 되었다. 특히 이 연구는 명성 있는 의학 저널을 통해 발표되었기 때문에, 이후 관련 기사가 꼬리에 꼬리를 물고 쏟아져 나오기 시작했고 대중들 사이에서도 널리 회자되었다. 이 연구는 자폐증과 백신 사이의 연관성을 명시적으로 언급한 첫 번째 연구였기 때문에 의학계가 이에 대해 면밀히 조사하기까지는 조금 시간이 걸렸다. 근본적으로, 그 정보는 네트워크의 오직 하나의 출처—《랜싯》의 최초 보도에서만 나왔다. 그럼에도 불구하고 사람들은 모든 곳에서 이 뉴스를 들을 수 있었다.

결론적으로 이 연구에는 몇 가지 중대한 문제점이 있는 것으로 밝혀졌다. 먼저, 이 논문이 근거로 제시하는 사례는 12명의 아동이 전부이며 이 아이들조차 본 연구를 위해 선발된 아이들이었다. 자폐증은 보통 아이들이 백신을 접종하는 나이에 나타나기 시작하므로, 둘 사이에 연관성이 있는지 확인해보는 것은 자연스러운 일이다. 하지만 12명의 표본만으로는 그 어떤 것도 확신하기 어렵다. 게다가 이런 연구에서 인과관계를 추론하기는 분명히 불가능한 일이다. 물론 그 기사는 인과관계를 주장하진 않았지만, 사람들이 논문의 결론이라고 오독할 여지가 있는 인과 이론을 제안하고 있다. 또한 웨이크필드는 후속 연구에 의해 이 상관관계가 밝혀지기 전까지는 백신 접종을 중단해야 한다고 제언하고 있다.

하지만 이 연구는 단순히 상관관계나 인과관계를 입증하지 못했다는 사실보다 훨씬 큰 문제를 가지고 있었다. 웨이크필드가 백신 제조업체에 대한 소송과 관련되어 있는 법률단체로부터 연구자금을 지원받았던 것이다. 이는 이해 상충으로 간주될 수 있는 사안으로, 웨이크필드는 논문을 내기 전에 이 사실을《랜싯》에 미리 고지했어야 했다. 이 연구의 가장 큰 문제점은 신문기자 브라이언 디어Brian Deer에 의해 보도되었다. 그는 2009년 2월 8일《선데이타임스》지에 데이터가 정확하지 않으며, 실제 병원기록과 맞지도 않을 뿐더러 웨이크필드가 이를 조작했다고 보도했다.[31] 2010년 영국의료협의회는 웨이크필드의 연구가 이해 상충의 여지가 있으며 병에 취약한 아동 환자들의 최선의 이익에 기여하지 못했다는 점에 근거하여 웨이크필드가 부정을 저질렀다는 사실을 확정짓고 그의 의료 면허를 취소했다.[32]

《랜싯》또한 2010년 웨이크필드의 논문을 완전히 철회했다. 그때까지 전 세계에서 더 많은 데이터세트를 포함한 연구가 상당수 진행되었지만, 그 어떤 연구도 예방접종과 자폐증 사이의 연결을 찾지 못했다.[33] 하지만 피해는 이미 발생하고 있었다. 1998년 연구가 처음 발표될 당시 영국에서는 74건의 홍역이 발생한 것으로 보고되었다.[34] 그후 영국에서의 MMR 백신 접종률은 90퍼센트에서 80퍼센트까지 떨어졌다. 세계보건기구의 데이터를 바탕으로 추산해보면, 2000년부터 2010년까지 유럽의 2세부터 12세 사이 아동 중 대략 500만 명이 예방접종을 받지 않았다.[35] 3장에서도 보았듯이, 예방접종률이 조금만 감소해도 거의 사라졌던 병이 다시 출현할 수 있다. 예상대로, 몇 년 사이에 홍역 환자의 수는 20배 이상 증가했다. 2007년 수천 건의 홍역이 발생했고, 이 현상은 2014년까지 지속되었다.

예방접종률이 감소한 결과는 고통스러웠고, 우리 중 누구라도 그 피해자가 될 수 있었다. 나의 가까운 친구이자 함께 책을 쓰기도 했던 토니 칼보 아르멩골―이 책에서 살펴본 연구 중에 그의 연구도 몇 건 있었다―은 2007년 유행성 이하선염으로 사망했다. 당시 아동을 대상으로 한 예방접종이 상당히 부진했고, 스페인에서는 수만 명의 유행성 이하선염 환자가 발생한 것으로 보고되었다. 이러한 질병의 대규모 발병은 훨씬 저렴하고 효과적인 방법, 즉 MMR 백신을 더 널리 수용함으로써 충분히 예방할 수 있었던 비극이다.

시간이 흘러, 백신과 자폐증 사이에 어떤 관련도 없다는 방대한 양의 연구가 대중 사이로 확산되면서 백신에 대한 신뢰가 회복되었고 예방접종률도 증가하기 시작했다. 예방접종률이 상승한 이유에는 사람들이 병의 실체를 목도한 까닭도 있다. 일단 홍역과 유행성 이하선염이 유행하기 시작하자 사람들은 아이들에게 정말로 예방접종을 하지 않을 것인지 더 진지하게 고민해야만 했다. 아이가 홍역이나 유행성 이하선염, 풍진에 걸릴 수 있다는 두려움이 백신의 위험성에 대한 의구심을 압도하기 시작한 것이다. 걸린 대가가 클수록, 사람들은 수동적으로 의견을 받아들이기보다는 좀 더 적극적으로 정보를 찾고 틀린 정보를 걸러내기 위해 더 애를 쓴다.

변화된 뉴스의 지평

"거짓은 쏜살같이 날아가고, 진실은 절뚝거리며 그 뒤를 따라간다."

—조너선 스위프트[36]

"민주주의는 어둠 속에서 죽는다."

―《워싱턴포스트》

백신 사례에서도 분명히 볼 수 있듯이, 대중들이 특정 주제에 정통하도록 만들기 위해서는 양질의 정보가 널리 보급되어야 한다.

인터넷은 정보가 생산되고 확산되는 방식을 흥미롭게 변화시켰다. 역설적이게도, 인터넷에 의해 정보의 확산이 용이해지면서 그 정보가 생산되는 방식에 부정적인 영향이 나타나기도 했다. 정보를 가공하고 재가공하는 것이 쉬워짐에 따라 두 가지 효과가 나타났다.

나는 마음만 먹으면 공식 기관처럼 보이는 단체를 세울 수 있다. 예컨대, '세계백신정보센터'를 만든다고 해보자. 나는 그럴듯해 보이는 로고―뭔가 과학적이고 신뢰감이 있어 보이는―를 만들어 웹사이트를 구축한 후 내가 원하는 정보는 무엇이든 게시할 수 있다. 나는 이런 사이트를 여러 개 만들어 서로가 서로를 참조하도록 만들 수도 있다. 또한 나는 나와 비슷한 관점을 가지고 비슷한 주제에 대해 글을 쓰는 사람을 찾아 그들을 인용할 수 있다. 그러면 아마 그들도 내 웹사이트를 인용하기 시작할 것이다. 인터넷에서 'mmr 백신 부작용'을 검색한 사람들은 곧바로 내가 만든 가짜 사이트를 방문하기 시작할 것이다. 나는 별로 큰 돈이나 수고를 들이지 않고 전 세계 모든 사람에게 도달할 수 있다. 내 견해가 상당히 왜곡되어 있다 하더라도 나는 이 의견을 밀어붙일 수 있을 것이다.

여기서 말하고자 하는 핵심은 백신이 위험한가가 아니라, 정보가 어떻게 생산되고 확산되는가 하는 것이다. 신뢰할 수 없는 정보들로 뒤얽혀 있는 주제에 대해, 그 정보를 생산하는 출처가 많을수록 진짜 정보를 획득하기는 더욱 어려워진다. 설령 진짜 정보와 거짓 정보 사이에서 균형을 잡을 수 있다 해도, 거짓 정보의 비율이 높은 상황에서는 학습의 속도가 느려지게 된다. 또한 가짜 정보는 집단 간에 불신과 증오를 조장하고 사람들을 집단행동에 나서게 만드는 정치적 무기로 이용될 수도 있다.

파키스탄의 국방장관 카와자 무함마드 아시프는 트위터에 이런 글을 남긴 적이 있다. "이스라엘 국방장관은 시리아 내 이슬람국가IS 격퇴전에서 파키스탄이 모종의 역할을 한다고 가정해 파키스탄에 핵보복을 하겠다고 위협하고 있다. 이스라엘은 파키스탄이 핵보유국이라는 사실을 잊은 듯하다."[37]

무슨 이야기일까? 파키스탄 국방장관은 이스라엘에게 파키스탄도 핵을 가지고 있다는 사실을 상기시키고 있는데, 아마도 그는 이스라엘이 파키스탄에 대해 핵무기를 사용하겠다고 위협하고 있다고 생각해 이렇게 말한 것으로 보인다. 한 인터넷 '뉴스' 웹사이트가 다음과 같은 헤드라인의 기사를 게시했다. "이스라엘 국방장관: 만일 파키스탄이 어떤 상황에서든 시리아에 지상군을 투입하면 우리는 파키스탄을 핵공격으로 파멸시키겠다." 파키스탄 국방장관은 이 기사를 읽고, 만일 파키스탄이 시리아 내전에 관여하면 이에 대응해 이스라엘이 파키스탄에 핵을 퍼부을 것이라고 위협한 것으로 생각한 듯하다. 그는 이스라엘의 위협에 대해 '눈에는 눈, 이에는 이'로 대응하겠다며 보복의 의지를 불사하고 있는데, 사실 그는 허수아비를 상대로 싸우고 있었다. 이스라엘 국방장관은 그 기사에서 인용한 말을 결코 한 적이 없기 때문이다. 실제로 그 기사에는 이스라엘 국방장관의 정확한 이름조차 나와 있지 않았다.

파키스탄 국방장관이 거짓 뉴스에 속아 넘어간 첫 번째 사람은 아니다. 1938년 10월 30일, 오슨 웰스는 H. G. 웰스의 소설《우주 전쟁》을 라디오 드라마로 각색해 방송함으로써 수십만 명의 청취자를 공포에 빠뜨린 적이 있다. 청취자들이 극 중 일부인 일련의 뉴스 속보에 속아 넘어간 것이다. 방송관계자들은 거의 30분 동안 청취자들에게 이 속보가 라디오극의 일부라는 사실을 밝히지 않았다. 드라마에 대한 소개가 끝난 직후에 라디오를 켠 사람들은 화성으로부터 침공이 시작되었다는 충격적인 속보를 듣게 된다. 이어서 화성에서의 폭발, 뉴저지에 착륙한 우주선 소식, 군 및 정부 관계자들과의 인터뷰, 대피 소식 등 다양한 뉴스 속보가 이어진다. 이 모든 것은 진짜 뉴스 보도처럼 들리도록 꾸며졌다. 다음날《뉴욕타임스》의 헤드라인은 다음과 같았다. "라디오 청취자들, 전쟁 드라마를 실제로 착각해 패닉에 빠지다."[38] 방송국은 뉴스 속보가 사실인지 확인하기 위해 일반 대중은 물론 경찰, 신문사, 라디오 방송국으로부터 너무 많은 전화가 걸려오자 아예 전화선을 끊어버렸다. 처음에는 100만 명이 넘는 사람이 패닉에 빠졌다고 보도되었으나 이는 과장된 것으로, 실제로는 대략 수십만 명 정도가 일시적인 공포에 사로잡힌 것으로 추산된다.[39]

가짜 뉴스가 화성인의 침공만큼 허황된 것이 아니라면, 사실과 허구를 구별하기는 더더욱 어려워진다.

심지어 주요 뉴스 매체조차 가짜 뉴스에 걸려 넘어지기도 한다. 만일 BBC 뉴스 사이트에 "금발은 200년 내에 사라진다"라는 헤드라인의 기사가 올라온다면, 당신은 이 기사를 믿지 않을 수 있겠는가? 이 기사는 금발이 열성 유전자라서 200년 내에 멸종하게 된다는 '독일 과학자'들의 연구를 바탕으로 한다.[40] 또한 이 기사에 따르면 마지막 금발머리는 핀란드에서 태어날 것으로 예측하고 있다. 만우절 농담이 아닐까 생각하는 사람도 있겠지만, 그렇지도 않다. 이 기사는 어떤 '연구'를 참조했는지 상세히 밝히고 있지 않아 그 출처를 추적하기도 어렵다. CBS, ABC, CNN과 같은 주요 뉴스 매체 또한 이에 대해 보도했으며, 세계보건기구가 이 연구를 진행했다는 주장이 나오기도 했다(세계보건기구는 이를 부인했다). 이 가공의 연구는 독일의 여성지《알레그라*Allegra*》에서 처음 언급된 것으로 보인다. 본 잡지는 세계보건기구에서 일하는 한 과학자의 말을 인용했는데, 이 과학자는 존재하지 않는 것으로 드러났다.[41]《알레그라》의 기사는 이후 독일의 한 뉴스 통신사에서 보도되었는데, 아마도 다른 뉴스 매체들은 이 보도를 접했던 것인지도 모른다. 이후 시사 코미디언 스티븐 콜베어Stephen Colbert는 이 해프닝을 조롱하며, 금발을 멸종으로부터 구하기 위해 선택적 교배를 해야 한다고 제안하기도 했다.

그렇다면 우리는 인터넷 속 가짜 정보의 늪에서 어떻게 진짜 정보를 구별해낼 수 있을까? 주요 뉴스제공자들이 저지른 실수는 제쳐 두고, 일단 보통 사람들이 허구로부터 사실들을 구분하는 능력이 있는지부터 알아보자. 스탠퍼드역사교육그룹의 샘 와인버그Sam Wineburg와 그 동료들은 중학교에서 대학교까지 학생들이 그들이 인터넷에서 본 다양한 정보들의 신뢰성을 추론할 수 있는지 시험해보았다.[42] 학생들은 시든 데이지 사진이 핵재앙의 참혹한 결과에 대한 증거가 될 수 있는지, 인터넷에 올라온 이야기 중 어떤 것이 뉴스이고 어떤 것이 광고인지, 다양한 목적의 전문 의료 기관 사이트에 올라온 기사들 중 신뢰할 수 있는 것은 무엇인지 등의 질문에 대답해야 했다. 연구자들은 본 연구의 결과를 다음과 같이 요약했다. "수천 명의 학생에게 수십 가지 과제를 제공했을 때, 우리는 학생들의 대답에서 수많은 다양성이 나타나게 되리라 기대할 수 있다…… 그러나 중학교, 고등학교, 대학교의 각 수준에서 나타나는 놀라울만치 경악스러운 일관성은 이러한 다양성을 무색하게 만든다. 결론적으로, 인터넷 속 정보에 대한 어린 학생들의 추론 능력은 한 마디로 '암울함'이라고 요약할 수 있다."

우리의 네트워크 속에 침투한 부정확한 뉴스들은 우리가 진실에서 벗어난 편향된 믿음을 갖게 함으로써 우리의 학습을 저해하거나 심지어 방해하기까지 한다. 그러나 가짜 뉴스나 가짜 사이트의 범람을 넘어, 상세하고 정확한 뉴스의 생산 또한 다른 각도에서 비판을 받고 있다.

기술의 변화는 뉴스 생산의 진입 장벽을 낮추었을 뿐만 아니라 뉴스 전달 및 업데이트의 속도 또한 증가시켰다. 이러한 변화는 어마어마한 장점을 가진다. 수많은 진실에 대한 모든 종류의 정보를 몇 번의 클릭으로 찾을 수 있다. 혹은 음성 명령을 내려도 된다. 의학 정보나 음식 조리법, 어플리케이션에 발생한 문제, 혹은 베이징의 현재 날씨에 대한 정보가 필요한가? 코시모 데 메디치의 삶에 대해 더 알고 싶은가? 인터넷은 이에 대한 풍부한 정보를 품고 있으며, 찾기도 쉽다. 대부분은 상당히 신용도가 높으며 무료로 접근 가능하다. 우리가 마음껏 이용할 수 있는 정보의 다양성과 깊이 그리고 품질은 놀라울 정도다. 게다가 뉴스는 신속하게 보도된다. 지구 반대편에 사는 유명인의 부고도 고작 몇 시간, 심지어는 몇 분이면 접근 가능하다.

이처럼 풍요로운 정보의 보고에 거짓 정보가 숨어 있을 수도 있다는 사실을 어떻게 받아들여야 할까? 독자적인 조사를 장려하는 일이 비난의 대상이 된다는 주장에 대해서는 어떻게 생각하는가? 조리법이나 어플리케이션 작동법, 날씨, 코시모의 삶에 대한 정보에는 논쟁이 될 만한 것이 없다. 거짓 정보의 대응 방안에 대해 시사하는 바가 거의 없다고 해도 무방하다. 만일 당신이 무릎 수술 후 재활에 대한 정보를 검색해보면 대부분의 사이트가 비슷한 정보를 제공할 것이다. 하지만 만일 당신이 피임법에 대해 검색한다면 이에 대해서는 다양한 정보가 있음을 확인할 수 있을 것이다. 만일 당신이 저명한 정치인, 정부기관, 혹은 비공개기업의 행보에 대해 찾아보기 시작하면 상황은 더 불확실해진다. 이러한 주제에 관해 좀 더 객관적인 견해를 얻기 위해서 우리는 언론인들에 의지한다. 그들은 관련 정보를 발굴하고, 때로는 산더미 같은 정보를 모두 검토한 후, 지금 무슨 일이 일어나고 있는지 정확히 포착하려 한다.

신문은 그 오랜 역사 동안, 중대한 소식을 가장 정확한 타이밍에 전달하는 역할을 했다. 클레어 홀링워스Clare Hollingworth는 상상할 수 있는 가장 극적인 방식으로 저널리스트가 된 사람 중 한 명이다. 1938년부터 1939년까지 홀링워스는 폴란드의 자선단체에서 일하며, 뮌헨 협정 이후 체코가 나치 독일에 합병되자 조국으로부터 도망쳐온 체코의 난민들을 도왔다. 1939년 8월, 홀링워스는 영국에 방문하던 중《데일리 텔레그래프》의 편집인인 아서 윌슨Arthur Wilson을 만났는데, 윌슨은 독일과 폴란드의 국경지대에 대한 그녀의 지식과 열정에 깊은 인상을 받았고, 그 자리에서 홀링워스를 고용했다. 일자리를 얻은 그녀는 곧바로 바르샤바로 떠났다. 거기서 그녀는 폴란드 남부의 카토비체로 파견되었는데, 이 지역은 현재 체코 공화국과 국경을 마주하고 있는 곳으로, 1938년 독일군에 점령되었다. 홀링워스가 이 지역에 당도했을 때는 이미 독일에 의해 국경이 폐쇄되었고 외교차량만 이곳을 통과할 수 있었다. 그녀는 차를 빌린 후, 난민의 탈출을 도울 때 함께 일했던 영국 영사 친구로부터 얻은 유니언잭을 차에 부착해 간신히 국경을 넘을 수 있었다. 조사를 마친 후 폴란드로 다시 돌아오는 길에, 그녀는 독일군과 군대가 집결해 있는 계곡을 지나갔다. 그때 커다란 위장 덮개 하나가 바람에 날아가 버렸고, 클레어는 그 밑에 무엇이 있는지 볼 수 있었다. 재빨리 폴란드로 돌아온 그녀는 자신의 첫 번째 특종이 될 기사를 타전했다. 이 기사는 그녀의 수많은 특종 중 첫 번째 특종이었으며, 당대 가장 중요한 기사 중 하나였다. 1939년 8월 29일《데일리 텔레그래프》의 헤드라인은 다음과 같았다. "독일군의 탱크 1000대가 폴란드 국경에 집결 중. 10개 사단이 신속한 침공을 준비 중인 것으로 밝혀져." 그녀의 두 번째 특종이 나오기까지는 오래 걸리지 않았다. 이틀 뒤 그녀가 카토비체로 돌아간 후 곧바로 전쟁이 시작되었고, 그녀는 총성과 폭발음 소리에 잠에서 깼다. 이후 홀링워스는 셀 수 없이 많은 모험을 겪으며 수많은 특종을 터뜨렸다. 그녀는 1941년 이란의 왕을 최초로 인터뷰했으며, 1963년 영국의 요원 킴 필비Kim Philby가 소련의 스파이인 것을 밝혀냈다. 또한 베트남 전쟁이 교착상태에 빠지리라는 것을 조기에 예측했고, 1973년에는 《텔레그래프》의 베이징 사무국을 열었다. 105세에 생을 마감하기까지, 그녀는 호출이 오면 언제든 달려갈 수 있도록 항상 여권을 손에 닿는 곳에 보관했다고 한다.[43]

갈수록 많은 사람들이 다양한 소셜미디어와 뉴스 어그리게이터news aggregator(주요 매체의 뉴스를 모아서 제공하는 웹서비스—옮긴이)를 통해 뉴스를 접하게 되면서, 뉴스 제공업체가 뉴스 보도를 통해 얻는 수익이 줄어들고 있다. 정확하고 신중한 보도에 따라 언론사가 얻게 되는 명성이 그 보상이 된다고 생각하는 사람도 있을 수 있다. 하지만 클레어 홀링워스처럼 전 생애에 걸쳐 목숨을 걸고 특종 기사를 취재해봐야 이제는 더 이상 보상을 받지 못한다. 양질의 뉴스를 제공하기로 평판이 높은 뉴스 매체가 보도한 기사는 곧바로 다른 매체에 의해 인용된 후, 재가공되어 또 다른 곳에서 보도된다. 예전에 뉴스 매체들은 양질의 기사를 보도했을 때 시간적 이득을 누릴 수 있었다. 즉 먼저 사건을 보도한 신문이 그 기사를 선점했다. 다른 신문이 그 소식을 재보도하기 위해서는 하루, 최소한 반나절 이상이 소요되었다. 언론사들은 중요한 소식을 가장 먼저 전달하고 새로운 특종을 터트리는 것으로 명성을 얻음으로써 구독자층을 확보할 수 있었다. 하지만 이제 특종을 독점할 수 있는 시간은 고작 몇 분밖에 되지 않는다. 이러한 사실로 인해, 단순히 뉴스를 재가공하는 것

이 아니라 그것을 직접 생산하겠다는 의지는 약화될 수밖에 없다.[44]

결과적으로 온라인은 인터넷 뉴스의 대격전장이 되었다. 주요 소셜 네트워크 사이트는 특종을 퍼트리는 데 이점을 가진다. 사람들은 친구들이 오늘 뭘 하는지, 무슨 말을 했는지 확인하면서, 웹사이트가 그들의 관심사에 맞춰 제공하는 뉴스도 읽을 수 있다. 친구들의 소식은 물론 뉴스까지 한자리에서 모두 확인할 수 있는 것이다. 이런 종류의 미디어가 직접 뉴스를 생산하고 제공하는 서비스에 투자하려 할까? 그렇지 않으리라는 것을 쉽게 알 수 있다. 어떤 기사를 보도하든 다른 매체에 의해 쉽게 재가공될 수 있다면, 미디어가 그 뉴스를 독점할 수 없기 때문이다. 사람들이 소셜 사이트로 몰리게 되는 이유는 그 사이트가 제공하는 사회적 연결 기능 때문이며, 뉴스는 주요 유인자가 아닌, 그저 부가적으로 제공되는 서비스일 뿐이다. 따라서 뉴스 서비스의 초점은 속도와 개별적인 맞춤형 기사 제공에 맞춰지게 되었고, 정확하고 신중한 뉴스 전달에는 신경을 덜 쓰게 되었다.

미국의 연방통신위원회FCC의 조사에 따르면, "'매체'가 많다고 해서 곧 '보도'도 많은 것은 아니다. 많은 지역사회가 이제 더 많은 매체를 보유하게 되었지만 그 지역에서 책임을 지는 보도의 양은 오히려 줄어들었다."[45]

연방통신위원회는 미국의 모든 매체를 감독하는 기관으로 그 주요 역할 중 하나는 매체의 경쟁성과 다양성을 촉진하는 일이다. 이들이 상세히 조사한 바와 같이, 탐사보도의 부족은 우려할 만한 일이다. 한 예로, 그들은 탐사보도를 통해 재난을 예방할 수 있었던 상황을 인용한다. 그 중 하나는 탄광 사고로, 나도 자세한 내용을 찾아보기 이전에는 예상하지 못했던 충격적인 사건이었다.

메탄은 본래 석탄에 저장되어 있기 때문에, 탄광에서 메탄이 배출되는 일은 흔히 있는 일이다. 사실 석탄 채굴은 전 세계로 방출되는 메탄의 주요 공급원이다. 그런데 채굴 중 방출되는 메탄가스는 석탄가루와 결합하면 매우 폭발하기 쉬워진다. 따라서 탄광의 안전을 보장하기 위해서는 메탄의 축적을 막기 위한 적절한 환기, 석탄가루를 제어하기 위한 여러 분무 설비, 암석가루 살포(석탄가루를 제어하는 한 방법이다) 그리고 탄광의 대기질을 감시하는 경고시스템 등의 일련의 예방 조치들이 필요하다. 2010년 4월 5일 오후 3시 27분, 웨스트버지니아 어퍼빅브랜치 탄광의 지하 1000피트 지점에서 롱월 전단기―거대한 톱니를 가진 채굴기의 일종―가 사암에 부딪혀 불꽃을 일으켰다.

어퍼빅브랜치 탄광은 안전 점검이 임박해오면 위반 행위를 숨기기 위해서 암호를 사용해 직원들에게 정부 점검이 시작되었다는 것을 알리곤 했다. 검사관의 검토를 위한 장부와 회사 관계자용 장부도 따로 관리했다. 또한 광부들은 안전에 대해 목소리를 높이면 일자리가 위태로워질 수 있다는 말을 들어야 했다. 그러한 탄광이 안전 수칙을 제대로 지킬 리 만무하며, 사고가 나던 그날도 많은 위반 행위가 있었다. 이들은 중요한 분무 설비를 일부 갖추지 않았으며 적합한 암석가루도 사용하지 않았으므로, 탄광의 석탄가루 상태는 매우 위험한 수준에 이르렀다. 게다가 어떤 구역에는 지지대가 전혀 설치되지 않아 결국 무너져버렸고, 이에 따라 메탄가스는 이 구역을 빠져나가지 못한 채 축적되기 시작했다. 또한 이들은 장비를 불법적으로 조작하기 위해 장비에 설치된 메탄 측정기의 전선을 고의로 재배치하기도 했다.[46] 그 구역에 축적된 메탄은 결국 점화되었고, 탄광 전체에 두껍게 쌓여 있던 석탄가루와 결합해 수 마일의 지하 갱도를 관통하는 엄청난 폭발을 일으켰다. 당시 작업 중이던 인부 31명 중 29명이 사망했다.

미국광산안전보건국MSHA은 조사 결과 폭발의 원인은 노골적인 안전

규칙 위반 때문임을 밝히고, 탄광에 369장의 소환장을 발부하는 한편 1000만 달러가 넘는 벌금을 부과했다. 그러한 탄광에서 석탄가루와 메탄가스를 제어하는 일은 비용이 많이 들긴 해도 그리 어려운 일은 아니다. 그런데 어퍼빅브랜치 탄광은―그동안 상당수의 위반 행위를 은폐해왔음에도 불구하고―이전에도 안전 수칙 위반으로 소환장을 받은 적이 있는 것으로 드러났다. 예를 들어《워싱턴포스트》는 그 탄광이 지난 5년간 1342건의 안전 수칙 위반으로 통지를 받았고, 그전 달에는 50회의 위반 사례가 적발되었다고 보도했다. 하지만 이 기사는 사후약방문에 불과했다. 폭발 사고가 있은 '이후에' 나온 보도였기 때문이다. 수년간 정부는 탄광에 소환장을 발부했지만 탄광 측은 이를 계속 무시하거나 항의했고, 그 결과 비극적인 재난이 발생한 것이다.

이 사건에는 세 가지 수준의 태만이 있었다. 먼저, 탄광은 명백히 그리고 불법적으로 광부의 안전을 보장해야 하는 책임을 도외시했다. 두번째는 그러한 재난을 피하기 위해 마련된 정부 시스템의 태만이다. 사실 이 탄광에서는 1997년에도 폭발 사고가 있었다. 이때도 메탄이 축적되고 환기가 잘 이루어지지 않은 것이 사고의 원인이었다. 광산안전보건국은 2004년 동일 지역에 메탄가스가 상당히 축적되었다는 것을 알고 있었지만, 문제 해결을 위한 권고사항이 잘 지켜지고 있는지 여부를 확인하는 등의 후속 조치를 취하지 않았다. 게다가 이들은 비록 수많은 경고장을 발부하긴 했지만, 광부들의 안전을 보장할 수 없음이 명백한 상황임에도 불구하고 수년간 탄광을 운영하는 것을 허용했다.[47] 이는 곧 세 번째 태만으로 이어진다. 바로 보도의 부족이다. 탐사보도는 재난이 일어나기 '이전에' 그러한 태만을 찾아 밝혀내는 역할을 한다. 언론이 자유로울 때 우리는 공공 및 민간 기업이 전체 사회의 집단적 이익을 위해 행동하도록 보장할 수 있다. 반면 이러한 시스템이 무너지거나 고장이

나면 조기에 문제점을 발견하기가 더욱 어려워진다. 재앙이 일어나기 전까지는 아무도 그 문제에 전등불을 들이대지 않기 때문이다.

2000년에 미국의 신문사가 고용한 인원은 대략 5만 6400명인 것으로 추산된다. 하지만 2015년이 되면 그 수는 3만 2900명으로 급감한다.[48] 여러분도 짐작할 수 있겠지만, 신문은 한동안 텔레비전과 다른 매체들로부터 압력을 받아왔다. 게다가 많은 작업이 자동화되었다. 이제 광고를 싣기 위해서는 사람을 만나 대화할 필요 없이 그저 온라인으로 처리 가능하다. 하지만 직원 수의 감소가 단지 직원들을 해고했기 때문만은 아니다. 예를 들어 1985년 이후 뉴스 잡지 직원들이 그러했듯, 1980년대 이후 텔레비전 네트워크 뉴스 직원의 수는 절반으로 감소했다. 1980년대에 존재했던 50개의 뉴스 라디오 지방 방송국은 2010년이 되자 30개밖에 남지 않았고, 이들이 도달하는 범위는 이제 미국의 3분의 1에 불과하다.[49] 여전히 많은 사람들이 뉴스를 듣기 위해 지방 텔레비전 뉴스를 이용하고 있다. 하지만 여기서도 보도는 쇠퇴하고 있으며, 지역 텔레비전 뉴스는 탐사보도를 별로 제공하지 않는다. 연방통신위원회에 따르면, "지역 교육이나 의료 서비스 그리고 정부 정책과 같은 주제는 최소한으로 다뤄진다. 애넌버그 커뮤니케이션 스쿨이 2010년 로스앤젤레스의 TV 뉴스에 대해 조사한 바에 따르면, 그러한 주제들은 30분짜리 방송에서 1분이 조금 넘는 시간 동안 보도되는 데 그쳤다."[50]

탐사보도가 얼마나 이루어졌는지를 직접적으로 측정하는 한 가지 방법은 얼마나 많은 정보가 요청되었는지 확인하는 것이다. 미국에서 기자(혹은 시민)들은 정보공개법에 의거해 원하는 정보를 요청할 수 있다. 2005년에서 2010년 사이, 정보공개법이 적용된 정보 요청 건수는 거의 절반으로 감소했다.[51]

세계적으로 신문 발행부수는 북미와 유럽 전역에서 감소하고 있지만 아시아에서는 증가하고 있다. 경제 성장, 문해율의 증가 그리고 저물가로 인해 중국과 인도에서 신문 발생부수가 빠르게 증가했으며, 이러한 증가폭이 다른 지역에서의 감소폭을 앞질러 결과적으로 전 세계의 신문 발행부수는 증가하게 되었다. 하지만 신문 발행에 따른 수익은 온라인 수입을 포함해 계속해서 감소 중이다. 인쇄 신문과 디지털 신문 모두에서 광고 수익이 급감했으며, 디지털 구독에 따른 수익은 뉴스업체들이 바라는 것만큼 빠르게 성장하지 않았다. 전체적으로, 인구의 3분의 1 이상이 온라인을 통해 뉴스를 읽고 있음에도 불구하고, 디지털 매체로부터의 수익은 전체 산업의 8퍼센트가 채 되지 않는다.[52]

세계가 점점 더 디지털화·모바일화되어감에 따라, 탐사보도 뉴스를 제작하기 위한 자금을 구하기는 더욱 힘들어졌다. 미래의 클레어 홀링워스가 과연 일자리를 구할 수 있을지도 불분명하다. 비록 기술의 발전으로 인해 오늘날 우리가 접할 수 있는 정보는 그 종류와 양 그리고 속도 면에서 신기원을 이룩했지만, 그처럼 양질의 정보들을 생산하기는 쉽지 않은 일이라 수익을 창출하는 것은 고사하고 그 생산 비용을 마련하기조차 점점 더 어려워지고 있다. 결과적으로 오늘날의 뉴스업체들은 좀 더 짧고, 한눈에 파악할 수 있고, 쉽게 생산될 수 있는 뉴스를 제작하는 방향으로 나아가고 있으며, 민주주의를 보호하기 위한 뉴스는 생산하는 데 많은 비용과 시간이 든다는 이유로 거리를 두고 있다.

미국 연방통신위원회도 보고한 것처럼, 2009년 상원 청문회에서 데이비드 사이먼David Simon─HBO의 범죄 드라마 〈더 와이어*The Wire*〉의 제작으로 유명해지기 전, 《볼티모어선》지에서 10년 넘게 기자로 일했다─이 왜 다음과 같은 진술을 했는지 쉽게 이해할 수 있다. "부패한 정치인이 되기 가장 좋은 시기 중 하나가 될 것이다."[53]

지금까지 우리는 인간 네트워크에서 학습을 방해하는 수많은 장애물에 대해 논의했다. 하지만 아직도 방 안의 코끼리, 즉 모두가 알고 있지만 아무도 차마 입 밖으로 꺼내지 못하는 커다란 문제가 있다. 바로 동종선호다. 동종선호에 대해 이야기하지 않고서는 어떠한 사회적 학습도 완전히 이해할 수 없다.

양극화: 결국 동종선호가 문제다

고작 수미터 떨어진 곳에 사는 사람들이 서로 완전히 다른 사회 네트워크에 속할 수도 있다. 세대, 사회적 계급, 인종, 종교 그리고 많은 문화권에서는 성별이 사람들을 갈라놓기도 한다.

오늘날의 연결성은 그 어느 때보다 광범위하고 빨라졌음에도 불구하고, 의견 및 신념의 양극화는 전혀 사라지지 않고 있다. 사실, 많은 국가에서 사람들 사이의 정치적 견해 차이가 점점 더 심화되고 있다는 증거도 있다.

이러한 양극화를 확인하는 한 가지 방법으로, 텍스트 분석을 통해 사람들이 자신의 의견을 표현하는 방식이 시간에 따라 어떻게 변해왔는지를 추적해볼 수 있다. 나의 대학 동기 중 한 명인 매슈 젠츠코우Matthew Gentzkow는 시카고 대학의 제시 셔피로Jesse Shapiro와 함께 미디어에서의 편향과 편견을 연구하기 위해 이 기법을 사용한 선구자다. 이들은 맷 태디Matt Taddy와 팀을 이루어, 사람들의 발화 패턴으로부터 당파성을 분석함으로써 시간에 따른 파벌주의의 변천을 정량화했다.[54] 이들은 정치인들이 사용하는 용어로부터 그들이 속한 정당을 얼마나 쉽게 유추할 수 있는지에 근거해 당파성을 측정했다. 예컨대, 이민 정책에 대해 논의할 때 '불법 체류자illegal alien'란 용어를 쓰는가, '미등록 노동자undocumented workers'라는 용어를 쓰는가? 또는 감세안을 논하면서 그것을 '세금 개편' 이라고 부르는가, '부자들에 대한 조세감면'이라고 부르는가? 어떤 정당에 속한 사람들이 어떤 용어를 더 많이 쓰는지 유추하기는 그리 어렵지 않다.

사용하는 용어는 미묘하면서도 명확히 그 사람의 정치적 성향을 드러 낸다. 하지만 항상 그런 것은 아니다. 미국 정치에서 파벌주의는 1870년 대부터 1990년대까지 큰 변화 없이 이어져왔다. 하지만 1990년 이후 파벌주의는 극단적으로 표출되기 시작했다. 예를 들어 1870년부터 1990년까지 있었던 의회 연설 중 1분 동안 특정 단어가 몇 번 등장하는가를 측정해보면 그 정치인이 속한 정당을 55퍼센트의 확률로 예측할 수 있다. 즉 1분 동안 사용된 용어들은 한 사람의 정치적 성향에 대해 약간의 단서를 제공하지만, 그 확률은 동전 던지기보다 단지 5퍼센트 정도 높을 뿐이다. 하지만 2008년이 되자 각 정당이 사용하는 용어는 뚜렷이 나뉘게 되었다. 연설에서 사용된 단어를 세어보았을 때, 연설의 내용과는 상관없이, 연구자들은 그 정치인의 정치적 성향을 82퍼센트의 확률로 예측할 수 있었다. 이는 오직 1분간의 연설로 알 수 있는 것이다. 2008년에 있었던 연설 중 4분이 넘는 연설에서 사용된 단어를 추적해보면 우리는 95퍼센트 이상의 확률로 발화자의 정당을 추론할 수 있다. 그 반면에, 1990년부터 2008년 사이의 연설에 대해서는 오직 65퍼센트만 예측할 수 있었다.[55] 비록 용어에서의 차이는 정치적 양극화의 한 일면일 뿐이지만, 이 연구 결과는 정치가 점점 더 분열되고 있다는 우리의 인식이 타당하다는 것을 보여준다.

정치인들의 발언에서 당파성이 증가했다는 것이 과장된 얘기는 아니다. 우리는 의회에서 점점 더 많은 법안이 계류 상태에 놓이고 있는 것을 확인할 수 있다.[56] 물론 정당들이 서로 의견이 맞지 않는 일은 항상 있어왔지만, 그래도 의회는 절충안을 마련하는 장소로서 기능해왔으며, 결국 의회에서 통과된 많은 법안들은 초당적인 지지를 받을 수 있었다. 하지만 이제 투표는 정당의 노선을 따라 더 일관되게 분열되기 시작했다. 이를 측정하기 위해 나는 의회에서 법안에 찬반의사를 표한 의원들의 데이터를 분석해보았다.[57]

2015년 미국 상원에서는 339회의 법안 투표가 있었다. 그 모든 투표에서 두 명의 상원의원, 캘리포니아 주 민주당원인 바버라 복서와 플로리다 주 공화당원 마코 루비오Marco Rubio는 같은 쪽에 투표한 적이 거의 없다. 해당 기간 동안 이들이 같은 쪽에 투표한 것은 11퍼센트에 지나지 않았다. 다시 말해, 바버라 복서가 법안에 찬성할지 반대할지를 알게 된다면, 마코 루비오가 어느 쪽에 투표할지도 상당히 높은 확률로 예측할 수 있다는 것이다. 가장 많은 법안에 동의한 의원은 하와이 주의 민주당원 메이지 히로노Mazie Hirono와 로드아일랜드 주의 잭 리드Jack Reed로, 98퍼센트 이상의 법안에 같은 의견을 보였다. 사실, 같은 쪽에 투표하는 경향이 있는 의원들의 쌍 중 상위 30쌍이 모두 민주당원이다. 공화당원들은 법안 투표에서 좀 더 분열되는 양상을 보였다. 19세기 중반 휘그당(1833년부터 1860년까지 존재했던 미국의 정당. 윌리엄 헨리 해리슨 등의 대통령을 배출하며 수년간 주요 정당으로 기능했지만, 노예제와 관련해 북부와 남부 휘그당원이 대립하면서 결국 소멸됐다—옮긴이)이 해산한 이후, 한 정당이 이 정도로 분열된 일은 찾아보기 어려울 정도다. 당파성과 관련해 중요한 점은, 한 정당의 의원들이 다른 정당의 의원과 얼마나 자주 이견을 보이는가, 그러한 의견 대립은 1990년도와 비교할 때 얼마나 심화되었는가다.

〈그림 7.4〉는 최소한 절반 이상의 법안에 같은 쪽에 투표한 상원의원들을 서로 연결한 것이다.[58] 1990년에는 82퍼센트의 상원의원이 서로 연결되었지만, 2015년에 이 수치는 53퍼센트로 감소했으며, 서로 다른

정당 사이의 연결은 극히 드물어졌다. 이 네트워크에서 한 가지 흥미로운 점은 상원의원 중 일부가 당의 핵심부에서 멀어졌다는 것이다. 노드의 위치는 임의로 정한 것이 아니라 여기서 네트워크를 그릴 때 사용된 알고리듬에 의해 정해진 것이다. 이 알고리듬은 서로 연결된 노드를 더 가까이 위치시키고, 덜 연결된 노드는 멀리 떨어뜨린다.[59]

미국 정계에만 이런 패턴이 나타나는 것은 아니다. 프랑스나 오스트리아와 같은 국가에서는 국수주의 정당이 입지를 굳히고 있다. 브렉시트Brexit 투표는 영국이 심하게 분열되어 있음을 드러냈다. 몇 년 전 벨기에는 무정부 상태로 589일을 보내며 사상 최장 기록을 세우고, 플랑드르와 왈롱Wallon(벨기에의 지역은 수도가 있는 브뤼셀 수도권과 네덜란드어를 사용하는 플랑드르 권역, 프랑스어를 주로 사용하는 왈롱 권역으로 구분되는데, 플랑드르와 왈롱은 오랜 역사 동안 반목을 겪었다. 그러다 2010년, 상대적으로 부유한 플랑드르 지역에 극우 정당이 들어서면서 더 많은 자치권을 요구함에 따라 내각 구성에 실패했고, 결국 1년 넘게 공식 정부를 출범시키지 못했다—옮긴이) 사이의 분열이 극도로 심화되었음을 증명했다. 스페인 또한 2016년의 대부분을 무정부 상태로 보냈는데, 지방자치정부들 간의 대립으로 의회가 분열되면서 연립정부 구성에 실패했기 때문이다.

동종선호가 정보의 확산에 어떻게 영향을 주는지는 그 정보의 형태에 따라 달라진다. 이를 이해하기 위해, 우리가 끊임없이 처리하고 있는 두 가지 형태의 정보에 대해 살펴보자.

우리는 다른 사람에게 해석이 필요 없는 순수한 정보를 있는 그대로 전달함으로써 서로를 도울 수 있다. "우리 동네에 소액대출 서비스를 제공하는 은행이 들어설 것이다." "우리 팀의 코치가 해고되었다." "우리 회사는 재정난을 겪고 있고 내년에 공장을 폐쇄할 것이다." "새로운 〈스타워즈〉 영화가 촬영에 들어갔다." 이러한 정보에 대해 당신은 알고 있

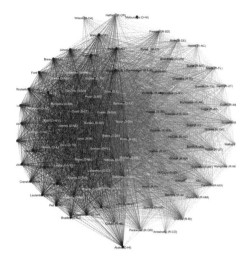

1990년 법안 투표

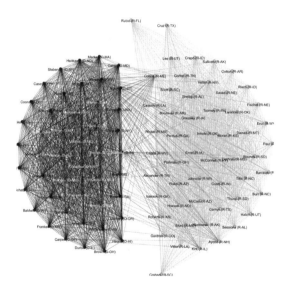

2015년 법안 투표

그림 7.4 미국 상원에서의 법안 투표. 절반 이상의 투표에서 같은 쪽에 표를 낸 의원들을 서로 연결했다. 1990년에는 상원의원 중 82퍼센트가 서로 연결된 반면, 2015년에는 오직 53퍼센트만 연결되었다. 본 자료는 고브트랙GovTrack 사이트에서 인용한 것으로, 렌조 루치오니Renzo Lucioni가 작성하고 피터 알더스Peter Aldhous가 수정한 파이선 코드를 사용해 수집했다.[60]

거나 모르거나—기정 사실이거나 밈meme이거나—둘 중 하나이며, 이모든 정보가 한 사람에게서 다른 사람에 전달되는 방식은 '인식awareness'이다. 이러한 종류의 학습은 앞서 살펴본 전염 과정과 상당히 비슷하다. 그저 '한 사람'이 정보를 인식하는 것만으로도 충분하며, 이 과정에서 정보는 아주 쉽게 전달된다.

또 다른 형태의 학습은 위의 방식과는 전혀 다른 방식으로, 황소의 무게를 추측하는 일과 비슷하다. 이는 우리가 서로 다른 예상치들을 가졌을 때 발생한다. 백신은 얼마나 위험한가? 정부의 내년 예산은 어느 정도가 되어야 하는가? 기후 변화가 재앙이 될 가능성은 얼마인가? 저 후보는 좋은 지도자가 될 수 있을 것인가? 이와 같은 유형의 질문들은 모두 디그루트 모형이 적용될 수 있는 것이다. 이러한 종류의 학습은 상당히 복잡하며, 인식에 의한 학습과는 매우 다른 역학을 가진다. 즉 이때는 다수의 출처로부터 얻은 정보를 수합해서 평가하고 종합해야 한다.

내가 벤 골럽과 함께 디그루트 학습 모형을 좀 더 단순한 형태의 확산 모형과 비교해본 결과, 동종선호가 이 두 가지 방식의 학습에 미치는 영향에는 현격한 차이가 있음이 드러났다.

단편적인 사실을 인식하는 데 동종선호의 영향은 크지 않다. 구석구석까지 확산이 일어날 수 있을 만큼 네트워크가 조밀하다면, 집단 간에 약간의 교류만 있어도 정보는 네트워크를 타고 자유롭게 흘러다니며 사람들에게 인식될 수 있다. 왜 그런지는 간단하다. 사실 인식에 의한 학습은 물론, 전염이나 확산 등 네트워크의 경로 구조가 중요하게 작용하는 상황에서는 같은 이유로 동종선호의 영향이 최소화된다.[61] 극명히 분열된 사회가 있다고 생각해보자. 농민과 귀족으로 구성된 봉건사회나 여러 지역에 공장을 가지고 있는 회사, 또는 인종에 따라 분리된 지역사회를 떠올릴 수 있겠다. 한 집단이 가진 정보가 다른 집단에서 인식되기

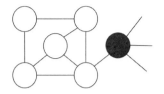
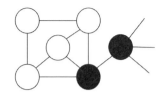

(a) 시작 조건: 특정 밈에 대해 모르는 다섯 명의 사람은 동종선호에 따라 그 밈을 아는 사람으로부터 분리되어 있으며, 이들 사이에는 하나의 연결밖에 없다.

(b) 밈이 집단과 집단 사이를 건너갔다. 이제 다섯 명 중 한 명이 알게 되었다.

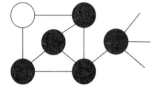
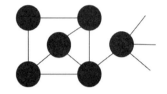

(c) 밈은 그의 친구 세 명에게로 퍼졌다.

(d) 마지막 한 사람까지도 그 밈을 알게 되었다.

그림 7.5 동종선호에 의한 밈의 확산. 알거나 모르거나 둘 중 하나의 속성만 가지는 정보는 동종선호에 관계없이 금방 확산된다.

위해서는, 집단 간에 정보를 전달할 수 있는 '하나의' 연결만 있어도 된다. 당신이 대기업에서 일하고 있다고 해보자. 예를 들어 생산부 직원들 사이에서 당신 회사의 CEO가 해고될지도 모른다는 소문이 빠르게 전파되었다면, 영업부 사람들이 이 소문을 듣게 되는 것은 시간문제다. 그런 소문은 결코 소규모 집단 내에서만 머무르지 않는다. 일단 그 소문이 어떤 집단에 퍼지게 되면, 곧 회사의 다른 집단에서도 거의 비슷한 속도로 퍼지게 될 것이다.[62] 이는 우리가 6장에서 논의한 내용을 떠올리게 한다. 마치 수많은 귀족과 군주들이 전염병에 의해 죽어간 것처럼, 비록 사회 네트워크에 분열이 있더라도 단순한 형태의 전염은 그 분열을 넘어 다른 집단으로 금방 확산될 수 있다. 이를 〈그림 7.5〉에 나타냈다.

이와는 반대로, 믿음이나 의견과 같이 다양한 가치의 영향을 받는 미

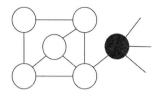

(a) 시작 조건: 다섯 명의 흰색 노드는 동종선호에 의해 검은색 노드로부터 분리되어 있다.

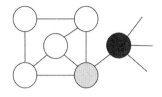

(b) 첫 번째 사람의 믿음이 새로운 믿음을 가진 사람과의 접촉으로 영향을 받지만, 그 사람은 여전히 세 명의 다른 흰색 노드와도 교류하고 있으므로 새로운 믿음의 영향력은 상당히 제한적이다.

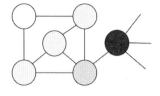

(c) 영향력이 확산되었지만, 초기 조건과 동종선호로 인해 사람들의 초기 믿음은 그다지 변화하지 않는다.

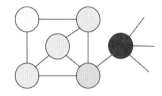

(d) 새로운 믿음의 영향력이 마지막 사람에게까지 미쳤지만, 그 사람의 믿음은 거의 변화하지 않았다. 이들의 의견이 하나로 수렴되기 위해서는 더 많은 교류가 필요하다.

그림 7.6 동종선호에 의한 디그루트 학습. 다양한 가치관을 포괄하는 믿음은 동종선호에 의해 천천히 변화한다. 새로운 믿음에 부여되는 가중치는 상대적으로 낮다.

묘한 성질의 정보는 동종선호의 영향을 훨씬 더 많이 받는다. 예컨대, 인간의 활동이 기후에 얼마나 영향을 주었는가에 대한 의견 대립이 그 예가 될 수 있다.[63] 한 주제에 대해 친구들이 가진 견해를 수합해보면, 처음에 친구들은 대부분 비슷한 견해를 가지고 있으며 소수 의견이 다른 친구들에게 영향을 미칠 때까지는 매우 오랜 시간이 걸릴 수 있다. 우리는 모두 회의주의자처럼 행동하기 때문이다. 즉 새로운 정보는 우리가 평소에 자주 접해온 정보와는 다른 경우가 많다. 이 과정은 반복과 관성에 상당히 의존하며, 우리의 친구나 지인들 중 극히 소수가 지닌 의견이 집단 모두의 생각을 뒤흔드는 일은 거의 일어나지 않는다.

　이러한 두 종류의 학습 간의 차이는 〈그림 7.5〉와 〈그림 7.6〉을 비교해

보면 알 수 있다.

백신에 관한 논쟁은 두 학습의 차이를 잘 보여준다. 앞서 언급했듯이, 이후 부정으로 밝혀진 웨이크필드의 연구가 기사화되고 난 이후 예방접종률은 급격히 하락했다. 그런데 이러한 백신 기피 현상은 특정 집단에서 집중적으로 나타나는 경향이 있었다. 예를 들어 미네소타 주에는 소말리아 이민자들의 긴밀한 집단사회가 형성되어 있다. MMR 백신과 자폐증 사이에 관련이 있다는 뉴스에 미국 사회는 대체로 거의 반응하지 않았으며 예방접종률도 90퍼센트 수준을 유지하고 있었지만, 소말리아 공동체의 접종률은 90퍼센트에서 2014년에는 42퍼센트까지 급감했다. 사실, 이 연구를 이끈 수장인 앤드루 웨이크필드가 2010년과 2011년 사이 이 지역을 여러 번 방문해 MMR 백신의 위험성에 대해 경고했던 것이다. 그의 방문 이후, MMR 백신에 공포를 느낀 사람들의 열성적인 활동으로 인해 예방접종률은 급격히 감소했다. 하지만 백신에 대한 두려움은 대체로 이 공동체의 내부에만 국한되어 있었고, 2017년 미네소타 주의 소말리아 공동체에서 발생한 수십 건의 홍역 또한 마찬가지였다.[64]

신념과 행동에서 나타나는 동종선호의 영향력을 보여주는 또 다른 예로는, 마노아에 있는 하와이 대학의 미셸 반스Michele Barnes와 그 동료들이 연구한 연승어업longline fishing이 있다.[65] 세계 대부분의 지역에서 소비되는 참다랑어와 황새치는 연승어업에 의해 공급되는 것이다. 하와이는 연승어업의 핵심 허브로, 매년 1000여 척의 배가 이곳에서 출항하며, 거두어들이는 수익만도 1년에 보통 5000만에서 1억 달러 수준이다. '연승'이란 낚시 기법을 말하는 것으로, 한 가닥의 길다란 줄에 여러 개의 가짓줄을 달고 그 끝에 미끼를 단 낚싯바늘을 매단 후 이를 물속에 드리워서 물고기를 잡는 방식이다. 보통 하나의 줄에는 수백에서 수천 개의 낚싯바늘이 부착된다. 참다랑어나 황새치를 잡을 때는 줄을 해수면 가까이에 늘어뜨린다. 이 기법에서 한 가지 문제는 참다랑어나 황새치 외에 다른 종류의 물고기들이 걸려든다는 것이다. 상어나 거북이, 심지어는 새들이 잡힐 때도 있다. 이러한 것들을 보통 혼획물bycatch이라고 부른다.

어부들이 혼획물을 탐탁지 않게 여기는 데는 여러 이유가 있다. 먼저, 일부 어종은 멸종 위기에 처해 있어서 이들을 잡는 행위는 제한되어 있다. 두 번째로, 혼획물은 위험할 수 있다. 당신도 예상할 수 있다시피, 커다란 참다랑어와 황새치를 어획하는 것도 이미 위험한 일이지만, 미끼를 문 상어를 줄에서 떼어내는 것은 훨씬 더 어려운 일이다. 셋째로, 혼획물이 낚싯바늘에 하나 걸려들 때마다 원하는 물고기가 걸려들 낚싯바늘을 하나 잃는 셈이다. 또한 줄에서 혼획물을 제거하고 부서진 장비를 수리하는 데도 시간이 낭비된다.

혼획물을 피할 수 있는 몇 가지 방법이 있다. 예를 들면, 미끼를 바꾸거나, 줄의 깊이를 변화시키거나, 상어가 출몰하는 지역을 찾는 방법을 배우거나, 달과 계절의 변화에 따라 해수의 상태 및 혼획물이 자주 잡히는 위치가 어떻게 변하는지 학습하거나, 현재 상어나 다른 물고기들이 어디서 움직이고 있는지에 대한 정보를 다른 어부들과 공유할 수 있다.[66] 즉 어부들은 서로를 통해 학습한다.

하와이의 연승어부들 사이에서 정보 공유 네트워크는 상당히 동종 선호적인 경향을 띤다. 미셸과 그 동료들은 거의 모든 어부들을 인터뷰해, 어업과 관련된 중요한 정보를 보통 누구와 공유하는지 물었다. 어부들은 크게 베트남계 미국인, 유럽계 미국인, 한국계 미국인의 세 종류의 민족 집단으로 나누어진다(규모가 가장 큰 집단부터 작은 집단 순서로 나열했다). 베트남계 미국인과 한국계 미국인은 일반적으로 이민 1세대로서 영어로 말하는 것이 서툰 반면, 유럽계 미국인은 대부분 미국 본토에서 왔다. 동종선호는 이러한 민족 분리를 따라 매우 강하게 나타났다. 즉 어부들 사이의 연결 중 88퍼센트가 같은 민족 사이에서 이루어졌다.

반스와 동료들은 상어 혼획물에 중점을 두고 연구했다. 그 결과, 베트남계 미국인과 한국계 미국인은 서로 비슷한 비율로 상어 혼획물을 거두어 들이는데, 이 수치는 유럽계 미국인에 비해 상당히 높은 것으로 드러났다. 그들이 추산한 바에 따르면, 만일 모든 어부들이 거두는 상어 혼획물의 수가 지금의 유럽계 미국인 어부들의 수준이라면, 상어 혼획물이 매년 1만 마리 이상 줄어들게 된다. 이는 하와이 전체 연승어업에서 상어 혼획물이 12퍼센트 감소하는 것에 해당한다.

혼획물 양의 차이는 일부 문화적 배경과 관련이 있다. 반스와 동료들은 민족적 배경이 얼마나 중요한지 확인하기 위해, 개별 어부들의 행동을 좀 더 세밀히 관찰했다. 예를 들어 서로 다른 민족적 배경을 가진 어부들 중 일부는 다른 집단과 연결되어 있다. 가령 몇몇 유럽계 미국인들은 주로 한국계 미국인들과 연결되어 있었다. 그리고 이 어부들의 혼획물 양을 예측하는 인자는 그들의 민족적 배경이 아니라, 그들이 주로 유대관계를 맺는 집단인 것으로 나타났다. 정보가 어떤 역할을 하는지에 대한 추가적인 증거를 찾기 위해 반스와 그 동료들은 어부들을 인터뷰했고, 그 결과 어부들이 상어 출몰 지역에 대한 정보를 공유하고 어획량을 높일 수 있는 새로운 어업 기법을 논의하는 장소가 바로 그들 자신이 속한 네트워크라는 것을 발견했다.

본 연구에서 직접적인 정보의 흐름은 찾을 수 없었으므로, 정보에 대한 동종선호의 영향력이 혼획물 양의 차이를 만들었다고 확신할 수는 없다. 그럼에도 불구하고 이 연구는 서로 다른 집단이 동일 산업 내에서 서로 다른 관행을 바탕으로 분리된 네트워크를 유지할 수 있음을 보여준다.

집단지성과 메아리방의 위협

"우주와 인간의 어리석음, 오직 이 두 가지만이 무한하다. 하지만 우주가 무한한지는 확신하지 못하겠다."

— 알베르트 아인슈타인

정말로 아인슈타인이 이런 말을 했든 그렇지 않든, 이 문구는 무언가 중요한 것을 암시하고 있다. 바로 우리의 집단지성은 인상적인 결과로 이어질 때도 있으나, 때로는 일을 그르칠 수 있다는 것이다.

추상적인 개념을 이해하고 소통할 수 있는 능력은 하나의 생물 종에 지나지 않는 우리 인간이 지구를 지배하는 것을 가능하게 했다. 인간은 개인 혼자서는 결코 도달하지 못할 엄청난 양의 지식을 집단적으로 구축할 수 있었다. 하지만 동시에 이러한 능력으로 인해 우리는 거짓말에 속기 쉬워졌다. 우리의 지식은 어떤 전지전능한 존재가 수합해 정리한 것이 아니라, 탈중심화되고 끊임없이 변화하는 것이다. 우리는 많은 출처로부터 얻은 정보들을 처리한다. 매우 단순한 믿음이나 개념들은 쉽게 처리할 수 있지만, 좀 더 복잡한 정보를 처리하고 수합하기 위해서는 상당한 어려움이 따른다. 정보는 네트워크에서 반복적으로 순환되는 속성이 있으며 같은 정보가 여러 채널로부터 나올 수 있는데, 이때 우리는 정보를 이중 집계하거나 정보의 신빙성을 좀 더 확신하게 될 수 있다. 그 정보가 네트워크의 서로 다른 경로를 통해 우리 귀에 들어왔을 뿐, 같은 출처로부터 나온 같은 정보일 때도 말이다. 이러한 경향이 동종선호와 결합되면, 사람들은 특정 출처에서 나온 정보에 선택적으로 관심을 가지게 된다. 결국 사람들은 자기들만의 방에 갇혀 자신의 목소리가 반향되는 것을 듣게 된다. 자신들과는 상반된 견해를 가진 다른 방과는 분리된 채 말이다.

이러한 모든 결점에도 불구하고, 만일 네트워크가 충분히 균형을 이루고 있어서 사람들의 의견이 좀 더 진실에 가까운 지점에서 수렴되고, 논의가 충분히 반복될 수 있으며, 대중들의 믿음을 조작하거나 편향시키는 강한 경향성이 없다면, 우리는 마침내 합의에 도달할 수 있을 것이며, '또한' 모든 일은 올바로 흘러갈 것이다. 논란이 많고 정치적인 주제일수록 일관된 결론에 도달하고 싶은 열망이 더욱 커지며, 사람들이 특정 사람들과만 반복적으로 교류한다면 동종선호의 영향력은 더욱 커져 결국 양극화를 초래하게 된다.

우리가 직면한 어려움은 비단 네트워크에서 정보가 확산되는 방식의 복잡함만은 아니다. 기술은 정보가 확산되는 방식뿐만 아니라 그 정보를 수집하고 발견하는 방식에도 영향을 미쳤다. 정보의 저장, 게시, 검색, 복제, 중계가 용이해진 것에 따른 이익도 크지만, 이와 함께 진짜 뉴스 또는 가짜 뉴스를 생산함에 따른 인센티브도 변화했다. 그럴듯한 가짜 뉴스를 만들고 확산시키는 비용이 거의 0에 근접해가는 것과 동시에 진실을 보도함에 따르는 보상은 사라지고 있다. 이에 대응하여 우리는 정보들 속에서 진짜 정보를 찾아낼 수 있는 능력을 길러야만 할 것이다.

8

친구의 영향력

"지혜로운 자와 동행하면 지혜를 얻을 것이며, 어리석은 자와 사귀면 해가 있으리라."

—잠언 13장 20절

우리의 행동이 우리 친구들을 따라가게 되는 데는 여러 이유가 있다. 어떤 행동들은 강한 상보성을 가진다. 즉 우리는 다른 사람들이 사용하는 것과 호환되는 소프트웨어나 기술을 더 선호한다. 다른 사람들과 그 내용에 대해 논의할 수 있는 영화나 책을 더 재미있다고 느낀다. 또한 우리는 무언가를 선택해야 할 때 다른 사람들이 그에 대해 잘 안다고 생각해 그들의 선택을 따라 하기도 한다. 예컨대 어떤 음식점이 사람들로 꽉 찼다는 것은 그곳의 음식이 맛있다는 신호다. 우리는 우리의 역할 모델의 결정을 신뢰하며 그들의 선례를 따른다. 우리는 또한 사회적 존재로서 다른 사람들이 우리를 어떻게 인식하는지에 대해 신경을 쓰며 그에 따라 행동하고자 한다. 즉 동료 압력에 반응하는 것이다.

　이러한 영향력들로 인해 우리 행동의 층위는—단순한 전염이나 의견 형성과는 비교할 수 없을 만큼—한결 더 복잡해진다. 사람들은 자신의 행동을 다른 사람들과 맞추기 위해 신경을 쓰며, 그에 따라 네트워크의 구조가 행동의 패턴 및 확산에 미치는 영향에 한 가지 원칙이 더 더해진다. 이번 장에서는 무리 짓기와 행동의 연쇄에 대해 탐구하는 것과 함께, 왜 특정 상품들은 다른 상품에 비해 더 큰 성공을 거두는지 알아볼 것이다.

또한 우리는 국소적 네트워크의 구조가 왜 중요한지를 더 깊이 파헤쳐볼 것이다. 당신의 친구들이 서로 친구인지 아닌지가 중요한 결과로 이어질 수 있다. 이러한 국소적 네트워크 구조—예컨대 공동의 친구가 있는 두 사람—는 단순히 행동의 확산에 영향을 주는 것을 넘어 여기에 포함된 사람들이 서로를 신뢰할 수 있는가에도 중대한 변화를 가져온다.

개미와 나그네쥐

> "인간과 모방은 서로 떼려야 뗄 수 없는 관계다. 인간은 다른 인간을 모방함으로써만 진정한 인간이 될 수 있다."
>
> —테오도어 아도르노,《미니마 모랄리아: 상처받은 삶에서 나온 성찰》

지구상에는 사람 한 명당 100만 마리 이상의 개미가 살고 있다.[1] 다시 말해, 당신이 살고 있는 곳은 개미로 득시글거릴 가능성이 높다. 사실, 당신이 사는 곳이 그린란드나 아이슬란드 또는 남극 대륙이 아닌 이상 당신 주위에는 항상 개미가 있다. 아마 당신도 개미들이 얼마나 빨리 음식의 존재를 알아차리는지 알고 있을 것이다. 아이스크림을 바닥에 조금만 떨어뜨려도 얼마 지나지 않아 개미떼가 우글거리는 것을 볼 수 있다.

개미들은 먹이에 어쩌면 그토록 빨리 반응할 수 있을까? 그들은 중앙 통제체계나 뇌를 가지고 있지 않다. 모든 것이 각각의 개미들에 의해 행해지는 것이다. 그들은 서로 간의 접촉에 의해 상호작용한다. 다른 개미의 더듬이에 접촉해 그들의 화학적 상태를 감지하거나 개미들이 주위에 방출한 소량의 페로몬을 감지하는 것이다. 나의 스탠퍼드 동료 중 한 명인 데버라 고든Deborah Gordon은 수십 년 동안 개미의 거동을 연구해왔다. 그는 인터넷 코드 규약Internet protocol의 전문가인 스탠퍼드의 컴퓨터 과학자 바라지 프라바카Balaji Prabhakar와 팀을 이루어 개미들의 개별적인 상호작용이 어떻게 집단적 행동으로 이어질 수 있는지 연구했다. 이들은 대학원생인 캐서린 덱타Katherine Dektar와 함께 그들이 '앤터넷anternet'이라고 명명한 현상을 발견했다.[2] 앤터넷은 개미들이 먹이 채집을 위해 사용하는 시스템으로서, 그것이 인터넷의 패킷(정보를 일정한 길이로 작게 나눈 것) 전송 방식과 유사하다는 점에서 '앤터넷'은 매우 적절한 이름이다. 그처럼 탄탄하고 단순하며 탈중심화되어 있고 확장성이 좋은 알고리듬을 인간보다 자연이 먼저 발견했다는 사실은 그리 놀라운 일이 아니다.

본 연구에서 관찰한 개미는 '포고노미르멕스 바르바투스Pogonomyrmex barbatus'라는 종으로, 일반적으로는 붉은수확개미로 알려져 있으며 뉴멕시코 주 사막에서 서식한다. 한 군집 내의 개미들은 서로 다른 역할을 수행하는데, 그중에서도 먹이를 발견해 군집으로 가져오는 개미는 채집개미라고 한다. 이들의 활동을 제어하는 피드백 시스템은 매우 단순하다. 군집을 떠나온 채집개미들은 먹이를 찾을 때까지 주위를 이리저리 헤매고 다니다, 먹이를 발견하면 그것을 가지고 군집으로 되돌아온다. 보통 자기 몸무게의 몇 배쯤 되는 먹이를 옮긴다. 채집개미가 군집으로 되돌아오는 횟수가 많아지면, 입구 근처에서 대기하고 있는 채집개미들은 되돌아오는 개미들을 많이 만나게 된다. 입구에서 대기하고 있는 개미들은 다른 개미들이 되돌아오는 빈도에 반응해, 그들이 채집개미와 마주치는 횟수가 더 많아질수록 먹이를 구하러 나갈 가능성도 높아진다. 근본적으로, 이들은 되돌아오는 개미를 만날 때마다 자극을 받고, 단위 시간당 받은 자극이 충분해지면 그들 또한 먹이를 구하러 나간다. 이용 가능한 먹이가 줄어들면 되돌아오는 개미의 비율도 줄어들 것이며, 결국 채집을 위해 군집을 떠나는 개미의 비율도 줄어들게 된다.

고든, 프라바카, 덱타가 알아낸 것과 같이,[3] 이러한 시스템은 인터넷에서 정보 패킷 전송을 위한 '전송 제어 규약TCP: Transmission Control Protocol'과 유사하다. 누군가 패킷을 보내고 수신자가 이를 받았음을 알리면 전송자는 더 많은 패킷을 보낸다. 수신자로부터 승인이 더 빨리 올수록 패킷을 전송하는 속도도 빨라진다. 기본적으로, 승인 속도가 빠르다는 것은 패킷 전송에 더 많은 대역폭을 사용할 수 있다는 신호다. 승인 속도가 느려지기 시작하면 프로토콜은 전송 속도를 낮춘다.

이러한 시스템의 단순성을 볼 때, 사람들이 그리고 수많은 다른 동물들이 왜 그들의 동료들에게 일어나는 일로부터 단서를 얻는지 분명히 알 수 있다. 밖으로 나간 개미가 곧 엄청난 수확물과 함께 돌아온다면 이는 먹이를 구하러 가기 좋은 때라는 신호다. 우리가 주변의 성공한 사람들을 모방하려는 욕구를 타고났다는 것도 일면 당연한 이야기다. 하지만 인간은 언제 어디로 먹이를 구하러 갈지에 대해 단순히 남들을 따라 하는 것을 넘어서, 다른 개체와 서로 협동하고 집단적으로 행동하는 방식에 적응해왔다. 이와 같이 타인의 행동을 모방하고 그에 반응하는 능력은 인류가 자연선택의 훨씬 느린 중재 없이도 문화와 규범을 진화시킬 수 있었던 이유 중 하나다.[4]

하지만 정말로 사람들은 다른 사람들의 행동을 따라 하는가? 물론 우리는 항상 그렇게 하고 있다. 사실 우리는 대가가 매우 큰 일일 때도 그렇게 한다. 루커스 코프먼Lucas Coffman, 클레이턴 페더스톤Clayton Featherstone, 저드 케슬러Judd Kessler는 '티치 포 아메리카Teach for America'의 합격 자들이 다른 사람들의 결정에 어떤 영향을 받는지 조사했다.[5] 티치 포 아메리카는 학업 성취도가 높은 대학 졸업자들을 선발해 그들에게 적 당한 급료를 지급하며 성적이 저조한 학교에서 2년간 학생들을 가르치 도록 한다. 예를 들어 미시시피 주의 가난한 시골 지역이나 로스앤젤레 스의 저소득 지역의 초등학교에 스탠퍼드를 갓 졸업한 청년들을 파견 해 아이들에게 수학을 가르치도록 하는 것이다. 이 프로그램은 대학 졸 업생들에게 변화를 이끌 기회를 주고 그들 주변의 세상에 대해 더 배울 수 있도록 돕는다. 젊고 활기 넘치는 선생들이 곤경에 빠진 학교를 도울 수 있도록 하는 것도 물론이다. 티치 포 아메리카는 일련의 인터뷰를 통 해 지원자가 본 프로그램에 적합한지 판단하는 한편, 이 프로그램이 지 원자들에게 얼마나 큰 헌신을 요구하는지에 대해서도 설명한다. 인터뷰 후 합격한 지원자는 이 프로그램이 요구하는 활동에 헌신할지를 결정해 야 한다. 코프먼, 페더스톤, 케슬러는 합격한 지원자들을 두 그룹으로 나 누어 서로 다른 내용의 합격통지문을 보냈다. 하나는 일반적인 안내문 으로서, 면접을 통과한 것을 축하하고 본 프로그램에 참여해줄 것을 묻 는 내용이었으며, 다른 안내문은 앞의 것과 같은 내용이지만 마지막에 다음 내용이 추가되었다. "작년에는 합격자 중 84퍼센트 이상이 저희 단체와 함께하기로 결정했습니다. 저희는 귀하 또한 저희에게 동참해주 시길 진심으로 기원합니다." 그런 후 연구자들은 합격자 중 몇 퍼센트가 본 단체에 가입했는지 비교했다. 그 결과, 합격 안내문에 추가된 내용이 없었더라면 본 단체에 가입하지 않았을 지원자 중 8퍼센트가 가입하기 로 결정했다.

이 연구는 사람들의 결정이 주위 사람들의 결정에 좌우된다는 수많은 증거 중 하나지만, 대가가 상당히 높은 일에 대해서도 그렇다는 점을 보여준다는 점에서 의미가 있다. 단순히 어떤 치약을 살지 고르는 수준이 아니라 향후 2년간을 어떻게 보낼지를 결정할 때도 다른 사람의 결정을 따라 하는 것이다. 이처럼 사람들이 서로를 모방하고 그에 따라 자신들의 행동을 조정한다는 사실은 상당히 명백해 보이지만, 실제로도 그런지는 장담하기 어렵다. 우리 친구들의 행동이 우리에게 얼마나 영향을 주는지 측정하는 데에서 동종선호는 문제를 복잡하게 만든다. 우리가 친구들처럼 행동하는 이유는 그들이 우리에게 영향을 주기 때문인가, 아니면 우리는 우리 친구들과 많은 면에서 비슷해 원래부터 그들과 같은 행동을 선호했기 때문인가?[6] 특정 영화에 많은 사람들이 몰리는 이유는 입소문 때문인가, 아니면 그 영화가 어떤 인구 집단의 호응을 받았기 때문인가, 아니면 특정 집단의 사람들이 같은 광고나 긍정적인 리뷰를 보았기 때문인가?

한 사람의 결정이 정말로 다른 사람의 결정에 의해 '야기되었는지' 확인하기 위해서는 상호작용의 구조를 통제할 필요가 있다. 티치 포 아메리카 연구의 경우에는 합격통지문에 임의로 문장 하나를 추가함으로써, 가입 권유에 응한 지원자들 중 일부가 다른 지원자들의 가입 승인율에 반응했음을 확인할 수 있었다. 하지만 이런 실험을 진행할 수 없을 때도, 무엇이 사람들을 그런 식으로 행동하게 만드는지 판단하는 데 필요한 임의성이 가끔 자연적으로 발생하기도 한다. 우리는 이를 자연적 실험이라고 부른다.

예를 들어 기후 패턴은 사람들이 특정 영화를 보러 간다고 할 때 다른 사람들이 본 영화이기 때문에 그 영화를 선택한 사람들의 비율을 측정하는 데 도움을 준다. 어느 여름날 영화 한 편이 개봉했다고 생각해보자. 그 주에 시카고는 지독하게 더웠고 뉴욕은 그럭저럭 쾌적했다면, 시카고에서는 평소보다 많은 사람이 영화관으로 간 반면, 뉴욕의 영화관을 찾은 사람들의 수는 평소보다 적을 것이다. 날씨의 임의성으로 인해, 개봉 첫 주에 뉴욕보다 시카고에서 더 많은 사람들이 이 영화를 보러 간 것이다. 그런데 그 다음 주에 기온이 평년 기온으로 되돌아간다면 두 도시에서는 어떤 일이 벌어질까? 만일 사람들이 이 영화를 선택한 이유가 다른 사람들이 이 영화에 대해 이야기했기 때문이라면, 아마 이 영화를 보러 간 사람은 뉴욕보다 시카고가 더 많을 것이다. 실제로 시카고에서는 뉴욕보다 개봉 첫 주에 100명, 둘째 주에는 50명, 셋째 주에는 30명 더 많은 사람이 이 영화를 보러 갔다고 한다.[7]

　연구자들은 다양한 임의적 효과를 이용함으로써—그것이 우연히 발생한 것이든, 연구자가 일으킨 것이든—사람들이 그들 주위 사람들의 결정이나 경험에 영향을 받는지 확인해보는 실험을 진행해왔다. 그중에는 하버드 경영대학원 학생들이 사업가가 되기로 결심할 때 동급생들의 경험이 끼친 영향,[8] 또는 사람들이 어떤 응용프로그램을 사용하는지,[9] 퇴직 연금에 가입하는지,[10] 운동을 할지,[11] 어떤 주식을 사고팔지[12]에 대해 주변 사람들이 끼친 영향을 알아본 실험이 있다.

정보의 외부효과

"지혜를 얻는 방법에는 세 가지가 있다. 첫 번째는 사색으로 가장 고상한 방법이다. 두 번째는 모방으로 가장 쉬운 방법이다. 마지막 세 번째는 경험으로 가장 쓰라린 방법이다.

—공자[13]

티치 포 아메리카 사례(와 그 밖의 연구들)의 바탕을 이루는 논리는 명확하다. 이전에도 똑똑한 사람들이 많이 가입했으니 괜찮은 일임에 틀림 없다는 것이다. 즉 이들은 군중의 지혜를 믿고 있다. 하지만 때로는 군중도 길을 잃을 수 있다.

티치 포 아메리카 사례에서 학생들은 친구들과 논의하거나 다른 정보원과 상담하기보다는, 다른 사람이 한 행동을 보고 추론을 했다. 그런데 이러한 추론은 무리 행동으로 이어질 위험이 있다. 무리는 어떻게 형성되는가? 그리고 사람들을 한 명씩 만나 논의하는 것과 군중의 행동으로부터 추론을 내리는 것 사이에는 어떤 차이가 있는가?[14]

티치 포 아메리카 사례에서 대가를 조금 낮춰보자. 예컨대 사람들이 앨리스 레스토랑과 몽크스 카페 중에서 식사를 할 곳을 고르고 있다고 해보자. 사람들은 메뉴를 보거나 요리사의 약력에 대해 알아본 후 두 음식점에 대해 나름대로의 인상을 가지게 된다. 사람들이 두 음식점을 여러 번 방문하고 나면 결국에는 앨리스 레스토랑이 더 낫다는 데 동의하게 된다고 가정해보자. 하지만 모든 사람의 초기 정보가 틀릴 수도 있고, 사람들은 자기가 가진 정보가 틀릴 수 있으며 다른 사람이 가진 정보보다 나을 것이 없음을 안다. 초기 정보에 실질적 가치가 있고, 상당히 많은 사람이 어떤 음식점이 더 나은지를 두고 투표를 할 수 있다면 대다수는 높은 확률로 옳은 판단(여기서는 앨리스 레스토랑)을 내릴 것이다.

하지만 실제로 사람들이 음식점을 선택하기 전에 투표를 하는 것은 아니다. 그 대신, 음식점 밖에서 하나씩 둘러보고 어디로 갈지 결정한다. 이때 사람들은 이전에 다른 사람들은 어느 레스토랑을 선택했는지 확인할 수 있다(예를 들어 창문 밖에서 음식점 안을 들여다보고 음식점에 몇 명이 있는지 확인해볼 수 있다).

첫 번째 사람이 음식점을 선택하려고 한다. 이 사람이 어느 음식점을 선택했는지 알면 당신은 그 사람이 어떤 정보를 가졌는지 추론할 수 있다. 즉 그 사람이 몽크스 카페를 선택했다면, 당신은 몽크스 카페가 더 낫다는 정보를 한 조각 얻게 되는 것이다. 이제 두 번째 사람이 음식점을 선택한다. 두 번째 사람도 첫 번째 사람만큼 올바른 정보를 가지고 있다면 이 사람도 자신이 선호하는 음식점으로 갈 것이다. 이번에도 몽크스 카페를 선택했다고 해보자. 이제 몽크스 카페가 더 낫다는 정보는 두 조각이 되었다. 그런데 만일 이 두 사람이 가진 정보가 틀린 것이었고, 사실 앨리스 레스토랑이 더 나은 선택이었다면 어떻게 될까? 세 번째 사람은 몽크스 카페에 두 사람이 앉아 있는 반면 앨리스 레스토랑에는 아무도 없는 것을 보게 된다. 당신 또한 이런 상황에 처해본 일이 있을 것이다. 두 음식점이 나란히 있는데 한 음식점에는 사람이 있고 다른 음식점은 텅 비어 있다면, 당신은 텅 빈 음식점에 가는 것을 꺼릴 것이다. 우리의 예에서도 세 번째 사람은 몽크스 카페에 두 사람이 앉아 있는 것을 보고 난 후 이 두 사람 모두 몽크스 카페가 더 나은 음식점이라고 생각했으리라 추론할 것이다. 즉 몽크스 카페는 이미 두 표를 받았으므로, 세 번째 사람은 자신이 가진 정보가 무엇이든 상관없이 대다수 사람들은 몽크스 카페가 더 낫다는 정보를 가지고 있음을 알게 된다. 결국 이 사람은 '본래 가지고 있던 정보와는 상관없이' 몽크스 카페를 선택할 것이다. 이러한 패턴은 연쇄작용을 일으킨다. 네 번째 사람은 (마침 이 책을 읽고) 세 번째 사람의 선택으로부터는 얻을 수 있는 정보가 없지만 처음 두 사람은 몽크스 카페가 더 낫다는 정보를 가지고 있다고 추론해, 이 사람 또한 원래 가지고 있던 정보와는 상관없이 몽크스로 가게 된다. 결국 사람들은 몽크스 카페로 몰리게 된다. 사실 앨리스 레스토랑이 더 나은 음식점이라도 말이다.

이 사례는 우리에게 중요한 점을 하나 일깨워준다. 만일 당신이 경제학자처럼 생각한다면(이것이 당신을 겁먹게 했다면 미안하다) 여기서 무엇이 잘못되고 있는지 알아차릴 수 있을 것이다. 바로 외부효과가 일어나고 있는 것이다. 각 사람들의 선택은 다른 이들에게 어떤 정보를 전달한다. 사람들은 자신의 취향에 따라 음식점을 선택하지만, 이러한 선택은 다른 사람들이 그 식당의 상대적인 질을 가늠해보는 데 영향을 끼치는 것이다. 우리의 사례에서는 단지 두 사람이 판단을 그르치는 것만으로 전체 무리가 길을 잃고 헤매게 만들 수 있었다.

만일 이전에 다른 사람들이 어떤 선택을 했는지 알지 못한 채 오로지 자신이 가진 정보에 따라 판단을 내린 사람이 스무 명 내지 서른 명쯤 된다면, 전체 집단은 이들의 선택으로부터 더 올바른 판단을 내릴 수 있다. 단지 두 명이 아니라 스무 명이 투표한 결과로부터 정보를 추론할 수 있기 때문이다. 처음의 두 사람 이후의 모든 사람이 자신에게 최적인 것—자신의 정보는 무시하고 무리의 행동을 따르는 것—을 행한다면, 그들이 가진 정보는 나머지 사회에 알려지지 않은 채 잊히게 될 것이다.

이러한 '정보의 외부효과'는 우리 사회에 만연해 있다. 가령 우리는 새로운 기회 또는 새로운 상품을 접할 때마다 이러한 외부효과를 겪게 된다. 바다표범이 기다리고 있을지도 모를 물속으로 어떤 펭귄이 먼저 과감히 뛰어들 것인가? 모두가 그저 가만히 서서 기다리기만 하고 아무도 물속에 뛰어들지 않으면 우리는 아무것도 배우지 못할 것이다. 때로는 학습이 늦어질 수도 있다. 신상품이 나왔을 때 다른 사람들은 그에 대해 어떤 평가를 내릴지 기다려본 적 있는가? 리뷰가 없는 상품은 사기 꺼려지지 않는가? 리뷰가 너무 없으면 새로운 상품을 시도해보려는 사람들도 줄어들게 되고, 결국 그 상품은 시장에서 자리를 잡기까지 오랜 시간이 걸리거나 혹은 완전히 사라질 수도 있다.

새로운 농업 기술을 도입하는 과정에서 이러한 현상이 나타남으로써 상당한 비용을 초래하기도 한다. 새로운 기술을 도입하는 것은 그 자체로 위험을 안고 있다. 불확실한 기술에 (문자 그대로) 한 해 수확을 걸 사람은 아무도 없다. 앤드루 포스터Andrew Foster와 마크 로젠즈윅Mark Rosenzweig 은 인도 시골 지역에서 이런 식의 관망적 태도가 새로운 고수익 종자 품종의 수용을 상당히 둔화시켰음을 보였다.[15] 가난한 농부일수록 새로운 기술을 도입함으로써 더 많은 이득을 누릴 수 있었지만, 그들은 물론이고 그들의 다른 가난한 이웃들도 모두 새로운 기술을 받아들이기를 꺼렸다.

포드의 에드셀Edsel이나 IBM의 PC주니어처럼(에드셀은 포드 사에서 1958년부터 1960년 사이 개발한 고가형 자동차 브랜드로, 미래의 차를 표방하며 포드 사로부터 집중적인 투자를 받았고 홍보에도 열을 올렸지만 소비자의 관심을 끌지 못하고 10만 대 정도가 팔린 것에 그쳤다. PC주니어는 IBM이 1984년에 발표한 개인용 컴퓨터로, 애플II와 코모도어64에 대항하기 위한 제품군이었다. 하지만 제조사의 시장에 대한 이해 부족으로 높은 가격에 맞지 않은 제품사양으로 출시됨으로써 소비자들에게 외면당했다—옮긴이) 구매자들을 후회하게 만든 끔찍한 제품들은 수도 없이 많다. 하지만 그 제품이 좋은지 나쁜지 알려면 일단 그 제품을 한번 써봐야 한다. 이것이 바로 제조업자들이 신제품의 견본 제품을 배포하는 이유다. 특정 소비자 환경에서는 심지어 사람들에게 돈을 지불하면서 신제품을 이용해줄 것을 요청한다. 유능한 마케터들은 네트워크를 이용해 고객이 다른 고객을 소개해줄 때마다 인센티브를 제공하기도 한다.[16] 한동안 테슬라 모터스는 모델 S 세단의 소유주가 동일 모델을 구입할 사람을 소개해주면 1000달러를 지급하기도 했다. 드롭박스Dropbox 또한 추천인 프로그램을 통해 급격히 성장한 사례로 2008년 후반에는 이용자가 10만 명 정도였지만 2010년 봄이 되자 그 수는 400만 명을 상회하게 되었다. 영화에서부터 자동차까지 특정 제품군에서는 어떤 제품을 사야 하는지에 대한 정보를 제공하는 것으로 생계를 유지할 수 있는 리뷰어가 존재할 정도다. 물론 어떤 제품이든 상관없이 일단 사서 시험해보고 그 결과를 알려주는 얼리 어답터도 있고, 제품에 대한 내부 정보를 가지고 있어서 누구보다 먼저 그 제품을 사서 시험해보는 사람도 있다.[17]

외부효과가 항상 나쁜 쪽으로만 작용하는 것은 아니다. 오히려 그것은 양날의 검일 때가 많다.

만일 당신이 은행에서 돈을 인출하려는 사람들의 긴 행렬을 보게 되면 당신 또한 그 은행이나 심지어는 다른 은행에 맡겨둔 예금이 걱정되기 시작할 것이다. 어쩌면 이것은 완전히 오해일 수도 있다. 예컨대, 몇몇 사람이 잘못된 소문으로 인해 공포에 사로잡혔고 돈을 모두 찾아야겠다며 은행에 줄을 서기 시작한 것일 수도 있다. 이는 결국 한 무리의 사람들이 아무런 이유 없이 은행에서 돈을 빼내는 사태로 이어지게 된다. 이처럼 뱅크런은 아무 이유 없이 저절로 일어날 수도 있지만, 보통은 어떤 소문에 의해 촉발되기 마련이다. 영화 〈멋진 인생*It's a Wonderful Life*〉을 생각해보면, 빌리 삼촌이 베일리 빌딩에서 대출자들의 돈 8000달러를 잃어버린 후 고객들은 본인의 예금이 걱정돼 앞다투어 은행에 몰려가 돈을 인출해버렸고, 결국 이는 중대한 사건으로 이어진다.

4장에서도 논의했듯이, 뱅크런을 일으킨 소문은 그 은행을 망하게 할 만큼 치명적인 뉴스일 필요는 없고 사실일 필요도 없으며, 꼭 그 은행과 관련된 것이 아니라도 된다. 그저 고객과 채권자들의 마음에 곧 뱅크런이 일어날지도 모른다는 불확실성을 심어두기만 하면 된다. 뱅크런에 대한 공포가 뱅크런을 일으키는 것이다. 심지어 은행이 매우 안전하며 은행의 투자처들 또한 건전하다는 것을 알고 있다고 해도, 만일 다른 사람들이 공포에 빠질 것이라고 예측된다면, 그때는 돈을 모두 인출하는 것이 가장 신중한 대처법이다. 뱅크런은 자기 실현적으로 발생한다.

아무리 건전한 은행이라도 아직 때가 되지 않았는데 투자를 청산해야만 한다면 예금자들에게 예금을 극히 일부만 돌려줄 수 있을 것이다. 우리들 각자가 돈을 인출하기로 결정하면 이는 다른 예금자들도 돈을 인출하도록 만든다. 우리 중 어느 누구도 은행에서 마지막으로 돈을 빼는 사람이 되고 싶지 않기 때문이다. 여기서 또 다른 외부효과가 발생할 수 있는데, 일부 은행에서 일어난 뱅크런으로 인해 완전히 건전한 것으로 알려진 다른 은행에서도 예금인출 사태가 일어날 수 있는 것이다. 하지만 금융 공황이 널리 확산되는 일은 현대로 올수록 점점 더 드물어지고 있는데, 이는 정부보증보험에 대한 신뢰 때문이다. 위급한 상황이 되면 정부가 개입할 것이라고 예측하는 것이다. 물론 어느 순간 신뢰가 무너지고 광범위한 공황이 부실 기관은 물론 건전한 기관까지 집어삼킬 위험은 여전히 존재한다. 2015년 여름 그리스 은행들이 업무 중단에 들어간 것처럼 말이다.

게임이론과 상보성

다른 사람들이 은행에서 돈을 빼는 것을 보고 당신도 같은 일을 하게 되는 것은 우리의 행동이 우리의 친구나 이웃들의 행동에 이끌리게 되는 많은 사례 중 하나다.

도쿄의 스시다이すし大는 많은 사람들의 의견에 따르면 세계에서 가장 훌륭한 초밥 음식점 중 하나다. 게다가 가격 또한 음식의 질에 비해 놀라울 정도로 저렴하다. 하지만 여기서 음식을 맛보고 싶다면 당신이 지불해야 하는 것은 돈이 아니다. 당신의 시간을 지불해야 한다. 날씨에 상관없이 거의 항상 대기줄이 골목 밖까지 이어져 있다. 스시다이는 도

쿄의 유명한 어시장 옆에 자리 잡고 있어서 이른 새벽에도 매우 혼잡했고, 우리는 거기서 일출을 보며 거의 세 시간을 기다린 끝에 식사를 할 수 있었다. 분명 우리만 그랬던 것은 아닌 듯, 대기 시간을 최소화하려면 언제 식당을 방문하는 것이 좋은지에 대한 충고를 인터넷에서 수없이 찾아볼 수 있다. 한 사람은 이런 글을 남기기도 했다. "우리가 스시다이에 도착한 건 새벽 3시 30분쯤이었고, 우리 앞에 50명쯤이 기다리고 있었어요. 식당은 새벽 5시부터 영업을 시작해요. 한 번에 12명 내지 13명이 식당에 들어갈 수 있고 손님당 대략 45분 정도 머무른다고 가정하면, 아침 8시에 식사를 하기 위해서는 4시간 30분 전에 가서 기다려야 한다는 걸 의미하죠."[18] 그런데 사람들이 스시다이 앞에 긴 행렬을 이루는 이유는 몽크스 카페로 사람들이 몰린 이유와는 다르다. 사람들이 음식점 앞에 줄을 서게 만드는 데는 또 다른 이유가 있다.

스시다이의 초밥은 훌륭했다. 하지만 솔직히 말해 나는 세계 최고 수준의 초밥과 꽤 괜찮은 수준의 초밥의 맛을 구분하진 못한다. 맛없는 초밥은 가려내기 쉽다. 하지만 맛이 일정 수준 이상이 되면 나는 어떤 것이 더 맛있는지 더 이상 판단할 수 없게 된다.[19] 그러면 우리는 왜 춥고 어두운 새벽에 초밥을 먹겠다고 몇 시간을 기다렸던 것일까? 기다리지 않고 식사를 할 수 있는 곳이 얼마든지 있고 어디서 먹든 우리 입맛에는 비슷하게 느껴질 텐데 말이다. 바로 그 이유는 당신이 도쿄에 가서 어시장을 방문하게 되면 스시다이에 가게 되어 있기 때문이다. 이는 무엇을 의미하는가? 바로 공유 경험을 말한다. 한 리뷰어가 관광 안내 사이트에 남긴 글처럼, "결국 우린 해냈어요! 츠키지 어시장에서 밤새 줄을 서야 했지만 어쨌든 스시다이에서 아침을 먹을 수 있었어요. 한 조각, 한 조각이 전부 맛있었어요. 정말 기다린 보람이 있었죠. 도쿄에 왔으면 한 번쯤은 아침으로 초밥을 먹어봐야 해요. 스시다이는 최고의 초밥집 중 하나예요." 다른 관광객들도 마찬가지다. 이제 당신이 도쿄 어시장에 대해 이야기하면 반드시 이런 질문을 받게 될 것이다. "스시다이에 가보셨어요?" 이제 나도 그렇다고 대답할 수 있다. "네, 엄청난 경험이었죠."

적절한 조건이 갖춰지면 스시다이 앞 대기줄은 몇 배 더 길어질 수도 있다.

2012년 7월, 한국의 뮤지션 싸이는 〈강남스타일〉이란 노래를 발매했다. 싸이는 한국에서는 유명한 대중가수다. 그는 잠깐 동안 보스턴 대학에서 경영학을 공부하기도 했으나 곧 보스턴의 버클리 음대로 옮겼고, 학위를 마치지 않은 채 서울로 되돌아갔다. 그가 진정으로 하고 싶었던 일은 노래를 만드는 것이었다. 그는 어려운 시절을 보내기도 했으나, 그런 시절도 잠시 그가 만든 노래와 비디오는 한국에서 크게 인기를 끌었다. 그의 노래와 비디오는 웃기기로 유명해 일본에서도 그를 아는 사람이 있었으며, 특히 2012년 초반 일본의 텔레비전을 통해 그의 콘서트가 중계되면서 유명세는 더욱 높아졌다. 하지만 한국과 일본 밖에서 그는 사실상 무명에 가까웠다. 따라서 2012년 여름 〈강남스타일〉 뮤직비디오가 처음 나왔을 때 아무도 그것이 그해 세계에서 가장 인기 있는 뮤직비디오가 되리라고는 생각하지 못했다. 10억 뷰를 돌파한 최초의 비디오가 되리란 것도 아무도 예상하지 못했다. 2년 뒤에는 20억 뷰를 돌파했다. 분명 이 비디오에는 사람들의 시선을 끄는 것이 있으며, 독창적인 춤을 선보일 뿐더러 촬영 방식도 창의적이다. 하지만 그런 영상물들은 이미 수도 없이 많다. 〈강남스타일〉 뮤직비디오는 긍정적인 평가를 받긴 했지만, 아무도 이 비디오가 이토록 큰 성공을 거두리라고 예측하진 않았다.

우리의 시간과 관심은 제한적이므로 모든 것이 입소문을 타거나 화젯거리가 되지는 못한다. 이를 위해서는 사람들이 다른 사람들의 행동에 맞춰가는 일이 필요하며, 따라서 우리는 다시 외부효과를 발견할 수 있다. 우리가 어떤 비디오나 영화를 보는 이유 중에는 우리의 친구들이 그것을 보기 때문이란 이유도 있는 것이다. 이러한 효과의 부정적인 측면은 그리 변변치 못한 것들이 입소문을 타고 성공할 수 있는 반면 진짜 보물은 알려지지 않은 채 사라지게 된다는 것이다. 아무리 내용이 좋다고 해도 특정 수 이상의 사람들의 이목을 끌지 못하면 그 인기는 가속도가 붙지 않는다. 무언가가 엄청난 성공을 거둘지 예측해야 한다면, 그저 간단히 '그럴 리 없다'라고 생각하면 된다. 그러면 아마도 99퍼센트 이상의 상황에서 당신의 예측은 맞아떨어질 것이다. 대부분은 결코 그토록 엄청난 성공의 기회를 갖지 못한다. 무언가가 질적으로 얼마나 뛰어난지와 결국 성공할 것인지는 완전히 다른 문제다. 질이 좋으면 성공할 가능성이 높아지긴 하겠지만, 결코 그것이 성공을 보장하지는 못한다. 운 좋게도 〈강남스타일〉 뮤직비디오는 파티장에 틀어놓기 좋았고, 점차 사람들이 그것에 대해 이야기하기 시작했으며, 결국 다른 사람과의 대화를 따라잡기 위해서는 봐야만 하는 것이 되었다.

우리가 다른 친구들의 행동을 따라 하려 한다는 사실은 여러 가지 분명한 결과를 산출할 수 있다. 게임이론에서 사용되는 용어로 이를 '다중균형multiple equilibria'이라고 한다. 이때 상호 강화 효과는 개개인 각자가 지향하는 바를 압도할 수 있다. 우리가 우리에게 최적이 아닌 행동에 고착되는 경우는 수도 없이 많다. 예컨대, 우리가 사용하는 컴퓨터 키보드에서 자판의 위치는 우리 각자에게 맞춰진 것이 아니다. 하지만 자신에게 맞춘 키보드보다는 똑같은 형태로 생산되는 키보드를 사는 것이 더 저렴하기 때문에, 우리는 공용 키보드를 사용하는 법을 배우게 된다. 우리가 사용하는 언어는 불필요하게 복잡하고 예외 사항으로 가득하다. 하지만 다른 사람들과 대화를 하기 위해서는 이 언어를 배울 수밖에 없다. 각각의 국가는 도로에서 차가 다니는 방향이 서로 달라, 주의가 산만하거나 시차에 아직 적응되지 않은 관광객들은 길을 건너다 사고가 날 위험이 있다. 더 나은 대안이 있다 해도 기존의 방식을 바꾸진 못한다. 설령 더 이로운 방식이 있다는 것을 알고 있다 해도, 우리가 다른 사람과 행동을 맞출 때 발생하는 피드백 효과와 강력한 인센티브로 인해 우리는 우리의 행동을 바꾸지 않는 것이다.[20]

이러한 상호작용은 사회적 학습과는 다르다. 우리가 친구들의 행동을 따라 하는 이유는 그들의 행동으로부터 어떤 정보를 학습하기 위해서가 아니라, 그저 그들이 그런 행동을 하기 때문이다. 체스를 둘 줄 아는 사람이 세상에 당신 하나밖에 없다면 그것만큼 무의미한 일도 없을 것이다. 자전거 동호회나 북클럽, 어젯밤 방영된 드라마에 대해 수다를 떠는 것까지, 우리가 가진 취미나 여흥거리들은 대부분 사회적 측면을 지니고 있다. 우리의 선택을 중심으로 사회적 집단이 형성되는 것을 볼 때, 우리의 행동은 다른 사람들에게 우리의 성격, 욕구, 정체성을 알리는 역할을 한다는 것을 알 수 있다.

우리가 우리의 친구들과 비슷하게 행동하게 되는 데 다양한 힘이 작용한다는 사실은 강한 함의를 가진다. 우리는 친구들과 공통된 경험에 대해 이야기를 나누고 싶어하며, 그들의 말을 듣기 좋아하며, 그들과 자주 연락하려 하며, 그들이 하는 일과 어울리는 일을 하려고 한다. 이 모든 것은 우리가 다른 사람과 행동을 맞추도록 하며, 또한 네트워크가 한층 더 흥미로운 방식으로 작동하도록 만든다.

이러한 종류의 행동에서, 다시 동종선호가 중요한 역할을 하는 것을 발견할 수 있다. 우리가 우리의 친구들과 행동을 맞춰 나갈 때, 네트워크의 국소적 영역에서 무언가가 확산될 수 있다. 이는 우리가 6장에서 살펴본 학교를 중퇴할지에 대한 결정과 매우 비슷하다.

사실, 부정부패는 매우 사회적인 행동이며—사람들은 주변 사람들이 법을 무시할 때 자신도 법을 무시하게 될 가능성이 매우 높다—사회의 분열에 따라 각각의 영역에 서로 다른 규범이 적용되는 것을 보여주는 대표적인 예라고 할 수 있다.[21] 지리적 동종선호의 수준이 높을 때, 부패의 사회적 측면은 세계적으로 매우 다른 양상을 보인다. 때문에 다른 국가로 이주한 사람들은 몇 가지 흥미로운 부조화를 경험하기도 한다. 원래 살던 나라의 규범을 그대로 가져가기 때문이다.

레이 피스먼Ray Fisman과 테드 미구엘Ted Miguel은 이것의 흥미로운 예를 발견했다.[22] 아마 당신도 '외교관 면책특권'이란 말을 들어보았을 것이다. 외교관은 그 지역의 법을 일부 위반해도 기소되지 않는다는 것이다. 외교관은 그 국가의 법을 완전히 알지 못하므로 법을 어기더라도 참작의 여지를 준다. 또한 외교 면책특권은 외교관들을 체포의 위협으로 압박하는 것도 금지하고 있다.

세계 대부분의 국가는 뉴욕에 외교관을 두고 있다(이는 국제연합의 본부가 뉴욕에 있기 때문이기도 하다). 외교관들이 면책특권의 보호를 받고 있다는 것은, 그들이 원하는 곳 어디에나 주차한 후 주차권을 발급받지 않아도 아무런 제재를 가할 수 없다는 것이다. 1997년과 2002년 사이, 세계 각지에서 온 외교관들이 지불하지 않은 주차 위반 딱지는 '15만 장'이 넘으며, 미납한 벌금은 1800만 달러가 넘는다. 이는 엄청난 수치다. 대부분의 딱지가 주정차 위반(적재구역이나 소화전 등 주차 금지 구역에 주차)으로 발부된 것이다.

국가에 따라 규범은 매우 상이하며, 외교관들은 그들의 출신 국가의 규범에 따라 서로 다르게 행동한다. 만일 그들이 자신의 나라에서 부정부패를 빈번하게 경험했다면, 그들은 다른 나라에 가서도 현지 법을 무시하고 주차 위반 딱지를 받을 가능성이 상당히 높다. 몇몇 국가에서 온

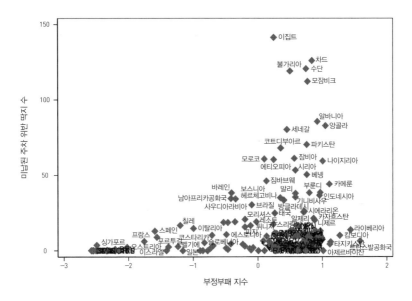

그림 8.1 이 도표는 1997년에서 2002년 사이 뉴욕에서 각 국가의 외교관이 미납한 주차 위반 딱지의 수를 보여준다. Y축은 외교관 한 명당 미납한 주차 위반 딱지의 수를 나타낸다. X축의 부패지수는 평균적으로 0이 되도록 정규화된 값이다. 따라서 부패지수가 1이란 것은 그 국가가 평균보다 1 표준편차만큼 더 부패했음을 의미하며, 부패지수가 -2라는 것은 그 국가가 평균보다 2 표준편차만큼 덜 부패했음을 나타낸다. 본 데이터는 피스먼과 미구엘의 2007년 연구에서 가져왔다.

외교관들은 '한 번도' 주차 위반 딱지를 받은 적이 없는데, 아마 당신도 예상할 수 있듯이 캐나다, 덴마크, 일본, 노르웨이, 스웨덴에서 온 사람들이다. 이들은 모두 부패가 덜한 국가들이다. 다른 국가들 중에는 '외교관 한 명당 위반 건수가 100건이 넘는 곳'도 있는데, 대체로 부정부패지수가 높은 국가들로 이집트, 차드 공화국, 수단, 불가리아, 모잠비크가 그곳이다.

〈그림 8.1〉에 이 관계를 나타냈다.

'부패한' 국가들(부패지수가 0 이상인 국가)에서는 외교관 한 명당 미납한 주차 위반 딱지가 평균 23장인 반면, 부정부패율이 낮은 국가들은

12장을 넘지 않는다.[23]

군집화와 복잡한 확산

이처럼 복잡한 행동의 확산은 질병이나 간단한 정보의 확산, 심지어 사회적 학습과도 다른 양상을 가진다.

당신은 브리지 게임이나 마작과 같은 게임을 배우기 전에, 다른 친구들도 이 게임을 배우기를 기다릴지도 모른다. 사람들은 다른 사람들이 뇌물을 요구하는 것을 보고 난 후 자신도 그렇게 행동해도 된다고 느낀다. 당신은 새로운 사회 네트워크 플랫폼에 가입하기 전, 당신 친구들 중 몇 명이 거기에 가입할 때까지 기다리기도 한다.

다른 사람의 행동에 맞추려는 경향성의 확산은 우리가 3장에서 본 기초감염재생산수에만 의존하는 것이 아니다. 그러한 연결의 국소적 패턴에도 의존한다. 이러한 국소적 패턴을 나타내는 네트워크의 핵심 특성을 '군집화clustering'라고 한다.

당신의 친구들 중 서로 친구인 이들의 비율은 얼마인가? 이 값은 '군집도clustering coefficient'라고 한다.[24] 어니스트와 헨리가 각각 거트루드의 친구일 때, 어니스트와 헨리 또한 서로 친구인가? 거트루드의 친구들 중 서로 친구인 쌍의 비율이 바로 거트루드의 군집도다. 네트워크의 모든 구성원의 군집도를 평균한 값은 네트워크의 군집도가 된다.

네트워크의 군집화는 〈그림 8.2〉에 나타냈다.

군집은 관계의 유형에 따라 달라질 수 있다. 예를 들어 2장과 5장에서 논한 인도인 마을의 경우, 서로 조언을 구하는 사이에는 군집도가 0.22인 반면, 도움을 요청하는 사이(등유나 쌀을 빌려주는 사이)에는 군집도

322

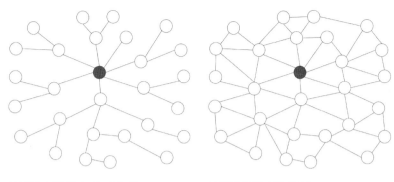

(a) 군집화가 전혀 없는 '트리Tree' 네트워크   (b) 상당한 군집화가 있는 네트워크

그림 8.2 군집화: 위의 두 네트워크는 서로 다른 군집도를 가진다. 양쪽 네트워크 모두에서 색이 칠해진 노드는 일곱 명의 친구를 가진다. 그림 (a)의 네트워크에서, 색이 있는 노드의 친구 중 서로 친구 사이인 노드는 한 명도 없으므로 여기에는 군집도 없다. 반면에 그림 (b)의 네트워크에서는 색이 칠해진 노드의 친구 중 3분의 1이 서로 친구이며(색이 있는 노드의 친구 중 연결이 가능한 전체 쌍은 모두 21쌍이며 그중 일곱 쌍이 서로 친구다), 따라서 이 노드의 군집도는 3분의 1이다.

가 0.29였다. 즉 두 번째 관계유형에서 더 많은 군집화가 일어났다.[25] 이처럼 군집도가 관계의 유형에 따라 달라지는 것은 당연한 일이다. 예컨대, 당신이 조언을 구하는 상대는 당신의 이웃, 가족, 직장 동료, 학교 친구 등 당신 인생의 서로 다른 부분에서 만난 사람들이며, 이들 중 많은 이가 서로 모를 가능성이 높다. 반면 돈을 빌리는 경우에는 당신은 당신의 가장 가까운 친구나 가족에게 빌리게 되며, 이들은 서로를 알고 있을 가능성이 좀 더 높다.

0.22와 0.29의 군집도는 상당히 전형적인 값이다. 중세 피렌체의 사업 및 혼인 네트워크에서부터 청소년들의 우정 관계까지, 우리가 살펴본 많은 사회적 관계망에서 상당한 수준의 군집화가 관찰된다.[26]

이 숫자들이 왜 중요한지 확인하기 위해. 전형적인 군집화의 예들을 살펴보자.

일단 '친구'를 당신에게 호의를 베풀 수 있는 누군가로 정의하자. 예컨대 당신에게 무언가를 빌려주거나 당신의 일을 도와주거나 당신에게 중요한 조언을 해줄 수 있는 사람이다. 이러한 정의에 따르면 당신은 대략 100명의 친구가 있을 수 있다. 종교 및 성별에 따른 차별이 심한 작고 외진 마을에 사는 사람이라면 그런 친구는 단지 수십 명에 지나지 않을 수도 있고, 거트루드 스타인처럼 전 세계를 여행하며 유명한 살롱을 운영하는 사람이라면 수백 명의 친구가 있을 수도 있다. 이처럼 친구의 수에는 큰 변이가 있지만, 일단 보통의 사람은 100명의 친구를 가진다고 가정한다. 곧 밝혀지겠지만, 친구의 수가 1000명이라 해도 핵심은 변하지 않는다.

세계의 인구수가 대략 80억을 향해 가고 있으므로 보통의 사람이라면 8000만 명 중의 한 명과 친구일 것이다. 세계 사람들의 친구 관계를 네트워크로 나타냈을 때 친구의 비율이 대략 이 정도이고, 각각의 쌍들은 서로 독립적이며 연결될 확률은 모두 동일하다고 가정하자. 그러면 어느 두 사람이 친구일 확률은 8000만 분의 1이 될 것이다. 이러한 네트워크에서 당신 친구 중 어느 두 사람이 서로 친구일 확률 또한 8000만 분의 1이 된다. 따라서 네트워크의 평균 군집도는 8000만 분의 1이다. 이는 우리가 일반적으로 보는 네트워크의 군집도—예를 들어 인도인 마을의 군집도는 0.2 범위였다—에 비하면 엄청나게 작은 값이다.

지리적 요인이 매우 중요할지도 모른다. 어쩌면 당신은 당신 일생 대부분을 한 마을 또는 한 도시에서 살며, 당신의 친구들 대부분도 같은 마을이나 이웃에 살고 있을지 모른다. 그러니 문제를 좀 더 단순하게 만들어보자. 전 세계 모든 사람들 중에서 완전히 무작위로 사람들을 선택해 네트워크를 구성하는 것 대신, 범위를 한 지역사회로 좁혀서 생각해 보자. 당신이 사는 지역의 인구수가 대략 2만 명이라고 가정할 때, 당신의 친구 수가 100명이라면 그 지역 사람 중 누군가가 당신의 친구일 확률은 200분의 1이다. 이 지역의 우정 네트워크가 완전히 무작위적으로 형성된다면, 어느 두 사람이 서로 연결될 확률은 200분의 1이며, 당신의 친구 중 두 사람이 서로 친구일 확률 역시 200분의 1이다. 이때 평균 군집도는 200분의 1로, 여전히 0에 가까운 값이며 인도 마을의 군집도 값인 0.2와는 아직 거리가 멀다.

군집화에도 동종선호가—최소한 일부분이나마—기여할 수 있다. 우리가 친구 관계를 맺는 대부분의 사람들이 우리와 비슷한 사람, 예컨대 나이나 성별, 학력 수준, 종교 등을 공유하는 사람이라면, 평균 군집도는 대략 20분의 1로 증가하긴 한다. 하지만 여전히 부족하다. 아룬 찬드라세카르와 나는 앞서 논의한 인도인 마을 데이터로 이 작업을 수행했다. 친구 관계가 동종선호에 따라 구성되고 모든 종류의 인구통계학을 반영한다 해도 군집도는 0.05에 불과하며, 인도 마을 네트워크의 군집도인 0.22에서 0.29에는 한참 못 미친다.[27]

친구 관계는 동종선호가 야기하는 모든 분리 패턴을 넘어서서 군집화될 수 있다. 군집도가 왜 그토록 높은지 설명하기는 어렵지 않다. 우리는 보통 작은 집단 내에서 의사소통한다. 학생들은 같이 수업을 듣고, 팀을 이루어 경기를 하며, 놀러 나갈 때도 작은 무리를 이루곤 한다. 일을 할 때도 소규모의 팀을 구성해 함께 일하거나 교대로 일한다. 또한 당신은 당신의 현재 친구들을 통해 다른 친구들을 소개받기도 한다. 그들은 친구의 친구이기 때문에 당신 또한 그들에 대해 잘 알고 있으며, 그들과 서로 친구가 될 확률도 높다.[28]

이제 군집화가 무엇인지 알았으니, 그것이 왜 중요한지를 논의해보자. 사실 우리는 이에 대해 먼저 살펴본 적이 있다. 바로 사회적 학습에서 이중 집계가 일어날 때다. 군집화가 많이 된 네트워크에서는 이중 집계가 여러 번 일어나기도 한다. 즉 같은 정보가 여러 경로를 통해 나에

그림 8.3 군집화가 없는 네트워크에서의 확산. 사람들이 어떤 행동을 하기 전에 다수의 친구들로부터 영향을 받아야 하는 상황에서는, 군집화가 없다면 확산도 일어나지 않는다. 게임은 확산되지 않을 것이다.

게 도달할 가능성이 매우 높으므로, 같은 정보가 이중 집계되거나 내 자신의 견해가 반향될 가능성도 높아진다. 하지만 네트워크에서의 군집화는 이러한 사회적 학습에서의 왜곡을 넘어서, 그러한 행동을 하기 전에 일단 다수의 구성원과 접촉이 이루어져야 하는 행동의 확산에 큰 영향을 끼칠 수 있다.

　이것이 어떻게 작동하는 건지 이해하기 위해, 두 명의 친구가 3인용 게임을 만들었다고 가정해보자. 일단 게임을 만든 두 명은 이 게임을 할 줄 알기 때문에 다른 한 명만 더 게임을 배우면 된다. 우리가 〈그림 8.2〉에서 본 두 네트워크에서 이 게임이 확산된다고 할 때 어떤 차이가 생길지 알아보자. 하나는 군집화가 거의 되어 있지 않고 다른 하나는 같은 형태의 네트워크지만 군집화가 잘 되어 있다. 〈그림 8.3〉에 게임을 만든 두 친구를 검은색 노드로 나타냈다. 이 그림에서 두 친구 모두와 친구 관계인 사람은 없다. 따라서 게임은 확산되지 못할 것이다.

　네트워크가 군집화되어 있는 경우를 보자. 〈그림 8.4〉에 나타냈듯이, 이 경우에는 게임이 확산될 수 있다. 그저 한 명의 친구만 병이 옮아도 병을 확산시키기에 충분한 단순 전염 과정과는 달리, 게임의 경우에는

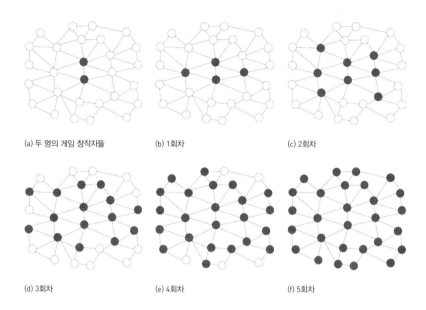

(a) 두 명의 게임 창작자들　　(b) 1회차　　(c) 2회차

(d) 3회차　　(e) 4회차　　(f) 5회차

그림 8.4 군집화가 있는 네트워크에서의 확산. 행동이 있기 전에 다수(여기서는 두 명)의 친구들로부터 영향을 받을 필요가 있는 경우, 군집화는 확산을 일으킬 수 있다.

확산 속도가 매우 느리지만 어쨌든 확산이 일어나기는 한다.

　3인용 게임의 사례도 좋은 예이긴 하지만, 네트워크 구조에서 국소적 군집화가 중요하게 작용함을 보여주는 예[29]는 언어의 확산[30]에서부터 신기술의 도입[31]까지 수없이 많다.

　하지만 군집화가 국소적 네트워크의 유일한 특징은 아니다.

공동의 친구는 신뢰를 증진한다

존 내시 주니어John Nash Jr.는 놀라운 수학자였다. 그는 23세에 변형된 게임이론에 대한 소고 두 편을 발표해, 향후 게임이론이 사회과학에서 이용되기 위한 토대를 마련했다.[32] 24살에는 대수기하학의 중요한 기저 정리를 증명했고 이 정리에 그의 이름이 붙었다. 또한 그는 편미분방정식, 음함수, 특이점에 대한 연구에도 창의적이고 독창적인 기여를 했다.

하지만 그의 마음은 조금 다른 방식으로 자극을 받았던 것 같고, 불행하게도 30대 무렵 발병한 조현병으로 인해 그의 경이로운 경력은 끝나고 말았다. 그는 성인이 된 이후 대부분의 삶을 프린스턴 대학에서 보냈다. 그가 조현병에서 회복될 수 있을지는 미지수였고, 존 내시만큼 오랫동안 삽화를 겪는 사람도 드물었다. 하지만 사람들은 병에서 벗어날 수 있고 결국 해방되기도 한다. 다행히도 프린스턴 대학은 오랫동안 내시를 품어주었고 그를 돕는 친구들의 네트워크도 있어, 그는 수십 년간 현실과 다른 세계에 살면서도 결국 살아남을 수 있었다. 내가 프린스턴의 수학과 건물인 파인 홀 복도에서 그를 처음 봤을 때, 그는 종이 한 무더기를 짊어 들고 도서관을 배회하는 노숙자처럼 보였다. 친구는 바로 그 '파인 홀의 유령'이 내가 수학과 경제학 수업에서 배운 그 사람과 동일 인물이란 것을 알려줬다. 존 내시는 60대에 결국 조현병에서 벗어났으며, 수학으로 아벨상Abel Prize과 경제학으로 노벨상을 수상했다. 그의 놀라운 삶은 실비아 네이사Sylvia Nasar의 책 《뷰티풀 마인드》로 옮겨졌으며, 이 책을 바탕으로 동명의 영화(러셀 크로가 존 내시를 연기했다)가 만들어져 아카데미상을 수상하기도 했다.

우리의 논의와 관련해, 내시의 삶에 대한 사소하면서도 중요한 사실한 가지가 있다. 프린스턴 대학 수학과에서도 특히 내시가 지원한 분야는 경쟁력이 매우 높으며, 아마도 세계 최고 수준이라고도 할 수 있다. 이들은 수많은 특출한 지원자들 가운데 오직 소수만 대학원생으로 받아들이므로, 누구를 선발할지 결정하는 일이 항상 쉽지만은 않다. 그런 프린스턴 대학이 내시를 받아들이기로 한 데 결정적인 영향을 미친 것은 리처드 더핀Richard Duffin의 추천서였다. 오직 세 문장으로 이루어진 이 추천서의 전문은 다음과 같다.

"이 편지는 프린스턴 대학원에 지원한 존 F. 내시에 대한 추천서입니다. 내시는 올해 19세로, 6월에 카네기 공대(카네기 맬런 대학의 전신—옮긴이)를 졸업할 예정입니다. 그는 수학 천재입니다."

이 추천서의 강점은 더핀의 명성에서 나온다. 프린스턴의 교수들도 이미 그의 명성에 대해서는 알고 있었을 것이다. 더핀은 물리학으로 학위를 받은 후 수학 분야에서 활동해 푸리에 급수와 정수론, 네트워크 이론, 계산기하학에 혁혁한 공로를 세웠다. 우리 모두는 수를 매우 잘 다루며 이 분야에 놀라운 지식을 가진 '수학의 천재'들을 알고 있다. 하지만 이 모든 천재들이 수학의 여러 분야에서 패러다임의 변화를 일으키진 않는다. 더핀이 내시가 천재라고 말했을 때, 그는 그것이 무엇을 의미하는지 진정으로 알고 있었다. 추천서가 그토록 짧았던 이유도 더는 말을 보탤 필요가 없었기 때문이다. 더핀은 내시가 수학의 천재라는 것을 알고 있었고, 입학사정관들이 알아야 할 것도 그것이 전부였다.

내시와 프린스턴의 관계는, 최소한 부분적으로는, 더핀의 명성 및 그와 프린스턴 대학 교수진과의 관계에 의해 성립되었고 지원을 받았다. 이러한 종류의 연결은 네트워크에서 흔하게 볼 수 있다.

네트워크에서 두 사람 또는 두 노드 사이에 공통의 친구가 있을 때 이들 사이의 관계를 '지원' 관계라고 부르자.[33] 내시와 프린스턴의 관계는 더핀에 의해 지원을 받았다. 이러한 종류의 지원은 우리의 많은 상호작용에서 중요하게 작용하는데, 이미 우리는 앞에서 그것이 구직 네트워크에 미치는 영향력에 대해 논의했다. 하지만 그것은 구직이나 대학 입학 이상으로 중요한 상황에서도 작용한다.

인간은 살아남기 위해 여러 방식으로 서로에게 의존한다. 우리 아이들은 태어난 후 수년 동안은 혼자서 살아가지 못하며, 성장과 안전을 위해 부모뿐만 아니라 다른 사람들에게도 의존한다. 삶의 많은 부분에서 우리는 타인의 도움을 필요로 한다. 가끔은 무언가를 빌려야 할 때도 있다.[34] 인류의 역사 초창기에 인간은 사냥을 위해 서로 자원을 공유하며 협력해야만 했다. 큰 동물의 사냥에 성공하는 일은 거의 드물었다. 인간은 사자와 달리 식량 없이 몇 주간 버티지는 못하므로, 집단 중 일부 구성원은 큰 동물을 사냥해 불규칙하게나마 단백질을 공급했고, 나머지는 과일이나 견과류 등 다른 먹거리를 채집함으로써 구성원들에게 더 안정적으로 열량을 공급하는 역할을 했다.[35]

우리가 서로 편하게 도움을 주고받을 수 있는 관계는 일련의 보상에 의존한다.[36] 친구가 당신에게 도움이나 호의를 부탁했을 때, 당신은 친구에게 돈을 갚으라고 독촉하거나 계약서를 쓰자고 하지는 않는다. 우리가 친구에게 이사를 도와달라고 부탁하거나 위급 상황에서 도움을 요청할 때, 친구의 호의를 돈으로 갚는 것은 자칫 그들을 모욕하는 행위로 간주될 수 있으며 우정의 진정성에 대해 의심을 받을 수도 있다. 우리들이 일상에서 가지는 상호작용의 상당수는 정식 계약이 아닌 상호 신뢰를 통해 맺어진다. 그리고 이러한 신뢰는 친구와의 오랜 기간 동안 반복된 상호작용 및 호혜적 행위는 물론, 같은 지역사회에 살며 공동의 친구를 사귀는 행동으로부터 구축된다.

우리는 보통 가십과 루머, 다른 사람 뒤에서 그에 대해 떠드는 것을 경멸스러운 일로 생각한다. 우리는 아주 어릴 때부터 사촌들에 대한 잡담을 하기 시작해 누가 누구와 무엇을 하는지 관심이 극도로 높아지는 십대 때가 되면 잡담의 기술을 완벽히 익히게 된다. 보통 가십은 순전히 쾌락을 위한 것으로 보이지만, 다른 측면에서 보면 더 상위의 목표를 위한 것일 때도 있다. 한 사람이 잘못된 행동을 했을 때 그 사람에 대한 정보는 가십을 통해 네트워크 전체로 퍼져 나가 그의 평판에 손상을 가한다. 가십이 전파되는 속도를 볼 때, 어떤 사람이 자신의 친구를 푸대접했다는 소문은 네트워크 속 다른 사람들, 특히 이들의 관계를 지원해주던 사람들(즉 이들의 공동의 친구)에게로 순식간에 퍼지게 된다는 것을 알수 있다.[37]

다른 사람이 우리에 대해 어떻게 생각하는지 신경을 쓰는 것은 우리행동의 강력한 동기가 된다. 사람들은 자신의 행동이 다른 사람에 의해관찰되고 있을 때 평소와는 다르게 행동하게 되는데, 이는 매우 자연스러운 일이다. 따라서 지원되는 관계, 즉 공동의 친구가 있는 두 사람일수록 서로 간에 호의를 베푸는 일이 더 빈번하리라 생각하는 것도 합당한 추론이다.

나는 사람들이 서로 호의를 교환하는 데에서 그러한 지원 관계가 어떤 역할을 하는지 알아보기 위해 토마스 로드리게스 바라케르Tomás Rodríguez Barraquer, 쉬탄Xu Tan과 공동 연구를 시작했다.[38] 앞에서도 언급했듯이, 비공식적인 위험 분담은 우리의 복지와 안녕에 심대한 영향을 끼칠 수 있으며, 또한 호혜성 및 사회적 압력에 의존한다는 점에서 본 연구에 적합한 사례다. 누군가 친구에게 많은 돈을 빌려 달라고 부탁했을때, 그 친구로 하여금 돈을 빌려주도록 만들고 대출자도 돈을 갚게 되는일은 이들이 공동의 친구를 가졌는지에 달려 있다. 공동의 친구는 이들관계의 증인으로서 다른 친구가 부탁했을 때 도움을 거절하거나 혹은도움을 받고도 그 빚을 갚지 않은 친구와는 관계를 끊어버릴 수 있다.두 사람이 서로 돈을 빌려주고 갚는 데 따르는 보상은 그들에게 공동의친구가 없이 분리된 상태일 때보다 공동의 친구가 있어 그들이 부적절한 행동을 하면 그 관계가 끊어질 수도 있는 경우에 더 강화된다.

이러한 점은 비공식적인 관계라도 공동의 친구에 의해 지원되는 관계는 중요한 관계로 간주되는 경향이 있음을 시사한다. 우리는 인도인 마을에서 이 사실을 시험해봤는데, 그 결과 서로 돈을 빌려주고 갚는 관계에 있는 가계들 중 93퍼센트가 공동의 친구를 가지고 있는 것으로 확인되었다. 이는 서로 돈을 빌려주지 않는 관계의 가계들 중 공동의 친구가 있는 가계의 비율에 비해 63퍼센트 높은 수치다. 공동의 친구가 없는 두 사람이 서로 돈을 빌려주는 일은 매우 드문 일이었다.[39]

에밀리 브레자Emily Breza와 아룬 찬드라세카르는 사람들이 이런 관계를 그들 자신의 이익을 위해 사용할 수 없을지 궁금해했다. 사람들을 가난에서 벗어나게 만드는 데 따르는 한 가지 어려움은 이들로 하여금 돈을 저축하게 만드는 일이다.[40] 대부분의 사람들에게 일상생활에 드는 돈 이외의 여분을 비축해두기는 쉬운 일이 아니며, 특히 극빈층에게는 거의 불가능한 일이다. 이들은 수입이 적고 불규칙한 것뿐만 아니라 당장 시급히 돈을 써야 할 일이 생긴다. 게다가 약간의 돈이나마 저축하는 일은 언젠가는 이득이 될지 몰라도, 지금 당장에는 매우 무의미한 일로 보인다. 따라서 브레자와 찬드라세카르는 단순히 사람들에게 저축의 장기적 혜택에 대해 알려주며 통장을 만들게 하는 것을 넘어서, 이들에게 감시원을 배치하면 어떻게 될지 생각해봤다. 이 감시원은 그들 지역사회 출신이며 다른 일은 하지 않고 그저 관찰만 한다. 당신의 감시원은 당신이 저축 목표를 달성했는지 바로 알게 될 것이다.

감시원을 두는 일은 엄청난 효과를 거두었다. 저축률이 35퍼센트나 증가한 것이다. 사람들은 더 많이 일하고 지출을 줄임으로써 더 많은 돈을 저축할 수 있었다. 흥미롭게도, 감시원이 누구인가에 따라서도 차이가 있었다. 감시원이 네트워크에서 그들과 가까운 사람일수록 그리고 더 중심에 있는 사람일수록 저축 수준이 높아졌다. 평균 상승률 35퍼센트에 더해, 감시원의 중심성이 1 표준편차 증가할 때마다 저축률은 추가 14퍼센트 증가했으며, 이에 더해 감시원이 네트워크에서 저축자와 한 단계 더 가까운 사람이면 16퍼센트가 추가로 증가했다.[41] 당신은 사람들이 당신이 무슨 일을 하는지 알게 함으로써 당신의 행동을 상당 부분 변화시킬 수 있다. 특히 그 사람이 당신이 아는 사람이고 네트워크에서 더 중심에 있는 사람일수록 그런 효과는 더욱 커진다.

지원 관계는 사업에서도 핵심적인 역할을 수행한다. 뉴욕의 의류산업 전반을 조사한 브라이언 우치Brian Uzzi가 그 전형적인 사례를 기술한 바 있다. 그는 한 직물재단업체의 경영인이 다이애나라는 이름의 제조업자와 어떻게 함께 일하기 시작하게 되었는지에 주목했다.[42] 그 경영인과 다이애나에게는 노먼이라는 공동의 친구가 있었는데, 한번은 노먼이 그에게 "다이애나를 도와 달라"며 그녀의 직물을 급히 저렴한 가격에 재단해줄 것을 부탁했다. 그 경영인이 말하길, "그때 나와 다이애나가 어떤 관계였냐고? 정말 아무 사이도 아니었다. 나는 다이애나가 10달러를 가졌는지 1000만 달러를 가졌는지 알지 못했다…… 그런데 왜 그녀를 도와줬냐고? 왜냐하면 노먼이 '다이애나를 도와 달라'고 부탁했기 때문이다. 그래서 나는 바로 그녀를 도와줬다. 나는 통상적인 가격인 80센트 대신 40센트만 받고 그녀의 직물을 재단해줬다."

브라이언 우치가 묘사했듯이, "다이애나에 대한 경영인의 신뢰의 근간에는 오직 노먼의 부탁만이 있었다. 그녀는 계약서에 사인을 하거나 담보를 제공하거나 혹은 고수익을 약속하지도 않았다." 그리고 다이애나의 회사 매니저가 말했듯이, " '네가 도와주면 나도 돕는다' 같은 말도 없었어요…… 여기서는 이해할 수 있는 일이었어요."

제3자의 보증 아래 튼튼한 관계를 형성한 두 회사는 공동의 친구 이외에 어떤 보증도 없이 기꺼이 함께 일하기로 했다. 비록 그렇게 하는 데 비용이 더 들더라도 말이다.

관시와 정실주의

중국에서는 '관시关系'라고 불리는 사회적 자본이 사업에서 필수적인 역할을 한다. 사업가들 사이에서는 서면 계약보다 두 사람 사이의 개인적 유대감과 과거의 거래 경험 등의 직간접적 관계가 훨씬 더 중요하다. 그러한 관계는 형성하는 데 오랜 시간이 걸리며, 따라서 인내와 장기적 안목도 필요하다. 분쟁과 오해는 보통 소송이나 고소보다는 네트워크를 통해 해소된다.[43]

관시는 사람들이 서로 신뢰하고 협력할 수 있도록 도와주지만, 우리 모두가 익히 예상할 수 있는 단점도 가지고 있다. 바로 정실주의情實主義다. 우리는 더 뛰어난 자질을 갖춘 이방인보다 우리의 친구에게 일자리를 주는 것을 더 선호한다. 관시와 관련해, 피스먼Fisman, 시Shi, 왕Wang, 쉬Xu는 중국 과학자 사회에서의 정실주의를 측정했다.[44] 중국이 과학연구에 대한 지원을 크게 확대함에 따라, 중국과학기술아카데미에 소속된 과학자들에 상당한 자금이 흘러 들어갔다. 아카데미가 회원들을 어떻게 선발할지는 현 회원들로 구성된 위원회에서 결정한다. 연구자들은 회원들의 고향을 조사함으로써 그 회원과 아카데미의 현재 회원들 사이의 관시를 측정했다. 동향 출신이란 점은 관시의 한 가지 중요한 형태로 '라오시앙 관시老乡关系'라고 불린다. 연구자들은 회원선발위원회의 구성원 중 한 명과 고향이 같은 사람은 아카데미의 회원이 될 수 있는 기회가 39퍼센트 증가한다는 것을 밝혀냈다(교락효과를 일으킬 수 있는 다른 요인들은 모두 통제되었다). 선발된 회원 중에, 회원선발위원회의 구성원과 동향 출신인 회원은 고향에 연줄이 없는 회원에 비해 영향력 있는 과학논문을 보유한 확률이 절반밖에 되지 않았다.

이는 결국 연구자금에도 영향을 미친다. 피스먼과 동료 연구자들은 아카데미의 회원권과 관련해, 그 회원들이 소속된 기관의 연구자금이 연간 950만 달러 증가한 것으로 추산했다.[45]

관시는 그 결과물에만 영향을 주는 것은 아니다. 관시로 인해 사람들은 일을 하는 것보다 네트워크를 형성하는 데 상당한 시간을 쏟아붓게 된다. 사람은 태어난 곳은 바꿀 수 없지만 다른 형태의 관시나 연결은 조정할 수 있다. 시이공施一公과 라오이饒毅는 과학자들의 행동에 대해 다음과 같이 말했다. "중국의 과학자들 중 상당수는 인맥을 형성하는 데 너무 많은 시간을 소모하므로 세미나에 참석하거나 과학을 논의하고, 연구를 진행하고, 학생들을 가르칠 충분한 시간을 확보하지 못한다······ 그중 일부는 문제를 야기할 수도 있는데, 지원자를 뽑을 때 인맥을 활용하며 그들의 과학적 성과를 저평가할 수도 있기 때문이다."[46]

물론 정실주의가 중국에서만 나타나는 것은 아니며, 다양한 환경에서 정실주의를 관찰한 연구가 많이 있다. 그저 출신 지역에 따른 특혜는 공공연하게 알려져 있기 때문에, 동향인에 대한 관시로부터 정실주의가 어떻게 작동하는지 관찰하기 쉬울 뿐이다.

지원적 관계나 관시 등의 사회적 자본에서 비롯되는 정실주의가 궁극적으로 사회에 어떤 영향을 미칠지를 한 마디로 단언하기는 어렵다. 왜냐하면 인맥은 신뢰의 함양을 도움으로써 생산성의 증대에 기여할 수도 있지만, 한편으로는 누가 어떤 지위를 얻고 인맥 형성에 시간을 얼마나 투자할지를 왜곡시킬 수도 있기 때문이다.[47]

네트워크 구조만으로 배우자를 식별하는 법

지원 관계와 네트워크의 국소적 구조가 가진 중요성을 볼 때, 우리는 네트워크를 분석함으로써 네트워크 속 구성원의 신원을 예측할 수 있음을 알 수 있다. 이에 대한 한 가지 예시로, 다음 과제를 생각해보자. 네트워크 속 사람들에 대한 구체적인 정보 없이, 그저 네트워크의 구조를 보는 것만으로 누가 누구의 배우자 혹은 연인인지 알아낼 수 있을까?

이 과제에 도전하기 위해 라스 백스트롬Lars Backstrom과 존 클라인버그Jon Kleinberg는 페이스북의 데이터를 활용했다.[48] 구체적인 방식은 다음과 같다. 페이스북 이용자 중 아무나 한 명을 골라보자. 예컨대 샘을 골랐다면, 그는 누구와 연인 관계(혹은 배우자나 정기적으로 만나는 사람)인가? 이제 샘의 친구들이 서로 어떻게 연결되어 있는지 나타낸 국소적 네트워크를 본다고 하자. 그 외에 다른 정보는 주어지지 않는다. 그저 노드와 링크로 이루어진 지도만을 가지고 샘의 연인에 해당하는 노드를 추측해야만 한다. 샘에게 100명의 친구가 있다면, 그저 무작위로 한 명을 고른다고 할 때 당신이 옳은 노드를 고를 확률은 100분의 1에 지나지 않는다.

먼저 공동의 친구는 관계를 강화시키고 지원을 제공하며 신뢰를 증진시킨다는 점을 생각해보자. 즉 샘과 공동의 친구가 많은 노드는 샘의 연인 또는 배우자일 가능성이 높다. 이처럼 각 쌍의 사람들이 공동으로 가지는 친구의 수를 그 관계의 '배태성embeddedness'이라고 일컫기도 한다.[49]

이제 우리는 샘의 친구들 가운데 그와 공동의 친구가 가장 많은 사람을 찾아볼 수 있다. 페이스북 데이터로 이런 작업을 진행했을 때 당신은 24.7퍼센트의 확률로 샘의 연인을 찾을 수 있다. 대략 4분의 1인 셈이니, 그저 아무나 한 명을 고르는 것보다는 훨씬 높은 확률이라고 할 수 있다.

한 걸음 더 나가보자. 샘이 마리아와 연애 중이며, 이들의 공통된 친구로는 네이선, 켈리, 루크 등이 있다고 하자. 이 사람들 중에 서로 친구인 사람들의 비율은 얼마인가? 네이선과 켈리는 서로 친구인가? 네이선과 루크는?

여기서 우리는 무엇을 알 수 있을까? 샘과 마리아가 비교적 최근에 만나기 시작했고 둘 다 가입되어 있는 스키 동호회에서 서로를 알게 되었다고 가정해보자. 스키 동호회가 이들이 처음 만난 곳이고, 동호회 밖에서 둘의 네트워크는 거의 분리되어 있다고 가정하자. 그러면 그들의 공동의 친구는 모두 이 스키 동호회의 회원일 것이며 그들 또한 서로 친구일 것이다. 반대로, 샘과 마리아가 알고 지낸 지 오래된 상황도 생각해보자. 그러면 스키 동호회 사람들은 샘과 마리아의 공동 친구 중 일부에 불과할 것이다. 이제 이들의 공동의 친구는 각자의 가족, 직장, 이웃, 어릴 적 친구 등에서 올 것이다. 샘과 마리아 각각은 삶의 다양한 관계로부터 사귄 친구들이 있을 것이며, 시간이 흐르면 서로는 상대방의 친구들과도 친해지게 될 것이다. 즉 샘과 마리아의 공동의 친구는 네트워크의 다양한 부분에서 오기 때문에 그들이 서로 알 가능성은 낮다. 예컨대, 이 둘의 공동 친구들 중 샘의 직장 동료는 마리아의 소꿉친구와 알고 지낼 가능성이 낮다.

샘과 마리아의 공동의 친구들 사이의 네트워크상 거리의 합을 '분산도dispersion'라고 정의하자(이때 샘과 마리아는 제외한다). 공동의 친구가 더 많아지면, 그 친구들이 서로 친구가 아닌 한 분산도도 늘어난다.

만일 샘의 친구 중에 분산도가 가장 높은 사람을 골랐을 때, 그 사람이 샘의 연인일 확률은 60퍼센트나 된다! 이 값은 그와 공동의 친구를 가장 많이 가진 사람을 골랐을 때보다 두 배나 높은 수치다. 다른 정보 없이 그저 네트워크를 들여다보기만 해도 50퍼센트보다 높은 확률로 수백 명의 사람들 중에 연인을 찾아낼 수 있는 것이다.

흥미롭게도 네트워크에서 연인 관계를 정확히 식별해내지 못하는 경우는 대체로 그 관계가 곧 파경을 맞이하게 되는 경우였다. 한 사람의 연인이 그의 친구들 중 분산도가 가장 높은 사람이 아닌 경우, 앞으로 2달 내에 그 관계가 끝날 확률은 분산도 값으로 연인을 찾을 수 있는 경우보다 50퍼센트 높았다.[50]

이것의 작동 방식은 강력한 논리로 뒷받침된다. 우리가 서로 다른 상황 속에서 많은 시간을 함께 보내는 사람은 분산도가 높아지게 된다. 연인 또는 배우자는 우리가 대부분의 시간을 함께 보내는 사람이며, 특히 다양한 상황에서 함께하는 사람이기도 하다. 분산도가 높을 때의 한 가지 부차적 결과는 장기적 관계를 깨는 것이 훨씬 어렵고 혹독해진다는 것이다. 시간이 흐름에 따라 두 사람의 네트워크가 점점 더 밀접하게 엮이기 때문이다.

자신을 이해하려면 우정을 이해하라

"당신 주위에 있는 사람들은 당신의 행동에 영향을 준다. 그러므로 건강한 습관을 가진 친구를 만나야 한다."

— 댄 뷰트너Dan Buettner(사이클리스트이자 탐험가)

우리의 행동을 친구나 지인에게 맞춰가려는 성향과 욕구는 여러 가지 결과로 이어진다. 우리는 집단을 따름으로써 많은 시간과 에너지를 소모하지 않고도 우리에게 유익한 행동을 찾을 수 있으며, 다른 사람들과 같은 경험을 공유함으로써 활발한 토론과 상호작용을 이어갈 수 있다. 하지만 집단에 순응했을 때 따르는 인센티브로 인해 그 행동이 네트워크 전체에 연쇄적으로 퍼져 나가는 경우, 때로는 좋지 못한 결과로 이어질 수도 있다. 그 결과는 열악한 구식 기술에 얽매인 채 골머리를 앓는 것에서부터 극단적일 때는 대학살의 잔혹함에 이르기도 한다.

한 번 더 강조하지만, 네트워크의 구조에 대한 이해는 우리가 우리의 행동과 그 행동의 확산을 더 잘 이해하도록 돕는다. 몇 번의 상호작용 이후 어떤 행동이 확산될 것인가는 우리 네트워크의 국소적 강화 수준(즉 세 사람이 이루는 삼각형의 수)에 달려 있다. 즉 한 사람이 다른 사람을 대하는 방식은 그들이 속한 네트워크에서의 관계 외의 요인에 의해 영향을 받기도 한다. 예컨대, 그들은 우리와 동종인가 아닌가? 그 관계를 지원하고 서로 간의 신뢰 함양을 도울 수 있는 공동의 친구를 가지고 있는가? 그들이 서로 호의를 교환했을 때 따르는 보상이 있는가?

9

세계화와
변화하는 네트워크

데이브 바운은 펜실베이니아 내저러스에 있는 그의 집에서 그리 멀지 않은 곳의 언덕까지 걸쳐 있는 시골길을 자전거로 달리곤 했다. 지구 반대편에 사는 리사 그레이스는 와인과 캥거루로 유명한 오스트레일리아 애들레이드 외곽의 아름다운 언덕을 자전거로 오르곤 했다. 지구상에서 이 두 사람만큼 멀리 떨어져 있는 사람들도 찾기 힘들 것이다. 이 둘이 아무리 열심히 자전거를 탄다고 해도 어디에선가 서로 만날 리는 만무해 보인다. 그럼에도 불구하고 기어코 두 사람은 만나게 되었다.

'스트라바Strava'는 자전거로 운행한 거리를 추적해 평균 속도, 거리, 고도, 와트수, 소모한 칼로리 등의 상세한 데이터를 기록해주는 건강 어플리케이션이다. 만약 당신이 자전거를 타는 사람이라면 이런 종류의 어플리케이션을 하나쯤 가지고 있을 것이다. 이런 어플리케이션들은 다른 사람들이 어디서 자전거를 타는지 보여주므로 당신이 어디에 있든 최적의 경로를 찾고자 할 때 유용하게 사용할 수 있으며, 같은 경로 또는 유사한 경로에서 다른 사람들이 달성한 기록도 확인할 수 있다. 또한 스트라바는 당신과 유사한 주행 패턴을 가진 사람들과 당신의 운동량을 비교할 수 있도록 하는 기능도 갖추고 있으며, 이에 따라 당신에게 격려의 말을 보내기도 한다.

2014년 리사는 스트라바에서 데이브에게 팔로우 요청을 보냈고, 데이브는 이 요청을 수락했다. 스트라바에서 칭찬과 농담을 나눈 후, 결국 그들은 소셜미디어를 통해 연결되었고 장거리 대화를 나누며 우정을 쌓아갔다. 이후 데이브는 오스트레일리아를 몇 번 방문했고, 2016년 마침내 이들은 결혼했다. 데이브는 자전거를 타고 스트라바 맵으로 봤을 때 "나와 결혼해줘 리사"라고 읽히는 경로를 따라 주행함으로써 리사에게 청혼했다.[1]

스트라바와 같은 플랫폼은 우리 삶에 수많은 지식과 즐거움을 가져왔다. 이런 소셜미디어가 없었다면 외따로 고립되었을 노인들이 이제는 친구 및 가족들과 연결된 상태로 지낼 수 있게 되었다.[2]

더 많은 지역에서 연결성이 높아지고 있으며, 그 결과 예전에는 본 적 없던 경제적 효과가 발생하기도 한다.

만일 당신이 중국이나 인도 또는 아프리카 작은 시골 마을에 사는 어부라면, 생선을 팔 장소를 어떻게 찾을 수 있을까? 예전에는 단지 짐작만으로 시장에 가서, 시장에서 쳐주는 가격에 생선을 팔았다. 보통 시장들은 서로 멀리 떨어져 있고 거의 비슷한 시기에 열리기 때문에, 더 좋은 가격을 받기 위해 한 시장에서 다른 시장으로 이동하기는 거의 불가능했다. 하지만 이제 당신은 친구나 지인에게 연락해 어느 시장에서 얼마 정도에 생선을 팔 수 있을지 물어볼 수 있게 되었다. 한 시장에는 판매자가 너무 많고 다른 쪽에는 너무 적다면, 당신은 생선을 더 많이 필요로 하는 시장으로 가면 된다. 이것이 그렇게 중요한 일일까? 그렇다. 연결성은 시장에 균형을 가져오는 역할을 할 수 있다. 롭 젠슨Rob Jensen은 휴대폰이 등장하기 이전과 이후 인도 남부의 시장에서 생선의 가격을 조사했다.[3] 휴대폰이 등장하기 이전에는 정어리 가격에 엄청난 차이가 있었다. 예를 들어 한 시장에서는 정어리 가격이 킬로당 4루피인 반면, 같은 지역의 다른 시장에서는 같은 품질의 생선이 킬로당 10루피에 팔리고 있었다. 한쪽 시장에선 생선이 썩고 있었지만 다른 쪽에선 이미 동이 나버리기도 했다. 일반적으로 시장에 따른 가격 차이는 대략 킬로당 8루피 정도였다. 하지만 이 지역에 휴대폰이 들어온 이후에는 가격 차가 킬로당 2루피 이하로 감소했다.

기술의 진보는 그것이 우리가 사는 세상을 변화시킨 방식에서 은총이자 동시에 저주였다.[4] 그것은 유사 이래 가장 빠른 속도로 빈곤 퇴치를 이끌었지만, 동시에 노동력을 대체하고 고학력자의 특권을 강화했으며 결과적으로 불평등을 악화시켰다. 기술의 변화는 또한 멀리 떨어져 있는 사람들 사이에도 관계를 형성하고 유지할 수 있도록 만들었지만 동시에 어떤 친구를 사귈지는 점점 더 까다로워졌다. 현재의 기술 수준이 우리의 네트워크에 어떤 영향을 미칠지 이해하기 위해서는 이러한 네트워크가 어떻게 그리고 왜 형성되는지 이해할 필요가 있다.

네트워크 형성과 외부효과

나는 네트워크가 어떻게 형성되는지 조사하면서 처음으로 네트워크 이론의 매력에 빠지게 되었다. 왜 우리는 네트워크에서 서로 다른 위치를 차지하게 되는가? 우리가 형성한 네트워크는 '올바른' 네트워크, 즉 우리 사회에 가장 적합한 네트워크인가?[5]

이미 우리는 네트워크 형성에서 중요한 특성 몇 가지—중심성이 중심성을 낳는다는 사실에서부터 수많은 힘에 의해 동종선호의 경향이 큰 네트워크가 형성된다는 사실까지—에 대해 논의했다. 하지만 네트워크 형성에서 기술적 힘이 미치는 영향을 이해하기 위해서 우리가 알아봐야 할 근본적인 특성이 몇 가지 더 있다.

예방접종에서 금융 위기 확산, 사회적 학습에 이르기까지 지금까지의 논의에서 외부효과는 중심적인 역할을 해왔다. 외부효과는 네트워크를 흥미롭게 만드는 동시에 우리가 그것을 이해해야만 하는 것으로 만들었다. 따라서 네트워크의 형성에서도 외부효과가 중요한 역할을 하리라는 것은 쉽게 예측할 수 있다.

네트워크 형성에서 핵심적인 역할을 수행하는 외부효과는 상당 부분 긍정적인 영향을 미친다. 내 개인적인 경험을 예로 들어보겠다. 나는 대학 학비를 보조하기 위해 고등학생 때부터 대학 시절까지 수많은 직장을 전전했다. 대부분은 특별한 기술을 필요로 하지 않는 일이었다. 내가 그 일을 얻을 수 있었던 것도 훈련이 거의 필요 없는 일이었기 때문이다. 나는 지역 상점에서 창고직원으로 일하기도 했고, 트럭에서 짐을 내리는 일을 하기도 했고, 지방 병원에서 야간 경비로 일하기도 했으며, 은행에서 서류를 정리하는 일을 하기도 했다. 내가 받은 돈은 보통 최저임금 수준이었고, 직장을 그만둘 때는 처음 일을 시작할 때에 비해 기술이 더 늘지도 않았다. 그러다 대학 졸업 학기가 시작되기 직전 여름, 내게 변화가 찾아왔다. 나의 학부 지도교수의 전직 동료 중 한 명이 마침 시카고상업거래소 즉 선물시장에서 연구팀을 이끌고 있었던 것이다. 나는 지도교수의 소개를 통해 면접 기회를 가질 수 있었고 결국 일자리를 얻을 수 있었다. 이 일은 이전보다 급료가 훨씬 높았고, 무엇보다도 나는 단기간에 많은 것을 배울 수 있었다. 시장이 어떻게 작동하고 성장하며 변화하는지 그리고 언제 실패하는지를 바로 옆에서 지켜본 경험은 내가 경제학자가 되기로 결심하는 데 중대한 영향을 끼쳤다. 이는 분명 대단히 긍정적인 외부효과다. 내 지도교수와 전직 동료 사이의 우정은 내가 이 일자리를 얻는 데 결정적인 기여를 했다.

이제 여러 해 더 과거로 가보자. 내 지도교수가 그 동료와 우정을 쌓기로 결심했을 때, 그는 그 관계가 수 년 후 내게 미칠 영향을 고려했을까? 물론 아니다.

여기서 말하고자 하는 바는 우리가 맺는 관계가 결과적으로 우리 주변의 다른 사람들에게 가치 있는 정보나 기회로 이어질 수 있다는 점이다. 비록 우리가 관계를 맺고 유지하기로 결정할 때 그 관계가 타인에게 미치게 되는 긍정적인 효과들에 대해서는 거의 고려하지 않지만 말이다. 예를 들어 사회적 학습을 논의할 때 이미 확인했던 것처럼 사람들간의 연결이 더 다양하고 넓은 범위에 걸쳐 있을수록 우리의 지역사회는 새로운 정보를 더 빨리 습득할 수 있고 각 구성원들에게 도달하는 정보의 양도 더 많아지게 된다. 하지만 우리는 친구를 사귀면서 그런 점에 대해서는 별로 고려하지 않는다. 내가 학회에 참석하거나 책을 읽는 이유는 보통 내가 그 주제에 관심이 있고 그에 대해 더 많이 배우고 싶어서지, 궁극적으로 그 지식을 남에게 전달하기 위해서는 아니다. 만일 우리가 우리 지역사회의 의사소통과 정보를 증진시키려는 목적으로 누구와 관계를 맺을지 선택했다면, 아마도 우리는 더 많은 사람과 관계를 맺었어야 했을 것이다.

일반적으로 관계 형성의 개인적 유인과 어떤 관계가 그 사회에 최선인지 사이에는 긴장 관계가 존재한다. 이는 내가 경제학자 애셔 워린스키Asher Wolinsky와 공동으로 진행한, 네트워크에 대한 나의 첫 번째 연구 주제이기도 하다. 네트워크에 만연한 외부효과로 인해 사람들은 보통 준최적화된 네트워크를 형성하게 된다. 즉 사람들은 자신들이 맺는 관계가 타인에게 미치는 영향력을 다 고려하지는 않으며, 많은 경우에 '모든 사람'은 네트워크가 다른 식으로 형성된다면 더 잘살게 될 것이다.[6]

이것은 사람들이 얼마나 많이 관계를 맺고 상호작용하는가뿐만 아니라 그들이 얼마나 다양한지와도 관련이 있다. 자신과 비슷한 사람들과만 어울리는 대신 관계의 범위를 넓히려 애쓰는 사람은 동종선호가 부과하는 일부 장애물을 극복할 수 있다. 이들은 이들이 속한 지역사회의 정보를 풍부하게 만든다. 하지만 분열의 다리를 넘어 자신과 근본적으로 다른 사람과 교류하는 것은 에너지와 시간이 많이 소요되는 일이며, 네트워크 형성에서의 일반적인 경향으로 돌아가고 만다. 더 많은 연결을 가지는 것으로부터 긍정적인 외부효과가 나타날 때, 사람들은 관계의 양과 다양성에 대해 과소 투자하는 경향이 있다. 하지만 우리 모두가 더 많은 사람, 더 다양한 사람과 관계한다면, 우리 사회가 가진 정보는 더 풍부해지고 더 활발히 유통될 것이며, 우리 모두는 그로부터 더 많은 혜택을 누릴 수 있을 것이다.[7]

같은 원리에 따라 부정적인 외부효과는 정반대로 작용할 수 있다. 사회적으로 최적인 상태보다 더 많은 연결이 생기는 것이다. 그 간단한 예로서 사람들이 무방비한 성관계를 가지는(결과적으로 성병을 전염시키는) 횟수가 있다. 많은 상대와 무방비한 성관계를 자주 가지면 그저 상대를 성병의 위험에 빠뜨리게 되는 것뿐만 아니라, 3장에서도 보았듯이 그 병이 네트워크 전체에 퍼질 위험도 더 높아진다. 전염의 가능성이 몇 배 더 증가하게 되는 것이다.

이런 기본적인 경향을 염두에 두고, 이제 기술의 영향력에 대해 좀 더 자세히 파헤쳐보자. 기술의 진보는 두 가지 방식으로 관계 형성의 유인을 변화시킨다.[8] 먼저 그것은 멀리 떨어져 있는 사람들 사이의 관계 형성과 유지를 더 용이하게 만들었다. 이는 기술의 순효과로 일반적으로 긍정적인 외부효과를 가진다. 그 기술이 없을 때에 비해 사람들이 더 많은 관계를 형성할 수 있도록 돕기 때문이다. 사람들이 사회적 관계에 과소 투자하는 경향을 고려할 때, 상호작용을 더 원활히 작동하도록 만드는 것이라면 무엇이든 사회에 도움이 된다. 하지만 기술은 부정적인 효과를 가질 수도 있다. 기술에서의 진보로 인해 사람 또는 조직은 그들 자신과 비슷한 견해를 가지는 사람과 더 쉽게 연결될 수 있다. 동종선호의 경향이 더 늘어난 것이다.

기술의 진보는 데이브와 리사의 이야기처럼 경이로운 결과로 이어질 수도 있지만, 동시에 우리의 네트워크를 더 분열시킬 수도 있다. 특정 관심사나 특정 관점에 부합하는 기사를 주로 제공하는 언론매체나 뉴스 서비스는 정보의 흐름을 왜곡시킬 수 있다. 사람들이 자신과 비슷한 생각을 가진 사람들과만 자주 교류할수록 이들의 관점은 점점 더 좁아지고, 결국에는 자기 자신의 목소리만 반향되는 메아리방에 갇히게 된다.[9]

이러한 힘들이 어떻게 작용하는지 살펴보자. 먼저 경제적 세계화를 논의해보고자 한다. 기술의 진보로 인해 국제무역은 점점 더 원활해지고 있으며, 우리의 세계적 네트워크는 역사상 그 어느 때보다 촘촘해졌다. 그리고 이것은 긍정적인 외부효과로 이어졌다. 우리는 유사 이래 가장 평화로운 시기를 맞이하게 된 것이다.

무역 네트워크: 전쟁 대신 거래를 하자

"정치의 비결이란? 러시아와 협정을 잘 맺는 것이다."

—오토 폰 비스마르크

오토 폰 비스마르크는 1871년 덴마크, 오스트리아, 프랑스와의 전쟁을 끝낸 후, 프로이센 지역에서 독일 연방을 통일했다. 다음 행보로 그는

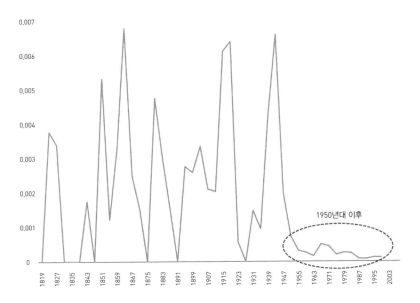

그림 9.1 1820년부터 2000년 사이 국가 쌍당 전쟁 발생 건수(Jackson and Nel[2015]).

평화 유지를 위해 동맹을 맺겠다는 분명한 목표를 천명하며 초기 형태
의 세계화를 시작했다. 그 결과, 오스트리아-헝가리, 이탈리아 사이에
삼국동맹이 체결되고 러시아와 불가침 조약이 체결됨으로써 잠깐이나
마 유럽은 상대적으로 평화로운 시기를 누릴 수 있었다. 결국 제1차 세
계대전이란 극단적인 폭력 사태가 일어나기 전까지 말이다.

　역사적 기준으로 봤을 때, 전 세계가 비로소 평화로워진 것은 야만적
인 제2차 세계대전이 종결된 이후부터다. 지난 70년간 두 국가가 전쟁
상태에 있을 평균 확률은 19세기와 20세기 전반기에 비해 10배나 줄어
들었다! 비록 한국과 베트남, 아프가니스탄, 콩고, 쿠웨이트와 이라크
등지에서 전쟁이 있었지만, 국가 간 전쟁 발생률은 어떤 통계 수치로 보
나 급격히 감소했다.

국가 간 교역량(GDP의 %)

그림 9.2 세계 GDP에서 국가 간 무역이 차지하는 비율. 국제 교역량은 수출과 수입을 합한 값이므로, 수출이나 수입 수준을 알기 위해서는 이 값을 반으로 나눠야 한다.

국가 쌍당 전쟁 발생 건수를 평균을 내보았을 때, 1820년에서 1949년 사이에는 0.00059건인 반면, 1950년에서 2000년 사이에는 0.00006건이다. 평균 발생 건수가 10배 가까이 감소했다는 것을 〈그림 9.1〉에서도 확인할 수 있다.[10]

그렇다면 우리 시대가 이토록 급격히 평화로워진 것을 어떻게 설명할 수 있을까? 이는 내가 나의 예전 지도학생으로 현재는 경제학자가 된 스티븐 네이Stephen Nei와 함께 연구한 주제다.

비스마르크가 맺은 동맹과 제2차 세계대전 이후 각국이 맺은 동맹, 특히 잠재적인 적국과의 동맹은 서로의 편익을 위한 동맹이었다. 이들 동맹국들은 깊은 경제적 이해관계로 얽혀 있지 않았다. 국가 간 무역은 날로 늘어나고 있었지만, 여전히 대부분의 국가는 그들의 경제가 의존

연도	1870	1913	1950	1973
교역량이 GDP의 0.5% 이상인 국가를 상대국으로 정의할 때	2.8	10.1	10.3	17.0
교역량이 GDP의 0.1% 이상인 국가를 상대국으로 정의할 때	3.6	14.2	20.3	34.0

표 9.1 국가당 평균 무역 상대국 수. 두 국가 중 적어도 한 국가의 교역량이 그 국가의 GDP의 0.5퍼센트 이상일 때, 두 국가를 무역 상대국으로 간주했다(Jackson and Nei[2015]).

하고 있는 소수의 국가와만 거래하고 있었다.

20세기의 후반 동안 국제 교역은 기하급수적으로 성장했다. 단지 무역량만 증가한 것이 아니라 그것이 세계 전체 생산량에서 차지하는 비율 또한 급격히 증가했다. 국제 교역의 역사는 〈그림 9.2〉에 나타나 있다.[11]

많은 국가의 소득이 증가하고, 중산층의 급성장으로 더 다양한 종류의 상품을 구입할 수 있게 됨에 따라 교역량도 크게 늘어났다. 국가 간 무역이 촉진된 이유에는 해상 기술의 변화로 인해 운송비가 절감되고 컨테이너 운송을 처리할 수 있는 항구가 늘어난 요인도 있다.

전체 무역량만 늘어난 것이 아니다. 이제 주요 국가 중 상당수가 더 많은 주요 국가와 거래하고 있으며, 이들 간의 협정이 10여 년간 지속될 가능성은 더욱 높아졌다. 〈표 9.1〉은 각 국가들이 평균적으로 얼마나 많은 나라와 거래하는지 그리고 비스마르크 시대부터 1970년대 초반까지, 시간에 따라 무역 상대국의 수가 얼마나 증가했는지 보여준다. 거래 국가의 수는 1970년대 이후 더 급격히 증가했다.

여기서 중요한 점은 무역 네트워크와 동맹 네트워크가 함께 움직였다는 것이다.

나폴레옹 전쟁(1816년에 시작되었다)의 종전 이후 1950년까지 검토해보면 각 나라는 한 번에 평균 2.5개의 동맹을 맺었다. 또한 이 동맹은 오래 유지되지 않았다. 어떤 동맹이든 5년 이후에도 이어질 확률은 3분의 2를 조금 넘는 수준이었다. 대부분은 무역이 아닌 정략결혼을 통해 맺어진 것으로서, 상황이 어려워지면 쉽게 붕괴되었다.[12] 그러나 1951년 이후에는 각 나라당 동맹의 수가 4배에서 10.5배 이상 증가했다. 더 중요한 점은 이러한 동맹이 상당히 안정적으로 유지되었다는 것이다. 이제 한 동맹이 5년 뒤에도 존속하고 있을 확률은 96퍼센트까지 증가했다.[13] 〈그림 9.3〉은 중요한 역사적 순간에 이러한 네트워크가 어떤 형태를 취하고 있는지 나타낸 것이다.

전쟁의 급격한 감소에 발맞춰, 군사 동맹은 물론 무역 동맹 또한 최근으로 올수록 더욱 밀도가 높아지고 안정화되고 있다. 게다가 지난 30년 동안 발발한 전쟁 대부분을 살펴보면 교전국 중 최소한 한쪽은 무역량이 낮은 나라였다. 주요 무역 상대국들은 전쟁의 반대편에 나타나지 않는다.

전 역사를 통틀어 무역 상대국이 10개국 늘어날수록 그 나라가 교전 중에 있을 확률은 절반 감소한다. 그리고 양국 간의 무역 수준이 평균보다 1 표준편차만큼 높은 두 국가는 교전 중에 있을 확률이 평균보다 17배 낮다.[14]

무역 관계와 평화 사이의 이 놀라운 상관관계가 인과성을 가지는지는 확신할 수 없다. 통제실험을 하려면 교역이 있는 역사와 교역이 없는 역사에서 각각 무슨 일이 일어났을지 비교할 수 있는 평행세계를 봐야 하는데, 아직 우리는 그런 것이 없기 때문이다. 시간의 흐름에 따라 국제적 정치 지형이나 민주정을 채택한 국가의 수, 핵무기의 보유 여부 등도 달라졌다. 이러한 변화들도 모두 더 평화로운 세상을 만드는 데 기여했다. 하지만 나와 스티븐 네이가 알아낸 것처럼,[15] 이러한 요인들 중 어떤

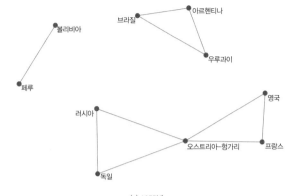

(a) 1875년

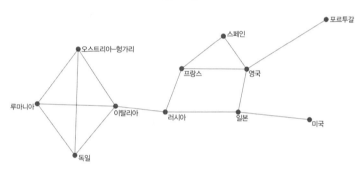

(b) 1910년

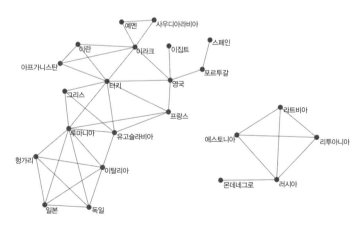

(c) 1940년

354

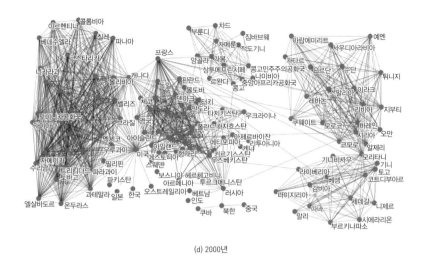

(d) 2000년

그림 9.3 군사적 동맹의 변천. 과거와 비교해 최근으로 올수록 네트워크의 밀도가 급격히 증가했음을 볼 수 있다.

것도 왜 20세기 중반 이후 분쟁이 급격히 줄어들었는지 설명하지 못한다. 더 조밀해진 무역 네트워크가 평화를 가져오는 데 핵심적인 역할을 한 것은 분명해 보인다.

세계 평화가 얼마나 중요한지를 생각할 때, 비록 무역과 평화 사이에 인과관계가 성립한다는 것을 입증할 수는 없지만, 적어도 그 사이에 상관관계가 있다는 것을 고려해 그에 맞는 행동을 할 필요는 있다. 경제적으로 밀접히 엮여 있는 두 나라는 서로 전쟁을 할 동기는 매우 적지만 서로를 보호해줄 동기는 충분히 많다. 유럽연합은 유럽 역사상 이전에는 찾아볼 수 없던 가장 평화로운 시기를 이끌어냈다.

만일 아프리카와 중동에서 전쟁 가능성을 줄일 해법을 찾고 있다면, 무엇을 해야 할지는 명확하다. 경제를 육성하고 이 지역의 무역 네트워크를 활성화하는 것이다. 특히 잠재적인 적대 국가 사이의 무역을 증진시킨다. 물론 쉬운 일은 아니지만, 효과가 있을 것은 분명하다. 양국 간의 무역량을 현저히 늘리지 않고 그저 협정을 맺는 일만 반복하는 것은, 비록 강력한 제3국이 개입한다고 해도, 기껏해야 현상 유지 수준에 머물 뿐이다.

우리는 지난 수세기의 역사를 통해 고립주의 정책이 얼마나 위험한지 알게 되었다. 아마도 무역 네트워크와 평화에 대한 교훈은 이 책에서 가장 중요한 부분 중 하나가 아닐까 싶다.

동종선호와 양극화의 확대

"세계화로 인해 우리는 우리의 생각을 재검토해야 했다. 우리는 우리의 생각을 다른 나라의 시선에서, 다른 국가의 관점에서 봐야 했고, 우리들 자신을 그들에게 개방해야 했다. 이는 보통의 사람에게는 결코 쉬운 일이 아니다."

— 허비 행콕(미국의 재즈피아니스트)

오늘날 세계 대부분의 지역에서는 양극화의 심화(예를 들어 〈그림 7.4〉에서와 같은)와 함께 비유동성 및 불평등도 증가하는 양상이 관찰되고 있다. 하지만 이러한 현상들은 그저 우연히 동시에 발생한 것이 아니라, 그 기저에 있는 공통된 힘에 의해 발생한 것이다. 이 힘에 의해 의사소통의 패턴 또한 변화하고 있다. 한 가지 예를 들어보자. 인터넷이 정치를 어떻게 변화시켰는지 알아보는 한 가지 방법은 서로 다른 지역에서 인터넷이 언제부터 사용되기 시작했는지, 그에 따라 그 지역의 정치는 어떤 영향을 받았는지 추적하는 것이다.

아니아 프룸메르Anja Prummer가 한 일이 바로 이것이다. 그녀는 미국 각 지역에서 인터넷 이용률이 정치 양극화에 어떤 영향을 끼쳤는지 조사했다. 프룸메르는 각 지역구의 양극화 정도를 추산하기 위해 그 지역의 의회 투표 패턴을 활용했는데, 그 결과 인터넷이 전혀 설치되지 않았던 지역에서 이후 인터넷 설치가 완비되면 그 지역의 정치 양극화 성향은 22퍼센트 증가하는 것으로 나타났다(다른 모든 조건은 동일하다).[16]

이 실험은 인터넷 연결이 양극화의 심화로 이어진다는 사실을 직접적으로 입증하지는 못한다. 예를 들어 인터넷 이용 가능성은 그 지역의 경제적 상황의 변화에 따라 촉진될 수 있는데, 바로 이러한 경제적 변화가 정치 양극화에 영향을 준 것일 수 있다.

따라서 다른 연구에서는 각각 다른 지역에서 인터넷이 이용 가능해진 방식에 대해 임의추출 방식을 활용했다(예를 들어 선로 설비와 관련된 법률의 변화로 인해 광케이블이 설치될 수 있는 지역에 영향을 주었을 수도 있고, 규제 변경이 지연되면서 지역에 따라 인터넷 설치 시점에 차이가 있을 수 있다). 이처럼 무작위적 요인이 인터넷 설치에 영향을 준 사례들을 활용한 연구들은 인터넷과 양극화의 관계가 인과적이라는 유의미한 증거를 제시할 수 있었다. 예를 들어 제프서 렐케시Yphtach Lelkes, 가우라브 수드Gaurav Sood, 샨토 엔가르Shanto Iyengar는 2015년 연구에서 인터넷에 대한 접근이 늘어날수록 편파적인 뉴스 기사에 대한 접근도도 높아지며, 이에 따라 정치 양극화가 심화되는 양상이 나타난다는 것을 밝혔다.[17] 사무엘레 포이Samuele Poy와 시몬 쉴러Simone Schüller는 이탈리아 트렌토 지역의 인터넷 설치율을 조사한 2016년 연구에서, 인터넷 가용률이 증가함에 따라 투표율이 현저하게 높아졌으며 각 당의 상대적 점유율도 변화했다는 사실을 알아냈다.

신념의 양극화는 복잡한 현상으로, 단지 인터넷만 탓하는 것은 옳지 않다. 또 다른 기술적 요인이 중요한 역할을 하고 있을 수도 있다. 인터넷이 등장하기 수십 년 전, 케이블TV는 뉴스제공원의 증식을 이끌었으며, 이후 전 세계 사람들은 수십 년 동안 서로 다른 이념들 사이에서 씨름을 해야 했다.[18] 케이블TV가 등장한 이래 특정 이념에 기반을 두고 특정 시청자층을 겨냥한 뉴스가 제작되면서 먼 거리에 있는 사람들도 이런 뉴스를 좀 더 저렴하게 이용할 수 있게 되었고, 나아가 방송사는 더 많은 시청자를 확보하게 되었다.[19] 이러한 흐름은 동종선호와 결합하는데—만일 집단 내 사람들이 모두 동일 출처에서 나온 뉴스를 접하고 그 내용에 대해 서로 논의한다면—결국 집단으로는 제한된 정보만 유입되고 그들 자신의 의견은 집단 내에서 반향된다. 이런 현상의 결과로 지역사회 내에서 의견이 일치되는 정도는 더 높아졌지만, 지역사회들 간의 견해차는 더욱 극명해졌다. 여기서도 동종선호는 우리 네트워크를 규정하는 중요한 요소이자, 이러한 양극화를 일으키는 핵심적인 원인임을 확인할 수 있다.

7장에서도 보았듯이, 밈이나 생각, 루머와 같은 것은 매우 빠르게 확산되지만, 미묘하고 주관적인 주제에 대한 신념은 느리게 변화한다. 이러한 사실로부터 우리는 동종선호와 연결성의 증가가 사람들의 신념을 극적으로 바꾸기보다는 오히려 강한 신념을 가진 사람들에게 활력을 불어넣는 방향으로 작용하게 된다는 것을 알 수 있다. 사람들은 다른 사람들이 자신과 비슷한 견해를 가진 것을 볼 때, 자신의 의견에 자신감을 얻게 되며 또한 자신과 비슷한 의견을 공유하는 사람들의 수를 과대평가하게 된다.[20] 동종선호의 경향이 증가하게 되면 각 집단이 가진 견해는 더 견고해질 수도 있다.

이상에서 논의했듯이, 동종선호의 확대는 비유동성과 불평등을 비롯해 사회 전반에 광범위하고 깊은 영향을 미친다.

규범과 문화의 분열

네트워크에서의 변화는 연결성 및 동종선호의 확대 수준을 넘어 규범과 문화의 분열처럼 훨씬 더 분열적인 양상으로 이어질 수도 있다.

지난 100년 동안 인구는 인간 역사상 전례가 없는 속도로 시골에서 도시로 이주했다. 200년 전에는 전 세계 인구의 오직 3퍼센트만이 도시 지역에 살았다. 100년 뒤 이 수치는 15퍼센트로 증가했고, 1950년에는 30퍼센트, 2008년에는 50퍼센트가 되었다. 이제는 54퍼센트 이상의 인구가 도시에 살며 이 수치는 계속 증가하고 있다. 현재의 추세대로라면 21세기 중반쯤에는 전 세계 인구의 3분의 2가 도시에서 살게 될 것이다.

비록 유럽과 북미 일부 지역에서는 도시화 추세가 둔화되었지만 이는 시골의 인구가 너무 줄어들어 그곳을 떠날 사람이 거의 남지 않았기 때문이며, 아시아와 아프리카의 많은 지역에서는 여전히 많은 사람이 도시로 이주하고 있으므로 도시화 속도는 점점 가속되고 있다.

왜 이런 일이 일어나는지 알아내는 것은 어렵지 않다. 일자리가 도시에 있기 때문이다. 농업이 세계 경제에 기여하는 바가 축소되고, 상품과 서비스의 생산에서 다른 사람들과 가까이 모여 사는 것이 더 유리해짐에 따라, 인구는 한 지역에 집단을 이루어 살게 되었다.

한 국가의 생산성과 도시화 수준 사이의 관계는 주목해볼 만하다. 〈그림 9.4〉는 그 관계를 나타낸 것으로, 각 나라의 이름을 읽을 수 있도록 몇몇 국가만 선별한 것이다. 전 세계 모든 국가를 나타낸 도표도 그저 상당히 복잡해 보일 뿐, 이와 유사한 경향성을 보여준다. 데이터세트에 있는 179개국의 모든 데이터를 반영했을 때, 각 국가의 생산성과 도시화율 사이의 상관계수는 72퍼센트로 나타났다.[21]

물론, 단순히 도시를 많이 짓는다고 해서 그 나라가 더 부유해지는 것

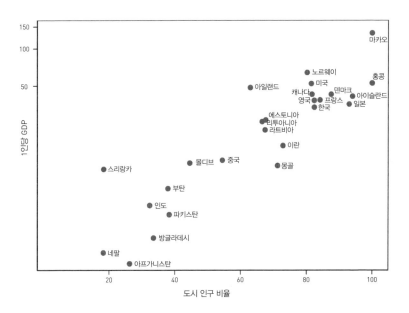

그림 9.4 도시화와 생산성의 관계. 아시아, 유럽, 북미에서 몇 개의 나라를 선별해 나타냈다. 영국과 프랑스는 서로 겹쳐 있어서 구분하기가 어렵다. Y축은 1인당 GDP로 단위는 1000달러이며 로그 척도로 나타냈다. 본 데이터는 세계은행의 세계개발지수World Development Index 2014년 자료에서 취합했다.

은 아니다. 급성장하는 신도시 주변에는 보통 슬럼과 빈민가가 형성되기 마련이다.[22] 그러나 이러한 상관관계는 세계 경제에 나타난 불가피한 변화가 도시화의 확대를 동반했을 가능성이 높다는 것을 시사한다.[23]

도시와 시골의 인구는 서로 다른 네트워크 구조를 가진다. 전 세계 많은 시골 지역에서 사람들은 보통 작은 공동체 사회를 이루며, 생활에 필요한 것들 중 오직 일부만 그들의 지역사회와 가족 및 친지에게 의존한다. 하지만 도시화가 진행되고 시장에 대한 접근성이 높아지면서, 이제 생활에 필요한 것들은 호의와 협동적 생산보다는 거래를 통해 충족되었다. 이는 자신이 먹을 식량을 직접 재배하는 일에서부터 돈을 빌리는 일까지 여러 층위에서 나타난다.

수십 년 전에는 중국인 중 4분의 3 이상이 시골에 살았다. 이제는 절반 이상이 도시 지역에 살고 있다. 경제가 이동함에 따라 인구도 함께 이동한 것이다. 도시에 사는 사람들은 물론, 시골에 살지만 일은 도시에서 하는 사람들도 많다.[24] 이처럼 급격한 변화는 많은 가족을 갈라놓았다.

공자를 따르는 수억 명의 사람들에게 효 사상은 가장 중요한 덕목 중 하나다. 《이십사효二十四孝》는 원나라의 곽거경郭居敬이 쓴 민담록으로, 아이가 그들의 부모를 어떻게 대해야 하는지를 극화한 것이다. 여기에는 아버지를 구하기 위해 호랑이와 싸운 이야기, 어머니의 아픔을 가슴으로 느낀 이야기, 잃어버린 어머니를 찾기 위해 직장을 버린 이야기 등이 포함된다. 다음은 그 24개 이야기 중 하나다.

> 진나라의 왕상王祥은 어린 나이에 어머니를 잃었다. 계모 주씨는 그를 사랑하지 않았고 아버지 앞에서 끊임없이 그를 헐뜯었다. 이로 인해 왕상은 아버지의 사랑도 잃고 말았다. 그의 계모는 신선한 생선을 좋아했는데, 어느 겨울 추위에 강물이 모두 얼어버렸다. 왕상은 옷을 벗고 얼음 위에 누웠다. 얼음을 녹여 물고기를 구하기 위해서였다. 그런데 갑자기 얼음이 저절로 갈라지더니 잉어 한 쌍이 튀어나왔다. 그는 이 잉어를 들고 돌아가 그의 계모에게 드렸다.[25]

노인 인구가 증가하고 있지만 그중 대다수가 연금 혜택을 받을 수 없으므로 자녀로부터의 도움이 어느 때보다 중요해지고 있다. 하지만 가정의 붕괴가 계속 확대됨에 따라 국가의 개입이 불가피해졌다. 중국에서는 이미 수년 전에 노인 존중에 관한 다양한 법률이 마련되었지만 최근에 와서야 개정되어 현재 시행 중이다. 예를 들어 개정된 '고령자의 권익 보호에 관한 중화인민공화국 법전'에는 다음 내용이 포함되어 있다.[26] "제8조: 부양가족은 노인에 대한 경제적 지원, 생명 보호 및 정신적 안락의 의무 그리고 노인들의 특별한 필요를 돌보는 일을 수행해야 한다."

이 법률이 생긴 이후 관련된 소송도 몇 건 있었다. 예를 들어 법의 개정이 있기 몇 달 전, 77세의 할머니가 딸과 싸운 후, 딸이 자신의 의무를 저버렸다며 고소했다. 법원은 어머니의 손을 들어줘, 딸과 그 남편은 어머니를 경제적으로 부양해야 할 뿐만 아니라 최소한 두 달에 한 번꼴로 어머니를 방문해야 한다고 결정했다. 이런 식으로 방문하는 게 그다지 즐거운 일은 아니겠지만, 이 판결이 어떤 의미인지는 분명했다.

우리가 연구했던 인도의 마을에서도 비슷한 효과를 관찰할 수 있었다.[27] 우리가 사회 네트워크를 조사했던 75개의 마을 중 2007년에서 2010년 사이 소액대출이 소개된 마을은 43개이며 나머지 32개에는 소개되지 않았다. 소액대출이 소개된 마을은 그렇지 않은 마을에 비해 이후 네트워크의 밀도가 대략 15퍼센트 감소했다. 사람들이 친구에게 돈을 빌리는 대신 은행에서 돈을 빌리기 시작했기 때문이다. 이는 또한 광범위한 확산 효과로 이어졌다. 서로 조언을 해주는 일에서도 비슷한 경향이 나타난 것이다. 이러한 확산 효과는 소액대출을 받을 수 있었지만 이용하지 않은 사람들에게도 영향을 줬다. 소액대출을 받지 않기로 한 사람들 사이의 연결조차 사라지기 시작한 것이다. 즉 시장에 대한 노출의 결과로 우리가 처음 예측했던 몇몇 관계들이 대체된 것은 물론, 마을 내 다른 사회 활동까지 전반적으로 감소했다.

네트워크에서 이러한 급변동은 생산성의 증대를 이끌기도 했지만, 오랫동안 생활의 많은 부분을 사회 및 가족의 유대관계에 의존해온 사회에는 매우 파괴적일 수도 있다. 그렇다고 여기서 진보를 멈춰야 한다는 말은 아니다. 사람들이 어디에 사는지 그리고 어떻게 사는지에 큰 변화가 일어나게 되면 네트워크가 무너질 수도 있으며, 생활의 많은 부분을 여전히 비공식적 관계에 의존하는 사람들에게 큰 어려움을 안겨줄 수도 있다는 의미다.

점점 더 많은 것이 변화한다

기술은 계속해서 진보하며 우리의 네트워크를 재구축한다. 인쇄기에서 손편지, 기차, 전보, 해외여행, 전화, 인터넷 그리고 소셜미디어의 도래까지, 사람들이 서로 연결되는 방식은 여러 번 바뀌었다. 지금 우리 삶에서 일어나는 변화가 역사상 유례가 없는 진정한 혁신이라고 생각한다면 그것은 아마도 우리의 오만일 것이다.

그렇지만 변화는 진정으로 일어나고 있다. 우리가 무역과 군사 동맹의 네트워크에서 본 것처럼 말이다. 여전히 인간은 예측 가능하다. 인간 네트워크는 쉽게 인식할 수 있으며, 얼마간 규칙성을 보이기도 한다. 사회가 변화하는 동안 우리는 많은 것들이 '더 많이' 변화하는 것을 본다. 예컨대, 네트워크는 더 조밀해지고 동종선호는 더 강해지며 양극화는 더 심화되고 정보의 이동 및 확산은 더 빨라지고 있다. 또한 우리가 앞에서 확인한 것처럼, 연결성에서의 작은 변화는 크나큰 결과로 이어질 수 있다. 심지어 네트워크의 형태 대신 그 범위가 변화하는 것만으로도 전염 및 비유동성, 양극화에 심오한 영향을 끼칠 수 있다.

이 변화가 긍정적인 방향으로 이어지리라 낙관해도 좋다. 경제 생산성은 역사상 가장 높고 세계 대부분이 극심한 빈곤에서 벗어났으며 전쟁은 줄어들고 있다. 사람들은 더 오래, 더 즐겁게 살고 있다. 물론 앞으로 해결해야 할 문제들도 있다. 의사소통과 교류 네트워크는 여전히 분열되어 있고, 일부에서는 그런 양상이 점점 더 심화되고 있다. 멀리 떨어진 사람들을 이어주는 기술이 점점 더 발전하고 있음에도 말이다. 양극화 현상 또한 점점 심화되는 가운데, 비유동성과 불평등의 확대에 따른 좌절감은 사회 불안정으로 이어질 수도 있다.

우리는 경제 주체들 사이의 얽힘이 점차 증가함에 따라 발생하는 유익성과 위험을 더 잘 이해하고, 그 위험을 마냥 무시하기보다는 어떻게 해야 잘 처리할 수 있을지 고민해야 한다. 우리는 질병의 전염에 관한 한 우리의 네트워크가 높은 수준으로 연결되어 있음을 인식하고, 그중에는 아직 우리가 접하지 못한 점염병도 있으며 어떤 전염병은 우리가 생각할 수 있는 최악의 상황보다 더 빠른 속도로, 더 광범위하게 퍼져나갈 수도 있음을 염두에 두어야 한다. 우리는 우리 삶에 수많은 외부효과가 있으며, 부정부패 및 범죄 행위를 포함해 여러 사회적 규범과 행동이 네트워크에 의해 규정된다는 것을 이해해야 한다. 우리는 동종선호의 악영향에 맞서 싸워야 하며, 틀린 정보를 걸러내는 법을 익히는 한편, 더 정확하고 심도 있는 정보를 생산하고 확산시키는 데 따른 보상을 마련하도록 노력해야 한다. 인간 네트워크에 대한 이해를 통해, 우리는 연결성의 증가가 우리 사회를 분열시키는 대신 우리의 집단지성과 생산성을 향상시키는 데 기여하도록 이끌 수 있다.

감사의 말

지금까지 이 책에서 논의했듯이, 사람들은 서로 다른 수많은 네트워크 속에 배태되어 있으며 이 모든 네트워크는 우리의 행동과 견해를 형성한다. 책을 쓰는 것보다 이 사실을 잘 드러내는 일도 없다. 정신적 압박 또한 우리의 진정한 우정이 가진 많은 면모를 드러냈다. 책을 쓰는 일은 우리가 주변 사람들과 어떤 관계를 맺고 있는지 드러내준다.

이 책을 쓰게 된 계기는 아내가 내 책《사회·경제 네트워크Social and Economic Networks》를 교정을 보던 일에서 시작되었다. 나는 책 속에서 본격적인 논의를 시작하기 전 각 장의 앞부분에 중요 개념과 주제를 짤막하게 기술했는데, 세라는 특히 이 부분을 좋아했다. 내가 앞부분에 요약글을 둔 이유는 짧고 건조한 책을 만들기 위해서였지만, 네트워크가 사람의 행동에 미치는 영향력은 어쩌면 더욱 많은 사람들에게 놀라움을 안겨줄 수 있을지도 몰랐다. 적어도 한 사람은 이에 대해 더 깊이 알고 싶어하는 것이 분명했다.

애셔 워린스키에게 특별한 감사의 말을 전하고 싶다. 나는 1992년 그와 함께한 점심식사 자리에서 네트워크에 대한 흥미를 가지게 되었고, 그의 도움으로 말미암아 끝끝내 이 책을 있게 한 긴 여행을 시작할 수 있었다. 이 책은 나의 견해에 외적으로 혹은 내적으로 심대한 영향을 준 수많은 저자와의 사회적 교류를 통해 만들어졌다. 내가 그들을 만난 순서로 정리하면, 애셔 워린스키, 앨리슨 와츠Alison Watts, 바스카르 두타Bhaskar Dutta, 에후드 칼라이Ehud Kalai, 애나 보고몰나이아Anna Bogomolnaia,

아네 판덴나우엘란트Anne van den Nouweland, 토니 칼보 아르멩골, 롤런드 프라이어, 프랑시스 블로크Francis Bloch, 게리 차네스Gary Charness, 알란 커만Alan Kirman, 예르네이 초피치Jernej Čopič, 브라이언 로저스, 마시모 모렐리Massimo Morelli, 두니아 로페스 핀타도Dunia López Pintado, 리아 야리프 Leeat Yariv, 안드레아 갈레오티Andrea Galeotti, 산지브 고얄Sanjeev Goyal, 페르난도 베가-레돈도Fernando Vega-Redondo, 벤 골럽, 세르조 쿠라리니Sergio Currarini, 파올로 핀Paolo Pin, 대런 애쓰모글루Daron Acemoglu, 토마스 로드리게스 바라케르Tomas Rodriguez Barraquer, 쉬탠Xu Tan, 아브히지트 바네르지, 아룬 찬드라세카르, 에스테르 뒤플로, 이칭 싱Yiqing Xing, 이브 제노Yves Zenou, 맷 엘리엇, 스티븐 네이, 맷 레두Matt Leduc, 라메시 요하리 Ramesh Johari, 실비아 모렐리Sylvia Morelli, 데스먼드 옹Desmond Ong, 루차 마카티Rucha Makati, 자밀 자키Jamil Zaki, 피에트로 테발디Pietro Tebaldi, 무함마드 악바르푸어Mohammad Akbarpour, 에번 스톰스Evan Storms, 네이션 캐넌 Nathan Canen, 프란체스코 트레비Francesco Trebbi, 자퍼 카닉Zafer Kanik, 샤론 샤오Sharon Shiao에게 감사의 말을 전한다.

내가 연구를 할 수 있도록 도와주고 또한 이 책의 배경 지식을 제공한 많은 조직에게도 고마움을 표한다. 노스웨스턴 대학, 캘리포니아 공과대학, 스탠퍼드 대학, 미국국립과학재단, 구겐하임 재단, 행동과학선진연구센터, 육군연구소, 캐나다선진연구협회, 샌타페이 인스티튜트Santa Fe Institute가 그들이다. 이와 더불어 위키피디아에도 감사의 말을 보내고 싶다. 위키피디아를 통해 우리는 인간 네트워크에 대한 믿음은 물론 결국 집단 지식에 도달하고야 만 우리의 능력에 대해서도 믿음을 가질 수 있게 되었다. 위키피디아는 유례가 없는 중심성을 바탕으로, 그 어떤 주제에 대해서든 이것이 없었다면 찾기 어려운 정보에 빠르게 연결시켜준다.

나는 이 책을 쓰면서 많은 사회적 자본을 끌어들였다. 나의 가족들,

아내 세라, 딸 리사와 에밀리, 나의 부모님 샐리와 할, 나의 형제인 마크와 누이인 킴, 이들은 내 원고의 초안에 대해 많은 조언을 해주었고 사기를 북돋아주었으며 외로운 시간을 견뎠다. 나의 학문적 '부모'인 휴고 소넨샤인Hugo Sonnenschein, 살바도르 바르베라Salvador Barberà 그리고 대럴 더피Darrell Duffie는 오랜 세월에 걸쳐 나를 지금의 모습으로 있게 했다. 그들의 오랜 우정과 지도에 깊은 감사를 드린다. 살바도르는 내 책의 초안에 매우 유용한 조언을 주기도 했다. 내 학문적 '자녀들', 이칭 싱, 에두아르도 라구나 뮈겐부르크Eduardo Laguna Müggenburg, 이사 차베스Isa Chaves, 샤론 샤오, 에번 스톰스도 마찬가지다. 나의 출판사 가족들, 팀 설리번Tim Sullivan, 맥스 브록먼Max Brockman, 에럴 맥도널드Erroll McDonald 그리고 니컬러스 톰슨Nicholas Thomson은 책을 쓰는 긴 과정 동안 나를 인도해주고 계속 이끌어주었다. 에럴 맥도널드는 뛰어난 편집자로, 그의 정교한 편집과 예리한 조언에 깊은 감사를 전한다.

연결은 어떻게 불평등을 만드는가

'연결'이 화두가 된 것은 2000년대 이후부터로 기억한다. 물론 그전에도 사람들은 서로 연결되어 있었고 동서양을 막론하고 누구든 '인맥'의 영향력에서 자유로울 수 없었다. 그러나 2000년대로 접어들며 여러 기술의 발전으로 연결의 폭과 질이 달라지면서 사람들은 연결의 속성에 대해 새로 관심을 가지게 되었다. 그때 우리는 연결 그리고 네트워크가 선사하는 무궁한 가능성에 압도되었던 것 같다. 우리는 인터넷 기술을 통해 대의민주주의가 실현될 것을 기대했고 항공 산업의 발달로 지구촌 곳곳의 물류가 연결되리라는 희망을 품었다. 그때 우리는 연결성이 가져다주는 혜택을 지구촌 사람들 모두가 평등하게 누릴 수 있으리라 믿었던 것 같다.

어떤 도구이든 양날의 칼로 작용할 수 있고 우리의 네트워크 기술 또한 반드시 장밋빛 미래만을 약속했던 것은 아니다. 그럼에도 현재 우리가 살고 있는 연결의 그물은 초창기의 예상과는 사뭇 다른 모습을 보이고 있다. 세상 가장 외딴 곳의 사람들까지 속속들이 연결해줄 것으로 생각했던 소셜미디어는 지금은 세상 가장 외딴 곳까지 가짜 뉴스를 전파하는 통로가 되었다. 사람 발길 닿는 모든 곳을 빽빽이 덮고 있는 물류 수송망 덕택에 이제 미국 시애틀에서 출발한 상품이 일주일 만에 태평양을 건너 한국에 도달할 수 있게 되었지만 동시에 바이러스가 태평양을 건너는 시간도 그만큼 빨라졌다. 무엇보다도 연결은 사람들이 서로 평등해지는 데 전혀 기여하지 못했다. 정보 격차는 물론 소득 불평등,

교육 불평등은 갈수록 심화되고 정치 성향에 따른 간극은 더 극명해졌다. 연결은 왜 우리 모두에게 공평하게 적용되지 않았을까? 우리의 연결망 아래에 또 다른 역동적인 흐름이 있는 것은 아닐까?

네트워크의 광대함과 거대한 영향력에 대해 설명한 책은 무수히 나와 있다. 그러한 기존의 논의에 더해 《휴먼 네트워크》는 인간 네트워크만의 독특한 특징과 메커니즘을 상세히 들여다본다. 책의 앞부분에서는 네트워크 이론의 기본 개념을 간략히 소개하고 뒷부분에서는 인간의 사회성과 네트워크가 교차될 때 발생하는 인간 네트워크의 고유한 특성들을 짚어보며 한편 이러한 특성이 우리 사회에 어떤 현상을 초래하는지 집중적으로 논한다. 그중 인간의 고유한 사회적 성향으로서 네트워크를 왜곡하는 데 결정적인 역할을 한 것이 바로 동종선호다. 동종선호는 네트워크에 뚜렷한 분열을 야기하고, 피드백 구조는 이러한 분열을 고착시킴으로써 집단 간의 불평등과 비유동성을 심화시킨다. 특히 분열이 있는 네트워크에서는 특정 집단이 가진 정보가 다른 집단으로 건너가지 못하는 일이 종종 발생한다. 정보가 네트워크 전체에 고루 퍼지지 못하고 한 집단 내에 머물 경우, 그 정보는 집단 내에서 반향에 반향을 거쳐 더욱 강화되고 집단 사이에 정보의 양극화가 발생한다.

이처럼 집단 간 분열이 극심해지면 취직이나 승진 기회는 물론 교육을 받을 수 있는 기회, 그 기회를 얻기 위한 정보, 심지어 교육을 받아야겠다고 생각하는 의지까지도 불평등해진다. 즉, 어떤 집단은 그러한 기회에 더 많이 접근할 수 있어 더 많은 사회적 자산을 쌓고 이렇게 얻은 자산을 자녀가 더 많은 기회를 얻는 데 이용한다. 비유동성이 불평등을 낳고 불평등이 다시 비유동성으로 이어지는 악순환의 구조가 형성되는 것이다. 이러한 구조는 최근 논의되는 능력주의의 허상에 대해서도 시사하는 바가 많다. 예컨대 고학력자가 되기 위한 기회나 조건이 모든 사람에게 공평하게 부여되는 것은 아니다. 잭슨은 부유한 사람들이 왜 더 부유해지기 좋은 조건에 있는지, 가난한 사람들이 왜 공부를 계속할 의지를 갖기 힘든지, 성공한 사람들이 자신은 노력했기 때문에 성공했다고 하는 말이 왜 허상인지 구체적인 수치를 통해 짚어낸다. 우리가 은연중에 '구조적 문제'라고 모호하게 말하는 것들에 정확한 형상을 찾아주는 것이다.

잭슨은 주어진 조건 하에서 정확한 추론을 따라 최선의 결론을 내리고 현실적인 대책을 강구하는 경제학자다. 아마도 그는 향후에도 부의 재분배 문제에 집중해 연구를 계속할 것으로 보인다. 그저 인도주의적 관점 때문만이 아니라, 그러한 불평등으로 인해 재능 있는 사람들이 그 재능을 펼쳐 보일 기회를 얻지 못하는 것은 사회적 낭비라는 계산 때문이다. 그는 불평등이 심화될수록 결국엔 경제적 성장도 저하되리라고 경고한다. 분열이 사회에 악영향을 준다고 말하는 근거도 단순한 산술에 근거한다. 예컨대 예측시장에서도 볼 수 있듯이 가능한 한 많은 사람의 견해가 반영된 의견일수록 건전할(참일) 확률이 높다. 그러나 사회에 큰 분열이 있어 특정 집단의 견해가 전체 의견에 반영되지 못하면 그만큼 전체 의견의 건전성도 감소한다. 이러한 논리에 따라 잭슨은 사회적 통합을 이루고 집단 간 불평등 격차를 낮춘 사회만이 앞으로도 지속적으로 성장할 수 있다고 지적한다.

이 책을 번역하는 동안 한국에서는 사회 고위층 자녀에 대한 특혜 논란이 불거지며 그간 잠재되어 있던 교육 불평등 문제가 가시화되었다. 번역을 마칠 때쯤, 잭슨과 빈곤 퇴치 문제를 함께 연구했던 에스테르 뒤플로와 아브히지트 바네르지가 2019년 노벨경제학상을 수상했다. 그리고 이 책이 만들어지는 동안 코로나19 팬데믹이 발발했다. 잭슨도 경고했듯이 너무 많은 연결, 너무 복잡한 네트워크는 바이러스가 순식간에 확산되는 데 일조했고 연결은 곧 재앙이 되었다. 그러나 동시에 우리는 집 밖으로 나갈 수 없게 되면서 그동안 우리가 얼마나 많은 연결에 의존해왔는가 절실히 실감하기도 했다. 1년 가까이 이어지는 단절의 기간 동안, 사람 간의 물리적 연결에 의존했던 영역들은 차츰 무너져 내려 이제 어떤 영역은 더 이상 회생이 불가능해 보인다. 다행히 백신이 예상보다 일찍 개발되었지만 상황이 안정되기까지는 아직 한참은 더 두고 봐야 한다는 것이 전문가들 의견이다. 그 모든 시간이 흐른 후 구멍 나고 너덜해진 네트워크를 어떻게 고쳐나갈지를 고민해야 할 시점이 되었다. 그러한 과정에 이 책에 담긴 저자의 혜안이 아무쪼록 도움이 될 수 있기를 바란다.

2021년 1월 방콕에서
박선진

주

1. 네트워크를 이해해야 인간이 보인다

1   아랍의 봄에서 소셜미디어의 역할과 국가 간 연결에 대해 더 알고 싶다면 Brum-mitt, Barnett, and D'Souza(2015)를 참고하라.

2   이 문구는 일반적으로 공자가 한 말로 여겨진다. 하지만 이 문장이 그의 글에 나타난다는 증거는 없다. 이칭 싱Yiqing Xing은 중국 격언 중에 이와 비슷한 문구가 있다고 알려줬다. 그것은 1040년 《신당서新唐書》에서 나온 말로, 이칭이 번역한 바에 따르면 "평화가 그 땅을 지배할 때도, 어리석은 사람들은 스스로 문제를 일으킨다"라는 뜻이다. 어쨌든 그것이 어디서 유래되었건 간에, 여기서 인용한 문구는 단순한 것들이 얼마나 쉽게 복잡해질 수 있는지를 보여준다. 바로 이 장에서 말하고자 하는 주제다.

3   이를 수학식으로 나타내면 2^{435}다. 이 값은 대략 10^{131}과 비슷하다.

4   우리가 알고 있는 우주(지구로부터 대략 900억 광년 이내)에 있는 원자 수는 대략 2^{275}의 자릿수를 가지는 것으로 추산된다.

5   네트워크가 다루는 광대한 지형을 고려할 때, 다양한 분야의 문헌들로부터 네트워크에 대한 배경지식을 얻을 수 있다. 먼저 이론서로는 와서먼Wasserman과 파우스트Faust의 1994년 도서(사회학, 경제학), 와츠Watts의 1999년 도서(복잡계, 사회학), 디스텔Diestel의 2000년 도서(그래프 이론), 볼로바스Bollobás의 2001년 도서(무작위 그래프 이론), 고얄Goyal의 2007년 도서(경제학), 베가 레돈도Vega Redondo의 2007년 도서(복잡계, 경제학), 잭슨Jackson의 2008년 도서(경제학, 사회학, 그래프 이론, 복잡계), 이슬리Easley와 클라인버그Kleinberg의 2010년 도서(경제학, 컴퓨터과학, 복잡계), 바라바시Barabási의 2016년 도서(물리학, 복잡계), 보가티Borgatti, 이버렛Everett, 존슨Johnson의 2016년 도서(사회학, 데이터수집, 분석)가 있다. 더 넓은 대중들을 위해 네트워크가 우리 삶에 미치는 중대한 영향들을 논의한 뛰어난 책들도 있다. 바라바시(2003), 와츠(2004), 크리스타키스Christakis와 파울러Fowler(2009), 퍼거슨Ferguson(2018)이 쓴 책들이 바로 그것이다. 여기서 나는 이 광대한 영역들에서 몇 가지 개념들만 추려내어 조합했다. 다른 대중서에서 논의되지 않았지만 연구가 진행된 많은 주제와 응용 그리고 몇몇 중요한 사회경

제적 동향에 대해서도 다루었다. 이 과정에서 새로운 생각들이 발전하고 강조되기도 했다. 이러한 책을 쓰는 데서 불가피한 일이겠지만, 이 책에서 다룬 많은 사례들은 내 연구로부터 끌어낸 것이다. 하지만 모든 공로는 네트워크에 대한 우리의 총체적 지식에게 돌리고자 한다.

6   이 네트워크에 대해서는 5장에서 더 자세히 논의할 예정이다. 본 데이터는 '미국 청소년 및 성인 건강 종적 연구National Longitudinal Study of Adolescent to Adult Health, 일명 애드 보건 연구Add Health Study'로부터 가져왔다. 본 프로그램은 캐슬린 멀런 해리스 Kathleen Mullan Harris의 책임하에 진행되었으며, 노스캐롤라이나 채플힐 대학의 J. 리처드 우드리J. Richard Udry, 피터 S. 베어먼Peter S. Bearman 그리고 캐슬린 멀런 해리스에 의해 기획되었다. 미 국립아동보건인간발달연구소Eunice Kennedy Shriver National Institute of Child Health and Human Development와 23개의 연방 기관 및 재단의 공동 지원금을 받았다(P01- HD31921). 초기 기획에서 로널드 R. 린푸스Ronald R. Rindfuss와 바버라 엔위즐Barbara Entwisle이 큰 도움을 줬다. 애드 보건 데이터파일을 얻는 방법에 대해서는 애드 보건 웹사이트http://www.cpc.unc.edu/addhealth에서 확인 가능하다. 이 분석에 대해 P01- HD31921로부터 어떠한 직접적 지원도 받지 않았다.

7   연구자들은 보통 인간 사이의 상호작용 네트워크를 기술할 때 주로 '사회 네트워크 social network'라는 용어를 사용한다. 이 용어는 좀 더 광범위하게는 웹 기반 플랫폼이나 다양한 소셜미디어들을 의미하기도 한다. 그러나 인간은 본래 서로 교류하며 상호의존적인 생물 종이라는 점에서, 사회 네트워크란 용어는 유사 이전의, 현대적 상호작용 플랫폼 이상의 것들을 나타내고 있다. 그러나 사실 인간 네트워크와 사회 네트워크를 구분할 수 있는 차이점은 없다.

2. 네트워크는 어떻게 작동하는가?

1   Adrija Roychowdhury, "How Mahatma Gandhi Drew Inspiration from the American Independence Struggle," *The Indian Express*, July 4, 2016.

2   당시 나이키 단독으로 마이클 조던에게 지급한 돈만 4억 8000만 달러였다.

3   여기서 나는 한 사람이 어떤 개인적 특징으로 인해 그토록 많은 사람에게 도달할 수 있는지 그리고 어느 정도로 다른 사람들을 움직일 수 있는지를 간단히 요약해서 나타냈다. 네트워크에서 차지하는 위치 외에도 한 사람을 중요한 오피니언 리더로 만드는 특징들은 많이 있다. 이에 대해서는 카츠Katz와 라자스펠드Lazarsfeld의 영향력 있는 1955년 논문 이후 광범위하게 연구되었다. 좀 더 상세하게 다룬 연구로 다음을

참고하라: Rogers(1995); Valente and Pumpuang(2007); Valente(2012). 글래드웰Glad-well은 2000년 연구에서 좀 더 포괄적인 논의를 진행했다.

4 이번 장에서 강조하진 않았지만, 우리가 다루고자 하는 네트워크와 관계의 종류는 상황에 따라 변화한다는 사실을 분명히 할 필요가 있다. 예를 들어 한 정치인이 법안을 입안하는 능력은 다른 의원들과의 관계에 달려 있는 반면, 그 정치인이 유권자를 동원하는 능력은 언론, 정당, 직원(그리고 그들과의 인맥)과의 관계에 달려 있다. 네트워크에서 연결된 두 사람은 문자 그대로의 의미로 '친구'인 것은 아니며, 네트워크 용어로 보통 '이웃neighbor'이라고 부르는데, 여기서는 두 용어를 왔다갔다하고자 한다. 서로 다른 네트워크의 차이점과 상호작용에 대해서는 다음을 참고하라: Ferguson(2018).

5 Feld(1991).

6 Coleman(1961).

7 이것들은 네트워크의 두 가지 요소일 뿐이다. 여기서 나타내지 않은 더 큰 네트워크 또한 같은 현상을 보여준다. 146명의 여학생들이 친구(상호 연결된 이웃)를 가지고 있다. 그중 80명은 평균보다 친구 수가 적은 반면, 25명은 자기 친구들과 평균적으로 같은 수의 친구를 가지고 있으며, 41명은 평균적으로 자신의 친구보다 더 많은 친구들을 가지고 있다.

8 사람들의 견해가 어떻게 편향되는지를 기술한 유사한 사례를 다음 논문에서 확인할 수 있다: Lerman, Yan, and Wu(2015). 유명 블로그(예를 들어 케빈 샤울Kevin Schaul의 《워싱턴 포스트》 블로그 중 2015년 10월 9일자 포스트 "다른 사람들이 무엇을 생각하는지 알고 있는지 알려주는 간단한 퍼즐A Quick Puzzle to Tell Whether You Know What People Are Thinking"을 참고하라)와 컨스Kearns, 저드Judd, 탠Tan, 워트먼Wortman의 2009년 연구에 나온 실험에서도 그 사례를 찾아볼 수 있다.

9 Perkins, Meilman, Leichliter, Cashin, and Presley(1999).

10 다음 문헌의 표2를 참고하라: Perkins, Haines, and Rice(2005).

11 Valente, Unger, and Johnson(2005).

12 Tucker et al.(2013). 대중적 인기가 다른 특성이나 행동과 어떻게 관련되는지 보여주는 다른 연구로는 다음을 참고하라: Eom and Jo(2014).

13 이러한 두 효과에 대한 더 포괄적인 논의에 대해서는 다음을 참고하라: Jackson(2016).

14 사회적 상황에서 개인의 행동이 발생할 때 얼마나 달라지는지 자세히 관찰하면 피드백 효과의 규모를 추산할 수 있다. 사회적 영향을 받는 다양한 활동에 대해, 이러한 효과는 2 이상이다(예를 들어 다음을 참고하라: Glaeser, Sacerdote, and Scheink-

man[2003]). 8장에서 이 효과에 대해 다시 논의할 것이다. 이 효과는 범죄와 세금 회피, 학교생활, 구직활동 등 여러 행동에서 나타난다.

15 Hodas, Kooti, and Lerman(2013).

16 Frederick(2012).

17 다른 사람들도 이와 비슷한 인용구를 말한 적 있다. 예를 들어 이와 가장 가까운 의미를 가지는 것으로 "데이터를 충분히 오래 고문하면, 그것은 무엇이든 자백하게 될 것이다"가 있는데, 이는 보통 대럴 허프Darrell Huff가 1954년에 출간한 책《통계학으로 거짓말 하는 법How to Lie with Statistics》에서 한 말로 여겨진다. 비록 그가 그런 비슷한 말을 한 것은 사실이나 그의 책에는 이런 문구가 나오지 않는다. 하지만 그의 책은 왜 이 말이 사실이며, 왜 이 인용구가 강력한지를 명백히 보여준다. 우리 관점에서 중요한 점은 대부분의 사건이 얼마나 다면적인지, 다른 각도에서 보면 얼마나 달리 보일 수 있는지다.

18 이 인용구를 들어본 적 없는 사람들을 위해 덧붙이자면, 이것은 미국 〈새터데이 나이트 라이브〉라는 코미디 쇼의 일련의 단막극에 나온 말이다. 여기서 한 전형적인 시카고 스포츠 팬이 시카고 팀 소속이 아닌 그 어떤 상대라도 모두 이길 수 있는 여러 시카고 스포츠 영웅에 대해 강변한다.

19 이러한 비교가 어떤 흥미로운 통찰을 줄지 알아보기 위해, 마티스의 작품 〈푸른 누드: 비스크라의 추억〉을 보라. 이 작품은 피카소에게 강렬한 인상을 남겨 그의 작품 〈아비뇽의 여인들〉에 영향을 주었다고 한다. 세바스찬 스미Sebastian Smee의 《라이벌의 예술The Art of the Rivalry》은 마티스와 피카소의 경쟁의식 및 그들 작품에서 나타나는 상호작용을 잘 설명하고 있다.

20 이중 계산이 있을 수 있으므로 이 값에는 약간의 차이가 있다. 예컨대, 낸시도 엘라의 7명의 친구 중 한 명이므로, 낸시 자신 또한 낸시의 2차 친구로 간주되는 것이다. 이러한 이중 계산은 실제로 계산을 더 쉽게 만드는데, 그저 각 단계마다 연결을 추적하면 될 뿐 어떤 노드를 벌써 계산했는지 기억할 필요가 없기 때문이다. 이중 계산의 효과는 다음 논문에서 논의되었다: Banerjee, Chandrasekhar, Duflo, and Jackson(2013, 2015).

21 이 그림에서 각 수들의 단위가 궁금하다면, 중심성 값을 제곱한 뒤 모두 더하면 1이 된다. 즉 중심성 값의 벡터는 표준적인 수학의 의미에서 (유클리드 노름[Euclidean norm]인 'L2'에 따라) 정규화되었다.

22 이 알고리듬에는 새로운 노드로의 우발적인 무작위 점프가 포함되어 있어, 서로를 지시하는 페이지들 사이에 갇히지 않고 전체 과정을 새로 시작할 수 있도록 한다.

23 계산 능력의 향상과 이용자들의 웹 경험이 발전함에 따라 구글을 포함한 다른 검색

엔진들도 빠르게 발전했다. 이제 이러한 검색엔진들은 이용자에 대해서만이 아니라 여러 웹페이지에 대해서도 풍부한 정보를 담고 있으며, 사람들이 웹을 탐색하는 방법과 그들이 정말로 찾고 있는 것에 대해 더 맞춤화된 네트워크 정보를 제공한다. 오늘날의 웹은 그 콘텐츠가 끊임없이 변화하고 있는 움직이는 표적이다. 그럼에도 불구하고 개념적으로 페이지랭크의 개념은 중요한 돌파구였으며 네트워크 정보를 멋지게 구현해냈다.

24 1도 이상의 연결을 추적하는 기술은 검색엔진 및 정보 확산에서뿐만 아니라 수많은 상황에서 중요하다. 구글이 존재하기 수십 년 전부터 이러한 반복적인 중심성 계산과 고유벡터 사용에 대한 응용이 사회 네트워크에 대한 문헌에 나타나고 있었다. 그 선구적인 연구는 1950년대에 레오 카츠Leo Katz에 의해 시작되었고 1970년대에 필 보나치치Phil Bonacich에 의해 방법론 등이 정립되었다. 고유벡터 중심성와 비슷한 개념은 불법적 행위의 네트워크에서 '핵심 인물'을 찾는 데 사용되기도 했다. 예컨대 범죄에도 사회적 요소가 포함될 수 있다. 사람들은 불법 행위를 할 수 있는 기회를 다른 사람들로부터 학습하며 서로 범죄에 연루되도록 부추기며, 이런 네트워크에서 가장 중심적인 인물은 다른 이들의 참여에 가장 큰 영향력을 행사한다(그 예로 다음 논문을 참고하라: Lindquist and Zenou[2014]). 이러한 중심성 측정은 투자자들의 의사소통 연구에서 어떤 투자자가 주식시장에서 가장 높은 이익을 얻는지 예측하는 데에도 사용되었다(다음을 참고하라: Ozsoylev, Walden, Yavuz, and Bildik[2014]).

25 이런 환경에서 기초적인 단순한 교육이 얼마나 효과적인지에 대해서는, 한 예로 다음 연구를 참고하라: Karlan and Valdivia(2011).

26 나는 이 일을 너무 장밋빛으로 그리지 않도록 주의해야겠다. 그 어떤 대규모 혁신이든, 잘 작동하는 일이 있는가 하면, 끔찍하게 끝난 일도 있다. 과도한 신용카드 빚을 지고 개인 파산을 신청한 사람과 마찬가지로, 너무 많은 채무를 지고 재정적으로 그리고 개인적으로도 벼랑에 몰린 사람들이 전 세계에 많이 있다. 소액대출의 높은 상환율을 보고 많은 기업들이 이 사업에 뛰어들었는데, 그중 일부는 선진국의 신용카드 기업이나 소규모 대출업자들처럼 윤리적 의무는 다하지 않은 채 공격적인 영업을 펼쳤다. 소액대출이 채무자들의 삶을 얼마나 개선시켰는지에 대해서는 여전히 논란이 있다. 생산성이 상당한 규모가 될 때까지는 수년이 걸릴 수 있고, 다른 경향이나 프로그램의 효과와 분리하기 어렵다. 또한 전 세계에 소액금융이 퍼져 있음에도 불구하고, 소액금융에 접근할 수 있는 사람들의 재산이나 수입이 크게 증가했는지에 대해서는 증거가 엇갈린다(그 예에 대해서 다음 문헌을 참고하라: Banerjee and Duflo[2014]; Crépon, Devoto, Duflo, and Parienté[2015]). 그럼에도 불구하고 신용대출 서비스는 여전히 원활한 소비와 지출에 도움을 줄 수 있는데, 이것은 매우 가난한 사람들에게 매우

가치 있는 일이다.

27 돈이 어떻게 가정으로 들어오는지에 대한 차이가 그 돈의 사용에 어떤 영향을 주는 지에 대한 논의에 대해서는 다음을 참고하라: Schaner(2015).

28 자조집단이란 공동 은행계좌를 보유하거나 또는 그 모임에 정기적으로 돈을 지불한 후 다양한 형태의 순환 지급 또는 대출을 받는 마을 내의 비공식 모임이다.

29 이와는 반대로, 뉴욕, 런던, 시드니, 베이징과 같은 대도시에서는 다른 사람과 직접 대면하여 교류하는 사람들도 있지만, 소셜미디어나 휴대폰을 통해 교류하는 사람도 많으며, 친구와 지인은 도시 전체는 물론 더 넓은 세계에 퍼져 있다. 이처럼 넓고 다 변화된 네트워크에 대해 완전한 그림을 그리기란 거의 불가능하다. 하지만 작은 마 을에서는 그 네트워크를 포착하는 일이 좀 더 쉽다. 우리는 각 가정이 상호작용하는 방식에 대한 일련의 질문을 통해 그 네트워크를 추적했다. 예를 들어 우리는 각 가정 에 돈을 빌리거나 빌려주는 일, 상담을 해주는 일, (요리 및 난방을 위한) 등유를 빌리거 나 빌려주는 일, 긴급 사태에 도움을 주는 일 등에 대해 물어보았다. 각 마을은 대략 200가구 정도로 구성되어 있으며, 위의 모든 일을 상호작용으로 간주할 때, 각 가구 는 평균적으로 15가구와 상호작용한다(연결도가 10 이하이거나 20 이상인 가구도 적지 않 았다).

30 사실 최종적인 소액대출 참가 비율을 초기 시드의 도수 중심성에 대해 도식화하면, 그 기울기가 음의 값인(하지만 유의하지는 않은) 직선이 나온다. 마을의 몇몇 특성들을 통제하고 나면 더 이상 유의한 관계를 찾을 수 없다. 이 연구에 대한 자세한 사항은 다음 논문의 보충자료의 표 S3에서 찾아볼 수 있다: Banerjee, Chandrasekhar, Duf- lo, and Jackson(2013).

31 만약 사람들이 특정 상품을 구입할지 스스로 결정하기 전에 다른 사람들은 어떤 결 정을 내렸는지 알고 싶어하는 상황이라면, 이러한 초기 시드들의 연결도는 훨씬 더 중요했을지도 모른다. 이러한 상황에 대해서는 다음 연구들을 참고하라: Cai, de Jan- vry, and Sadoulet(2015); and Kim et al.(2015).

32 참여도에 영향을 줄 수 있는 요인에는 다른 친구의 가입 여부 등 많은 요인이 더 있 다. 우리의 데이터 통계 분석에서, 우리는 이러한 요인들을 세심하게 통제했다. 더 자세한 사항과 기법에 대해서는 다음을 참고하라: Banerjee, Chandrasekhar, Duflo, and Jackson(2013).

33 계산에 대한 자세한 사항과 내가 여기서 건너뛰었던 부분에 대해서는 다음 문헌의 논의 부분을 참고하라: Banerjee, Chandrasekhar, Duflo, and Jackson(2015).

34 이런 종류의 측정치는 마을 사람들이 교류하는 비율과 반복하는 횟수를 추산할 때 좀 더 여지를 둠으로써, 다른 중심성 값들에 비해 더 우수한 예측력을 가질 것으로

기대된다. 하지만 확산 중심성 값은 확산을 분석하기 전에 교류 비율과 반복 횟수를 고정하더라도 이 마을들에서 더 우수한 예측력을 보였다. 확산 중심성이 다른 중심성 값들보다 더 유리하지 않도록, 우리는 몇몇 기본적인 네트워크 특성에 의거해 가구 사이의 교류의 비율을 고정시켰다. 예컨대, 우리는 정보가 네트워크 내의 모든 구성원에게 도달하는 순간의 교류 비율을 임계치로 설정했고, 반복 횟수는 연구 기간 동안 소액대출 정보에 사람들이 노출된 시간에 의거해 설정했다. 그럼에도 불구하고 확산 중심성은 다른 중심성 값에 비해 우수한 성과를 보였다. 다음 문헌의 보충 자료에 있는 표 S3의 열 번째 열을 참고하라: Banerjee, Chandrasekhar, Duflo, and Jackson(2013). 다른 변수들은 표 가장 아랫줄에 있는 R-제곱 값의 비교로부터 나온다. 즉 마을에 따른 소액대출 가입률의 분산값에 대한 비율은 다양한 중심성 척도(일부 요소를 통제했을 때)로부터 설명될 수 있다. 사실, 확산 중심성이 추가한 R-제곱의 한계 이득은 고유벡터 중심성이 추가한 값과 비교했을 때 3배 이상이다. 예를 들어 그림 C의 2열의 R-제곱 값에서 3열의 R-제곱을 빼면 0.173이고, 4열의 R-제곱 값에서 3열의 R-제곱을 빼면 0.055다. 3열은 통제변수와 도수 중심성 사이의 적합도를 나타내는데, 여기서 도수 중심성은 거의 아무것도 설명하지 못하는 것을 알 수 있다.

35   '정치적 호위무사political lieutenant'라는 표현은 데일 켄트Dale Kent의 1978년 연구에서 빌려온 것이다. 1970년대에 그가 수집한 데이터는 이 책에서 분석한 많은 네트워크의 바탕을 이루고 있다. 이후 존 패드젯John Padgett과 크리스토퍼 앤셀Christopher Ansell은 1993년 연구에서 그의 데이터를 더 확장해 네트워크 패턴이란 관점에서 분석했다. 이 그림에서 사용된 데이터는 로널드 브라이저Ronald Breiger와 핍 패티슨Pip Pattison의 1986년 연구로부터 가져온 것으로, 이들은 패드젯의 데이터를 사용했다. 이 데이터에는 패드젯과 앤셀의 1993 논문에 실린 데이터 중 서로 다른 하위 조합들이 포함되어 있다. 이에 따라 나는 데이터를 갱신해야 했다. 여기에는 알비치와 페루치 그리고 메디치 가문에 적대적이던 다른 가문인 과스코니 사이의 혼인 관계 및 사업 관계가 포함된다.

36   이 점은 패드젯과 앤셀의 1993년 연구에서 지적된 사항이다. "메디치 가문의 정치적 통제는 엘리트 가문 사이의 네트워크 분리를 통해 이루어졌다. 이를 통해 메디치 가문은 그 혼자서만 세력을 뻗칠 수 있었다." 이러한 관점에 대한 더 많은 논의는 다음 문헌들을 참고하라: Burt(1992, 2000, 2005).

37   푸치 가문은 메디치 가문의 강력한 동맹으로서, 특히 코시모가 추방되었을 때 그와 그의 가족을 도와주었다. 그래서 비록 이 자료에는 두 가문 간의 공식적인 사업 거래나 결혼이 나타나 있지 않지만. 이 두 가문은 강하게 연결되어 있으며 이 관계는 계속 유지되었다. 또한 나는 살비아티 가문과 바르바도리 가문을 메디치 가문 편에 두

었는데, 이는 이 분쟁에서 최종적으로 두 가문이 어디에 섰는지를 반영한 것이다. 이 두 가문을 빼고, 푸치 가문과 메디치 가문 사이의 연결을 추가하면, 메디치 가문의 네트워크는 더 별 모양에 비슷해진다.

38 메디치 가문 무리와 다른 과두 가문 사이의 차이점은 1434년 9월 후반기에 있었던 최후의 결판에서 더 극명하게 드러났다. 코시모 메디치가 피렌체로 돌아오기 직전이다. 리날도 델리 알비치는 당시 메디치에게로 확고히 기울고 있던 정부를 전복하기 위해 전열을 정비하고자 했다. 리날도는 스트로치를 비롯한 다른 가문들에 무장한 남성을 보내줄 것을 요청했다. 하지만 당시 가문들은 자기들끼리 논쟁을 벌이고 있었기 때문에 이러한 요청에 대한 응답은 거의 이루어지지 않았다. 이와는 반대로 코시모는 추방당한 상태임에도 불구하고 그의 중심적 위치를 이용해 새로운 시뇨리아를 보호하기 위한 무장력을 쉽게 집결시킬 수 있었다.

39 야크 안토니세는 1971년 논문에, 린턴 프리먼은 1977년에 이 내용을 소개했다. 더 깊은 논의를 위해 닉슨과 포드의 네트워크를 분석한 퍼거슨Ferguson의 2018년 연구를 참고하라.

40 Barabási and Albert(1999). 다음 연구도 참고하라: Price(1976); Krapivsky, Redner, and Leyvraz(2000); Mitzenmacher(2004); Jackson and Rogers(2007a); Clauset, Shalizi, and Newman(2009). 이들은 인터넷에서 노트르담에 관련된 서로 다른 웹페이지 사이에 얼마나 많은 링크가 있는지 살펴본 후 이와 같은 현상을 발견했다. Albert, Jeong, and Barabási(1999).

41 예를 들어 연결이 더 많은 사람들(과거에 얼마나 많은 사람과 함께 공동 특허를 출원했는지를 통해 측정)이 공동 특허를 내는 것은 덜 연결된 개인들이 공동 특허를 내는 것보다 더 성공적인 특허로 이어진다. 다음을 참고하라: Akcigit, Caicedo, Miguelez, Stantcheva, and Sterzi(2016).

42 Jackson and Rogers(2007a). 또 다른 가능성으로는 사람들이 다른 사람의 링크를 따라하거나 무작위적 연결과 선호적 연결이 섞여 있기 때문일 수도 있다. 이는 네트워크의 특성에 약간의 차이는 있을 수 있지만 유사한 분포를 보이게 된다: Kleinberg, Kumar, Raghavan, Rajagopalan, and Tomkins(1999); Kumar, Raghavan, Rajagopalan, Sivakumar, Tomkins, and Upfal(2000); Pennock, Flake, Lawrence, Glover, and Giles(2002); Vázquez(2003).

43 그러한 예로서 다음 문헌들을 참고하라: Fafchamps, van der Leij, and Goyal(2010), Chaney(2014), Jackson and Rogers(2007a).

44 Jackson and Rogers(2007a).

45 여기에 언급된 것보다 더 많은 중심성 값이 있다. 어떤 것들은 약간 다른 계산을 수

반할 뿐 전반적으로 유사한 개념이지만, 개념적으로 아예 다른 값들도 있다. 이에 대해 수학적으로 접근하고 싶은 독자들은 다음 문헌에서 더 많은 배경 정보를 찾아 볼 수 있다: Borgatti(2005); Jackson(2008a, 2017); Bloch, Jackson, and Tebaldi(2016); Jackson(2017).

46 이는 또한 '근접 중심성$_{closeness\ centrality}$'이라고 불리는 값과도 관련된다. 이는 한 개인이 다른 사람들과 얼마나 근접한지를 측정한 것이다.

3. 퍼트릴 것인가, 막을 것인가?

1 캐서린 딘$_{Katharine\ Dean}$과 그 동료들에 의해 진행된 2010년 연구에 따르면, 중세 시대 페스트의 확산은 근본적으로 사람들에게 기생하는 벼룩과 이 때문이며, 쥐나 다른 동물과는 큰 관련이 없었다. 당시의 위생 상태를 생각할 때, 아마도 벼룩과 이가 매우 많았을 것이고 한 숙주에서 다른 숙주로 쉽게 이동할 수 있었을 것이다. 현대로 올수록 벼룩을 가지고 있는 동물이나 인간 대 인간의 가까운 접촉에 의해 확산되는 전염병은 점점 더 보기 어려워지는데, 이제 벼룩이나 이를 가진 사람들의 수가 줄어들었기 때문에, 벼룩이 한 사람에게서 다른 사람에게로 직접 이동하는 것이 더 어려워졌기 때문이다.

2 다음 논문을 참고하라: Marvel, Martin, Doering, Lusseau, and Newman(2013).

3 이 수치는 피터 베어먼$_{Peter\ Bearman}$, 제임스 무디$_{James\ Moody}$, 캐서린 스토벨$_{Katherine\ Stovel}$의 2004년 연구를 바탕으로 했다. 여기에는 1장에서 참고했던 애드 보건 연구 데이터세트(미국 청소년 및 성인 건강 종적 연구)도 포함되어 있다. 이 그림은 원 데이터의 그림2와는 조금 다르다.

4 더 정확히 말하면, 컴포넌트는 네트워크의 한 부분으로 모든 노드가 네트워크 속 경로를 통해 다른 모든 노도에 도달할 수 있는 요소를 말한다. 컴포넌트의 모든 노드(따라서 컴포넌트 속 노드의 이웃들)와 관련된 모든 링크는 컴포넌트에 포함된다는 의미에서 최대가 된다.

5 네트워크는 최대 한 개의 거대 컴포넌트를 가지게 된다. 두 개의 거대 컴포넌트를 가지기 위해서는 두 컴포넌트 각각에 노드가 많이 포함되어 있어야 한다. 하지만 그러한 두 개의 성분이 서로 분리되어 있으려면 각각의 컴포넌트 속 노드는 다른 컴포넌트 중 어느 누구와도 연결되어 있지 않아야 하는데, 컴포넌트에 포함된 노드의 수가 증가할수록 그런 일은 일어나기 힘들다. 두 성분 사이에 단 하나의 연결만 있어도 두 컴포넌트는 하나로 결합된다.

6   나는 여기서 시간 문제는 언급하지 않고 지나갔다. 어떤 관계는 다른 관계가 시작되기 전에 끝난다. 따라서 이런 네트워크에서 질병이 이동하는 방향에는 특정한 제한이 생기게 된다. 이것은 전염 속도를 느리게 하지만, 그렇다고 전염병이 완전히 제거되지는 않는다. 여전히 거대 컴포넌트 속 상당수를 감염시킬 수 있다. 더 자세한 내용과 논의에 대해서는 다음을 참고하라: Johansen(2004); Wu et al.(2010); Barabá si(2011); Pfitzner, Scholtes, Tessone, Garras, and Schweitzer(2013); Akbarpour and Jackson(2018).

7   HPV 감염률의 추산치는 인구 표본, 측정에 사용된 기법, 질병의 정의에 따라 크게 달라진다. 또한 많은 사람들이 자신이 전염되었는지 모른다는 사실도 측정을 복잡하게 만든다. 살면서 한 번 감염된 적이 있으며 여전히 성관계를 가지는 사람의 비율은 대략 50퍼센트 이상으로 추정된다. 메타 연구에 대해서는 다음을 참고하라: Revzina and DiClemente(2005).

8   이에 대한 배경 설명은 다음을 참고하라: Stanley(1971).

9   1874년 텍사스 팬핸들Panhandle의 어도비 장벽Adobe Walls으로 알려진 거래장소에서 버팔로 사냥꾼 30명과 코만치, 샤이엔, 카이오와 인디언 수백 명 사이에서 전투가 벌어졌고 이때 빅 50 소총도 그 악명을 얻었다. 전투 셋째 날, 사냥꾼 중 한 명인 빌리 딕슨Billy Dixon은 1538야드(대략 1406미터) 밖에 떨어진 인디언 추장을 살해했다(그는 이를 행운의 한 발이라고 불렀다). 그 결과 인디언들을 굴복시키고 전투를 끝낼 수 있었다.

10   Althaus(2014).

11   이러한 종류의 고수준 계산은 이질성이 큰 모집단으로부터 추상화한 것이다. 예를 들어 학교에서의 재생산수는 일반적인 인구에 비해 훨씬 클 것이다. 이처럼 광범위 추정은 큰 모집단에서 시간의 경과에 따른 사례의 수를 관찰함으로써 이루어지며, 전염을 막기 위한 정책 수립을 위해서는 더 상세한 정보가 필요하다. 그러나 여기서는 이러한 고수준 수치만으로도 본질적인 통찰을 얻을 수 있다.

12   질병의 재생산수는 특정 장소나 인구 집단 일부에서는 1보다 클 수도 있고, 다른 곳에서는 아닐 수도 있다. 그럼에도 이것은 여전히 경계를 넘어 인구의 상당 부분에 도달할 수 있다. 이러한 현상에 대한 더 상세한 분석은 다음 연구에 나와 있다: Jackson and López Pintado(2013).

13   시지윅은 사회의 복지를 향상시키고자 할 때 외부효과에서 벗어날 수 없다는 것을 알아냈다. 존 스튜어트 밀이나 제러미 벤담과 같은 초기 철학자들은 사회의 복지를 측정하는 방법을 개발하면서 외부효과와 씨름했지만, 그것들을 명확하게 표현하지는 못했다. 애덤 스미스(1776)와 앨프리드 마셜(1890)과 같은 경제학자는 시장의 효율

성에 관한 글에서 이 문제를 언급했지만, 대부분 외부효과에 대해서는 언급하길 피했다. 비록 마셜은 시즈윅의 글에 대해 이미 알고 있었지만, 정부가 그렇게 많은 일을 할 수 있을지 그 능력에 대해 불신하고 있었던 것 같다. 외부효과를 극복하기 위해서는 보통 규제나 세금 등 정부의 개입을 필요로 하므로, 그가 외부효과란 주제를 피했던 것도 놀랄 만한 일은 아닌 것 같다. 아서 세실 피구Arthur Cecil Pigou는 많은 경제학자들이 외부효과와 연관 짓는 학자다. 1920년에 쓴 에세이에서 외부효과에 대해 직접적으로 언급했기 때문이다. 재밌게도, 이는 1913년 그러한 영향력이 피구의 초기작(*Wealth and Welfare*, by A. C. Pigou, M.A., London: Macmillan, 1912)에서는 얼버무려졌음을 지적한 앨린 영Allyn Young의 비평에 대한 반박에서 나온 것이다. 앨린 영은 외부효과가 더 나은 대접을 받을 만한 개념이라고 지적했다(영의 책 676쪽을 보라. 영의 논문에 대해 알려준 켄 애로Ken Arrow에게 감사한다). 그러나 실제로 1960년대에 로널드 코스Ronald Coase와 제임스 뷰캐넌 및 크레이그 스터블빈Craig Stubblebine의 논문이 나오기 전까지 외부효과는 현대의 형태로 자리잡지 못했다(Coase[1960]; Buchanan and Stubblebine[1962]). 그 사이에 프랭크 나이트Frank Knight(1924)와 티보르 시토프스키Tibor Scitovsky(1954) 등이 외부효과의 개념을 두고 씨름을 하기도 했다. 이에 대한 훌륭한 논의는 다음 문헌에 나와 있다: Kenneth Arrow(1969).

14 외부효과에 대한 이러한 정의는 광범위하고 포괄적인 현대적 형태다. 한 사람의 행동이 다른 사람에게 미친 결과가 의도된 것일 필요는 없으며, 한 사람이 담배를 피는 행위부터 타이어 회사가 일으킨 공해 문제까지 모든 종류의 행동에 적용된다. 여기에는 웹 보안을 위한 공개키 암호화와 같은 긍정적인 외부효과가 있으며, 또한 스포츠 경기에서의 부정행위 같은 부정적 외부효과도 있다. 보통 외부효과는 흡연자의 경우에서와 마찬가지로, 부수적으로서 원래 행동의 이유가 아니다. 하지만 의도된 외부효과도 있다. 누군가 소프트웨어를 만든 후 누구나 사용 가능하도록 무료로 배포하는 일처럼 말이다. 이것은 외부효과의 정의를 살짝 비껴가는 것인데, 왜냐하면 한 사람이 다른 사람을 때리는 것은 실제로 우리가 외부효과의 개념으로 포착하려는 것이 아니지만 여기서 한 정의에 따르면 외부효과가 될 수도 있기 때문이다. 나는 계속 이 정의를 고수할 것인데, 비록 지나치게 포괄적인 정의이긴 하지만 단순하고, 외부효과가 네트워크에 나타나는 다양한 방법을 잘 포착하기 때문이다.

15 네트워크 환경에는 여러 형태의 외부효과가 있다. 이것을 '네트워크 외부효과'라는 특별한 종류의 개념과 혼동되어서는 안 된다. 네트워크 외부효과란 새로운 기술에 대한 한 사람의 소비 가치가 다른 이들은 그 기술을 얼마나 사용하는지에 달려 있는 상황을 지칭하는 말이다. 네트워크 외부효과는 분명 네트워크에서 중요 개념이지만, 우리가 관심을 가지는 다른 형태의 외부효과도 많이 있다.

16 Pew Research Center Internet Project Survey, August 7-September 16, 2013, http://www.pewresearch.org/fact-tank/2014/02/03/what-people-like-dislike-about-facebook/.

17 Ugander, Karrer, Backstrom and Marlow(2011).

18 Backstrom, Boldi, Rosa, Ugander, and Vigna(2012).

19 작은 세상 현상은 1951년 레이 솔로모노프Ray Solomonoff와 아나톨 라포포트Anatol Rapoport에 의해 처음으로 수학적으로 연구되었다. 이후 1950년대 후반부터 1960년 대 초반까지 무작위 그래프 이론의 토대를 세운 수학자 팔 에르되시Paul Erdös와 알프 레드 레니Alfréd Rényi(1959; 1960)에 의해 더 광범위한 연구가 이루어졌다. 에드거 길버 트Edgar Gilbert(1959)에 의해 독립적인 연구가 진행되었다는 사실은 아는 사람이 많지 않다.

20 후속 연구에서 나타난 더 상세한 수치에 대해서는 다음을 참고하라: Travers and Milgram(1969).

21 다음을 참고하라: Dodds, Muhamad, and Watts(2003).

22 이 질문에 대한 답은 여기서 중요하게 다뤄진다. 하지만 다른 영역에서 그것이 얼마 나 광범위하게 다뤄졌는지를 고려해 여기서는 기본적인 통찰에만 집중하겠다. 더 상 세한 논의와 설명에 대해서는 와츠Watts의 1999년 연구를 참고하라. 수학적 세부사 항에 대해서는 잭슨Jackson의 2008년 연구를 참고하라.

23 페이스북을 넘어 좀 더 일반적으로 말해, 한 개인이 알고 있는 사람의 수(여기서 '알고 있는 사람'이란 지난 2년간 연락을 했고 서로 연락이 가능한 사람을 말한다)에 대한 추정치는 계산 기법과 인구 표본에 따라 수백 명에서 수천 명까지 달라질 수 있다. 다음을 참 고하라: McCarty, Killworth, Bernard, and Johnsen(2001) and McCormick, Salgan-ik, and Zheng(2010).

24 이것은 우정의 역설(많은 친구는 더 많은 친구로 이어진다)과 다이애나의 친구 중에 서로 친구인 비율(도달할 수 있는 새로운 사람의 수를 감소시킨다)을 생각하면 대략 옳은 사실이 다. 더 자세한 수학적 배경에 관심이 있다면, 이 짧은 계산에 두 가지 문제점이 있음 을 알고 있어야 한다.

첫 번째는 우리가 이웃이 확장되는 속도를 과대평가했다는 것이다. 매 단계의 모든 친구들이 '새' 친구는 아니며, 일부는 이미 도달한 적 있는 친구이기 때문이다. 예를 들어 한 사람의 친구의 친구 중 일부는 그 사람의 친구일 수도 있다. 예를 들어 만일 다이애나가 에밀리 및 리사와 친구라면, 에밀리와 리사 사이의 경로의 길이는 2가 된다. 만일 에밀리와 리사 또한 친구라면 이들은 200명의 친구들 중 일부로 간주할 수 있으며, 따라서 다음 단계에서 고려하면 안 된다. 따라서 각 사람이 각 단계에 도달하는 200명의 새로운 친구들 중에는 이중 계산이 포함될 수 있다. 그러나 추정치를 보수적으로 잡아 각 단계에 도달하는 새로운 친구의 수를 줄여 첫 번째 단계 뒤에는 절반으로 줄어든다고 가정해도, 네 단계 뒤에는 200×100×100×100＝2억 명의 사람에게 도달하게 된다. (좀 더 나은 가정은 처음에는 새 친구의 수를 높게 잡다가 갈수록 그 수를 줄여가는 것이다. 그러나 가장 마지막 단계까지 계속 새로운 친구가 생길 것이며 마지막 단계가 되면 거의 모든 인구에 도달할 수 있게 된다.) 다섯 단계 뒤에 우리는 7억 2000만 명의 이용자에 도달할 수 있게 되며, 이는 두 이용자 사이의 평균 거리가 4.7이라는 우간다Ugander, 케러Karrer, 백스트롬Backstrom, 말로Marlow의 2011년 연구가 말해주는 바와 거의 일치한다.

본 계산의 또 다른 문제점은, 다음 단계에서 모든 친구가 같은 숫자의 추가적인 친구를 가지고 있다는 가정이다. 인구 집단에는 상당한 이질성이 있어서 어떤 사람은 거의 500명의 새로운 친구에게 도달할 수 있는 반면, 다른 사람은 거의 아무에게도 도달하지 못할 수도 있다. 하지만 이처럼 큰 네트워크와 평균 도수를 고려하면 이러한 분산도는 본질적으로 문제가 되지 않는다. 이는 위에서 언급한 에르되시Erdös와 레니Rényi의 1959년 및 1960년 연구로 거슬러 올라가는 사실이다. 이들은 링크가 무작위로 균일하게 형성된 네트워크에 대해 연구해, 현재 훨씬 더 풍부한 랜덤 네트워크 모델을 확립시킬 수 있었다(예를 들어 다음 연구를 보라: Jackson[2008b]). 여기에는 큰 수의 법칙의 변형이 적용되며, 페이스북처럼 풍부하고 넓은 네트워크에서도 많은 상황에서 개인별 차이를 무시하는 근사치가 매우 정확하게 작동한다.

25 "A Few Things You (Probably) Don't Know About Thanksgiving," Becky Little, *National Geographic*, November 21, 2016.

26 더 많은 비교에 대해서는 다음을 참고하라: Marvel, Martin, Doering, Lusseau, and Newman(2013).

27 세사레티Cesaretti, 로보Lobo, 베튼코트Bettencourt, 오트먼Ortman, 스미스Smith가 2016년 연구에서 지적했듯이, 중세 도시는 그 사회적 구조나 공간적 구조에서 현대의 도시와 많은 점에서 비슷하다. 그러나 중세 인구는 현대 인구에 비해 시골에 거주하는 비율이 훨씬 높았고 여행을 훨씬 덜 다녔다. 더 상세한 논의를 위해서는 다음을 참고하라: Ferguson(2018).

28 다음을 참고하라: Valentine(2006).

29 더 상세한 논의에 대해서는 다음을 참고하라: Altizer et al.(2006).

30 Jared Diamond(1997)의 해설을 참고하라.

31 Shulman, Shulman, and Sims(2009)를 참고하라.

32 Schmitt and Nordyke(2001)를 참고하라

33 예를 들어 랜디 실츠Randy Shilts의 책《그리고 밴드는 계속 연주했다And the Band Played On》(1987)를 보라.

34 Lau et al.(2017).

35 Godfrey, Moore, Nelson, and Bull(2010).

36 그림은 확장 라이센스에 따라 Barbulat/Shutterstock.com(Vectorstock)에서 인용했다.

37 여기서 도수와 상관관계를 가지는 다른 요인들도 생각해볼 수 있다. 예를 들어 각 투아타라의 영역이 얼마나 넓은지 또한 그 개체가 진드기를 가질 확률과 관련이 있을 수 있다. 통제 실험 없이 그러한 모든 대안적 설명을 배제할 수 없다. 하지만 응애의 감염률이 도수와 상관관계를 나타내지 않는다는 점에서, 영역의 넓이나 신체 크기는 감염률과 큰 상관관계가 없다고 생각할 수 있다.

38 Godfrey(2013)을 보라.

39 Christakis and Fowler(2010).

40 감염과 관련해, 높은 도수가 항상 나쁜 것만은 아니다. 일본원숭이는 사회적 접촉이 더 많은 개체일수록 그렇지 않은 개체에 비해 더 적은 머릿니를 가지는 것으로 나타났다. 이는 계절적 효과 때문으로, 두보스크Duboscq, 로마노Romano, 슈어Sueur, 매킨토시MacIntosh의 2016년 연구를 통해 밝혀졌다. 일본원숭이들 간 접촉의 주요한 형태는 서로 털을 골라주는 것으로, 털고르기를 하는 동안 머릿니의 알도 제거된다. 진정한 우정이라 아니할 수 없다. 따라서 원숭이들 사이의 접촉은 머릿니를 확산시키는 것뿐만 아니라 동시에 이를 제거하기도 한다. 도수가 높은 원숭이는 다른 원숭이들로부터 더 많은 털고르기를 받으므로 결국 더 적은 수의 머릿니를 가지게 되는 것이다.

41 Bajardi et al.(2011).

42 Cowling et al.(2010).

43 Donald G. McNeil Jr., "In Reaction to Zika Outbreak, Echoes of Polio Global Health," *New York Times*, August 29, 2016.

44 Ferguson et al.(2006)을 참고하라.

45 슈퍼볼 게임은 매년 미국에서 가장 높은 시청률을 기록하는 행사로서, 2016년의 경우에는 미국 인구의 3분의 1 이상이 텔레비전 중계를 지켜보았다. 해외에서 이 경기를 보는 사람도 있긴 하지만, 그 수는 FIFA 월드컵 결승전 시청자수나 올림픽 개막식 시청자수(베이징 올림픽 개막식이 최다 시청자수 기록을 보유하고 있다)에 비하면 턱없이 적다. 즉 슈퍼볼은 미국에 한정된 행사다.

4. 실패하기엔 너무 연결되어 있는 금융 네트워크

1   30개국 이상이 커피의 주요 생산국으로서 한 해 3000만 파운드 이상의 커피를 생산하고 있다. 스타벅스와 코스타 커피와 같은 세계적인 체인점들은 정치적 위기나 기상 악화 등으로 한 지역의 커피 생산이 일시적으로 부족해지면 다른 지역에서 커피를 조달함으로써 위기 상황을 극복한다. 세계 상품 가격은 계속 변동하며, 커피 가격 역시 예외는 아니다. 하지만 기업들은 특정 국가에 얽매여 그 지역 특유의 문제에 휘말려 고생하기보다는 여러 국가들로부터 커피를 구매함으로써 소비자들에게 더 꾸준히 커피를 공급할 수 있다.

2   이는 폴 키엘Paul Kiel이 취재한 실라 라모스Sheila Ramos의 이야기의 일부분일 뿐이다. 전체 이야기는 키엘의 책 《위대한 미국의 가압류 이야기The Great American Foreclosure Story: The Struggle for Justice and a Place to Call Home》(Pro-Publica, 2012)를 참고하라.

3   패니 메이는 FNMA 즉 연방저당공사Federal National Mortgage Association의 별명이며, 프레디 맥은 FHLMC 즉 연방주택대출저당공사Federal Home Loan Mortgage Corporation를 나타낸다. 패니 메이와 프레디 맥은 미국 전역에서 발행된 대출을 모아서 주택담보대출 증권 ― 더 일반적으로는 부채담보부증권CDO: Collateralized Debt Obligation ― 이란 이름의 상품으로 판매했다. 주택담보대출 시장의 세 번째 주요 기업은 지니 메이Ginnie Mae 즉 정부저당협회GNMA: Government National Mortgage Association로, 정부에 의해 운영된 기관으로서 참전용사들에 대한 대출이나 저소득층 주택 융자 및 다른 정부 프로그램들에 특화되었다. 이 또한 거대 기업으로서 위기 상황을 겪었지만 우리의 이야기에서는 조금 벗어난 주제다.

4   신용부도스와프는 부채담보부증권(즉 주택담보대출 증권)에서 채무 불이행이 발생할 경우에 여러 금융기관이 이를 보상받을 수 있도록 보증하는 일종의 보험이다. 예를 들어 누군가 리먼브러더스로부터 주택담보대출 증권을 구입한 후, 만에 하나 리먼브러더스가 채무를 갚지 못하는 말도 안 되는 상황이 발생할 것에 대비해 AIG에서 보험을 구입하는 것이다.

5   이 점에 대한 더 자세한 논의는 Elliott, Golub, and Jackson(2014)를 참고하라.

6   은행들은 그들의 예금 변동에 따라 다른 은행으로부터 단기 차입 및 대출을 받거나, 특정 통화에 대한 노출이 변동하는 것에 맞춰 통화를 교환함으로써 이윤을 남길 수 있다. 또한 은행들은 각자 특정 지역에 전문화된 대출 포트폴리오 및 기타 투자 포트폴리오를 가지고 있으므로 장기적인 공동 투자를 하는 것도 가능하다. 각 은행의 포트폴리오가 특정 지역에 편중되어 있는 것이 왜 중요할까? 누군가 여러 은행의 주식을 구입하면, 비록 각각의 은행은 분산 투자를 하지 않았더라도, 그 사람은 은행 포

트폴리오를 확보함으로써 분산 투자를 하게 되는 것이다. 사실, 은행들이 특정 지역에 편중하여 투자하는 것은 파산 가능성에 드는 비용이 없다면 크게 문제가 되지 않는다. 하지만 파산비용은 경제에 실질적인 손실이다. 파산 문제를 해결하는 동안 귀중한 자원이 활용되지 못하고 유휴 상태로 남게 되며, 막대한 시간과 법정 비용이 소요된다. 그러한 비용들 때문에 우리는 어떤 회사가 지급 불능 상태에 빠지는 것을 막으려 한다. 파산의 전염이 특히나 비싸지는 이유도 파산비용 때문이다.

7   그렇다고 해서 그림 (c)가 '안전한' 상태라는 의미는 아니다. 여기서 각각의 은행은 오직 넷 또는 여섯 개의 연결만 가질 뿐이다. 따라서 여전히 재정적 손실에 대한 노출 위험은 상당하며, 자칫하면 여러 은행이 동시에 채무 불이행 상태에 빠지는 대규모 부도 사태가 일어날 수도 있다.

8   이러한 현상에는 연좌제가 동반되기도 한다. 리먼브러더스가 파산했을 때, 리먼과 동업관계였던 기업들만이 아니라 리먼과 유사한 기업들 또한 갑자기 불확실성에 직면했다. 사실 전 세계 은행들은 자본준비금(규제에 의해 각 은행이 직접 보유해야 하는 현금액)을 충족하고 기타 단기 평준화를 위해 사용되던 단기 대출(당일 대출)을 삭감했다. 어떤 은행이 안전한지 그리고 어떤 은행이 위험한지는 아무도 장담하지 못했다. 당일 거래가 증발함에 따라 각국의 중앙은행이 이를 충당해야만 했다.

9   한 예로 Bloom(2009)을 참고하라.

10 이에 대한 더 많은 논의는 Shiller(2015)를 참고하라.

11 중요 투자자들은 그들의 의견을 제시함으로써 공황을 끝낼 수도 있다. 여러 사람이 주목하고 있는 유명 투자자가 어떤 은행 또는 금융회사에 대해 신뢰를 잃었다고 말하면, 그의 말을 믿지 않는 사람이라도 다른 사람들은 그의 말을 믿을 거란 불안감을 가지게 된다. 중요 투자자가 다른 사람들의 행동에 어떤 영향을 미치는지에 대한 더 많은 논의는 Acemoglu and Jackson(2014)를 참고하길 바란다.

12 Branch(2002).

13 손실된 44퍼센트 중 16퍼센트는 법정 비용 및 파산과 관련된 기타 손실이며, 나머지 28퍼센트는 부도 또는 자산 매각 과정에서 발생한 자산 가치의 감소(즉 투자가 실패한 것이다) 때문이다. 최소한 16퍼센트는 분명히 파산 때문에 발생한 손실이며, 나머지 28퍼센트도 자산을 급하게 매각하는 과정에서 발생한 손실이므로 파산에 의한 손실로 볼 수 있다.

14 다음 웹사이트를 참고하라: https://www5.fdic.gov/hsob/HSOBRpt.asp.

15 투자은행과 상업은행을 분리해야 할 것인가는 규모의 경제(그리고 범위의 경제) 대 이해관계 상충의 트레이드오프에 달려 있다. 예를 들어 증권 거래를 통해 수익을 내는 기업이 동시에 다른 사람들의 자산도 관리한다면, 그 회사는 사람들로 하여금 그 회

사와 이해관계가 있는 기업의 증권을 구매하도록 몰아갈 수 있으며, 그들에게 유리한 정보를 얻어 다른 투자자들보다 먼저 매수/매도 주문을 걸 수도 있다. 규모의 경제 및 범위의 경제의 장점에 대해서는 뒷부분에서 계속 논의한다.

16　핵심-주변부 네트워크에 대해 더 알고 싶다면 다음을 참고하라: Wang(2017); Farboodi(2017); Hugonnier, Lester, and Weill(2014); Fricke and Lux(2014); van der Leij, in't Veld, Daan and Hommes(2016); Gofman(2011); and Babus and Hu(2017).

17　소수의 은행이 대부분의 사업을 진행하는 것에 대해 내가 여기서 논의하지 않은 다른 문제점들도 많이 있다. 예를 들면 소수의 은행이 산업 전체를 주도함에 따라 막대한 시장지배력을 가지고 가격 결정과 이윤 창출에 영향력을 행사하는 것이나, 경계를 넘어 시장을 창출하고 거래를 성립시키려는 유혹 등이 있다.

18　Uzzi(1997)를 참고하라.

19　이 화살표에는 간접 노출도 포함되어 있다. 그 측정 방식에 대해서는 우리 논문에서 개략적으로 설명했다. 다음을 참고하라: Elliott, Golub, and Jackson(2014).

20　예를 들어 아시아의 경제 위기에 대해서 더 알고 싶다면 다음을 참고하라: Baig and Goldfajn(1999). 국가 간 경제 위기의 전염에 대해서는 다음을 참고하라: Reinhart and Rogoff(2009); Kindelberger(2000); Neal and Weidenmier(2003); Kaminsky, Reinhart, and Vegh(2003).

21　배티스튼Battiston과 그 동료들은 2016년 논문에서 금융 네트워크를 감시하는 것과 관련된 몇 가지 어려움을 설명했다. 금융시장에 상전이와 갑작스러운 연쇄 도산이 일어난다는 것은 구성원들의 투자에 대한 노출이 완전히 측정되지 않아, 이후 뒤따를 수 있는 연쇄 도산의 가능성이 심각하게 저평가되었다는 것을 의미한다.

22.　금융시장에서의 장려책에 대한 더 많은 논의를 위해서는 다음 문헌을 참고하라: Admati and Hellwig(2013); Admati(2016).

23　더 상세한 배경 설명을 위해서는 Lucas(2013)를 참고하라.

24　움직이는 과녁 외에도, 특정 금융회사가 돈을 어디에 투자할지를 규제하는 것에는 또 다른 문제점이 있다. 투자가 제한되면 기업들은 투자처를 덜 분산시키게 된다. 유럽의 많은 은행들은 그들이 어디에 투자를 할 수 있는지에 대한 규제를 받고 있는데, 그 결과 몇몇 은행들은 상대적으로 높은 금리를 제공하던 그리스 국채를 상당량 사들이고 말았다. 투자에 대한 규제 및 제약은 또한 투자와 상관관계를 가질 수 있는데, 규제를 받는 기업이 투자할 수 있는 대상은 제한적이라 이들은 동일한 투자처에 투자하게 되고, 이 투자처가 부정적 타격을 입으면 많은 기업들이 동시에 파산하게 된다.

25　실제로 팝콘이 터지기 시작한 것은 2007년으로, 그 기세는 2008년까지 계속되었다.

먼저 담보대출, 서브프라임 융자 그리고 건설 회사들이 지급 불능 상태에 빠졌다. 이 때 파산한 회사들로는 아메리칸 프리덤 모기지American Freedom Mortgage, 모기지 렌더스 네트워크 USAMortgage Lenders Network USA, DR 허튼DR Horton, 컨트리와이드 파이낸셜Countrywide Financial, 뉴센추리 파이낸셜New Century Financial, 아메리칸 홈모기지 인베스트먼트American Home Mortgage Investment Corp., 아메리퀘스트Ameriquest 등이 있다. 그 이후에는 BNP 파리바BNP Paribas, 노던록Northern Rock, 인디맥IndyMac, 베어스턴스 등 은행과 투자은행도 파산하기 시작했다. 그 다음에는 패니 메이와 프레디 맥이 붕괴했다. 곧바로 메릴린치Meryl Lynch, 리먼브러더스, 워싱턴뮤추얼Washington Mutual 등 더 많은 은행과 투자은행이 매각되거나 파산했다. AIG는 엄청난 규모의 정부 지원을 받았다. 2008년 가을, 결국 의회는 7000억 달러 규모의 '부실 자산 구제 프로그램Troubled Asset Relief Program' 법안을 통과시켰다. 이 법안은 부실화된 은행의 자산을 높은 가격으로 매입한다는 내용을 담고 있다. 11월 연방준비은행은 8000억 달러를 편성해 더 많은 자산을 사들일 것을 약속했다. 그중 절반 이상이 패니 메이와 프레디 맥의 부실 담보대출금을 매입하는 데 사용되었다.

26 여러 금융기관, 특히 은행들은 특정 투자에 치우치는 경향이 있었다. 일부 기업은 특정 유형의 자산만 보유할 수 있도록 규제를 받았으므로 이들은 제한적인 포트폴리오만 갖추게 되었다(주 24의 내용을 참고하라). 또한 이 기업들은 서로 경쟁하는 관계에 있었다. 즉 한 기업이 투자에서 다른 기업들보다 우수한 성과를 낸다면 그 기업은 더 많은 고객과 투자자를 유치할 수 있다. 이는 기업들이 서로를 모방하도록 만들었다. 비슷한 포트폴리오를 보유함으로써 고객들을 안심시키고 그에 대해 고객들이 다소 무관심해지도록 만들 수 있다. 여기에는 또한 사람들이 동일한 투자처를 찾도록 만드는 군중 심리도 작용한다. 이에 대해서는 7장에서 더 이야기하겠지만, 다음 문헌에서도 자세히 다루고 있다: Scharfstein and Stein(1990) and Froot, Scharfstein and Stein(1992).

27 2011년 1월 발행된 미 정부 공식 보고서.

28 뱅크오브아메리카Bank of America, 바클레이Barclays, BNP 파리바, 시티그룹Citigroup, 도이치방크Deutsche Bank, 골드먼삭스Goldman Sachs, HSBC, 모건스탠리Morgan Stanley, 로열뱅크오브스코틀랜드Royal Bank of Scotland, 소시에테 제네랄Société Générale 등이다.

29 위원회는 6명의 민주당원 그리고 4명의 공화당원에 의해 임명되었는데, 별로 놀랍지도 않지만 이들은 위기의 원인에서 규제의 역할—또는 규제의 결여—에 대해 그리고 위기의 책임에 관한 여러 세부사항에 대해 동의하지 않았다. 그럼에도 불구하고 그들은 전염 가능성이 위기의 중심에 있었고 정부가 개입할 수밖에 없었던 이유도 그 때문이었다는 사실에 동의했다. 예를 들어 반론보고서 432쪽에서는 정부가

패니 메이와 프레디 맥을 인수해야 했던 이유를 재조명하면서 다음과 같이 말했다. "은행은 그것의 모든 자산을 제너럴 일렉트릭이나 AT&T가 발행한 부채로 보유할 수는 없지만, 패니나 프레디의 부채로 보유할 수는 있다. 미국은 물론 전 세계 어디에 있는 투자자라도 마찬가지다. 그들은 패니 메이와 프레디 맥과 같은 정부지원기업GSE: Government-Spronsored Enterprise의 채무는 완전히 안전하다고 가정해 그들의 포트폴리오에 너무 많이 포함시켰다. 정책입안자들은 많은 금융기관들이 거래상대의 파산이라는 위험에 처해 있는 상황에 대해, GSE의 평가절하는 곧 금융 시스템 전반에 연쇄 도산을 유발할 수도 있다고 확신했다. 게다가 GSE 채무는 단기 대출 시장에서 담보로 사용되었기 때문에, 더 나아가 GSE가 파산한다면 이는 실제로 일어난 것보다 더 심각한 신용 위축을 초래했을 것으로 생각된다."

5. 끼리끼리 무리 짓고 남과 구별 짓기

1   몇몇 자티는 특정 카스트에 정확히 들어맞지 않는다. 예를 들어 전통적으로 장인 계급과 무사 계급을 모두 포함하고 있는 족벌은 두 개의 바르나에 걸쳐 있지만, 19세기에 하나의 카스트로 통합되었다.

2   국가응용경제연구위원회NCAER: National Council for Applied Economic Research와 메릴랜드 대학에 의해 진행된 인도인구개발조사IHDS: India Human Development Survey에서 인용했다. 홈페이지는 다음과 같다: http://ihds.info/.

3   다음 논문을 참조하라: Maurizio Mazzocco and Shiv Saini(2012). 마을 전체의 수입 및 소비를 정확히 추산하는 것은 대체로 어려운 일이다(Ravallion and Chaudhuri[1997] 참고). 하지만 노이즈가 많은 데이터로도, 지역 수준에서의 전체 위험 분담은 일반적으로 거부된다(Townsend[1994]; Fafchamps and Lund[2003]; Kinnan and Townsend[2012]; Samphantharak and Townsend[2018]). 아틸라 암브루스Attila Ambrus, 마커스 모비우스 Markus Mobius, 아담 스지들Adam Szeidl은 2004년 논문에서 그러한 위험 분담의 메커니즘을 이해하기 위해 특정 네트워크 구조를 자세히 파헤쳐 직관적인 설명을 제공했다. 예를 들어 집단 내 촘촘한 연결은 마을 사람들이 가끔씩 발생하는 작은 충격들을 극복하도록 돕는다. 전체 집단에 큰 사건이 닥치면 그들은 서로 돕기 위해 그들 사이의 관계에 의존한다. 이 마을에서 집단 간 관계의 부재는 억제된다. 집단들 사이에는 관계가 거의 없기 때문에, 수입에 큰 타격이 있을 때도 카스트를 넘어 서로 도울 수 있는 충분한 사회적 자본이 없다. 이는 인도인 마을만의 고유한 문제는 아니다. 미국의 빈민층도 소득에 타격이 있을 때 이를 해결하는 데 비슷한 어려움을 겪는다는 것

을 보여주는 많은 증거들이 있다(예를 들어 Blundell, Pistaferri, and Preston[2008]를 참고하라). 싱Xing의 2016년 논문은 왜 이런 비효율적인 위험 분담이 정착되었는지를 연구했다.

4 이 학교에서 히스패닉과 그 밖의 다른 인종은 극히 소수만 차지하며, 이 사례에서는 서로 더 뭉치는 것으로 나타났다. 같은 집단끼리 서로 어울리는 수준은 집단의 크기에 따라 달라지는데, 크기가 작은 그룹은 종종 서로 어울리는 수밖에 없을 때도 있다. 다음 논문을 참고하라: Currarini, Jackson, and Pin(2009, 2010).

5 네덜란드의 십대들이 최근 페이스북에서 맺은 친구 관계에서도 이런 패턴을 볼 수 있다. 바스 호프스트라Bas Hofstra와 그의 동료들이 수행한 연구(Hofstra, Corten, van Tubergen, and Ellisond[2016])는 핵심 집단에서의 동종선호 경향이 전체적인 평균보다 더 강하게 나타나는 것을 관찰했다. 또한 이들은 젠더에 대한 동종선호보다 인종에 대한 동종선호 경향이 더 강하다는 것도 관찰했다.

6 Fryer(2007).

7 이들 수치에서 나타나는 비대칭은 백인인구가 흑인인구보다 훨씬 많기 때문이다. 이 패턴은 젠더에 따라서도 다르게 나타난다. 즉 흑인 남성과 백인 여성이 결혼한 경우가 그 반대의 경우보다 훨씬 더 많다.

8 이에 대해서는 방대한 문헌이 존재한다. 전체적인 배경에 대해서 알고 싶다면 다음 논문을 참고하라: McPherson, Smith-Lovin, and Cook(2001). 좀 더 최근 연구에 대해서는 다음 논문을 참고하라: Jackson, Rogers, and Zenou(2017). 친구 사이에서의 유전적 유사성에 대한 최근 연구를 알고 싶다면 다음 논문을 참고하라: Christakis and Fowler(2014) and Domingue, Belsky, Fletcher, Conley, Boardman, Harris(2018).

9 Verbrugge(1977). 그는 10세 단위로 구분한 연령층, 종교, 직업 등 240개의 서로 다른 범주에 대해 조사한 후, 가장 가까운 친구에 대한 공산비odds ratio를 계산했다. 예를 들어 그는 가톨릭교인이라 대답한 사람의 가장 가까운 친구가 가톨릭교인일 공산과 가톨릭교인이 아닌 사람의 가장 가까운 친구가 가톨릭교인일 공산을 비교했다. 이 비율이 1이면 여기에는 동종선호가 없다. 즉 사람들은 그들이 가톨릭교인이든 아니든, 가장 친한 친구가 가톨릭교인일 공산이 같다. 실제로 가톨릭에 대한 공산비는 디트로이트에서 6.3, 알트 노이슈타트에서 6.8로 계산되었다. 즉 가톨릭교인은 가톨릭교인이 아닌 사람에 비해 가장 가까운 친구로 가톨릭교인을 둘 확률이 6배 이상 높은 것이다. 그가 조사한 240개의 범주에 대해 공산비가 모두 1 이상이었으며, 그중 225개는 통계적으로 유의했고(통계적으로 유의하지 않은 것으로 나온 15개의 범주는 크기가 작은 하위 샘플들이었다), 공산비가 2.2에서 81의 범위였다. 공산비가 81이 나온 범주

는 연령이었다. 25세 이하의 사람들은 25세 이상인 사람들에 비해 가장 친한 친구로 25세 이하의 사람을 둘 확률이 81배나 높았다.

10 이는 동아프리카에 해당되는 영역으로, 전체 지구대는 레바논까지 이어진다. 대지구대는 말라위, 부룬디, 우간다, 르완다, 잠비아의 일부 영역에도 걸쳐 있다.

11 Apicella et al.(2012).

12 예를 들어 혼인에서는 교육 수준에 따른 동종선호의 경향성이 점점 강해지고 있다. 다음 논문을 참고하라: Chiappori, Salanié, and Weiss(2017).

13 Pew Research, 2016.

14 이는 다음 논문의 분석을 토대로 했다: Skopek Schulz and Blossfeld(2010).

15 스코펙Skopek, 슐츠Schulz, 블로스펠트Blossfeld의 2010년 논문의 표4를 참조하라. 여성의 응답률은 남성이 자신과 비슷한 교육 수준일 때 평균보다 33퍼센트 높고, 남성의 교육 수준이 더 낮을 때 평균보다 36퍼센트 낮다. 남성의 응답률은 여성이 자신과 비슷한 교육 수준일 때 평균보다 21퍼센트 높고, 여성의 교육 수준이 더 낮을 때 평균보다 단지 9퍼센트 낮을 뿐이다.

16 다음 연구를 참고하라: Ken-Hou Lin and Jennifer Lundquist(2013).

17 이는 2013년 PRRI 미국인 가치관 조사PRRI American Values Survey를 바탕으로 했다. 2014년 8월 21일 《애틀랜틱》지의 로버트 P. 존스Robert P. Jones가 쓴 기사 "자가 분열: 왜 백인들은 퍼거슨을 이해하기 그렇게 어려운가Self-Segregation: Why It's So Hard for Whites to Understand Ferguson"와 2014년 8월 25일 《워싱턴 포스트》지의 크리스토퍼 잉그램Christopher Ingraham이 쓴 "백인의 4분의 3이 비백인 친구가 없다Three Quarters of Whites Don't Have Any Non-White Friends"를 참조하라.

18 베일리Bailey, 카오Cao, 커슬러Kuchler, 스트로벨Stroebel, 웡Wong의 2017년 조사에서 그림13과 표7을 참고하라.

19 그 예에 대해서는 다음 논문을 참고하라: Kenney(2000); Hwang and Horowitt(2012).

20 이 사례에 흥미가 있다면, 비 하트Vi Hart와 니키 케이스Nicky Case가 개발한 다음 웹사이트에서 많은 시뮬레이션을 해볼 수 있다: http://ncase,me/polygons/.

21 더 많은 티핑 포인트tipping point에 대해서는 다음 논문을 참고하라: Granovetter(1978); Rogers(1995); Gladwell(2000); Jackson and Yariv(2011).

22 다음 논문을 참고하라: Card, Mas, and Rothstein(2008).

23 다음 논문을 참고하라: Easterly(2009).

24 아직 다루지 않은 힘들도 있으며, 이는 8장에서 계속 논의하겠다.

25 필자의 지도학생이던 이칭 싱Yiqing Xing과 나는 다른 사람의 행동을 예측하는 능력이 그들의 출신 국가에 따라 달라지는지에 대해 연구했다(Jackson and Xing[2014]). 여

기서는 미국과 인도에서 온 사람들을 대상으로 했다. 우리는 사람들을 무작위로 짝을 지은 뒤 서로 협의하에 돈을 나눠 가지도록 했다. 이들은 돈을 똑같이 나누기를 원했는지 한 명이 더 가지기를 원했는지 그리고 만일 한 명이 더 가져야 한다면 누가 더 가져야 한다고 생각하는지에 대해 보고했다. 이들은 서로 합의에 이르렀을 때만 돈을 받을 수 있다. 따라서 이들은 상대방이 무엇을 요청할지 예측할 필요가 있었다. 인도인 중 오직 34퍼센트만이 돈을 똑같이 나누기로 한 반면, 미국인은 83퍼센트가 돈을 똑같이 나누었다. 가장 중요한 점은, 사람들은 자신과 같은 국가 출신 사람들의 행동을 더 정확하게 예측했으며, 같은 국가 사람들끼리 짝이 되었을 때 더 많은 돈을 얻어갔다는 사실이다. 필자의 편견에 대해 하나 이야기하자면, 나는 국가 간에 차이점을 거의 찾아볼 수 없으리라 예측했다. 내 입장에서는 돈을 똑같이 나누는 것이 너무나 당연한 행동으로 여겨졌기 때문이다. 이는 예측에서의 전형적인 실수다. 많은 예측 실패가 다른 사람들도 나처럼 행동하리라 생각하는 데서 나온다. 다른 연구자들도 인구 집단의 문화에 따른 여러 중대한 차이점들을 발견했다. 경제학자와 인류학자들로 구성된 조 헨리히Joe Henrich의 연구팀은 서로 다른 국가와 사회에서 나타나는 이타적 행동의 수준을 연구했다(Henrich et al.[2001]). 이들은 시장에 대한 접근도가 떨어지는 문화일수록 자신의 이익을 더 중요하게 여기는 것을 발견했다. 즉 시장에 대한 접근도가 높을수록 더 친사회적인 행동을 이끈다는 것이다. 이에 대해 연구자들은 시장이 작동하도록 만들기 위해서는 친사회성과 협력이 필요했기 때문이라고 설명했다.

26 친구들이 비슷하게 행동한다는 것은 산업계에서도 확인할 수 있다. 크레디테크Kreditech는 함부르크에 소재한 회사로 유럽 일부 지역에서 소액대출 서비스를 제공한다. 이들은 잠재적 고객에게 그들의 소셜미디어 계정에 접근해도 될지 물어본다. 만일 고객의 친구 중 하나가 크레디테크에 채무를 갚지 않은 것이 확인되면, 이 고객은 대출을 받지 못할 가능성이 높다. 하지만 고객의 친구들이 안전한 직장을 가지고 있다면, 이 고객은 대출을 받을 가능성이 높아진다("Lenders Are Turning to Social Media to Assess Borrowers," *The Economist*, February 9, 2013).

27 크리스토퍼 에들링Christofer Edling, 옌 리드그린Jens Rydgren, 리커드 샌델Rickard Sandell 은 2016년 논문에서 수백만 명의 스페인인들의 등재부를 조사해, 폭탄테러 전후의 내부 이동과 이주민의 위치를 추적했다. 이들은 스페인 원주민들이 이민자들의 이웃에 사는 것을 꺼리게 되고 반면에 아랍인들은 서로 더 가까워지는 추세를 발견했다. 에들링, 리드그린, 샌델은 집단이 얼마나 분리되어 있는지, 그 척도를 0에서 1까지 나타냈다. 1은 완전히 분리되어 있음을 나타내고 0은 완전히 통합되었음을 나타낸다. 아랍인의 분리도는 2000년에 0.7 정도였으며 폭탄테러 직전에는 0.58까지 떨

어졌다. 그러나 2006년 이 수치는 급반등해 거의 0.63에 가까워졌다. 테러 이전의 수치를 회복하기까지는 수 년이 더 소요되었다.

28 다음 사이트를 참고하라: http://www.prisonexp.org/the-story/. 본 실험에 대해서는 짐바르도Zimbardo의 다음 논문에 자세히 설명되어 있다: Haney, Banks, and Zimbardo(1973).

29 이 또한 헤이니와 뱅크스, 짐바르도의 1973년 논문에 자세히 설명되어 있다. 본 실험에 자문을 한 카를로 프레스콧Carlo Prescott은 한 사설에서(Stanford Daily, April 28, 2005) 교도관들은 그들이 했던 방식대로 하도록 권장되었다. 어쨌든 내가 지적하고자 하는 바는 짧은 기간 동안이나마 실험대상자들은 자신의 역할에 몰입했으며, 두 집단 사이의 분열이 매우 극명했다는 사실이다.

30 Alesina and Zhuravskaya(2011).

31 GDP는 2000년 PPP 국제 달러(구매력 평가지수 조정 달러)를 기준으로 했다. 당신 또한 이 데이터를 사용하고 싶다면 내 웹사이트에서 이 도표를 만들기 위해 사용한 파일을 찾을 수 있을 것이다. 단, 출처는 알레시나와 줄랍스카야의 2011년 논문임을 밝혀주길 바란다(변수의 정의도 이 논문에서 찾을 수 있다).

32 당신은 인종 분리가 정말로 한 국가의 기능을 약화시키는지, 혹은 부산물일 뿐인 건지 궁금할 수도 있다. 제대로 기능하지 못하는 국가들이 모종의 방법으로 사람들을 인종에 따라 분리하거나 분리된 채로 남게끔 부추기는 것일 수도 있다. 우리의 그래프는 어떠한 인과관계도 보여주지 않는다. 우리 이론을 시험해보려면 잘 통제된 실험을 설계해야 하는데, 그러려면 우리는 분리된 국가들과 분리되지 않은 국가들을 만든 후 이들을 같은 조건하에 둔 채 시간에 따라 어떻게 변화하는지 지켜봐야 한다. 이것은 실제로 불가능한 일이다. 이처럼 실험을 하는 것은 불가능하지만, 알베르토 알레시나와 예카테리나 줄랍스카야는 2011년 논문에서 이 관계가 인과관계임을 나타내는 증거를 제시했다. 그들은 '도구적 변수'를 사용했는데, 이는 위와 같은 데이터를 다루기 위해 흔히 사용되는 기법이다. 이 기법이 어떻게 작동하는지 그리고 여기서 어떻게 응용되었는지에 대해서는 나의 웹사이트에서 찾을 수 있는 온라인 보충자료 5장을 참고하기 바란다.

33 그것은 또한 네트워크를 탐색하는 것도 도와준다. 이에 대해 더 많은 논의는 온라인 보충자료와 던컨 와츠Duncan Watts의 2004년 저서의 5장에서 찾아볼 수 있다.

6. 네트워크가 불평등을 만든다

1   유명한 올림피아 맥주의 광고를 기억하지 못하는 사람들, 혹은 아르테시아$_{Artesia}$가 지명이라고 생각하는 사람들을 위해 부연 설명하자면, 자분정$_{artesian\ water}$이란 상압에서 지표층으로 분출되는 우물을 말한다. 대수층이 특정 각도로 위치하고 있어 노력을 거의 들이지 않고 물을 끌어올릴 수 있다.

2   Claire Vaye Watkins, "The Ivy League Was Another Planet," *New York Times*, March 28, 2013.

3   다음을 참고하라: https://www.theodysseyonline.com/@alonaking.

4   유동성을 측정하는 방법은 여러 가지로, 아버지와 아들, 어머니와 딸, 어머니와 아들 등의 관계에서 아이들의 교육, 소득, 부, 사회계급, 수명이 그들의 부모에게 얼마나 의존하는지를 측정할 수도 있다. 이러한 측정에 대한 수많은 연구에서 우리가 앞에서 본 것과 같은 유사한 패턴이 나타난다. 즉 아이와 부모의 소득에는 유의한 상관관계가 존재하며, 그 크기는 국가마다 다르다. 물론 정확히 무엇을 측정했는가에 따라 그 정도에 약간의 차이가 있을 수 있다. '탄력성'이라는 용어는 경제학자들이 여러 상황을 비교하기 위해 백분율로 나타나는 값들을 지칭하기 위해 사용하는 것이다. 여기서 계산된 값은 $\ln(\text{Incomechild}) = \alpha + \beta\ln(\text{Incomeparent}) + \text{error}$와 Incomechild$=$factor$\times$Incomeparent라는 방정식을 따른다. 이 수치는 아들과 딸에 대해 비슷하게 나타났다. 리$_{Lee}$와 솔론$_{Solon}$의 2009년 논문을 참고하라.

5   이는 재산이 아니라 소득에 대한 세대에 따른 상관관계를 나타낸다. 재산 상속은 세대에 따른 재산의 상관관계에 직접적으로 반영되어 있다. 하지만 소득의 상관관계는 재산 상속 외에도 여러 요인에 기인한다.

6   다음 조사를 참고하라: "The American Dream? Social Mobility and Equality in the US & EU," Dalia Research, March 1, 2017. 알레시나, 스탄체바$_{Stantcheva}$, 테소$_{Teso}$가 2018년에 행한 더 상세한 연구에서도 이와 비슷하게, 미국이 유럽 국가들에 비해 더 낙관적임을 확인할 수 있다. 그들은 또한 사회적 유동성이 낮은 몇몇 주에서 이러한 낙관성이 가장 높다는 것을 발견했다. 게다가 유동성에 대한 사람들의 인식은 정부의 역할이나 재분배에 대한 정치적 견해와도 상관관계를 가지는 것으로 나타났다.

7   이 그래프의 이름이 좀 이상하다는 것을 눈치챘을지도 모르겠다. 제이 개츠비는 비록 사기꾼이지만 결국 엄청난 부자가 되었다. 즉 그는 그의 배경에도 불구하고 엄청난 경제적 상승을 이루었다. 그가 오르는 데 실패한 것은 특정 사회적 사다리였을 뿐이다. 그럼에도 불구하고 이 이름은 매우 기억하기 쉽고, 이제는 사회 계층을 넘어 경제적 상승마저 어려워진 미국의 비유동성을 환기시키는 기능도 한다.

8   덴마크에서의 상관관계에 대해서는 칼보 아르멩골Calvó-Armengol과 잭슨Jackson의
    2009년 논문 중 보충자료를 확인하라. 미국의 데이터는 황Huang의 2013년 논문에서
    참고했다. 미국의 대학 학위 소지자는 43퍼센트인 반면 덴마크는 39퍼센트다. 본 데
    이터는 다음 사이트를 참고하라: http://www.russellsage.org/research/chartbook/
    percentage-population-select-countries-bachelors-degrees-or-higher-age(accessed
    December 6, 2016).

9   더 자세한 사항이 궁금하다면 나의 웹사이트에 있는 온라인 부록을 참고하라. 여기
    서는 지니계수에 대한 두 가지 관점과 몇 가지 다른 불평등 척도를 소개한다.

10 지니계수를 그래프로 나타내어 이해하는 다른 방법이 있다. 여기에 흥미가 있는 독
    자들은 온라인 부록에서 더 자세한 내용을 확인할 수 있다. 나는 여기에 설명된 방법
    을 샘 볼스Sam Bowles로부터 배웠는데, 부록에 나오는 일반적인 설명보다 훨씬 간단
    했다.

11 많은 국가에서 전체 인구에 대한 정확한 소득 정보를 얻기는 힘들다. 〈그림 6.3〉은
    몇 가지 서로 다른 연구와 지방정부의 보고를 참고하여 그린 것이므로, 이 데이터를
    해석할 때는 몇 가지 주의해야 한다. 게다가 지니계수는 세금과 복지수당이 반영되
    었는가에 따라 달라진다. 만일 특정 국가가 고소득자에 대해 높은 세금을 물리고 가
    난한 사람들에게 상당한 보조금을 지급한다면, 세금 전과 세금 후의 그림은 상당히
    달라지게 될 것이다. 몇몇 유럽 국가에서는 세전 소득 대신 세후 소득을 보기 때문에
    지니계수가 매우 낮아진다. 미국에서도 세금과 양도를 포함시키면 지니계수가 10퍼
    센트가량 감소한다. 게다가 복잡다단한 현상을 하나의 수치로 환원시킬 때 늘 일어
    나는 일이지만, 지니계수는 불평등이 저소득계층의 극단적인 가난함 때문인지, 중산
    층도 상대적으로 가난한지에 대해서는 완전한 그림을 주지 못한다. 그럼에도 불구하
    고 이 척도는 우리에게 소득이 얼마나 불평등하게 분배되어 있는지에 대해서 대략
    감을 잡도록 도와준다.

12 다음을 참고하라: Lindert and Williamson(2012).

13 Haden(1995); Hayden(1997).

14 Bowles, Smith, and Borgerhoff Mulder(2010).

15 전 세계적으로 많은 나라에서 불평등이 증가하고 있지만, 국가 간 불평등은 오히려
    줄어들고 있다. 주요 개발도상국들이 비록 그 안에서의 불평등은 증가하고 있지만,
    전반적으로는 더 부유해졌기 때문이다. 이에 대해 더 알고 싶다면 온라인 부록을 참
    고하길 바란다.

16 골딘Goldin과 카츠Katz는 2009년 논문에서 20세기 동안의 교육 및 생산성의 변화에
    대한 전반적인 통찰을 보여주고 있다.

17 애쓰모글루Acemoglu와 그의 동료들은 2016년 논문에서 이 값을 10퍼센트라고 추산
   했다. 하지만 평형 효과(경제의 다른 분야에서 발생한 사업 실패에서 비롯된)를 고려하면 이
   수치는 두 배가 된다. 이와 비슷하게, 힉스Hicks와 데바라즈Devaraj는 2015년 논문에
   서 제조업 일자리 중 87퍼센트가 기술 변화로 인해 사라졌으며, 생산시설이 미국을
   떠남에 따라 일자리를 잃은 사람은 오직 13퍼센트밖에 되지 않는다고 추산했다.

18 정보기술의 일부 분야는 서비스업에 포함된다. 하지만 오늘날 더 넓은 범위의 경제
   활동을 포섭하기 위해 그 생산 규모를 추적하는 부문의 수를 늘려야 한다는 주장이
   제기되고 있다.

19 더 상세한 내용은 애쓰모글루Acemoglu와 오터Autor의 2011년 논문 1051쪽과 골딘Gol-
   din 및 카츠Katz의 2009년 논문을 참고하라.

20 피케티Piketty의 2014년 저서 중 표 7.2와 7.3을 참고하라.

21 다음을 참고하라: Krugman(2014).

22 캐플런Kaplan과 라우Rauh는 2013년 논문에서, 상위 1퍼센트 계층의 임금이 그토록
   상승한 이유가 그들이 규범을 바꾸거나 경영진의 의견을 조종했기 때문이 아니라
   기술의 진보에 따른 결과로 이들의 생산성이 크게 향상되었기 때문이라는 증거를
   제시하고 있다. 상위 1퍼센트 계층에는 서로 다른 직종의 수백만 인구가 포함되어
   있다.

23 특히 소득 분위 하위 20퍼센트에 속하는 가정의 아이들 중 대학 학위를 받는 아이는
   30퍼센트가 채 되지 않는다. 반면에 상위 20퍼센트에 속하는 가정의 아이들은 80퍼
   센트 이상이 대학 학위를 받는다. 다음을 참고하라: Chetty and Hendren(2015).

24 American Academy of Arts and Sciences, "A Primer on the College Student Jour-
   ney," 2016.

25 가장 경쟁력 있는 대학의 학생들 70퍼센트 이상이 소득 상위 25퍼센트에 속하는 가
   정에서 온 반면, 하위 25퍼센트에서 온 학생은 3퍼센트에 불과하다. 잭 켄트 쿡 재단
   Jack Kent Cooke Foundation에서 작성한 다음 보고서를 참고하라: Giancola and Kahlen-
   berg(2016).

26 Chetty, Friedman, Saez, Turner, and Yagan(2017).

27 연방 재정 지원을 받은 학생들에 대해, 졸업 후 10년 뒤 연봉을 측정했다.

28 Hart and Risley(1995).

29 영아들의 말하기 능력에만 차이가 있는 것은 아니다. 플라비오 쿤하Flavio Cunha는 어
   머니가 아이들과 이러저러한 활동을 하는 데 얼마나 많은 시간을 보내는지 분석했
   다. 즉 어머니는 "아기가 화가 나면 달래고, 아기의 팔과 다리를 움직이며 놀아주고,
   아기에게 말을 걸고, 아기와 까꿍 놀이를 하고, 아기와 함께 노래를 부르고, 아기에

게 이야기를 들려주고, 책을 읽어주고, 아이에게 정원이나 공원, 운동장에 나가 놀라고 말한다." 어머니들은 이런 식으로 아이들과 상호작용하는 데 하루에 보통 4시간에서 5시간을 소요한다. 그러나 이 수치는 어머니의 학력에 따라 달라진다. 어머니가 최소한 2년제 대학 이상의 학위를 가진 경우 고등학교 학위만 가진 어머니에 비해 아이들과 보내는 시간이 하루에 40분 이상 더 많다. 다음 논문을 참고하라: Cunha(2016).

30 Heckman(2012). 조기교육의 장기적 효과에 대한 더 많은 배경 지식과 증거에 대해서는 다음 문헌을 참고하라: Currie(2001); Garces, Thomas, and Currie(2002); Aizer and Cunha(2012); and Felfe and Lalive(2018).

31 Boneva and Rauh(2015), Figure 4.

32 Boneva and Rauh(2015), Figure 5.

33 Hoxby and Avery(2013), Figure 2.

34 이 또한 다음 논문을 참고하라: Giancola and Kahlenberg(2016).

35 Cunha, Heckman, Lochner, and Masterov(2006, page 703). 다음 논문도 참고하라: Carneiro and Heckman(2002).

36 이는 학생들이 자신의 가족에게 경제적으로 의존하는지에 따라 따른다. 미국예술과학아카데미American Academy of Arts and Sciences가 작성한 2016년 자료 "대학 생활 안내서A Primer on the College Student Journey"의 Figure O를 참고했다.

37 Claire Vaye Watkins, "The Ivy League Was Another Planet."

38 사회적 자원의 정의와 더 많은 배경지식에 대해서는 잭슨Jackson의 2017년 책을 참고하라.

39 다른 형태의 자본에 대해서는 여기서 언급되지 않았다. 예를 들어 '신체 자본somatic capital'은 신체의 건강이나 강건함을 지칭하는 것으로서 열량, 운동, 유전적 특질, 의료시설에의 접근성 등에 따라 달라진다. 이는 수렵채집 사회와 같은 몇몇 사회에서는 매우 중요한 개념이다(하지만 우리 논의에서 그리 필수적인 개념은 아니다). 우리는 또한 '문화적 자본'(Bourdieu and Passeron[1970])에 대해서도 다루지 않고 넘어갔는데, 이는 정의하기 상당히 까다로운 개념이다. 문화 자체가 많은 해석을 가진 풍부한 개념이기 때문이다. 우리의 논의에서 문화적 자본의 역할이 암묵적으로 드러나긴 하겠지만 명시적으로 논의할 필요는 없는 것으로 보인다.

40 사회적 자본은 여러 가지 방식으로 정의될 수 있으며, 지난 세기 동안 몇 차례에 걸쳐 이를 정의하기 위한 시도가 행해졌다. 예를 들어 다스굽타Dasgupta와 세라젤딘Serageldin의 2001년 논문과 소벨Sobel의 2002년 논문은 사회적 자본의 여러 정의들을 소개하고 있으며, 잭슨은 2017년 저서에서 이러한 정의에 대해 논의했다. 여기서

우리가 사용한 것과 유사한 방식으로 사회적 자본을 정의한 최초의 두 사람은 피에르 부르디외Pierre Bourdieu와 글렌 로리Glenn Loury다. 피에르 부르디외는 사회적 자본을 "상호간의 안면과 인식에 의하여 형성된 제도화된 관계의 네트워크 또는 그 관계와 연계된 실제적이고 잠재적 자원의 집합체"(Bourdieu, 1986)로 정의했다. 글렌 로리는 "표준 인적 자본 특성의 획득을 용이하게 하는 데 '사회적 자본'의 개념을 채택하는 것은 사회적 지위의 결과를 나타내기 위해 유용할 수 있다"(Loury, 1977)라고 언급했다. 우리의 정의는 사회적 자본이 인적 자본의 획득 이상으로 사용될 수 있다는 점—예를 들어 친구에게 빚을 내는 것—에서 로리의 정의를 넘어선다. 사회적 자본의 대체 자원이나 그 측정에 대해 더 상세한 내용은 잭슨의 2017년 책을 참고하라.

41 중심성 측정에 대한 논의에서 볼 때, 고유벡터와 같은 개념과 확산 중심성은 도수 중심성이 놓칠 수도 있는 사회적 자본의 여러 측면들을 포착할 수 있다.

42 2104 American Community Survey, U.S. Census Bureau.

43 Bischoff and Reardon(2014). 소득이 가계소득 중앙값의 3분의 2가 되지 않는 가정을 '빈곤'하다고 하고, 소득이 가계소득 중앙값의 1.5배인 가정을 '부유'하다고 하자. 그리고 과반수가 넘는 가정이 빈곤한 동네를 '빈곤한 동네'로, 과반수 이상이 부유한 가정인 동네를 '부유한 동네'라고 정의하자. 1970년에는 7퍼센트의 가정이 빈곤한 동네에, 8퍼센트가 부유한 동네에 살았으며, 나머지는 소득 수준이 혼합된 동네에 거주했다. 정확히 말하면, 65퍼센트의 사람들은 소득 중앙값이 미국 소득 중앙값의 80퍼센트에서 125퍼센트 사이인 동네에서 살았다. 2009년에는 15퍼센트의 가정이 빈곤한 동네, 18퍼센트가 부유한 동네에 살며, 오직 42퍼센트만이 소득 중앙값이 미국 소득 중앙값의 80에서 125퍼센트 사이인 동네에 산다. 지리적 분리를 측정하는 더 자세한 방법에 대해서는 다음 논문을 참고하라: Echenique and Fryer Jr.(2007).

44 단기적인 효과를 관찰한 이전 연구들은 정신 건강 이상의 중대한 영향이 있는지의 여부에서 혼합된 결과를 보였다. 다음 연구들을 참고하라: Clampet-Lundquist and Massey(2008); Ludwig et al.(2008); de Souza Briggs, Popkin, and Goering(2010); Fryer Jr. and Katz(2013). 이제 장기적 효과를 측정할 수 있게 되었으며, 이는 본 프로그램의 영향력에 대한 명백한 증거를 제공한다. 다음 논문을 참고하라: Chetty and Hendren(2015); Chetty, Hendren, and Katz(2016b).

45 이 수치에는 일부분 선택의 효과가 있을 수도 있다. 어떤 가족들은 이사하기를 선택한 반면 일부는 이사를 하지 않았기 때문이다. 자녀에 대해 좀 더 신경을 쓰는 가족일수록 바우처를 사용하기 위해 이사할 가능성이 높다는 효과가 반영되어야 하는 것이다. 이러한 문제를 피하기 위해 라즈 체티와 네이션 헨드런은 이사를 선택한 가정 내에서의 형제 자매들을 비교했다(Chetty and Hendren, 2015). 즉 가족 내에 나이가

다른 두 명의 아이들이 있다면 이들의 소득이 얼마나 다른지 비교할 수 있다. 이를 통해 연구자들은 이 효과가 인과적이며 적절히 예측된 것인지 확인할 수 있었다.

46 여기에는 피에르 부르디외, 제임스 콜먼James Coleman, 글렌 로리, 더글러스 매시Douglas Massey, 엘리너 오스트롬Elinor Ostrom, 로버트 퍼트넘Robert Putnam, 윌리엄 줄리어스 윌슨William Julius Wilson 등이 포함된다. 이들의 문헌은 너무 방대해서 간명히 요약할 수 없지만, 다양한 분야와 관점에 대한 고전적 연구를 확인하고 싶다면 다음 문헌들을 참고하라: Bourdieu and Passeron(1970); Loury(1977); Coleman and Hoffer(1987); Ostrom(1990); Massey and Denton(1993); Putnam(2000); Wilson(2012).

47 Britton et al.(2016).

48 Chetty, Friedman, Saez, Turner, and Yagan(2017), 미국에 대한 데이터를 찾아보면 가정환경이 아이들이 어떤 대학을 선택하는지에 미치는 효과가 조금 더 높은 것으로 나타난다.

49 《뉴욕타임스》 2013년 1월 27일 기사에서 발췌했다. 해당 인용문은 존 설리번John Sullivan의 말이다.

50 Kasinitz and Rosenberg(1996).

51 Ibid.

52 그렇다, 이후에 국무장관직을 수행한 바로 그 사람이다. 그는 대만과의 관계를 둘러싸고 미국과 중국 간의 긴장이 고조되었을 때 중국과 핵심 협정을 협상했으며, 레이건 대통령으로 하여금 미하일 고르바초프와의 대화를 연장하도록 설득해 냉전의 종식을 위한 발판을 마련하는 데 중요한 역할을 했다. 하지만 조지 슐츠는 정치인이 되기 전, 1950년대부터 1970년대 초까지 MIT와 시카고 대학의 경제학자였다.

53 Myers and Shultz(1951).

54 Rees et al.(1970).

55 다음 문헌을 참고하라: Myers and Shultz(1951); Rees et al.(1970); Granovetter(1973); Montgomery(1991); Ioannides and Datcher-Loury(2004).

56 Calvó-Armengol and Jackson(2004, 2007, 2009); Jackson(2007).

57 입찰 기회가 많을수록 더 나은 가격을 받을 수 있다는 논리는 경제학의 오래된 이론 중 하나로, 경매의 분석을 이끌어왔다. 애로Arrow와 보르체코프스키Borzekowski는 2004년 논문에서 이 이론을 이용해 인종 간 임금 차이를 분석했다(스미스Smith의 2000년 논문도 참고하라). 또한 이 이론은 예를 들어 장애인들이 차를 수리할 때 왜 비장애인보다 더 높은 수리비를 지불하는지 설명하는 데도 사용된다. 그니지Gneezy, 리스트List, 프라이스Price의 2012년 논문의 분석에 따르면, 이들은 견적서를 더 적게 받으며(여러 정비소를 돌아다니며 견적을 받기 위해서는 더 많은 시간이 소요된다) 정비사들

또한 이를 예측하고 더 높은 비용으로 견적을 내기 때문이다.

58 칼보 아르멩골Calvó-Armengol과 잭슨Jackson의 2004년, 2007년 연구를 참고하라. 이 연구의 설정에는 흥미로운 세부 요소들이 있다. 친구들은 서로가 일자리에 대한 정보를 얻는 데 도움을 주기도 하지만, 서로 일자리를 두고 경쟁하기도 한다. 토니 칼보 아르멩골과 나는 이러한 효과를 가려내기 위해 여러 구체적 세부사항들과 씨름을 해야 했다. 이러한 효과는 데이터에서도 나타난다. 로리 비어먼Lori Beaman이 발견했듯이(Beaman, 2012), 만약 난민들이 같은 국적의 사람들이 많은 공동체에 정착한다면, 공동체를 통해 일자리에 대한 정보를 얻을 수 있기 때문에 상당 기간이 흐른 후 이들의 고용도 증가하게 된다. 하지만 난민들이 같은 국적의 사람들과 동시에 정착을 시작한다면 이들은 서로 일자리를 두고 경쟁하게 되므로 고용은 오히려 감소한다. 한 지역에서 동일 인종의 비율이 고용률과 가지는 상관관계에 대해 궁금한 독자들은 다음의 문헌을 참고하라: Munshi(2003); Patacchini and Zenou(2012).

59 '도우보이'라는 용어의 어원이 1846년에서 1848년 사이 일어난 멕시코-미국 전쟁까지 거슬러 올라간다는 설이 있다. 흙길을 진군하는 동안 흙먼지를 뒤집어쓴 보병들의 모습은 마치 멕시코 북부 고유의 토담집인 어도비 하우스adobe house와 상당히 비슷해 보였다. 즉 '어도비'의 두운을 따서 '도우보이'가 되었다는 것이다. 다음을 참고하라: http://www.worldwar1.com/dbc/origindb.htm.

60 Marmaros and Sacerdote(2002).

61 이 책을 읽는 사람들 중 논문이 저널에 의해 거부된 적이 있는 사람이 있다면, 용기를 내라. 그래노베터Granovetter는 논문 〈약한 연결의 힘The Strength of Weak Ties〉을 처음에 《미국사회학리뷰American Sociological Review》에 제출했지만 거부당했다. 당시 심사위원들의 말을 인용하자면, "이 논문은 출판되어서는 안 됩니다. 지금 바로 떠오르는 이유들만 해도 끝이 없는데, 그중 몇 가지만 정중히 언급하겠습니다." "그의 연구는 뭔가 초보적입니다…… [그는] 진부하고 뻔한 사항들에만 의존하고 있습니다." 다음을 참고하라: https://scatter.files.wordpress.com/2014/10/granovetter-rejection.pdf.

62 Granovetter(1973, 1995).

63 브라물레Bramoullé와 로저스Rogers는 2010년 논문에서 더 인기가 많은 학생일수록 동종선호 경향이 약하다는 것을 발견했다. 학생들에게 그들의 친구 이름을 알려달라고 요청했을 때 한 번 이상 호명된 학생들은 동성의 친구에 의해 호명되었을 가능성이 75퍼센트였다. 하지만 10명 이상의 학생들에게 친구로 호명된 학생은 동성 친구에 의해 호명되었을 가능성이 51퍼센트밖에 되지 않았다. 이는 예를 들어 평균적으로 친구 수가 적을수록 유대관계가 더 강하다는 사실과 부합한다.

64 장래의 일자리와 관련해서 강한 유대관계가 약한 유대관계보다 훨씬 더 영향력이

크다는 증거에 대해서는 다음 논문을 참고하라 : Jones, and Burke(2017).

65 Lalanne and Seabright(2016).

66 Lalanne and Seabright(2016); Weichselbaumer and Winter- Ebmer(2005); England(2017).

67 Beaman, Keleher, and Magruder(2016); Mengel(2015).

68 Fernandez, Castilla, and Moore(2000).

69 그 예로 다음 연구들을 참고하라: Fernandez, Castilla, and Moore(2000); Dhillon, Iversion, Torsvik(2013).

70 Pallais and Sands(2016).

71 펠레이스Pallais와 샌즈Sands는 또한 팀워크가 필요한 업무에서 추천을 받은 직원이 그를 추천한 직원과 함께 일할 때 더 좋은 성과를 보이는 것을 발견했다(다음 연구도 참고하라: Brown, Setren, and Topa, [2012]). 추천을 받은 직원이 추천인의 평판을 위해 더 열심히 일하는지에 대한 증거는 찾지 못했다. 하지만 다른 연구에서는 방글라데시의 한 봉제 공장에서 추천을 받은 사람의 성과가 좋지 않을 때 고용주가 추천인에게 페널티를 가하는 상황을 관찰했는데(다음을 참고하라: Heath[출간예정]), 이때 추천을 받은 사람은 추천인의 평판에 신경을 쓰며 행동하는 것으로 나타났다. 또한 비어만Beaman과 매그루더Magruder는 2012년 연구에서 만일 추천받은 사람의 성과에 따라 추천인에게 상여금이 부과된다면 더 뛰어난 사람이 추천되는 것으로 나타났다.

72 앨프리드는 종두법의 초기 시행 중 사망했다. 수전 플랜처Susan Flantzer의 〈천연두는 계급의 경계를 모른다Smallpox Knew No Class Boundaries〉를 참고하라. 왕실에 대한 소식과 논설을 전하는 다음 사이트에서 확인할 수 있다: http://www.unofficialroyalty. com/royal-illnesses-and-deaths/smallpox-knew-no-class-boundaries/.

73 '게임'이라고 해서 대단치 않은 상황만 다루는 것은 아니다. 중퇴를 할지의 결정 또한 게임이 아니다. '게임'이란 용어는 '게임이론으로 알려진 수학 이론의 한 갈래에서 따온 것이다. 게임이론이란 사회과학자들이 사람들이 어떻게 의사결정을 내리고 그러한 결정이 언제 서로 연결되는지를 연구하기 위해 사용되는 도구다.

74 더 많은 논의를 위해서는 다음 연구를 참고하라: Morris(2000); Jackson(2007, 2008); Jackson and Zenou(2014); Jackson and Storms(2017).

75 Calvó Armengol and Jackson(2009).

76 여기서 논의한 경향에 대해 좀 더 자세한 사항은 다음 연구를 참고하라: Abramitzky(2011, 2018).

77 선진국에서 수출되는 정책 중 일부 직업과 관련해서, 전 세계적 차원에서 진정으로 유익한 정책이 있다면 바로 세계의 노동 기준을 개선하는 것이다. 세계적으로 인건

비는 큰 차이를 보이는데, 특히 비숙련 노동일수록 더욱 그렇다. 한때는 거의 20배 넘게 차이가 나기도 했다. 이러한 인건비 차이는 다양한 노동 기준과 작업 안전, 근무 시간, 최저 임금, 복지 혜택 및 기타 근로 조건의 부재와 일부 관련이 있다. 세계 최소 노동 기준의 시행에 우선순위를 두게 되면 일부 추세를 늦추는 데 도움이 될 것이다. 어쩌면 무역 장벽을 부과하는 것보다 훨씬 더 생산적인 방법일 수도 있다.

78 데이비드 오터David Autor는 노동력의 변화에 대한 일반적인 주제에 대해 훌륭한 TED 강연을 제공한 바 있다. 다음을 참고하라: "Will Automation Take Away All Our Jobs?," Ideas.Ted.com, March 29, 2017.

79 Peter S. Goodman, "Free Cash in Finland, Must Be Jobless," *New York Times*, December 17, 2016; and "Not Finished: The Lapsing of Finland's Universal Basic Income Trial," *The Economist*, April 26, 2018.

80 이러한 기본소득제도에 드는 비용이 상상도 못할 수준은 아니다. 이라크와 아프가니스탄과의 전쟁에 소요된 비용(보수적으로 추산했을 때 대략 2조 4000억 달러)이면 미국의 소득 하위 20퍼센트에 속하는 사람들에게 매년 5000달러씩, 8년 동안 지급할 수 있다. 4인 가족이면, 매년 세금을 낼 필요 없는 2만 달러의 현금을 받는 것이다. 만일 이 제도로 인해 더 이상 필요 없어질 다른 복지 프로그램의 절감액을 감안하면, 순비용은 이보다 더 낮아질 수도 있다. 이 정책은 급진적이지만 실현 불가능한 것은 아니다.

81 Thaler and Sunstein(2008).

82 사회학자 션 리어던Sean Reardon에 대한 샘 스콧Sam Scott의 인터뷰를 참고하라: "The Gravity of Inequality," *Stanford Magazine*, December 15, 2016.

83 Nguyen(2008); Jensen(2010); Attanasio and Kaufmann(2013); Kaufmann(2014).

84 다음을 참고하라: David Leonhardt, "Make Colleges Diverse," *New York Times*, December 13, 2016.

85 일례로 다음을 참고하라: Carrell and Sacerdote(2017).

86 게다가 혁신이 일어나는 곳에는 더 많은 사업과 투자는 물론, 향후 성장을 이끌 동력을 제공하는 고숙련 노동력들도 몰리게 된다. 우리는 실리콘밸리, 서울, 보스턴, 토론토, 타이페이, 홍콩, 싱가포르, 벵갈루루, 암스테르담, 뮌헨, 스톡홀름, 상하이 등 투자를 유치하고 새로운 성장을 창출하는 세계 각지의 도시들로부터 이 사실을 알 수 있다.

7. 군중의 지혜와 적

1   지구상에 살고 있는 개미는 1000조에서 1경 마리 내외로 추정된다.

2   무엇이 인간을 다른 동물과 구분지었는지, 우리의 집단지성이란 무엇인지에 대한 흥미로운 논의에 대해서는 헨리히Henrich의 2015년 연구를 참고하라.

3   예를 들어 다음 글을 참고하라: Susan Pater, "How Much Does Your Animal Weigh?," University of Arizona Cooperative Extension.

4   Galton(1907); Surowiecki(2005).

5   원래 논문은 중앙값과 분포 중 일부분만 밝히고 있다. 몇 주 후 골턴이 저널 측에 보낸 서신을 보면 평균값이 1197이라고 보고하고 있다.

6   군중들이 옳은 사실을 도출해내는 과정에서 다양성이 어떤 역할을 하는지에 대한 더 많은 논의는 다음 연구를 참고하라: Surowiecki(2005); Page(2008).

7   집단 대 개인의 성과 비교는 사회심리학에서 빵과 버터와 같다. 집단이 개인보다 뛰어난 성과를 거둔 예는 많이 있다. 심지어 집단은 그 업무에서 가장 뛰어난 개인보다 더 나은 성과를 보이기도 한다. 집단의 성과는 또한 그 집단이 어떻게 조직되어 있는지에도 의존한다. 더 많은 배경 설명과 참고문헌에 대해서는 다음을 참고하라: Davis(1992); Hinsz, Tindale, and Vollrath(1997); Hogg and Tindale(2008).

8   이것이 반드시 평균적인 믿음과 일치하지는 않으며, 내기를 건 사람들이 위험을 얼마나 떠안는가에 의존한다. 다음을 참고하라: Manski(2006); Wolfers and Zitzewitz(2006); Gjerstad(2004).

9   예측시장에 대한 더 많은 배경지식에 대해서는 다음 연구를 참고하라: Wolfers and Zitzewitz(2004); Hahn and Tetlock(2006); Arrow et al.(2008).

10 불쾌한 시장과 사례에 대해서는 로스Roth의 2007년 연구를 참고하라.

11 이에 대해서는 페이지Page의 2008년 논문과 2017년 논문 그리고 가리 카스파로프와 대니얼 킹Daniel King이 함께 쓴 책《카스파로프, 세상을 상대하다: 가장 위대한 온라인 도전기Kasparov Against the World: The Story of the Greatest Online Challenge》를 참고하라.

12 사실 그보다 전에 심리학자 존 R. P. 프렌치John R. P. French에 의해 동일한 모형이 기술된 바 있으며, 그래프이론가 프랭크 하라리Frank Harary에 의해 간략히 연구되기도 했다(French[1956]; Harary[1959]). 디그루트는 이 모델을 재발견해 좀 더 상세하게 분석한 것이다. 이처럼 독립적으로 일어나는 재발견이 종종 대단한 생각으로 이어질 때가 있다.

13 이것이 어떻게 계산되는지에 대한 더 자세한 사항은 잭슨Jackson의 2008년 도서를 참고하라.

14 수학적 배경을 궁금해하는 독자들을 위해 좀 더 설명하겠다. 디그루트 모형에서 합의에 도달하기 위해서는 두 가지 전제가 더 필요하다. 하나는 정보가 네트워크의 한 사람에게서 다른 사람에게로 직접적인 경로를 통해서 흐른다는 것이다. 두 번째는 '비주기성aperiodicity'이라고 알려진 조건으로서, 모든 (방향성이 있는) 순환에서 최소공통분모는 1이다. 다음을 참고하라: Golub and Jackson(2010).

15 여기서는 고유벡터 중심성이 합해서 1이 되도록 정규화된 값으로 가정한다. 만일 그렇지 않다면, 그저 고유벡터 중심성을 모두 합한 값으로 각각의 고유벡터 중심성을 나눠준다.

16 이러한 이중 계산은 '상관 무시correlation neglect'라는 이름으로도 불리며, 투표 등의 행동에 중요한 함의를 가진다. 그 사례들에 대해서는 다음 연구를 참고하라: Demarzo, Vayanos, and Zweibel(2003); Glaeser and Sunstein(2009); Levy and Razin(2015).

17 Chandrasekhar, Larreguy, and Xandri(2015).

18 다음 연구를 참고하라: Choi, Gale and Kariv(2005); Mobius Phan and Szeidl(2015); Enke and Zimmermann(2015); Brandts, Giritligil, and Weber(2015); Battiston and Stanca(2015).

19 Bailey, Cao, Kuchler, and Stroebel(2016).

20 그 예로 다음 연구를 참고하라: Choi, Gale, and Kariv(2005).

21 네트워크가 균형이 잘 잡혀 있는지 완전히 설명하기 위해서는 사람들이 서로 얼마나 의사소통을 하는지, 그들이 다른 사람의 의견에 얼마나 가중치를 두는지 그리고 언제 자신의 의견을 수정하는지를 조정할 필요가 있다. 전체 설명은 골럽과 잭슨의 2010년 연구를 참고하라. 특정 의견으로 수렴되는 속도 역시 네트워크 구조와 그 가중치에 따라 변화한다(Golub and Jackson[2012]).

22 서로 다른 네트워크 구조와 오피니언 리더에 따른 장단점에 대해서는 다음 연구를 참고하라: Katz and Lazarsfeld(1955); Jackson and Wolinsky(1996); Bala and Goyal(1998); Golub and Jackson(2010, 2012); Galeotti and Goyal(2010); Molavi, Tahbaz-Salehi, and Jadbabaie(2018).

23 Lazarsfeld, Berelson, and Gaudet(1948).

24 Katz and Lazarsfeld(1955).

25 Gladwell(2000).

26 "Thirty Years Later: 1982 Bordeaux No Single Vintage Did More to Change the World of Wine than 1982," Wine Spectator blogs, posted March 26, 2012.

27 Andrew Edgecliffe-Johnson, "Robert Parker, the American Bacchus," *Financial Times*, December 14, 2012. 나는 니콜라 카라욜Nicolas Carayol과 함께 19명의 저명한

와인 전문가들이 내린 와인 비평의 정확성을 조사했다(Carayol and Jackson, 2017). 와인 비평의 정확성과 그 영향력에는 미묘하고도 흥미로운 차이가 있었다.

28 McCoy(2014).

29 와인이나 식당, 영화 등 개인적 취향으로부터 이끌어낸 평가는 그러한 상품에 대한 더 다양한 견해로 이어진다. 비록 특정 상품에 대한 평가에는 개인차가 있을 수 있지만, 서로 의사소통을 가능하게 하는 일종의 공동의 평가 항목이 있기 마련이다. 그러한 상품을 평가하는 산업의 규모가 크다는 것을 볼 때, 다른 사람의 의견을 듣는 것은 매우 가치 있는 일로 생각할 수 있다.

30 이러한 리뷰에 대해서는 많은 논란이 있다. 예를 들어 상품 리뷰 시스템의 대다수는 상당히 왜곡된 평가 분포를 가진다. 즉 대부분이 가장 좋은 점수를 주고 오직 몇 명만 낮은 점수를 주며 중간 점수는 거의 없는 것이다. 어떤 상품을 매우 좋아하거나 매우 싫어하는 것은 리뷰를 쓰는 강력한 동기가 된다. 하지만 상품에 대한 반응이 미온적인 경우에는 리뷰를 쓰는 데 시간을 쓸 동기부여가 되지 않는다. 몇몇 리뷰어들은 많은 시간을 들여 수많은 리뷰를 남기곤 하는데, 이 또한 편향이 있을 수 있으며, 돈을 받고 상품에 대한 좋은 평을 남기기도 한다. 다음 연구들을 참고하라: Duan, Gu, and Whinston(2008); Fradkin, Grewal, Holtz, and Pearson(2015); Tadelis(2016); and Nei(2017).

31 이후 디어는 이 연구에서의 연구 윤리 및 데이터와 관련된 문제들을 더 상세히 조사해서 보도했다. 다음을 참고하라: "How the Vaccine Crisis Was Meant to Make Money," *British Medical Journal*, January 11, 2011.

32 영국의료협의회가 조사에 착수한 이후 웨이크필드는 브라이언 디어를 고소했다.

33 이와 관련해 진행된 연구들에 대해서는 다음 논문에 잘 요약되어 있다: Gerber and Offit(2009).

34 세계보건기구 통계.

35 Carrillo-Santisteve and Lopalco(2012).

36 이와 관련해, "거짓말이 지구를 반 바퀴 도는 동안 진실은 이제 신발끈을 묶고 있다"라는 격언은 종종 마크 트웨인이 한 말로 여겨지지만, 그의 글 어디에서도 해당 문구를 찾을 수 없다. 스위프트의 격언은 그가 편집자로 있던 신문《이그재미너*Examiner*》의 1710년 기사에 등장한다. 보수기Vosoughi, 로이Roy, 애럴Aral의 2018년 연구에서 이에 대한 상세한 내용을 찾아볼 수 있다.

37 2016년 12월 23일 트위터.

38 1938년 10월 31일자.

39 이에 대한 논의는 다음 연구를 참고하라: Bartholomew(2001).

40 다음을 참고하라: http://news.bbc.co.uk/2/hi/health/2284783.stm, September 27, 2002.

41 다음을 참고하라: "Extinction of Blondes Vastly Overreported," *Washington Post*, October 2, 2002.

42 "Evaluating Information: The Cornerstone of Civic Online Reasoning," Executive Summary, Stanford History Education Group. 연구자들은 12개 주의 7800명 이상의 학생을 시험했다.

43 Malcom Moore, "World War 2 Anniversary: The Scoop," *The Telegraph*, August 30, 2009; "Obituary: Clare Hollingworth," BBC, January 10, 2017; Margalit Fox, "Clare Hollingworth, Reporter Who Broke News of World War II, Dies at 105," *New York Times*, January 10, 2017.

44 기사 선점 문제를 넘어서, 뉴스 제작은 수익 창출 방식에서 근본적인 변화를 겪고 있다. 인터넷은 뉴스 서비스에 많은 어려움을 야기했다. 종이 신문의 유통이 감소됨에 따라 고전적 방식의 광고에 의한 수익도 급감했다. 온라인 광고나 온라인 구독에 따른 수익은 예전의 광고 수익에 아직 미치지 못한다. 더 많은 배경 설명에 대해서는 다음을 참고하라: Waldman(2011); Hamilton(2016); the Reuters Institute Digital News Report 2017(http://po.st/lfJFXh); Pew Research Center "Newspaper industry estimated advertising and circulation revenue" (June 1, 2017, http://www.journalism.org/chart/newspaper-industry-estimated-advertising-and-circulationrevenue/).

45 Waldman and the Working Group on Information Needs of Communities(2011).

46 FBI press release: "Former Upper Big Branch Mine Superintendent Sentenced to Prison in Connection with a Federal Investigation at Upper Big Branch," from the U.S. Attorney's Office, Southern District of West Virginia January 17 2013; US Department of Labor, Mine Safety and Health Administration, Coal Mine Safety and Health report of the Fatal Underground Mine Explosion April 5, 2010, Upper Big Branch Mine-South, Performance Coal Company Montcoal, Raleigh County, West Virginia, ID No. 46-08436.

47 조사 이후에도, 두 명의 직원이 각각 5년 이하의 징역형을 선고받았을 뿐, 이 회사의 전 대표는 고의적으로 건강과 안전 기준 위반을 모의했다는 단 한 건의 경범죄로 유죄판결을 받아 징역 1년을 선고받았다.

48 American Society for News Editors Newsroom Employment Census projections, 1978-2014, "State of the News Media 2016," as reported by the Pew Research Center.

49 Waldman and the Working Group on Information Needs of Communities(2011), page 10.

50 여기서 언급된 연구는 캐플런$_{Kaplan}$과 헤일$_{Hale}$의 2010년 연구를 말한다. 부록(섹션 9.4)에서 30분짜리 지역 뉴스를 분석한 것을 찾을 수 있다.

51 Hamilton(2016).

52 Teemu Henriksson, "Full Highlights of World Press Trends 2016 Survey," World Association of Newspapers and News Publishers.

53 Waldman and the Working Group on Information Needs of Communities(2011), page 12.

54 Gentzkow, Shapiro, and Taddy(2016).

55 위의 연구 중 Figure 4를 참고하라.

56 또 다른 증거에 대해서는 다음 연구를 참고하라: Prummer(2016).

57 본 알고리듬은 렌조 루치오니$_{Renzo\ Lucioni}$에 의해 코드화되었고 피터 알더스$_{Peter\ Aldhous}$에 의해 개량되었으며, 내 분석을 위해 약간의 수정을 거쳤다.

58 법안 중 같은 쪽에 투표한 비율이 어느 정도가 되어야 두 상원의원을 연결할지, 그 문턱값을 결정할 때 연도가 중요하게 작용했다(예를 들어 랜디 올슨$_{Randy\ Olson}$의 2013년 12월 21일자 블로그를 참고하라: http://www.randalolson.com/blog/). 우리가 선택한 문턱값 은 2분의 1로, 두 상원의원이 서로 의견이 일치하지 않을 때보다 의견이 일치할 때 가 더 많으면 연결한다. 나는 이 장을 위해 가능한 한 가장 최근(2015년)의 데이터 를 사용해 분석했으며, 1990년 데이터에 대해서는, 앞서 논의했던 당파성 데이터 중 1990년의 비슷한 날짜의 데이터를 사용했다. 이 관계에 대해 좀 더 자세히 알고 싶 다면, 나의 웹사이트에서 알고리듬과 데이터 그리고 이 그림을 어떻게 생성했는지에 대한 상세한 자료를 찾아볼 수 있다.

59 2015년 네트워크에서는 극우 반정부 운동 단체인 티파티$_{Tea\ Party}$ 회원 마코 루비오 $_{Marco\ Rubio}$와 테드 크루즈$_{Ted\ Cruz}$가 가장 가깝게 위치하고 있고, 티파티에 대항한 린 지 그레이엄$_{Lindsey\ Graham}$이 이들과 가장 멀리 위치하고 있다.

60 내가 분석한 데이터는 이것과는 조금 다르지만, 이 분석에 영감을 준 분석 기법을 루 치오니의 웹사이트(https://renzo.lucioni.xyz/senate-voting-relationships/)에서 확인할 수 있다. 이와 비슷한 다른 측정법과 경향성에 대해서는 다음 연구를 참고하라: Moody and Mucha(2013).

61 다음을 참고하라: Jackson(2008b). 갤럽과 잭슨의 2012년 연구 중 섹션7도 도움이 된 다.

62 이는 네트워크가 완전히 분열되지는 않았으며, 다른 부분에 비해 특별히 더 조밀한

영역은 없다고 가정한다. 예를 들어 영업부 직원들 각각이 다른 직원 수십 명과 교류하는 반면, 생산부 직원은 오직 한두 명의 직원과만 교류한다면 소문은 잘 퍼지지 않을 것이다. 하지만 이는 단순히 네트워크의 각 영역이 서로 다른 확산성을 가지고 있기 때문이지, 동종선호 때문은 아니다.

63 이러한 대조의 기술적인 세부사항은 골럽과 잭신의 2012년 연구에서 좀 더 상세히 다루어지고 있다.

64 다음을 참고하라: Lena H. Sun, "Anti- Vaccine Activists Spark a State's Worst Measles Outbreak in Decades," *Washington Post*, May 5, 2017.

65 Barnes et al.(2016).

66 Barnes et al.(2016).

8. 친구의 영향력

1 다음 책을 보라: *The Ants*, Hölldobler and Wilson(1990).

2 Prabhakar, Dektar, and Gordon(2012).

3 다음을 참고하라: Bjorn Carey, "Stanford Researchers Discover the 'Anternet,'" *Stanford Report*, August 24, 2012.

4 문화와 진화의 관계에 대한 더 상세한 논의를 위해서는 다음 문헌을 참고하라: Boyd and Richerson(1988); Richerson and Boyd(2008); Tomasello(2009).

5 Coffman, Featherstone, and Kessler(2016).

6 Manski(1993); Aral, Muchnik, and Sundararajan(2009).

7 Gilchrist and Sands, 2016. 오히려 이 실험에서는 사회적 효과가 평가절하되었다. 뉴욕에서 개봉 첫 주에 그 영화를 보고 싶었지만 가지 않은 사람들이 있을 수 있기 때문이다. 즉 뉴욕에는 억눌린 수요가 있을 수 있다. 다음 연구도 참고하라: Moretti(2011).

8 Lerner and Malmendier(2013).

9 Kloumann, Adamic, Kleinberg, and Wu(2015).

10 Duflo and Saez(2003).

11 Vosoughi, Roy, and Aral(2018).

12 비크찬다니Bikhchandani와 샤르마Sharma의 2000년 연구와 히르쉬라이퍼Hirchleifer와 홍테오Hong Teoh의 2003년 연구가 암시적인 증거를 제시한 바가 있긴 하지만, 그저 주식 데이터만을 사용해 그러한 정보적 효과를 직접 측정하기는 상당히 힘들다. 하

지만 사람들을 실험실에 들어놓으면 당신은 정보를 통제함으로써 사람들이 무엇을 사고파는지 직접 확인할 수 있다. 여기서 우리는 분명한 집단행동을 확인할 수 있다. 앤더슨Anderson과 홀트Holt의 1997년 연구와 헝Hung과 플롯Plott의 2001년 연구가 이를 확인한 바 있다.

13 이 격언 또한 출처가 분명하지 않다. 공자가 한 말로 알려져 있지만 사실인지는 불분명하다. 그보다는 《논어》에 나온 말을 변형한 것일 가능성이 더 높다. 《논어》 또한 공자 사후 수백 년 뒤 그 제자들에 의해 쓰인 것으로 추정되며, 그것만의 흥미로운 역사를 가지고 있다.

14 무리 짓기에 대한 생각은 다음 두 연구에서 나왔다: Abhijit Banerjee(1992) and Sushil Bikchandani, David Hirshleifer, and Ivo Welch(1992).

15 Foster and Rosenzweig(1995). 다음 연구도 참고하라: Conley and Udry(2010).

16 Leduc, Jackson, and Johari(2016).

17 Smith and Sorensen(2000); Acemoglu, Dahleh, Lobel, and Ozdaglar(2011).

18 Elaine McArdle, "How to Eat at Sushi Dai, Tokyo: Tips and Guide to Getting a Seat at Sushi Dai, Tsukiji Fish Market," June 30, 2016, https://www.thewholeworldisaplayground.com/how-to-eat-seat-sushi-dai-tokyo-tips-guide/.

19 생선공급자들은 이 점을 이용하는 것으로 보인다. 한 팀의 연구자들이 로스앤젤레스(이 지역은 초밥이 맛있기로 유명하다)의 초밥 전문점에 대해 연구하기 위해 4년간 여러 지역에 위치한 26개의 음식점으로부터 364점의 생선 샘플을 수집했다. 가격 범위와 음식 맛에 대한 평가도 제각기 다양했다. 연구자들은 생선 샘플의 DNA를 분석함으로써 생선이 메뉴판에 기재된 생선과 동일한지 검사했다. 모든 음식점은 그들이 광고한 것과는 다른 초밥을 최소 한 점 이상 판매하고 있었다. 전체적으로 47퍼센트의 초밥에 틀린 이름이 붙어 있었다! 일부 생선은 거의 항상 틀린 이름이 붙어 있었는데, 외관상 비슷한 물고기일 경우 그럴 때가 많았다. 예를 들어 붉은도미의 89퍼센트와 방어의 93퍼센트에는 다른 이름이 붙어 있었지만, 고등어의 경우 이름이 잘못 붙어 있는 경우는 8퍼센트에 불과했다. 음식점만의 잘못이라고 하긴 힘든 것이, 이들 또한 도매업자로부터 생선을 공급받는 체인 중 일부이기 때문이다. 하지만 그러한 공급체인 어딘가에서 누군가가 물고기의 종류를 분별할 수 없는 우리의 무능함을 반복적으로 이용하고 있는 것이 분명하다.

20 관례에 대한 더 많은 논의에 대해서는 영Young의 1996년 연구를 참고하라. 차선에 대한 사례는 특히 흥미로운데, 많은 국가가 차선의 방향을 급격히 변경했기 때문이다. 바뀌지 않고 남은 부분은 보통 수역이나 산맥에 의해 분리되어 국가 간 교류가 거의 없는 지역이다.

21 Glaeser, Sacerdote, and Scheinkman(2003); Martinelli, Parker, Pérez-Gea, and Ro-drigo(2015); Su and Wu(2016).

22 Fisman and Miguel(2007).

23 부패지수가 -1.1인 쿠웨이트는 이 도표에서 제외되었는데, 외교관 한 명당 위반 딱지 수가 250장으로 도표를 벗어나기 때문이다(만일 이 데이터도 도표에 포함시킨다면 도표의 나머지 부분이 너무 납작해질 것이다). 쿠웨이트는 진정한 특이값인데, 주차 위반 딱지 발부수가 매우 높을 뿐 아니라 평균 부패 수준은 상당히 낮기 때문이다. (피스먼과 미구엘의 데이터에서 쿠웨이트의 부패지수는 그와 부패 수준이 비슷한 나라인 인도, 브라질, 불가리아 등 부패 정도가 상당히 심한 국가들의 부패지수와 일치하지 않는 것으로 보인다.) 나는 여전히 쿠웨이트의 데이터를 모든 수치에 포함시키고 있으며, 설령 쿠웨이트를 포함시키더라도 한 국가의 부패 수준과 외교관들의 주차 위반 건수 사이에는 유의한 상관관계를 볼 수 있다. 예를 들어 본문에 언급한 23장 대 12장의 주차 위반 건수의 비교에서도 쿠웨이트는 부정부패가 낮은 국가에 포함되었다. 쿠웨이트를 계산에서 제외시키면 두 범주 간 대비는 더 극명해져, 부정부패가 낮은 국가의 주차 위반 건수는 8건이 된다!

24 이 계수는 추이성transitivity의 개념과도 관련된다. 즉 A가 B를 알고 B가 C를 안다면, A는 C를 아는가?

25 Chandrasekhar and Jackson(2016).

26 이에 대한 몇 가지 예로 와츠Watts의 1999년 연구를 참고하라. 다음 연구에서 다양한 데이터세트의 군집도를 확인할 수 있다: Jackson and Rogers(2007a).

27 Chandrasekhar and Jackson(2016).

28 Jackson and Rogers(2007a).

29 그러한 강화작용 없이 새로운 상품이 확산될 수 있음을 보여주는 사례도 있다. 예를 들어 우리는 인도인 마을의 소액금융대출의 확산에 대한 연구에서 사회적 강화 효과를 찾을 수 없었다(Banerjee, Chandrasekhar, Duflo, and Jackson, 2013). 마을 사람들은 이미 소액금융대출에 대해 잘 알고 있었으며 그들 스스로 결정을 내릴 수도 있었던 것 같다. 하지만 이들도 소액금융대출을 이용할 수 있는지에 대해서는 잘 몰랐던 것 같다. 이처럼 단순히 정보를 아는 것은 질병의 확산과 더 비슷하게 작동하므로, 그것이 확산되는 데 군집화나 다른 국소적 강화는 큰 영향을 주지 않는다.

30 Goel et al.(2016).

31 다음 연구를 참고하라: Beaman, BenYishay, Magruder, and Mobarak(2015). 데이먼 센토라Damon Centola는 2011년 연구에서 사람들이 행동하기에 앞서 다른 친구들이 먼저 그 행동을 하는지 지켜보는 상황에서 확산이 어떤 영향을 하는지 시험했다. 그는

한 건강정보사이트의 온라인 커뮤니티 중 회원 수가 1만 5000명 이상인 커뮤니티에 대해, 몇몇 참가자들은 군집도가 매우 높도록 서로 연결하고 나머지 참가자들은 낮은 수준의 군집도를 이루도록 연결했다. 각각의 참가자들에게는 새로운 '헬스 친구'가 생겼고, 그들의 친구들이 하는 것으로부터 새로운 것을 배울 수 있었다. 그 다음으로 센토라는 회원들 중 몇 명에게 건강 포럼에 참석할 기회를 줬다. 누군가 포럼에 참여할 때마다 그의 헬스 친구들은 그가 포럼에 참여했다고 알리는 메시지를 받게 된다. 따라서, 친구 중 다수가 포럼에 참석하면 그 사람은 여러 개의 메시지를 받는다. 데이먼은 무작위 네트워크보다 군집화된 네트워크에서 포럼 확산 속도가 42퍼센트 더 높은 것을 관찰했다. 이는 사람들이 행동하도록 이끌기 위해 복수의 자극이 가해지는 것이 중요한 사례인 것으로 보인다. 비록 군집화된 네트워크는 사람들 사이의 평균 거리가 훨씬 더 컸지만, 덜 군집화된 네트워크보다 확산 속도가 훨씬 빨랐으며 더 많은 사람에게 확산되었다.

32 앞에서 친구와의 행동을 맞출 때 다양한 평형 상태가 발생한다고 언급한 바 있는데, 이때 의미한 것이 '내시 균형Nash equilibrium'이란 개념이다. 존 내시는 이러한 평형 상태가 수많은 종류의 상황에 존재한다는 것을 증명했다. 그것은 현대 경제학의 기본적인 도구 중 하나가 되었다.

33 지원의 이러한 정의와 그 배후에 있는 게임이론은 잭슨Jackson, 로드리게스 바라케르Rodriguez Barraquer, 탄Tan의 2012년 연구에서 발전되었다. 아마도 공통의 친구를 가지는 것이 어떻게 군집화와 관련이 될 수 있는지 궁금할지도 모른다. 둘 다 네트워크에서 삼각형을 포함하며, 따라서 이는 가까운 관계를 나타낸다. 만일 많은 관계들이 지원을 받는다면 네트워크에 삼각형이 더 많이 생길 것이고, 군집도도 높아질 것이다. 하지만 지원과 군집은 개념적으로 서로 다르다. 예를 들어 인도의 마을에서는 90퍼센트 이상의 관계가 지원을 받는다. 하지만 군집도는 오직 20~30퍼센트 수준에 지나지 않는다. 우리가 말하는 '지원을 받는 관계'란 공통의 친구에 의해 지원을 받는 관계(네트워크에서의 링크)를 말한다. 반면에 군집도는 한 사람의 친구 중에 서로 친구인 쌍의 비율을 말하는 것이다. 또한 지원과 군집화는 행동의 강화에서도 확연히 구분되는 역할을 한다. 지원은 증인, 보증인 또는 강화자를 통해 관계에서 제3자의 역할을 하는 반면, 군집화는 사람들이 다른 사람에게 영향을 미치는 행동을 조정할 수 있도록 하는 것이다. 이 점에 대해 더 상세한 사항은 콜먼Coleman의 1988년 연구를 참고하라.

34 한때 핵가족은 그들이 생산하는 것보다 더 많은 열량을 필요로 했다. 그 사례에 대해서는 다음 연구를 참고하라: Hill and Hurtado(2017).

35 그 사례를 위해 다음을 참고하라: Kaplan, Hill, Lancaster, and Hurtado(2000) and

Hill(2002).

36 인간의 협력에 대한 중요한 관점을 이해하려면 다음 연구를 참고하라: Seabright(2010).

37 다음 연구를 참고하라: Jackson, Rodriguez Barraquer, and Tan(2012); Feinberg, Willer, and Schultz(2014); Ali and Miller(2016). 콜먼Coleman은 1988년 논문에서 그러한 의사소통의 다른 측면들을 조사하며, 한 사람이 가진 두 명의 친구가 그 사람을 제재할 때 군집화가 어떤 역할을 하는지 논의했다. 이 내용은 본 책에서 다룬 것과는 조금 다르다. 그 차이에 대한 논의에 대해서는 다음을 참고하라: Jackson, Rodriguez Barraquer, and Tan(2012).

38 Jackson, Rodriguez Barraquer, and Tan(2012).

39 여기서 인용한 정확한 수치는 우리 데이터의 두 번째 수집에서 나왔다(Banerjee, Chandrasekhar, Duflo, and Jackson[2016]). 돈뿐만이 아니라 등유, 쌀, 혹은 도움이나 조언을 요청하는 관계에서도 지원의 비율은 비슷하게 나타났다. 흥미롭게도, 이웃집 방문처럼 관련된 인센티브가 없는 좀 더 순전히 사회적인 상호작용에서는 그러한 지원이 현저하게 낮게 나타났다. 또한 지원 관계의 비율이 93퍼센트라는 것은 과소평가된 것일 수도 있다. 네트워크에 대한 정보를 수집하는 과정에서 몇몇 연결을 놓쳤을 수도 있기 때문이다. 특히, 모든 사람들이 조사에 참여한 것은 아니란 점을 감안하면 말이다.

40 Banerjee and Duflo(2012).

41 Breza and Chandrasekhar(2016).

42 Uzzi(1996), pp. 679 – 80.

43 그러한 공동체적 집행이 계약의 법적 집행을 어떻게 보완하는지에 대해서는 다음을 참고하라: Jackson and Xing(2018).

44 Fisman, Shi, Wang, and Xu(2018).

45 Fisman, Shi, Wang, and Xu(2017).

46 Shi and Rao(2010).

47 이처럼 서로 경합하는 두 힘을 분석한 연구로 다음을 참고하라: Bandiera, Barnakay, and Rasul(2009); and Beaman and Magruder(2012).

48 Backstrom and Kleinberg(2014).

49 그 예로 다음 논문을 참고하라: Easley and Kleinberg(2010); Uzzi(1997). 배태성에 대한 고전이 된 그래노베터Granovetter의 1973년 연구를 참고할 수도 있다.

50 이 계산을 위해 연구자들은 재귀적 정의를 사용했으며, 최대 12개월까지 유지되는 관계만을 조사했다.

9. 세계화와 변화하는 네트워크

1   Caitlin Giddings, "This Couple Found Love Across the Globe Through Strava: The Incredible Story of How a Competitive Cycling App United Two Riders from Across the World," *Bicycling Magazine*, January 25, 2016.

2   Alex Shashkevich, "Oldest Adults May Have Much to Gain from Social Technology, According to Stanford Research," *Stanford News*, November 28, 2016.

3   젠슨Jensen의 2007년 연구를 참고하라. 각 시장마다 가격의 표준편차는 휴대폰의 도입 이전에는 평균가 기준으로 60~70퍼센트 범위였지만, 휴대폰 도입 후에는 15퍼센트 이하가 되었다.

4   이에 대한 더욱 폭넓은 논의를 위해서는 프리드먼Friedman의 2016년 연구를 참고하라. 요르트Hjort와 포울센Poulsen은 2018년 연구에서 인터넷이 생산성과 취업률에 어떤 영향을 미쳤는지 그 예를 보여주었다.

5   네트워크의 형성이란 주제는 광범위하게 분석되었다. 여기서는 우리의 목적을 위해 몇 가지 중요한 통찰에만 집중하기로 한다. 하지만 이보다 많은 통찰을 문헌에서 찾아볼 수 있다. 다음 논문에서 더 기술적이고 상세한 논의와 수많은 문헌들을 찾아볼 수 있다: Jackson(2008) and Jackson, Rogers, and Zenou(2017).

6   Jackson and Wolinsky(1996).

7   나는 기본적인 통찰을 얻기 위해 몇 가지 미묘한 사항들을 무시했다. 관계 형성을 위한 외부효과와 인센티브가 상호작용하는 방식은 특정 상황에서는 상당히 복잡해질 수 있으며, 이는 네트워크가 어떻게 형성되는지에 대한 많은 연구로 이어졌다. 다음 문헌에서 좀 더 기술적인 논의를 찾아볼 수 있다: Jackson(2003, 2008a, 2014).

8   상당히 중요한 세 번째 힘도 있다. 이에 대해서는 나의 웹사이트 온라인 주석에서 좀 더 논의했다. 네트워크의 형성에는 또한 피드백이 포함된다. 더 많은 친구를 가진 사람일수록 더 많은 사람을 만날 수 있으며, 그들이 제공할 수 있는 외부효과가 더 크다는 점에서 친구로서 더욱 매력적인 사람이 된다. 이러한 피드백은 네트워크 형성에서의 불평등을 일으킬 수 있다. 친구가 더 많은 사람일수록 점점 더 친구가 많아지는 것이다.

9   7장에서도 보았듯이, 대중의 의견 형성과 같은 것에서 중요한 것은 한 사람이 가지는 관계의 절대적 수가 아니라 그 사람이 다른 사람과 맺는 관계의 상대적 수다(이에 대해 좀 더 자세한 사항은 다음 문헌을 참고하라: Golub and Jackson[2012]). 네트워크에 동종선호적인 연결이 새로 추가되면, 네트워크는 좀 더 동종선호의 경향을 나타내게 되고, 네트워크가 더 촘촘해진다 해도 대중의 의견은 분열된 상태로 남거나 더 양극화

되기도 한다.

10 잭슨과 네이$_{Nei}$가 2015년 연구에서 지적했듯이, 전쟁 발생 건수가 상당히 감소했다는 사실은 그러한 감소가 일어난 시점을 추적해보면 분명히 확인할 수 있다. 즉 1820년에서 1959년까지 그 값은 0.00056인 반면 1960년에서 2000년 사이에는 0.00005이며, 1820년에서 1969년까지 그 값은 0.00053인 반면 1970년에서 2000년 사이에는 0.00005다. (국가 쌍 대신) 국가당 전쟁 발생 건수를 보면 1820년에서 1959년 사이는 0.012인 반면, 1960년에서 2000년 사이는 0.004다. 전쟁(MID$_{5s}$: 최소 1000명 이상의 사망자를 포함하는 분쟁) 대신, 모든 '국가 간 군사 분쟁$_{MID2s-MID5s:\ Militarized\ Interstate\ Disputes}$'을 기준으로 하면 1820년에서 1959년 사이 국가 쌍당 0.006건의 MID가 있었던 반면, 1960년에서 2000년 사이는 0.003건이 있었다. 그럼에도 불구하고 분쟁 건수의 변화가 통계적으로 유의한지의 여부는 어떤 종류의 무작위적 과정이 분쟁을 발생시킨 것으로 간주되는지에 달렸다. 클로셋$_{Clauset}$이 2017년 논문에서 지적한 바와 같이, 몇몇 과정들은 확증을 위해 훨씬 더 많은 데이터를 필요로 한다.

11 1870년에서 1949년 사이의 데이터는 클래싱$_{Kalsing}$과 밀리오니스$_{Milionis}$의 2014년 논문을 참고했으며, 1950년에서 1959년 사이의 데이터는 펜세계무역목록8.1$_{Penn\ World\ Trade\ Tables\ Version\ 8.1}$을 참고했다. 1960년에서 2015년 사이의 데이터는 세계은행의 세계개발지수$_{World\ Development\ Indicators}$를 참고했다.

12 사실 제2차 세계대전을 제외하면, 1816년에서 1940년 사이 동맹의 수는 각 나라당 1.7개밖에 되지 않는다.

13 Jackson and Nei(2015).

14 이는 잭슨과 네이의 2015년 연구에 더 상세히 논의되었다. 다음 문헌 또한 참고하라: Li et al.(2017).

15 Jackson and Nei(2015).

16 Prummer(2016). 더 많은 배경정보에 대해서는 다음 문헌도 참고하라: Hampton and Wellman(2003) and Rainie and Wellman(2014).

17 다음 문헌도 참고하라: Davis and Dunaway(2016).

18 다음 문헌의 논의 부분을 참고하라: Gentzkow, Shapiro, and Taddy(2016); Boxell, Shapiro, and Shapiro(2017); Fiorina(2017); and Gentzkow(2017). 여전히 연구자들 사이에는 양극화를 어떻게 측정할지, 그것이 어느 정도로 증가했는지 그리고 어떤 요인에 의해 야기되었는지에 대한 약간의 의견 대립(양극화?)이 있다.

19 다음 문헌의 논의 부분을 참고하라: Gentzkow, Shapiro, and Taddy(2016).

20 이는 심리학에서 '잘못된 합의 효과$_{false\ consensus\ effect}$'라는 현상으로 알려져 있다(예

를 들어 다음 연구를 참고하라 Ross, Greene, and House[1977]). 친구는 종종 다른 사람들이 무엇을 믿는지에 대한 사람들의 평가에 영향을 미치기 때문에, 이러한 효과는 동종 선호에 의해 악화될 수 있다.

21 이 자료에 대해 알려준 것에 대해 재스민 드뢰그Jasmin Droege의 블로그 "도시화 대 일인당 GDP 재검토Urbanization vs GDP per Capita Revisited"(April 11, 2016)에 감사한다.

22 한 예로 다음 문헌을 참고하라: Barnhardt, Field, and Pande(2016).

23 궁극적으로, 기술은 일종의 대항력으로서 사람들이 원격으로 일할 수 있도록 만들었다. 하지만 사람들은 그들이 소비할 상품 및 서비스를 제공받기 위해 점점 더 다른 사람에게 의존하고 있기 때문에, 그것이 교외든, 도시든, 광활한 메트로폴리탄 지역이든, 여전히 사람들은 집단을 이루고 살 가능성이 높다.

24 몇몇 사람들은 적절한 허가 없이 도시에서 살고 일한다. 중국에서는 '후콰오户口' 제도에 따라 특정 지역에 가족을 등록해야 하는데, 이는 도시로 사람들이 너무 몰리는 것을 막는 기능을 한다. 하지만 그 결과 일부 사람들은 도시로 이주하는 것이 어렵게 되었다.

25 다음 문헌을 번역한 것이다: David K. Jordan(1973).

26 Draft date, summer 2012.

27 Banerjee, Chandrasekhar, Duflo, and Jackson(2018).

참고문헌

Abramitzky, Ran (2011). "Lessons from the Kibbutz on the Equality-Incentives Trade-off." *The Journal of Economic Perspectives*, Vol. 25, pp. 185-207.

──── (2018). *The Mystery of the Kibbutz: Egalitarian Principles in a Capitalist World*. Princeton, N.J.: Princeton University Press.

Abramitzky, Ran, Leah Boustan, and Katherine Eriksson (2016). "Cultural Assimilation During the Age of Mass Migration." National Bureau of Economic Research Working Paper No. 22381.

Acemoglu, Daron, and David Autor (2011). "Chapter 12: Skills, Tasks and Technologies: Implications for Employment and Earnings." In *Handbook of Labor Economics*, Vol. 4B, pp. 1043-1171.

Acemoglu, Daron, David Autor, David Dorn, Gordon H. Hanson, and Brendan Price (2016). "Import Competition and the Great US Employment Sag of the 2000s." *Journal of Labor Economics*, Vol. 34, pp. S141-S198.

Acemoglu, Daron, Munther A. Dahleh, Ilan Lobel, and Asuman Ozdaglar (2011). "Bayesian Learning in Social Networks." *The Review of Economic Studies*, Vol. 78, pp. 1201-36.

Acemoglu, Daron, and Matthew O. Jackson (2014). "History, Expectations, and Leadership in the Evolution of Social Norms." *The Review of Economic Studies*, Vol. 82, pp. 423-56.

Acemoglu, Daron, Asuman Ozdaglar, and Alireza Tahbaz-Salehi (2015). "Systemic Risk and Stability in Financial Networks." *The American Economic Review*, Vol. 105, pp. 564-608.

Acemoglu, Daron, and James A. Robinson (2012). *Why Nations Fail: The Origins of Power, Prosperity, and Poverty*. New York: Crown Business.

──── (2015). "The Rise and Decline of General Laws of Capitalism." *The Journal of Economic Perspectives*, Vol. 29, pp. 3-28.

Adamic, Lada, Thomas Lento, Eytan Adar, and Pauline Ng (2014). "The Evolution of Memes on Facebook." *Facebook Data Science*, January 8.

Admati, Anat R. (2016). "It Takes a Village to Maintain a Dangerous Financial System." Available at SSRN: http://ssrn.com/abstract=2787177.

Admati, Anat R., and Martin F. Hellwig (2013). *The Banker's New Clothes: What's Wrong with Banking and What to Do About It*. Princeton, N.J.: Princeton University Press.

Agan, Amanda Y., and Sonja B. Starr (2016). "Ban the Box, Criminal Records, and Statistical Discrimination: A Field Experiment." University of Michigan Law and Economics Research Paper No. 16-012.

Agostinelli, G., J. M. Brown, and W. R. Miller (1995). "Effects of Normative Feedback on Consumption Among Heavy Drinking College Students." *Journal of Drug Education*, Vol. 25:1, pp. 31-40.

Aizer, Anna, and Flavio Cunha (2012). "The Production of Human Capital: Endowments, Investments and Fertility." National Bureau of Economic Research Working Paper No. 18429.

Akbarpour, Mohammad, and Matthew O. Jackson (2018). "Diffusion in Networks and the Virtue of Burstiness." *Proceedings of the National Academy of Sciences*, Vol. 115 (30), pp. E6996-7004.

Akbarpour, Mohammad, Suraj Malladi, and Amin Saberi (2017). "Diffusion, Seeding and the Value of Network Information." Mimeo, Stanford University.

Akcigit, Ufuk, Santiago Caicedo, Ernest Miguelez, Stefanie Stantcheva, and Valerio Sterzi (2016). "Dancing with the Stars: Interactions and Human Capital Accumulation." Mimeo, University of Chicago.

Albert, Réka, Hawoong Jeong, and Albert-László Barabási (1999). "Internet: Diameter of the World-wide Web." *Nature*, Vol. 401, pp. 130-31.

Aldrich, Daniel P. (2012). "Social, Not Physical, Infrastructure: The Critical Role of Civil Society After the 1923 Tokyo Earthquake." *Disasters*, Vol. 36, pp. 398-419.

Alesina, Alberto, Stefanie Stantcheva, and Edoardo Teso (2018). "Intergenerational Mobility and Preferences for Redistribution." *The American Economic Review*, Vol. 108, pp. 521-54.

Alesina, Alberto, and Ekaterina Zhuravskaya (2011). "Segregation and the Quality of Government in a Cross Section of Countries." *The American Economic Review*,

Vol. 101, pp. 1872-1911.

Ali, Mir M., and Debra S. Dwyer (2011). "Estimating Peer Effects in Sexual Behavior Among Adolescents." *Journal of Adolescence*, Vol. 34, pp. 183-90.

Ali, S. Nageeb, and David A. Miller. (2016). "Ostracism and Forgiveness." *The American Economic Review*, Vol. 106 (8), pp. 2329-48.

Allcott, Hunt, Dean Karlan, Marcus M. Möbius, Tanya S. Rosenblat, and Adam Szeidl (2007). "Community Size and Network Closure." *The American Economic Review*, Vol. 97, pp. 80-85.

Allport, Gordon W. (1954). *The Nature of Prejudice*. Garden City, NY: Doubl eday.

Althaus, Christian L. (2014). "Estimating the Reproduction Number of Ebola Virus (EBOV) During the 2014 Outbreak in West Africa." *PLOS Currents*, Vol. 2 (1), pp. 1-9.

Altizer, Sonia, Andrew Dobson, Parviez Hosseini, Peter Hudson, Mercedes Pascual, and Pejman Rohani (2006). "Seasonality and the Dynamics of Infectious Diseases." *Ecology Letters*, Vol. 9, pp. 467-84.

Altonji, Joseph G., and Rebecca M. Blank (1999). "Race and Gender in the Labor Market." *Handbook of Labor Economics*, Vol. 3, pp. 3143-3259.

Amaral, Luis A. Nunes, Antonio Scala, Marc Barthelemy, and H. Eugene Stanley (2000). "Classes of Small-World Networks." *Proceedings of the National Academy of Sciences*, Vol. 97, pp. 11149-52.

Ambrus, Attila, Markus Mobius, and Adam Szeidl (2014). "Consumption Risk-Sharing in Social Networks." *The American Economic Review*, Vol. 104, pp. 149-82.

Anderson, Katharine A. (2017). "Skill Networks and Measures of Complex Human Capital." *Proceedings of the National Academy of Sciences*, 114 (48), pp. 12720-24.

Anderson, Lisa R., and Charles A. Holt (1997). "Information Cascades in the Laboratory." *The American Economic Review*, Vol. 87, pp. 847-62.

Angrist, Joshua D., and Kevin Lang (2004). "Does School Integration Generate Peer Effects? Evidence from Boston's Metco Program." *The American Economic Review*, Vol. 94, pp. 1613-34.

Anthonisse, Jac M. (1971). "The Rush in a Directed Graph." Stichting Mathematisch Centrum, Mathematische Besliskunde, BN 9/71.

Apicella, Coren L., Frank W. Marlowe, James H. Fowler, and Nicholas A. Christakis (2012).

"Social Networks and Cooperation in Hunter-Gatherers." *Nature*, Vol. 481:7382, pp. 497–501.

Aral, Sinan, Lev Muchnik, and Arun Sundararajan (2009). "Distinguishing Influence-Based Contagion from Homophily-Driven Diffusion in Dynamic Networks." *Proceedings of the National Academy of Sciences*, Vol. 106, pp. 21544–49.

—— (2013). "Engineering Social Contagions: Optimal Network Seeding in the Presence of Homophily." *Network Science*, Vol. 1, pp. 125–53.

Aral, Sinan, and Christos Nicolaides (2017). "Exercise Contagion in a Global Social Network." *Nature Communications*, Vol. 8, article no. 14753.

Arrow, Kenneth J. (1969). "The Organization of Economic Activity: Issues Pertinent to the Choice of Market Versus Nonmarket Allocation." U.S. Joint Economic Committee of Congress, 91st Congress, 1st Session. Washington, D.C.: U.S. Government Printing Office, Vol. 1, pp. 59–73.

—— (1998). "What Has Economics to Say About Racial Discrimination?" *The Journal of Economic Perspectives*, Vol. 12, pp. 91–100.

—— (2000). "Observations on Social Capital." In *Social Capital: A Multifaceted Perspective*, Vol. 6, pp. 3–5. Washington, D.C.: World Bank Publications.

Arrow, Kenneth J., and Ron Borzekowski (2004). "Limited Network Connections and the Distribution of Wages." FEDS Working Paper No. 2004–41.

Arrow, Kenneth J., Robert Forsythe, Michael Gorham, Robert Hahn, Robin Hanson, John O. Ledyard, Saul Levmore, Robert Litan, Paul Milgrom, Forrest D. Nelson, George R. Neumann, Marco Ottaviani, Thomas C. Schelling, Robert J. Shiller, Vernon L. Smith, Erik Snowberg, Cass R. Sunstein, Paul C. Tetlock, Philip E. Tetlock, Hal R. Varian, Justin Wolfers, and Eric Zitzewitz (2008). "The Promise of Prediction Markets." *Science*, Vol. 320, pp. 877–78.

Atkeson, Andrew, and Patrick J. Kehoe (1993). "Industry Evolution and Transition: The Role of Information Capital." Federal Reserve Bank of Minneapolis, Research Department Staff Report No. 162, pp. 1–31.

Atkinson, Anthony B., and Salvatore Morelli (2014). "Chartbook of Economic Inequality." Society for the Study of Economic Inequality Working Paper No. 2014–324.

Attanasio, Orazio, and Katja Kaufmann (2013). "Educational Choices, Subjective Expectations, and Credit Constraints." National Bureau of Economic Research

Working Paper No. 15087.

Auerbach, Alan J., and Kevin Hassett (2015). "Capital Taxation in the Twenty-First Century." *The American Economic Review*, Vol. 105, pp. 38-42.

Austen-Smith, David, and Roland G. Fryer, Jr. (2005). "An Economic Analysis of Acting White." *The Quarterly Journal of Economics*, Vol. 120, pp. 551-83.

Babus, Ana, and Tai-Wei Hu (2017). "Endogenous Intermediation in Over-the-Counter Markets." *Journal of Financial Economics*, Vol. 125, pp. 200-215.

Backstrom, Lars, Paolo Boldi, Marco Rosa, Johan Ugander, and Sebastiano Vigna (2012). "Four Degrees of Separation." In *Proceedings of the 4th Annual ACM Web Science Conference*, pp. 33-42.

Backstrom, Lars, and Jon Kleinberg (2014). "Romantic Partnerships and the Dispersion of Social Ties: A Network Analysis of Relationship Status on Facebook." In *Proceedings of the 17th ACM Conference on Computer Supported Cooperative Work & Social Computing*, pp. 831-41.

Badev, Anton (2017). "Discrete Games in Endogenous Networks: Theory and Policy." arXiv preprint arXiv: 1705.03137.

Baig, Taimur, and Ilan Goldfajn (1999). "Financial Market Contagion in the Asian Crisis." *IMF Staff Papers*, Vol. 46 (2), pp. 167-95.

Bailey, Mike, Rachel Cao, Theresa Kuchler, and Johannes Stroebel (2016). "The Economics Effects of Social Networks: Evidence from the Housing Market." Available at SSRN: https://ssrn.com/abstract=2753881.

Bailey, Mike, Rachel Cao, Theresa Kuchler, Johannes Stroebel, and Arlene Wong (2017). "Measuring Social Connectedness." National Bureau of Economic Research Working Paper No. 23608.

Bajardi, Paolo, Chiara Poletto, Jose J. Ramasco, Michele Tizzoni, Vittoria Colizza, and Alessandro Vespignani (2011). "Human Mobility Networks, Travel Restrictions, and the Global Spread of 2009 H1N1 Pandemic." *PLoS ONE*, Vol. 6:1, Article number 16591.

Bala, Venkatesh, and Sanjeev Goyal (1998). "Learning From Neighbours." *The Review of Economic Studies*, Vol. 65(3), pp. 595-621.

Bandiera, Oriana, Iwan Barankay, and Imran Rasul (2009). "Social Connections and Incentives in the Workplace: Evidence from Personnel Data." *Econometrica*, Vol. 77, pp. 1047-94.

Banerjee, Abhijit V. (1992). "A Simple Model of Herd Behavior." *The Quarterly Journal of Economics*, pp. 797–817.

Banerjee, Abhijit V., Arun G. Chandrasekhar, Esther Duflo, and Matthew O. Jackson (2013). "Diffusion of Microfinance." *Science*, Vol. 341 (6144), Article number 1236498, doi: 10.1126/science.1236498.

———— (2015). "Gossip and Identifying Central Individuals in a Social Network." Available at SSRN: http://ssrn.com/abstract=2425379.

———— (2018). "Changes in Social Network Structure in Response to Exposure to Formal Credit Markets." Mimeo, Stanford University.

Banerjee, Abhijit V., and Esther Duflo (2012). *Poor Economics: A Radical Rethinking of the Way to Fight Global Poverty*. New York: PublicAffairs.

———— (2014). "Do Firms Want to Borrow More? Testing Credit Constraints Using a Directed Lending Program." *The Review of Economic Studies*, Vol. 81, pp. 572–607.

Banfi, Edward C. (1958). *The Moral Basis of a Backward Society*. New York: Free Press.

Barabási, Albert-László (2003). *Linked: The New Science of Networks*. New York: Basic Books.

———— (2011). *Bursts: The Hidden Patterns Behind Everything We Do, from Your E-mail to Bloody Crusades*. New York: Penguin.

———— (2016). *Network Science*. Cambridge, U.K.: Cambridge University Press.

Barabási, Albert-László, and Réka Albert (1999). "Emergence of Scaling in Random Networks." *Science*, Vol. 286, p. 509.

Barbera, Salvador, and Matthew O. Jackson (2017). "A Model of Protests, Revolution, and Information." Available at SSRN: https://ssrn.com/abstract=2732864.

Barnes, Michele, Kolter Kalberg, Minling Pan, and PinSun Leung (2016). "When Is Brokerage Negatively Associated with Economic Benefits? Ethnic Diversity, Competition, and Common-Pool Resources." *Social Networks*, Vol. 45, pp. 55–65.

Barnes, Michele L., John Lynham, Kolter Kalberg, and PingSun Leung (2016). "Social Networks and Environmental Outcomes." *Proceedings of the National Academy of Sciences*, Vol. 113, pp. 6466–71.

Barnhardt, Sharon, Erica Field, and Rohini Pande (2016). "Moving to Opportunity or Isolation? Network Effects of a Randomized Housing Lottery in Urban India."

American Economic Journal: Applied Economics, Vol. 9:1, pp. 1-32.

Bartholomew, Robert E. (2001). *Little Green Men, Meowing Nuns and Head-Hunting Panics: A Study of Mass Psychogenic Illness and Social Delusion.* Jefferson, NC: McFarland.

Bassok, Daphna, Jenna E. Finch, RaeHyuck Lee, Sean F. Reardon, and Jane Waldfogel (2016). "Socioeconomic Gaps in Early Childhood Experiences: 1998 to 2010." *AERA Open*, Vol. 2 (3), article no. 2332858416653924.

Battiston, Pietro, and Luca Stanca (2015). "Boundedly Rational Opinion Dynamics in Social Networks: Does Indegree Matter?" *Journal of Economic Behavior & Organization*, Vol. 119, pp. 400-421.

Battiston, Stefano, Guido Caldarelli, Robert M. May, Tarik Roukny, and Joseph E. Stiglitz (2016). "The Price of Complexity in Financial Networks." *Proceedings of the National Academy of Sciences*, 113 (36), pp. 10031-36.

Beaman, Lori A. (2012). "Social Networks and the Dynamics of Labour Market Outcomes: Evidence from Refugees Resettled in the U.S." *Review of Economic Studies*, Vol. 79:1, pp. 128-61.

Beaman, Lori A., Ariel BenYishay, Jeremy Magruder, and Ahmed Mushfiq Mobarak (2015). "Making Networks Work for Policy: Evidence from Agricultural Technology Adoption in Malawi." Working Paper, Northwestern University.

Beaman, Lori A., Niall Keleher, and Jeremy Magruder (2016). "Do Job Networks Disadvantage Women? Evidence from a Recruitment Experiment in Malawi." Unpublished, http://faculty.wcas.northwestern.edu/~lab823/BKMrecruitmentOct2013.pdf.

Beaman, Lori A., and Jeremy Magruder (2012). "Who Gets the Job Referral? Evidence from a Social Networks Experiment." *The American Economic Review*, Vol. 102, pp. 3574-93.

Bearman, Peter S., James Moody, and Katherine Stovel (2004). "Chains of Affection: The Structure of Adolescent Romantic and Sexual Networks." *American Journal of Sociology*, Vol. 110:1, pp. 44-91.

Benhabib, Jess, Alberto Bisin, and Matthew O. Jackson (2011). *Handbook of Social Economics.* Amsterdam: North-Holland.

Benzell, Seth G., and Kevin Cooke (2016). "A Network of Thrones: Kinship and Conflict in Europe, 1495-1918." Manuscript, Boston University.

Berens, Guido, and Cees van Riel (2004). "Corporate Associations in the Academic Literature: Three Main Streams of Thought in the Reputation Measurement Literature." *Corporate Reputation Review*, Vol. 7, pp. 161–78.

Bertrand, Marianne, and Sendhil Mullainathan (2004). "Are Emily and Greg More Employable Than Lakisha and Jamal? A Field Experiment on Labor Market Discrimination." *The American Economic Review*, Vol. 94, pp. 991–1013.

Bikhchandani, Sushil, David Hirshleifer, and Ivo Welch (1992). "A Theory of Fads, Fashion, Custom, and Cultural Change as Informational Cascades." *Journal of Political Economy*, Vol. 100 (5), pp. 992–1026.

Bikhchandani, Sushil, and Sunil Sharma (2000). "Herd Behavior in Financial Markets." *IMF Economic Review*, Vol. 47, pp. 279–310.

Bischoff, Kendra, and Sean F. Reardon (2014). "Residential Segregation by Income, 1970–2009." In *Diversity and Disparities: America Enters a New Century*. New York: The Russell Sage Foundation.

Bisin, Alberto, and Thierry Verdier (2001). "The Economics of Cultural Transmission and the Dynamics of Preferences." *Journal of Economic Theory*, Vol. 97, pp. 298–319.

Blandy, Richard (1967). "Marshall on Human Capital: A Note." *Journal of Political Economy*, Vol. 75, pp. 874–75.

Blau, Peter M. (1987). "Contrasting Theoretical Perspectives." In *The Micro-Macro Link*, pp. 71–85. Berkeley: University of California Press.

Bloch, Francis, Garance Genicot, and Debraj Ray (2007). "Reciprocity in Groups and the Limits to Social Capital." *The American Economic Review*, Vol. 97, pp. 65–69.

Bloch, Francis, Matthew O. Jackson, and Pietro Tebaldi (2016). "Centrality Measures in Networks." Available at SSRN: http://ssrn.com/abstract=2749124.

Blondel, Vincent D., Jean-Loup Guillaume, Renaud Lambiotte, and Etienne Lefebvre (2008). "Fast Unfolding of Communities in Large Networks." *Journal of Statistical Mechanics: Theory and Experiment*, Vol. 100, article no. P10008.

Bloom, Nicholas (2009). "The Impact of Uncertainty Shocks." *Econometrica*, Vol. 77, pp. 623–85.

Blum, Avrim, John Hopcroft, and Ravindran Kannan (2016). *Foundations of Data Science*. Mimeo, Carnegie Mellon University.

Blume, Lawrence E., William A. Brock, Steven N. Durlauf, and Yannis M. Ioannides

(2011). "Identification of Social Interactions." In *Handbook of Social Economics*, Vol. 1, pp. 853–964. Amsterdam: North-Holland.

Blumenstock, Joshua, and Xu Tan (2017). "Social Networks and Migration." Mimeo, University of Washington.

Blumer, Herbert (1958). "Race Prejudice as a Sense of Group Position." *Pacific Sociological Review*, Vol. 1:1, pp. 3–7.

Blundell, Richard, Luigi Pistaferri, and Ian Preston (2008). "Consumption Inequality and Partial Insurance." *The American Economic Review*, Vol. 98, pp. 1887–1921.

Bobo, Lawrence, Vincent L. Hutchings (1996). "Perceptions of Racial Group Competition: Extending Blumer's Theory of Group Position to a Multiracial Social Context." *American Sociological Review*, Vol. 61, pp. 951–72.

Bollobas, Bela (2001). *Random Graphs*. 2nd ed. Cambridge, U.K.: Cambridge University Press.

Boneva, Teodora, and Christopher Rauh (2015). "Parental Beliefs About Returns to Educational Investments — The Later the Better?" Available at SSRN: https://ssrn.com/abstract=2764288.

Borgatti, Stephen P. (2005). "Centrality and Network Flow." *Social Networks*, Vol. 27, pp. 55–71.

Borgatti, Stephen P., and Martin G. Everett (1992). "Notions of Position in Social Network Analysis." *Sociological Methodology*, pp. 1–35.

Borgatti, Stephen P., Martin G. Everett, and Jeffrey C. Johnson (2018). *Analyzing Social Networks*. Thousand Oaks, CA: Sage.

Borgatti, Stephen P., Candace Jones, and Martin G. Everett (1998). "Network Measures of Social Capital." *Connections*, Vol. 21, pp. 27–36.

Borisov, Gleb V. and Christopher A. Pissarides (2016) "The Intergenerational Transmission of Human Capital and Earnings in Contemporary Russia," IZA DP No. 10300.

Bourdieu, Pierre (1986). "The Forms of Capital" [In English]. In *Handbook of Theory and Research for the Sociology of Education*, pp. 241–58. Westport, CT: Greenwood Publishing Group.

Bourdieu, Pierre, and Jean Claude Passeron (1970). *La reproduction éléments pour une théorie du système d'enseignement*. Paris: Les Éditions de Minuit.

Bourguignon, François, and Christian Morrisson (2002). "Inequality Among World

Citizens: 1820–1992." *The American Economic Review*, Vol. 92, pp. 727–44.

Boustan, Leah Platt (2016). *Competition in the Promised Land: Black Migrants in Northern Cities and Labor Markets*. Princeton, N.J.: Princeton University Press.

Bowles, Samuel, Eric Alden Smith, and Monique Borgerhoff Mulder, eds. (2010). "Inter-generational Wealth Transmission and Inequality in Premodern Societies." *Special Issue of Current Anthropology*, Vol. 51:1.

Boxell, Levi, Matthew Gentzkow, and Jesse M. Shapiro (2017). "Greater Internet Use Is Not Associated with Faster Growth in Political Polarization Among U.S. Demographic Groups." *Proceedings of the National Academy of Sciences*, Vol. 114 (40), pp. 10612–17.

Boyd, Robert, and Peter J. Richerson (1988). *Culture and the Evolutionary Process*. Chicago: University of Chicago Press.

Bradbury, Katharine (2011). "Trends in U.S. Family Income Mobility, 1969–2006." Federal Reserve Bank of Boston, Working Paper No. 11–10.

Bramoullé, Yann, and Brian W. Rogers (2010). "Diversity and Popularity in Social Networks." CIRPEE Working Paper No. 09–03.

Branch, Ben (2002). "The Costs of Bankruptcy: A Review." *International Review of Financial Analysis*, Vol. 11:1, pp. 39–57.

Brandts, Jordi, Ayça Ebru Giritligil, and Roberto A. Weber (2015). "An Experimental Study of Persuasion Bias and Social Influence in Networks." *European Economic Review*, Vol. 80, pp. 214–229.

Breen, Richard, and Jan O. Jonsson (2005). "Inequality of Opportunity in Comparative Perspective: Recent Research on Educational Attainment and Social Mobility." *Annual Review of Soccology*, Vol. 31, pp. 223–43.

Breiger, Ronald, and Pip Pattison (1986). "Cumulated Social Roles: The Duality of Persons and Their Algebras." *Social Networks*, Vol. 8, pp. 215–56.

Breza, Emily, and Arun G. Chandrasekhar (2016). "Social Networks, Rep-utation and Commitment: Evidence from a Savings Monitors Experiment." National Bureau of Economic Research Working Paper No. 21169.

Britton, Jack, Lorraine Dearden, Neil Shephard, and Anna Vignoles (2016). "How English Domiciled Graduate Earnings Vary with Gender, Institution Attended, Subject and Socio-Economic Background." Technical Report, Institute for Fiscal Studies.

Broido, Anna D., and Aaron Clauset (2018). "Scale-Free Networks Are Rare." arXiv preprint arXiv: 1801.03400.

Brown, Meta, Elizabeth Setren, and Giorgio Topa (2012). "Do Informal Referrals Lead to Better Matches? Evidence from a Firm's Employee Referral System." *FRB of New York Staff Report.*

Brummitt, Charles D., George Barnett, and Raissa M. D'Souza (2015). "Coupled Catastrophes: Sudden Shifts Cascade and Hop Among Interdependent Systems." *Journal of the Royal Society Interface*, Vol. 12:112, doi10.1098/rsif.2015.0712.

Buchanan, James M., and Wm. Craig Stubblebine (1962). "Externality," *Economica*, Vol. 29:116, pp. 371-84.

Bullock, John G., Alan S. Gerber, Seth J. Hill, and Gregory A. Huber (2015). "Partisan Bias in Factual Beliefs about Politics." *Quarterly Journal of Political Science*, Vol. 10, pp. 519-78.

Bursztyn, Leonardo, Florian Ederer, Bruno Ferman, and Noam Yuchtman (2014). "Understanding Mechanisms Underlying Peer Effects: Evidence from a Field Experiment on Financial Decisions." *Econometrica*, Vol. 82, pp. 1273-1301.

Burt, Ronald S. (1992). *Structural Holes: The Social Structure of Competition.* Cambridge, Mass.: Harvard University Press.

———— (2000). "The Network Structure of Social Capital." *Research in Organizational Behavior*, Vol. 22, pp. 345-423.

———— (2005). *Brokerage and Closure: An Introduction to Social Capital.* Oxford, U.K.: Oxford University Press.

Cabrales, Antonio, Douglas Gale, and Piero Gottardi (2016). "Financial Contagion in Networks." In Bramoullé, Galeotti, and Rogers, eds., *The Oxford Handbook of the Economics of Networks.* Oxford, U.K.: Oxford University Press.

Cai, Jing, Alain de Janvry, and Elisabeth Sadoulet (2015). "Social Networks and the Decision to Insure." *American Economic Journal: Applied Economics*, Vol. 7:2, pp. 81-108.

Cai, Jing, and Adam Szeidl (2018). "Interfirm Relationships and Business Performance." *The Quarterly Journal of Economics.* Advance access: doi:10.1093/qje/qjx049.

Calvó-Armengol, Antoni, and Matthew O. Jackson (2004). "The Effects of Social Networks on Employment and Inequality." *The American Economic Review*, Vol. 94, pp. 426-54.

———— (2007). "Networks in Labor Markets: Wage and Employment Dynamics and

Inequality." *Journal of Economic Theory*, Vol. 132, pp. 27–46.

———— (2009). "Like Father, Like Son: Labor Market Networks and Social Mobility." *American Economic Journal:Microeconomics*, Vol. 1 (1), pp. 124–50.

Carayol, Nicolas, and Matthew O. Jackson (2017). "Evaluating the Underlying Qualities of Items and Raters from a Series of Reviews." Mimeo, Stanford University.

Card, David, and Laura Giuliano (2016). "Can Tracking Raise the Test Scores of High-Ability Minority Students?" *The American Economic Review*, Vol. 106, pp. 2783–2816.

Card, David, Alexandre Mas, and Jesse Rothstein (2008). "Tipping and the Dynamics of Segregation." *The Quarterly Journal of Economics*, Vol. 123 (1), pp. 177–218.

Carneiro, Pedro, and James J. Heckman (2002). "The Evidence on Credit Constraints in Post-Secondary Schooling." *The Economic Journal*, Vol. 112, pp. 705–34.

Carrell, Scott, and Bruce Sacerdote (2017). "Why Do College-Going Interventions Work?" *American Economic Journal:Applied Economics*, Vol. 9 (3), pp. 124–51.

Carrell, Scott E., Bruce I. Sacerdote, and James E. West (2013). "From Natural Variation to Optimal Policy? The Importance of Endogenous Peer Group Formation." *Econometrica*, Vol. 81, pp. 855–82.

Carrillo-Santisteve, P., and P. L. Lopalco (2012). "Measles Still Spreads in Europe: Who Is Responsible for the Failure to Vaccinate?" *Clinical Microbiology and Infection*, Vol. 18, pp. 50–56.

Carrington, William J., Enrica Detragiache, and Tara Vishwanath (1996). "Migration with Endogenous Moving Costs." *The American Economic Review*, Vol. 86, pp. 909–30.

Carter, Michael R., and Christopher B. Barrett (2006). "The Economics of Poverty Traps and Persistent Poverty: An Asset-Based Approach." *The Journal of Development Studies*, Vol. 42, pp. 178–99.

Carvalho, Vasco M. (2014). "From Micro to Macro Via Production Networks." *Journal of Economic Perspectives*, Vol. 28 (4), pp. 23–48.

Caulier, Jean-François, Ana Mauleon, and Vincent Vannetelbosch (2013). "Contractually Stable Networks." *International Journal of Game Theory*, Vol. 42 (2), pp. 483–99.

Centola, D. (2011). "An Experimental Study of Homophily in the Adoption of Health Behavior." *Science*, Vol. 334:6060, pp. 1269–72.

Centola, Damon, Víctor M. Eguíluz, and Michael W. Macy (2007). "Cascade Dynamics of

Complex Propagation." *Physica A: Statistical Mechanics and Its Applications*, Vol. 374, pp. 449–56.

Cépon, Bruno, Florencia Devoto, Esther Duflo, and William Parienté (2015). "Estimating the Impact of Microcredit on Those Who Take It Up: Evidence from a Randomized Experiment in Morocco." *American Economic Journal: Applied Economics*, Vol. 7, pp. 123–50.

Cesaretti, Rudolf, José Lobo, Luís M.A. Bettencourt, Scott G. Ortman, and Michael E. Smith (2016). "Population-Area Relationship for Medieval European Cities." *PLoS ONE*, Vol. 11 (10), article no. e0162678.

Chandrasekhar, Arun, and Matthew O. Jackson (2013). "Tractable and Consistent Random Graph Models." Available at SSRN: http://ssrn.com/abstract=2150428.

———— (2016). "A Network Formation Model Based on Subgraphs." Available at SSRN: https://ssrn.com/abstract=2660381.

Chandrasekhar, Arun G., Horacio Larreguy, and Juan Pablo Xandri (2015). "Testing Models of Social Learning on Networks: Evidence from a Lab Experiment in the Field." National Bureau of Economic Research Paper No. 21468.

Chaney, Thomas (2014). "The Network Structure of International Trade." *The American Economic Review*, Vol. 104, pp. 3600–3634.

Chen, Wei, Zhenming Liu, Xiaorui Sun, and Yajun Wang (2010). "A Game-Theoretic Framework to Identify Overlapping Communities in Social Networks." *Data Mining and Knowledge Discovery*, Vol. 21, pp. 224–40.

Chen, Yan, and Sherry Xin Li (2009). "Group Identity and Social Preferences." *The American Economic Review*, Vol. 99, pp. 431–57.

Chetty, Raj, John N. Friedman, Emmanuel Saez, Nicholas Turner, and Danny Yagan (2017). "Mobility Report Cards: The Role of Colleges in Intergenerational Mobility," National Bureau of Economic Research Working Paper No. 23618.

Chetty, Raj, David Grusky, Maximilian Hell, Nathaniel Hendren, Robert Manduca, and Jimmy Narang (2017). "The Fading American Dream: Trends in Absolute Income Mobility Since 1940." *Science*, Vol. 356 (6336), pp. 398–406.

Chetty, Raj, and Nathaniel Hendren (2015). "The Impacts of Neighborhoods on Intergenerational Mobility: Childhood Exposure Effects and County-Level Estimates." Harvard University and National Bureau of Economic Research Working Paper No. 23001.

Chetty, Raj, Nathaniel Hendren, and Lawrence F. Katz (2016b). "The Effects of Exposure to Better Neighborhoods on Children: New Evidence from the Moving to Opportunity Experiment." *The American Economic Review*, Vol. 106, pp. 855–902.

Chiappori, Pierre-André, Bernard Salanié, and Yoram Weiss (2017). "Partner Choice, Investment in Children, and the Marital College Premium." *The American Economic Review*, Vol. 107 (8), pp. 2109–67.

Choi, S., D. Gale, and S. Kariv (2005). "Behavioral Aspects of Learning in Social Networks: An Experimental Study." *Advances in Applied Microeconomics: A Research Annual*, Vol. 13, pp. 25–61.

Christakis, Nicholas A., and James H. Fowler (2009). *Connected: The Surprising Power of Our Social Networks and How They Shape Our Lives*. New York: Little, Brown.

——— (2010). "Social Network Sensors for Early Detection of Contagious Outbreaks." *PLoS ONE*, Vol. 5 (9), paper e12948.

——— (2014). "Friendship and Natural Selection." *Proceedings of the National Academy of Sciences*, Vol. 111, pp. 10796–801.

Clampet-Lundquist, Susan, and Douglas S. Massey (2008). "Neighborhood Effects on Economic Self-Sufficiency: A Reconsideration of the Moving to Opportunity Experiment." *American Journal of Sociology*, Vol. 114, pp. 107–143.

Clauset, Aaron (2018). "Trends and Fluctuations in the Severity of Interstate Wars." *Science Advances*, Vol. 4 (2), article no. eaao3580.

Clauset, Aaron, Mark E. J. Newman, and Cristopher Moore (2004). "Finding Community Structure in Very Large Networks." *Physical Review E*, Vol. 70, article no. 066111.

Clauset, Aaron, Cosma R. Shalizi, and Mark E. J. Newman (2009). "Power-Law Distributions in Empirical Data." *SIAM Review*, Vol. 51, pp. 661–703.

Clifford, Peter, and Aidan Sudbury (1973). "A Model for Spatial Conflict." *Biometrika*, Vol. 60, pp. 581–88.

Coase, Ronald H. (1960). "The Problem of Social Cost." *Journal of Law and Economics*, Vol. 3, pp. 1–44.

Coffman, Lucas C., Clayton R. Featherstone, and Judd B. Kessler (2016). "Can Social Information Affect What Job You Choose and Keep?" *American Economic Journal: Applied Economics*, Vol. 9 (1), pp. 96–117.

Coleman, James S. (1961). *The Adolescent Society*. New York: Free Press.

——— (1988). "Social Capital in the Creation of Human Capital." *American Journal of Sociology*, Vol. 94, pp. S95–S120.

Coleman, James S., and Thomas Hoffer (1987). *Public and Private High Schools: The Impact of Communities*. New York: Basic Books.

Coman, Alin, Ida Momennejad, Rae D. Drach, and Andra Geana (2016). "Mnemonic Convergence in Social Networks: The Emergent Properties of Cognition at a Collective Level." *Proceedings of the National Academy of Sciences*, 113 (29), pp. 8171–76.

Conley, Timothy G., and Christopher R. Udry (2010). "Learning About a New Technology: Pineapple in Ghana." *The American Economic Review*, Vol. 100, pp. 35–69.

Copic, Jernej, Matthew O. Jackson, and Alan Kirman (2009). "Identifying Community Structures from Network Data via Maximum Likelihood Methods." *The BE Journal of Theoretical Economics*, Vol. 9 (1), article no. 1935–1704.

Corak, Miles (2016). "Inequality from Generation to Generation: The United States in Comparison." IZA Discussion Paper No. 9929.

Cowling, Benjamin J., Lincoln L. H. Lau, Peng Wu, Helen W. C. Wong, Vicky J. Fang, Steven Riley, and Hiroshi Nishiura (2010). "Entry Screening to Delay Local Transmission of 2009 Pandemic Influenza A (H1N1)." *BMC Infectious Diseases*, Vol. 10, pp. 1–4.

Cunha, Flavio (2016). "Gaps in Early Investments in Children." Preprint, Rice University.

Cunha, Flavio, James J. Heckman, Lance Lochner, and Dimitriy V. Masterov (2006). "Interpreting the Evidence on Life Cycle Skill Formation." *Handbook of the Economics of Education*, Vol. 1, pp. 697–812.

Currarini, Sergio, Matthew O. Jackson, and Paolo Pin (2009). "An Economic Model of Friendship: Homophily, Minorities, and Segregation." *Econometrica*, Vol. 77, pp. 1003–45.

——— (2010). "Identifying the Roles of Race-Based Choice and Chance in High School Friendship Network Formation." *Proceedings of the National Academy of Sciences*, Vol. 107, pp. 4857–61.

Currarini, Sergio, and Massimo Morelli (2000). "Network Formation with Sequential Demands." *Review of Economic Design*, Vol. 5, pp. 229–50.

Currie, Janet (2001). "Early Childhood Education Programs." *Journal of Economic Perspectives*, Vol. 15 (2), pp. 213–38.

Cushing, Frank H. (1981). *Zuñi: Selected Writings of Frank Hamilton Cushing*. Edited, with an introduction by Jesse Green. Lincoln: University of Nebraska Press.

Cutler, David M., and Edward L Glaeser (2010). "Social Interactions and Smoking." *Research Findings in the Economics of Aging*, pp. 123–41.

Dasgupta, Partha (2005). "Economics of Social Capital." *Economic Record*, Vol. 81 (s1), pp. 1–21.

Dasgupta, Partha, and Ismail Serageldin (2001). *Social Capital: A Multifaceted Perspective*. World Bank Publications.

Davidow, William H. (2011). *Overconnected: The Promise and Threat of the Internet*. San Francisco: Open Road Media.

Davis, James H. (1992). "Some Compelling Intuitions About Group Consensus Decisions, Theoretical and Empirical Research, and Interpersonal Aggregation Phenomena: Selected Examples 1950–1990." *Organizational Behavior and Human Decision Processes*, Vol. 52, pp. 3–38.

Davis, Nicholas T., and Johanna L. Dunaway (2016). "Party Polarization, Media Choice, and Mass Partisan-Ideological Sorting." *Public Opinion Quarterly*, Vol. 80 (s1), pp. 272–97.

Dawkins, Richard (1976). *The Selfish Gene*. Oxford, U.K.: Oxford University Press.

Dean, Katharine R., Fabienne Krauer, Lars Walløe, Ole Christian Lingjærde, Barbara Bramanti, Nils Chr Stenseth, and Boris V. Schmid (2018). "Human Ectoparasites and the Spread of Plague in Europe During the Second Pandemic." *Proceedings of the National Academy of Sciences*, Vol. 115 (6), pp. 1304–09.

DeJong, William, Shari K. Schneider, Laura G. Towvim, Melissa J. Murphy, Emily E. Doerr, Neil R. Simonsen, Karen E. Mason, and Richard A. Scribner (2006). "A Multisite Randomized Trial of Social Norms Marketing Campaigns to Reduce College Student Drinking." *Journal of Studies on Alcohol*, Vol. 67, pp. 868–79.

DeMarzo, Peter M., Dimitri Vayanos, and Jeffrey Zwiebel (2003). "Persuasion Bias, Social Influence, and Unidimensional Opinions," *The Quarterly Journal of Economics*, Vol. 118 (3), pp. 909–968.

Demirer, Mert, Francis X. Diebold, Laura Liu, and Kamil Yilmaz (2018). "Estimating Global Bank Network Connectedness." *Journal of Applied Econometrics*, Vol. 33

(1), pp. 1-15.

de Souza Briggs, Xavier, Susan J. Popkin, and John Goering (2010). *Moving to Opportunity: The Story of an American Experiment to Fight Ghetto Poverty*. Oxford, UK: Oxford University Press.

Dhillon, Amrita, Vegard Iversen, and Gaute Torsvik (2013). "Employee Referral, Social Proximity, and Worker Discipline." Mimeo, University of Warwick.

Diamond, Jared (1997). *Guns, Germs, and Steel*. New York: W. W. Norton.

Diestel, R. (2000). "Graph Theory." *Graduate Texts in Mathematics*, 173. Berlin and Heidelberg: Springer-Verlag.

Dodds, Peter S., Roby Muhamad, and Duncan J. Watts (2003). "An Experimental Study of Search in Global Social Networks." *Science*, Vol. 301, pp. 827-29.

Doleac, Jennifer L., and Benjamin Hansen (2016). "Does Ban the Box Help or Hurt Low-Skilled Workers? Statistical Discrimination and Employment Outcomes When Criminal Histories Are Hidden." National Bureau of Economic Research Working Paper No. 22469.

Domingue, Benjamin W., Daniel W. Belsky, Jason M. Fletcher, Dalton Conley, Jason D. Boardman, and Kathleen Mullan Harris (2018). "The Social Genome of Friends and Schoolmates in the National Longitudinal Study of Adolescent to Adult Health." *Proceedings of the National Academy of Sciences*, Vol. 115 (4), pp. 702-07.

Duan, Wenjing, Bin Gu, and Andrew B. Whinston (2008). "Do Online Reviews Matter?—An Empirical Investigation of Panel Data." *Decision Support Systems*, Vol. 45 (4), pp. 1007-16.

Dubois, Florent, and Christophe Muller (2016). "Segregation and the Perception of the Minority." Mimeo, University of Aix-Marseille.

Duboscq, Julie, Valeria Romano, Cédric Sueur, and Andrew J. J. MacIntosh (2016). "Network Centrality and Seasonality Interact to Predict Lice Load in a Social Primate." *Scientific Reports*, Vol. 6, article no. 22095.

Duflo, Esther, and Emanuel Saez (2003). "The Role of Information and Social Interactions in Retirement Plan Decisions: Evidence from a Randomized Experiment." *The Quarterly Journal of Economics*, Vol. 118 (3), pp. 815-42.

Dupont, Brandon (2007). "Bank Runs, Information and Contagion in the Panic of 1893." *Explorations in Economic History*, Vol. 44, pp. 411-31.

Durlauf, Steven N. (1996). "A Theory of Persistent Income Inequality." *Journal of*

Economic Growth, Vol. 1, pp. 75–93.

Dutta, Bhaskar, and Matthew O. Jackson (2000). "The Stability and Efficiency of Directed Communication Networks." *Review of Economic Design*, Vol. 5, pp. 251–72.

Dutta, Bhaskar, and Suresh Mutuswami (1997). "Stable Networks." *Journal of Economic Theory*, Vol. 76, pp. 322–44.

Easley, David, and Jon Kleinberg (2010). *Networks, Crowds, and Markets: Reasoning About a Highly Connected World*. Cambridge, U.K.: Cambridge University Press.

Easterly, William (2009). "Empirics of Strategic Interdependence: The Case of the Racial Tipping Point," *The B.E. Journal of Macroeconomics*, Vol. 9 (1), article no. 25.

Eberhardt, Jennifer L., Phillip Atiba Goff, Valerie J. Purdie, and Paul G. Davies (2004). "Seeing Black: Race, Crime, and Visual Processing," *Journal of Personality and Social Psychology*, Vol. 87, p. 876.

Echenique, Federico, and Roland G. Fryer, Jr. (2007). "A Measure of Segregation Based on Social Interactions." *The Quarterly Journal of Economics*, Vol. 122 (2), pp. 441–85.

Eckel, Catherine C., and Philip J. Grossman (2005). "Managing Diversity by Creating Team Identity." *Journal of Economic Behavior & Organization*, Vol. 58, pp. 371–92.

Edling, Christofer, Jens Rydgren, and Rickard Sandell (2016). "Terrorism, Belief Formation, and Residential Integration: Population Dynamics in the Aftermath of the 2004 Madrid Terror Bombings." *American Behavioral Scientist*, Vol. 60 (10), pp. 1215–31.

Elliott, Matthew, Benjamin Golub, and Matthew O. Jackson (2014). "Financial Networks and Contagion." *The American Economic Review*, Vol. 104(10), pp. 3115–53.

England, Paula (2017). *Comparable Worth: Theories and Evidence*. New York: Routledge.

Enke, Benjamin, and Florian Zimmermann (2017). "Correlation Neglect in Belief Formation." *Review of Economic Studies*, forthcoming.

Eom, Young-Ho, and Hang-Hyun Jo (2014). "Generalized Friendship Paradox in Complex Networks: The Case of Scientific Collaboration." *Scientific Reports*, Vol. 4, article no. 4603.

Epple, Dennis, and Richard Romano (2011). "Peer Effects in Education: A Survey of the

Theory and Evidence." In *The Handbook of Social Economics*, Vol. 1., pp. 1053–1163, ed. Jess Benhabib, Alberto Bisin, and Matthew O. Jackson. Amsterdam: North-Holland.

Ercsey-Ravasz, Mária, Ryan N. Lichtenwalter, Nitesh V. Chawla, and Zoltán Toroczkai (2012). "Range-Limited Centrality Measures in Complex Networks." *Physical Review E*, Vol. 85, p. 066103.

Erdős, Paul, and Alfréd Rényi (1959). "On Random Graphs." *Publicationes Mathematicae Debrecen*, Vol. 6, p. 156.

——— (1960). "On the Evolution of Random Graphs." *Publ. Math. Inst. Hung. Acad. Sci*, Vol. 5, pp. 17–60.

Everett, Martin G., and Stephen P. Borgatti (1999). "The Centrality of Groups and Classes." *The Journal of Mathematical Sociology*, Vol. 23, pp. 181–201.

——— (2005). "Ego Network Betweenness." *Social Networks*, Vol. 27, pp. 31–38.

Everett, Martin G., and Thomas W. Valente (2016). "Bridging, Brokerage and Betweenness." *Social Networks*, Vol. 44, pp. 202–8.

Fafchamps, Marcel, and Flore Gubert (2007). "The Formation of Risk Sharing Networks." *Journal of Development Economics*, Vol. 83, pp. 326–50.

Fafchamps, Marcel, and Susan Lund (2003). "Risk-Sharing Networks in Rural Philippines." *Journal of Development Economics*, Vol. 71, pp. 261–87.

Fafchamps, Marcel, Marco J. van der Leij, and Sanjeev Goyal (2010). "Matching and Network Effects." *Journal of the European Economic Association*, Vol. 8, pp. 203–31.

Farboodi, Maryam (2014). "Intermediation and Voluntary Exposure to Counterparty Risk," Mimeo, Princeton University.

Feigenberg, Benjamin, Erica Field, and Rohini Pande (2013). "The Economic Returns to Social Interaction: Experimental Evidence from Microfinance." *The Review of Economic Studies*, Vol. 80 (4), pp. 1459–83.

Feinberg, Matthew, Robb Willer, and Michael Schultz (2014). "Gossip and Ostracism Promote Cooperation in Groups." *Psychological Science*, Vol. 25 (3), pp. 656–64.

Feld, Scott L. (1991). "Why Your Friends Have More Friends than You Do." *American Journal of Sociology*, Vol. 96 (6), pp. 1464–77.

Felfe, Christina, and Rafael Lalive (2018). "Does Early Childcare Affect Children's Development." Mimeo, University of Lausanne.

Ferguson, Neil M., Derek A. T. Cummings, Christophe Fraser, James C. Cajka, Philip C. Cooley, and Donald S. Burke (2006). "Strategies for Mitigating an Influenza Pandemic." *Nature*, Vol. 442, pp. 448–52.

Ferguson, Niall (2018). *The Square and the Tower: Networks, Hierarchies and the Struggle for Global Power.* London: Penguin.

Fernandez, Marilyn, and Laura Nichols (2002). "Bridging and Bonding Capital: Pluralist Ethnic Relations in Silicon Valley." *International Journal of Sociology and Social Policy*, Vol. 22, pp. 104–22.

Fernandez, Roberto M., Emilio J. Castilla, and Paul Moore (2000). "Social Capital at Work: Networks and Employment at a Phone Center." *American Journal of Sociology*, pp. 1288–1356.

Fichtner, Paula Sutter (1976). "Dynastic Marriage in Sixteenth-Century Habsburg Diplomacy and Statecraft: An Interdisciplinary Approach." *The American Historical Review*, Vol. 81, pp. 243–65.

Field, Erica, and Rohini Pande (2008). "Repayment Frequency and Default in Microfinance: Evidence from India." *Journal of the European Economic Association*, Vol. 6, pp. 501–9.

Fiorina, Morris P. (2017). "The Political Parties Have Sorted." Hoover Institution Essay on Contemporary Politics, Series No. 3.

Fisher, Len (2009). *The Perfect Swarm: The Science of Complexity in Everyday Life.* New York: Basic Books.

Fisman, Raymond, and Edward Miguel (2007). "Corruption, Norms, and Legal Enforcement: Evidence from Diplomatic Parking Tickets." *Journal of Political Economy*, Vol. 115, pp. 1020–48.

Fisman, Raymond, Jing Shi, Yongxiang Wang, and Rong Xu (2018). "Social Ties and Favoritism in Chinese Science." *Journal of Political Economy*, forthcoming.

Fleurbaey, Marc, and François Maniquet (2011). *A Theory of Fairness and Social Welfare.* Cambridge, U.K.: Cambridge University Press.

Fortunato, Santo (2010). "Community Detection in Graphs." *Physics Reports*, Vol. 486 (3-5), pp. 75–174.

Foster, Andrew D., and Mark R. Rosenzweig (1995). "Learning by Doing and Learning from Others: Human Capital and Technical Change in Agriculture." *Journal of Political Economy*, Vol. 103, pp. 1176–1209.

Fowler, James H., Christopher T. Dawes, and Nicholas A. Christakis (2009). "Model of Genetic Variation in Human Social Networks." Proceedings of the National Academy of Sciences, Vol. 106, pp. 1720-24.

Fradkin, Andrey, Elena Grewal, Dave Holtz, and Matthew Pearson (2015). "Bias and Reciprocity in Online Reviews: Evidence from Field Experiments on Airbnb." In *Proceedings of the Sixteenth ACM Conference on Economics and Computation*, pp. 641-641.

Frederick, Shane (2012). "Overestimating Others' Willingness to Pay." *Journal of Consumer Research*, Vol. 39 (1), pp. 1-21.

Freeman, Linton C. (1977). "A Set of Measures of Centrality Based on Betweenness." *Sociometry*, Vol. 40 (1), pp. 35-41.

———— (1978). "Centrality in Social Networks Conceptual Clarification." *Social Networks*, Vol. 1, pp. 215-39.

French, J. R. (1956). "A Formal Theory of Social Power." *Psychological Review*, Vol. 63 (3), pp. 181-94.

Fricke, Daniel, and Thomas Lux (2014). "Core Periphery Structure in the Overnight Money Market: Evidence from the e-MID Trading Platform." *Computational Economics*, Vol. 45 (3), pp. 359-95.

Friedman, Thomas L. (2016). *Thank You for Being Late: An Optimist's Guide to Thriving in the Age of Accelerations.* New York: Farrar, Straus & Giroux.

Froot, Kenneth A., David S. Scharfstein, and Jeremy C. Stein (1992). "Herd on the Street: Informational Inefficiencies in a Market with Short-Term Speculation." *The Journal of Finance*, Vol. 47, pp. 1461-84.

Fryer, Roland G., Jr. (2007). "Guess Who's Been Coming to Dinner? Trends in Interracial Marriage over the 20th Century." *Journal of Economic Perspectives*, Vol. 21 (2), pp. 71-90.

Fryer, Roland G., Jr., Jacob K. Goeree, and Charles A. Holt (2005). "Experience-Based Discrimination: Classroom Games." *The Journal of Economic Education*, Vol. 36, pp. 160-70.

Fryer, Roland G., Jr., and Lawrence F. Katz (2013). "Achieving Escape Velocity: Neighborhood and School Interventions to Reduce Persistent Inequality." *The American Economic Review*, Vol. 103, pp. 232-37.

Fryer, Roland G., Jr., and Steven D. Levitt (2004). "The Causes and Consequences of

Distinctively Black Names." *The Quarterly Journal of Economics*, pp. 767–805.

Fryer, Roland G., Jr., Steven D. Levitt, and John A. List (2015). "Parental Incentives and Early Childhood Achievement: A Field Experiment in Chicago Heights." National Bureau of Economic Research Working Paper No. 21477.

Gächter, Simon, and Jonathan F. Schulz (2016). "Intrinsic Honesty and the Prevalence of Rule Violations Across Societies." *Nature*, Vol. 531, pp. 496–99.

Gaertner, Samuel L., John F. Dovidio, Phyllis A. Anastasio, Betty A. Bachman, and Mary C. Rust (1993). "The Common Ingroup Identity Model: Recategorization and the Reduction of Intergroup Bias." *European Review of Social Psychology*, Vol. 4, pp. 1–26.

Gagnon, Julien, and Sanjeev Goyal (2017). "Networks, Markets, and Inequality." *The American Economic Review*, Vol. 107, pp. 1–30.

Gai, Prasanna, and Sujit Kapadia (2010). "Contagion in Financial Networks." *Proceedings of the Royal Society A*, Vol. 466, pp. 2401–23.

Galbiati, Roberto, and Giulio Zanella (2012). "The Tax Evasion Social Multiplier: Evidence from Italy." *Journal of Public Economics*, Vol. 96, pp. 485–94.

Galenianos, Manolis (2016). "Referral Networks and Inequality." SSRN Paper No. 2768083.

Galeotti, Andrea, and Sanjeev Goyal (2010). "The Law of the Few." *The American Economic Review*, Vol. 100 (4), pp. 1468–92.

Galeotti, Andrea, Sanjeev Goyal, Matthew O. Jackson, Fernando Vega-Redondo, and Leeat Yariv (2010). "Network Games." *The Review of Economic Studies*, Vol. 77 (1), pp. 218–44.

Galton, Francis (1901). "Vox Populi." *Nature*, Vol. 75 (7), pp. 450–51.

Garas, Antonios, Panos Argyrakis, Céline Rozenblat, Marco Tomassini, and Shlomo Havlin (2010). "Worldwide Spreading of Economic Crisis." *New Journal of Physics*, Vol. 12, article no. 113043.

Garces, Eliana, Duncan Thomas, and Janet Currie (2002). "Longer-Term Effects of Head Start." *The American Economic Review*, Vol. 92, pp. 999–1012.

Gee, Laura K., Jason Jones, and Moira Burke (2017). "Social Networks and Labor Markets: How Strong Ties Relate to Job Finding on Facebook's Social Network." *Journal of Labor Economics*, Vol. 35, pp. 485–518.

Gentzkow, Matthew (2017). "Polarization in 2016." Essay, Stanford University.

Gentzkow, Matthew, Jesse M. Shapiro, and Matt Taddy (2016). "Measuring Polarization in High-Dimensional Data: Method and Application to Congressional Speech." National Bureau of Economic Research Working Paper No. 22423.

Gerber, Jeffrey S., and Paul A. Offit (2009). "Vaccines and Autism: A Tale of Shifting Hypotheses." *Clinical Infectious Diseases*, Vol. 48, pp. 456-61.

Ghiglino, Christian, and Sanjeev Goyal (2010). "Keeping Up with the Neighbors: Social Interaction in a Market Economy." *Journal of the European Economic Association*, Vol. 8 (1), pp. 90-119.

Giancola, Jennifer, and Richard D. Kahlenberg (2016). "True Merit: Ensuring Our Brightest Students Have Access to Our Best Colleges and Universities." Jack Kent Cooke Foundation.

Gilbert, Edgar N. (1959). "Random Graphs." *The Annals of Mathematical Statistics*, Vol. 30, pp. 1141-44.

Gilchrist, Duncan Sheppard, and Emily Glassberg Sands (2016). "Something to Talk About: Social Spillovers in Movie Consumption." *Journal of Political Economy*, Vol. 124, pp. 1339-82.

Gilman, Eric, Shelley Clarke, Nigel Brothers, Joanna Alfaro-Shigueto, John Mandelman, Jeff Mangel, Samantha Petersen, Susanna Piovano, Nicola Thomson, Paul Dalzell, Miguel Donosol, Meidad Gorenh, and Tim Werner(2008). "Shark Interactions in Pelagic Longline Fisheries." *Marine Policy*, Vol. 32, pp. 1-18.

Gjerstad, Steven (2004). "Risk Aversion, Beliefs, and Prediction Market Equilibrium." Economic Science Laboratory Working Paper 04-17, University of Arizona.

Gladwell, Malcolm (2000). *The Tipping Point: How Little Things Can Make a Big Difference*. New York: Back Bay Books.

Glaeser, Edward L., Bruce I. Sacerdote, and Jose A. Scheinkman (2003). "The Social Multiplier." *Journal of the European Economic Association*, Vol. 1, pp. 345-53.

Glaeser, Edward L., and Cass R. Sunstein (2009). "Extremism and Social Learning." *Journal of Legal Analysis*, Vol. 1, pp. 263-324.

Glasserman, Paul, and H. Peyton Young (2016). "Contagion in Financial Networks." *Journal of Economic Literature*, Vol. 54 (3), pp. 779-831.

Gneezy, Uri, John List, and Michael K. Price (2012). "Toward an Understanding of Why People Discriminate: Evidence from a Series of Natural Field Experiments." National Bureau of Economic Research Working Paper No.17855.

Godfrey, Stephanie S. (2013). "Networks and the Ecology of Parasite Transmission: A Framework for Wildlife Parasitology." *International Journal for Parasitology: Parasites and Wildlife*, Vol. 2, pp. 235–45.

Godfrey, Stephanie S., Jennifer A. Moore, Nicola J. Nelson, and C. Michael Bull (2010). "Social Network Structure and Parasite Infection Patterns in a Territorial Reptile, the Tuatara (Sphenodon punctatus)." *International Journal for Parasitology*, Vol. 40 (13), pp. 1575–85.

Goel, Rahul, Sandeep Soni, Naman Goyal, John Paparrizos, Hanna Wallach, Fernando Diaz, and Jacob Eisenstein(2016). "The Social Dynamics of Language Change in Online Networks." In *International Conference on Social Informatics*, pp. 41–57. New York: Springer.

Goel, Sharad, Ashton Anderson, Jake Hofman, and Duncan J. Watts (2015). "The Structural Virality of Online Diffusion." *Management Science*, Vol. 62 (1), pp. 180–96.

Gofman, Michael (2011). "A Network-Based Analysis of Over-the-Counter Markets." Available at SSRN: https://dx.doi.org/10.2139/ssrn.1681151.

Goldin, Claudia D., and Lawrence F. Katz (2009). *The Race Between Education and Technology*. Cambridge, Mass.: Harvard University Press.

Golub, Benjamin, and Matthew O. Jackson (2010). "Naive Learning in Social Networks and the Wisdom of Crowds." *American Economic Journal: Microeconomics*, Vol. 2, pp. 112–49.

——— (2012). "How Homophily Affects the Speed of Learning and Best-Response Dynamics." *The Quarterly Journal of Economics*, Vol. 127, pp. 1287–1338.

Gould, Roger V., and Roberto M. Fernandez (1989). "Structures of Mediation: A Formal Approach to Brokerage in Transaction Networks." *Sociological Methodology*, Vol. 19, pp. 89–126.

Goyal, S. (2007). *Connections*. Princeton, N.J.: Princeton University Press.

Granovetter, Mark S. (1973). "The Strength of Weak Ties." *The American Journal of Sociology*, Vol. 78, pp. 1360–80.

——— (1978). "Threshold Models of Collective Behavior." *The American Journal of Sociology*, Vol. 83, pp. 1420–43.

——— (1985). "Economic Action and Social Structure: The Problem of Embeddedness." *The American Journal of Sociology*, Vol. 91, pp. 481–510.

———— (1995). *Getting a Job: A Study of Contacts and Careers*. 2nd ed. Chicago: University of Chicago Press.

Grinblatt, Mark, Matti Keloharju, and Seppo Ikäheimo (2008). "Social Influence and Consumption: Evidence from the Automobile Purchases of Neighbors." *The Review of Economics and Statistics*, Vol. 90, pp. 735–53.

Grusky, David B., and Manwai C. Ku (2008). "Gloom, Doom, and Inequality." In *Social Stratification: Class, Race, and Gender in Sociological Perspective*, Vol. 3, pp. 2–28.

Haden, Brian (1995). "Chapter 2: Pathways to Power: Principles for Creating Socioeconomic Inequalities." In T. Douglas Price and Gary M. Feinman, eds., *Fundamental Issues in Archaeology*, pp. 15–86. New York: Springer.

Hahn, Robert W., and Paul C. Tetlock (2006). *Information Markets: A New Way of Making Decisions*. New York: AEI-Brookings Joint Center for Regulatory Studies.

Haines, Michael, and S. F. Spear (1996). "Changing the Perception of the Norm: A Strategy to Decrease Binge Drinking Among College Students." *Journal of American College Health*, Vol. 45, pp. 134–40.

Hamilton James T. (2016). *Democracy's Detectives: The Economics of Investigative Journalism*. Cambridge, Mass.: Harvard University Press.

Hampton, Keith, and Barry Wellman (2003). "Neighboring in Netville: How the Internet Supports Community and Social Capital in a Wired Suburb." *City & Community*, Vol. 2, pp. 277–311.

Haney, Craig, Curtis Banks, and Philip Zimbardo (1973). "Interpersonal Dynamics in a Simulated Prison." *International Journal of Criminology and Penology*, Vol. 1, pp. 69–97.

Hanifan, Lyda J. (1916). "The Rural School Community Center." *The Annals of the American Academy of Political and Social Science*, Vol. 67, pp. 130–38.

———— (1920). *The Community Center*. London: Silver, Burdett.

Harary, Frank (1959). "A Criterion for Unanimity in French's Theory of Social Power," in D. Cartwright, ed., *Studies in Social Power*. Ann Arbor: University of Michigan Press.

Hart, Betty, and Todd R. Risley (1995). *Meaningful Differences in the Everyday Experience of Young American Children*. Baltimore: Paul H. Brookes Publishing.

Hayden, Brian (1997). *The Pithouses of Keatley Creek*. New York: Harcourt Brace

College.

Heath, Rachel (forthcoming). "Why Do Firms Hire Using Referrals? Evidence from Bangladeshi Garment Factories." *Journal of Political Economy*.

Heckman, James J. (2012). "Invest in Early Childhood Development: Reduce Deficits, Strengthen the Economy." *The Heckman Equation*, Vol. 7, pp. 1-2.

Heckman, James J., Seong Hyeok Moon, Rodrigo Pinto, Peter A. Savelyev, and Adam Yavitz (2010). "The Rate of Return to the HighScope Perry Preschool Program." *Journal of Public Economics*, Vol. 94, pp. 114-28.

Henrich, Joseph (2015). *The Secret of Our Success: How Culture Is Driving Human Evolution, Domesticating Our Species, and Making Us Smarter*. Princeton, N.J.: Princeton University Press.

Henrich, Joseph, Robert Boyd, Samuel Bowles, Colin Camerer, Ernst Fehr, Herbert Gintis, and Richard McElreath (2001). "In Search of Homo Economicus: Behavioral Experiments in 15 Small-Scale Societies." *The American Economic Review*, Vol. 91, pp. 73-78.

Herings, P. Jean-Jacques, Ana Mauleon, and Vincent Vannetelbosch (2009). "Farsightedly Stable Networks." *Games and Economic Behavior*, Vol. 67, pp. 526-41.

Hicks, Michael J., and Srikant Devaraj (2015). "The Myth and the Reality of Manufacturing in America." Center for Business and Economic Research, Ball State University.

Hilger, Nathaniel (2016). "Upward Mobility and Discrimination: The Case of Asian Americans." National Bureau of Economic Research Working Paper No. 22748.

Hill, Kim (2002). "Altruistic Cooperation During Foraging by the Ache, and the Evolved Human Predisposition to Cooperate." *Human Nature*, Vol. 13, pp. 105-28.

Hill, Kim, and A. Magdalena Hurtado (2017). *Ache Life History: The Ecology and Demography of a Foraging People*. New York: Routledge.

Hillebrand, Evan (2009). "Poverty, Growth, and Inequality over the Next 50 Years." Expert Meeting on How to Feed the World in 2050, Food and Agriculture Organization of the United Nations Economic and Social Development Department.

Hinsz, Verlin B., R. Scott Tindale, and David A. Vollrath (1997). "The Emerging Conceptualization of Groups as Information Processors." *Psychological Bulletin*, Vol. 121, p. 43.

Hirshleifer, David, and Siew Hong Teoh (2003). "Herd Behaviour and Cascading in Capital Markets: A Review and Synthesis." *European Financial Management*, Vol. 9, pp. 25-66.

Hjort, Jonas, and Jonas Poulsen (2018). "The Arrival of Fast Internet and Employment in Africa." National Bureau of Economic Research Working Paper No. 23582.

Hnatkovska, Viktoria, Amartya Lahiri, and Sourabh B. Paul (2013) "Breaking the Caste Barrier: Intergenerational Mobility in India" *Journal of Human Resources* 48, no. 2 (2013): 435-473. (Table A9, appendix 2011 working paper version)

Hodas, Nathan O., Farshad Kooti, and Kristina Lerman (2013). "Friendship Paradox Redux: Your Friends Are More Interesting than You." ArXiv: 1304.3480v1.

Hofstra, Bas, Rense Corten, Frank van Tubergen, and Nicole B. Ellisond(2017). "Sources of Segregation in Social Networks: A Novel Approach Using Facebook." *American Sociological Review*, Vol. 82 (3), pp. 625-56.

Hogg, Michael A., and Scott Tindale (2008). *Blackwell Handbook of Social Psychology: Group Processes*. New York: John Wiley & Sons.

Holland, Paul W., Kathryn Blackmond Laskey, and Samuel Leinhardt(1983). "Stochastic Blockmodels: First Steps." *Social Networks*, Vol. 5, pp. 109-37.

Hölldbler, Bert, and Edward O. Wilson (1990). *The Ants*. Cambridge, Mass.: Harvard University Press.

Holley, Richard A., and Thomas M. Liggett (1975). "Ergodic Theorems for Weakly Interacting Infinite Systems and the Voter Model." *The Annals of Probability*, Vol. 3 (4), pp. 643-63.

Hoxby, Caroline, and Christopher Avery (2013). "The Missing 'One-offs': The Hidden Supply of High-Achieving, Low-Income Students." *Brookings Papers on Economic Activity*, Vol. 2013, pp. 1-65.

Hoxby, Caroline M., and Sarah Turner (2015). "What High-Achieving Low-Income Students Know About College." *The American Economic Review*, Vol. 105, pp. 514-17.

Hoxby, Caroline M., and Gretchen Weingarth (2005). "Taking Race Out of the Equation: School Reassignment and the Structure of Peer Effects." Unpublished.

Hu, Nan, Paul A. Pavlou, and Jennifer Zhang (2009). "Why Do Online Product Reviews Have a J-Shaped Distribution? Overcoming Biases in Online Word-of-Mouth Communication." *Communications of the ACM*, Vol. 52, pp. 144-47.

Huang, Jin (2013). "Intergenerational Transmission of Educational Attainment: The Role of Household Assets." *Economics of Education Review*, Vol. 33, pp. 112–23.

Hugonnier, Julien, Benjamin Lester, and Pierre-Olivier Weill (2014). "Heterogeneity in Decentralized Asset Markets." National Bureau of Economic Research Working Paper No. w20746.

Hung, Angela A., and Charles R. Plott (2001). "Information Cascades: Replication and an Extension to Majority Rule and Conformity-Rewarding Institutions." *The American Economic Review*, Vol. 91, pp. 1508–20.

Hwang, Victor W., and Greg Horowitt (2012). *The Rainforest: The Secret to Building the Next Silicon Valley*. San Francisco: Regenwald.

Ioannides, Y. M., and L. Datcher-Loury (2004). "Job Information Networks, Neighborhood Effects and Inequality." *Journal of Economic Literature*, Vol. 424, pp. 1056–93.

Jackson, Matthew O. (2003). "The Stability and Efficiency of Economic and Social Networks." In *Advances in Economic Design*, ed. S. Koray and M. Sertel. Heidelberg: Springer-Verlag.

—— (2007). "Social Structure, Segregation, and Economic Behavior." Nancy Schwartz Memorial Lecture, April 2007, Northwestern University. Available at SSRN: https://ssrn.com/abstract=1530885.

—— (2008). *Social and Economic Networks*. Princeton, N.J.: Princeton University Press.

—— (2008b). "Average Distance, Diameter, and Clustering in Social Networks with Homophily." In *The Proceedings of the Workshop in Internet and Network Economics* (WINE 2008), *Lecture Notes in Computer Science*, ed. C. Papadimitriou and S. Zhang. Berlin and Heidelberg: Springer-Verlag.

—— (2009). "Genetic Influences on Social Network Characteristics." *Proceedings of the National Academy of Sciences*, Vol. 106, pp. 1687–88.

—— (2014). "Networks in the Understanding of Economic Behaviors." *The Journal of Economic Perspectives*, Vol. 28 (4), pp. 3–22.

—— (2017). "A Typology of Social Capital and Associated Network Measures." Available at SSRN: http://ssrn.com/abstract=3073496.

—— (2018). "The Friendship Paradox and Systematic Biases in Perceptions and Social Norms," *Journal of Political Economy*.

Jackson, Matthew O., and Dunia López Pintado (2013). "Diffusion and Contagion in Networks with Heterogeneous Agents and Homophily." *Network Science*, Vol. 1 (1), pp. 49-67.

Jackson, Matthew O., and Stephen Nei (2015). "Networks of Military Alliances, Wars, and International Trade." *Proceedings of the National Academy of Sciences*, Vol. 112 (50), pp. 15277-84.

Jackson, Matthew O., Tomas R. Rodriguez Barraquer, and Xu Tan (2012). "Social Capital and Social Quilts: Network Patterns of Favor Exchange." *The American Economic Review*, Vol. 102, pp. 1857-97.

Jackson, Matthew O., and Brian W. Rogers (2007a). "Meeting Strangers and Friends of Friends: How Random Are Social Networks?" *The American Economic Review*, Vol. 97, pp. 890-915.

——— (2007b). "Relating Network Structure to Diffusion Properties Through Stochastic Dominance." *The BE Journal of Theoretical Economics*, Vol. 7, pp. 1-13.

Jackson, Matthew O., Brian W. Rogers, and Yves Zenou (2017). "The Economic Consequences of Social-Network Structure." *Journal of Economic Literature*, Vol. 55, pp. 49-95.

Jackson, Matthew O., and Evan C. Storms (2017). "Behavioral Communities and the Atomic Structure of Networks." ArXiv: 1710.04656.

Jackson, Matthew O., and Anne van den Nouweland (2005). "Strongly Stable Networks." *Games and Economic Behavior*, Vol. 51, pp. 420-44.

Jackson, Matthew O., and Asher Wolinsky (1996). "A Strategic Model of Social and Economic Networks." *Journal of Economic Theory*, Vol. 71, pp. 44-74.

Jackson, Matthew O., and Yiqing Xing (2014). "Culture-Dependent Strategies in Coordination Games." *Proceedings of the National Academy of Sciences*, Vol.111 (3), pp. 10889-96.

——— (2018). "The Interaction of Communities, Religion, Governments, and Corruption in the Enforcement of Social Norms." Available at SSRN: https://ssrn.com/abstract=3153842.

Jackson, Matthew O., and Leeat Yariv (2011). "Diffusion, Strategic Interaction, and Social Structure." In *Handbook of Social Economics*, ed. Jess Benhabib, Alberto Bisin, and Matthew O. Jackson. San Diego: North-Holland.

Jackson, Matthew O., and Yves Zenou (2014). "Games on Networks." In *Handbook of*

Game Theory, ed. H. P. Young and S. Zamir. Amsterdam: Elsevier.

Jadbabaie, Ali, Pooya Molavi, Alvaro Sandroni, Alireza Tahbaz-Salehi (2010). "Non-Bayesian Social Learning." *Games and Economic Behavior*, Vol. 76, pp. 210–25.

Jensen, Robert (2007). "The Digital Provide: Information (Technology), Market Performance, and Welfare in the South Indian Fisheries Sector." *The Quarterly Journal of Economics*, Vol. 122, pp. 879–924.

——— (2010). "The (Perceived) Returns to Education and the Demand for Schooling." *The Quarterly Journal of Economics*, Vol. 125 (2), pp. 515–48.

Jia, Ruixue, and Hongbin Li (2017). "Access to Elite Education, Wage Premium, and Social Mobility: The Truth and Illusion of China's College Entrance Exam." Working Paper, University of Toronto.

Johansen, Anders (2004). "Probing Human Response Times." *Physica A: Statistical Mechanics and Its Applications*, Vol. 338 (1), pp. 286–291.

Kaminsky, Graciela L., Carmen M. Reinhart, and Carlos A. Vegh (2003). "The Unholy Trinity of Financial Contagion." *The Journal of Economic Perspectives*, Vol. 17 (4), pp. 51–74.

Kaplan, Hillard, Kim Hill, Jane Lancaster, and A. Magdalena Hurtado (2000). "A Theory of Human Life History Evolution: Diet, Intelligence, and Longevity." *Evolutionary Anthropology: Issues, News, and Reviews*, Vol. 9, pp. 156–85.

Kaplan, Martin, and Matthew Hale (2010). "Local TV News in the Los Angeles Media Market: Are Stations Serving the Public Interest?" Norman Lear Center, USC Annenberg School for Communication & Journalism.

Kaplan, Steven N., and Joshua Rauh (2013). "It's the Market: The Broad-Based Rise in the Return to Top Talent." *The Journal of Economic Perspectives*, Vol. 27, pp. 35–55.

Karacaovali, Baybars, and Chrysostomos Tabakis (2017) "Wage inequality dynamics and trade exposure in South Korea," *Journal of Asian Economics*, 48: 48–65.

Karlan, Dean, and Valdivia, Martin (2011). "Teaching Entrepreneurship: Impact of Business Training on Microfinance Clients and Institutions." *Review of Economics and Statistics*, Vol. 93 (2), pp. 510–27.

Kasinitz, Philip, and Jan Rosenberg (1996). "Missing the Connection: Social Isolation and Employment on the Brooklyn Waterfront." *Social Problems*, Vol. 43, pp. 180–96.

Kasparov, Garry K., and Daniel King (2000). *Kasparov Against the World: The Story of the Greatest Online Challenge*. KasparovChess Online, Incorporated.

Katz, Elihu, and Paul F. Lazarsfeld (1955). *Personal Influence: The Part Played by People in the Flow of Mass Communication*. Glencoe, Ill.: Free Press.

Kaufmann, Katja Maria (2014). "Understanding the Income Gradient in College Attendance in Mexico: The Role of Heterogeneity in Expected Returns." *Quantitative Economics*, Vol. 5, pp. 583–630.

Kawachi, Ichiro, Daniel Kim, Adam Coutts, and S. V. Subramanian (2004). "Commentary: Reconciling the Three Accounts of Social Capital." *International Journal of Epidemiology*, Vol. 33, pp. 682–90.

Kearns, M. J., S. Judd, J. Tan, and J. Wortman (2009). "Behavioral Experiments on Biased Voting in Networks." *PNAS*, Vol. 106:5, pp. 1347–52.

Kelly, Morgan, and Cormac Ó Gráda (2000). "Market Contagion: Evidence from the Panics of 1854 and 1857." *The American Economic Review*, Vol. 90:5, pp. 1110–24.

Kempe, David, Jon Kleinberg, and Eva Tardos (2003). "Maximizing the Spread of Influence Through a Social Network." *Proceedings of the 9th International Conference on Knowledge Discovery and Data Mining*, pp. 137–46.

Kenney, Martin, ed. (2000). *Understanding Silicon Valley: The Anatomy of an Entrepreneurial Region*. Stanford, Calif.: Stanford University Press.

Kent, Dale (1978). *The Rise of the Medici: Faction in Florence, 1426-1434*. Oxford, U.K.: Oxford University Press.

Kets, Willemien, Garud Iyengar, Rajiv Sethi, and Samuel Bowles (2011). "Inequality and Network Structure." *Games and Economic Behavior*, Vol. 73, pp. 215–26.

Kets, Willemien, and Alvaro Sandroni (2016). "A Belief-Based Theory of Homophily." Available at SSRN: https://ssrn.com/abstract=2871514.

Keynes, John Maynard (1936). *The General Theory of Employment, Interest, and Money*. London: Macmillan.

Kim, David A., Alison R. Hwong, Derek Staff, D. Alex Hughes, A. James O'Malley, James H. Fowler, and Nicholas A. Christakis (2015). "Social Network Targeting to Maximise Population Behaviour Change: A Cluster Randomised Controlled Trial." *Lancet*, Vol. 386, pp. 145–53.

Kim, Soobin (2017) "Intergenerational mobility in Korea," *Journal of Development and Migration* 7:21.

Kindelberger, Charles P., and Robert Z. Aliber (2000). *Manias, Panics and Crashes: A History of Financial Crises*. New York: Palgrave Macmillan.

Kinnan, Cynthia, and Robert Townsend (2012). "Kinship and Financial Networks, Formal Financial Access, and Risk Reduction." *The American Economic Review*, Vol. 102 (3), pp. 289–93.

Kivela, Mikko, Alexandre Arenas, James P. Gleeson, Yamir Moreno, and Mason A. Porter (2014). "Multilayer Networks." ArXiv:1309.7233v4 [physics.soc-ph].

Klasing, Mariko J., and Petros Milionis (2014). "Quantifying the Evolution of World Trade, 1870–1949." *Journal of International Economics*, Vol. 92, pp. 185–97.

Kleinberg, Jon M. (2000). "Navigation in a Small World," *Nature*, Vol. 406, p. 845.

Kleinberg, Jon M., Ravi Kumar, Prabhakar Raghavan, Sridhar Rajagopalan, and Andrew S. Tomkins (1999). "The Web as a Graph: Measurements, Models, and Methods." In *International Computing and Combinatorics Conference*, pp. 1–17. Heidelberg: Springer.

Klewes, Joachim, and Robert Wreschniok (2009). *Reputation Capital*. Heidelberg: Springer.

Kloumann, Isabel, Lada Adamic, Jon Kleinberg, and Shaomei Wu (2015). "The Lifecycles of Apps in a Social Ecosystem." In *Proceedings of the 24th International Conference on World Wide Web*, pp. 581–91.

Knack, Stephen, and Philip Keefer (1997). "Does Social Capital Have an Economic Payoff? A Cross-Country Investigation." *The Quarterly Journal of Economics*, Vol. 112, pp. 1251–88.

Knight, Frank H. (1924). "Some Fallacies in the Interpretation of Social Cost." *The Quarterly Journal of Economics*, Vol. 38 (4), pp. 582–606.

Kohn, George C., ed. (2008). *Encyclopedia of Plague and Pestilence: From Ancient Times to the Present*. Infobase Publishing.

König, Michael D., Claudio J. Tessone, and Yves Zenou (2014). "Nestedness in Networks: A Theoretical Model and Some Applications." *Theoretical Economics*, Vol. 9, pp. 695–752.

Krackhardt, David (1987). "Cognitive Social Structures." *Social Networks*, Vol. 9, pp. 109–34.

——— (1996). "Structural Leverage in Marketing." In Dawn Iacobucci, ed., *Networks in Marketing*. pp. 50–59. Thousand Oaks, CA: Sage.

Krapivsky, Paul L., Sidney Redner, and Francois Leyvraz (2000). "Connectivity of Growing Random Networks." *Physical Review Letters*, Vol. 85, p. 4629.

Kremer, Michael, Nazmul Chaudhury, F. Halsey Rogers, Karthik Muralidharan, and Jeffrey Hammer(2005). "Teacher Absence in India: A Snapshot." *Journal of the European Economic Association*, Vol. 3, pp. 658–67.

Krugman, Paul (2014). "Why We're in a New Gilded Age," *The New York Review of Books*, May 8.

Kuhn, Peter, Peter Kooreman, Adriaan Soetevent, and Arie Kapteyn (2011). "The Effects of Lottery Prizes on Winners and Their Neighbors: Evidence from the Dutch Postcode Lottery." *American Economic Review*, Vol. 101 (5), pp. 2226–47.

Kumar, Ravi, Prabhakar Raghavan, Sridhar Rajagopalan, D. Sivakumar, Andrew Tomkins, and Eli Upfal (2000). "Stochastic Models for the Web Graph." In *Foundations of Computer Science*, 2000, Proceedings, 41st Annual Symposium, pp. 57–65, IEEE.

Laguna Müggenburg, Eduardo (2017). "Using Homophily to Spread Information: Influencers Need Not Be Superstars." Mimeo, Stanford University.

Lalanne, Marie, and Paul Seabright (2016). "The Old Boy Network: The Impact of Professional Networks on Remuneration in Top Executive Jobs." SAFE Working Paper No 123.

Lareau, Annette (2011). *Unequal Childhoods: Class, Race, and Family Life*. Berkeley: University of California Press.

Laschever, Ron A. (2011). "The Doughboys Network: Social Interactions and Labor Market Outcomes of World War I Veterans." SSRN Discussion Paper No. 1205543.

Lau, Max S. Y., Benjamin Douglas Dalziel, Sebastian Funk, Amanda McClelland, Amanda Tiffany, Steven Riley, C. Jessica E. Metcalf, and Bryan T. Grenfell(2017). "Spatial and Temporal Dynamics of Superspreading Events in the 2014–2015 West Africa Ebola Epidemic." *Proceedings of the National Academy of Sciences*, Vol. 114 (9), pp. 2337–42.

Lazarsfeld, Paul F., Bernard Berelson, and Hazel Gaudet (1948). *The People's Choice: How the Voter Makes Up His Mind in a Presidential Campaign*. New York: Columbia University Press.

Lazarsfeld, Paul F., and Robert K. Merton (1954). "Friendship as a Social Process: A Substantive and Methodological Analysis." In *Freedom and Control in Modern Society*, ed. M. Berger. New York: Van Nostrand.

Lazear, Edward P. (1999). "Culture and Language." *Journal of Political Economy*, Vol. 107, pp. S95-S126.

Lazer, David, and Stefan Wojcik (2017). "Political Networks and Computational Social Science." In *The Oxford Handbook of Political Networks*, ed. Jennifer Victor, Alexander Montgomery, and Mark Lubell. New York: Oxford University Press.

Leduc, Matt V., Matthew O. Jackson, and Ramesh Johari (2016). "Pricing and Referrals in Diffusion on Networks." SSRN Paper No. 2425490.

Lee, Chu Lin, and Gary Solon (2009). "Trends in Intergenerational Income Mobility." *Review of Economics and Statistics*. Vol. 91 (4), pp. 766-72.

Lee, Soohyung (2008) "Preferences and choice constraints in marital sorting: Evidence from Korea" Unpublished dissertation from Stanford, manuscript available at http://soohlee.googlepages.com/soohyunglee_JMP.pdf.

Lelkes, Yphtach, Gaurav Sood, and Shanto Iyengar (2015). "The Hostile Audience: The Effect of Access to Broadband Internet on Partisan Affect." *American Journal of Political Science*, Vol. 61 (1), pp.5-20.

Lerman, Kristina, Xiaoran Yan, and Xin-Zeng Wu (2015). "The Majority Illusion in Social Networks." ArXiv: 1506.03022v1.

Lerner, Josh, and Ulrike Malmendier (2013). "With a Little Help from My (Random) Friends: Success and Failure in Post-Business School Entrepreneurship." *Review of Financial Studies*, Vol. 26, pp. 2411-52.

Levitt, Steven D., and Stephen J. Dubner (2005). *Freakonomics*. New York: HarperCollins.

Levy, Gilat, and Ronny Razin (2015). "Correlation Neglect, Voting Behavior, and Information Aggregation." *The American Economic Review*, Vol. 105, pp. 1634-45.

Li, Weihua, Aisha E. Bradshaw, Caitlin B. Clary, and Skyler J. Cranmer(2017). "A Three-Degree Horizon of Peace in the Military Alliance Network," *Science Advances*, Vol. 3, article no. e1601895.

Lin, Ken-Hou, and Jennifer Lundquist (2013). "Mate Selection in Cyberspace: The Intersection of Race, Gender, and Education." *The American Journal of Sociology*, Vol. 119 (1), pp. 183-215.

Lin, Nan (1999). "Building a Network Theory of Social Capital." *Connections*, Vol. 22, pp. 28-51.

Lindert, Peter H., and Jeffrey G. Williamson (2012). "American Incomes 1774-1860." National Bureau of Economic Research Working Paper No. 18396.

Lindquist, Matthew J., and Yves Zenou (2014). "Key Players in Co-offending Networks." Available at SSRN: http://ssrn.com/abstract=2444910.

Lise, Jeremy, Nao Sudo, Michio Suzuki, Ken Yamada, and Tomoaki Yamada (2014) "Wage, income and consumption inequality in Japan, 1981-2008: From boom to lost decades," *Review of Economic Dynamics*, 17(4):582-612.

List, John A. (2006). "The Behavioralist Meets the Market: Measuring Social Preferences and Reputation Effects in Actual Transactions." *Journal of Political Economy*, Vol. 114, pp. 1-37.

List, John A., and Imran Rasul (2011). "Field Experiments in Labor Economics." *Handbook of Labor Economics*, Vol. 4, pp. 103-228.

Lobel, Ilan, and Evan Sadler (2015). "Information Diffusion in Networks Through Social Learning." *Theoretical Economics*, Vol. 10, pp. 807-51.

Lorrain, François, and Harrison C. White (1971). "Structural Equivalence of Individuals in Social Networks." *The Journal of Mathematical Sociology*, Vol. 1, pp. 49-80.

Loury, Glenn (1977). "A Dynamic Theory of Racial Income Differences." *Women, Minorities, and Employment Discrimination*, Vol. 153, pp. 86-153.

———— (2009). *The Anatomy of Racial Inequality*. Cambridge, Mass.: Harvard University Press.

Lucas, Robert E., Jr. (2013). "Glass-Steagall: A Requiem." *The American Economic Review: Papers and Proceedings*, Vol. 103 (3), pp. 43-47.

Ludwig, Jens, Jeffrey B. Liebman, Jeffrey R. Kling, Greg J. Duncan, Lawrence F. Katz, Ronald C. Kessler, and Lisa Sanbonmatsu (2008). "What Can We Learn About Neighborhood Effects from the Moving to Opportunity Experiment." *American Journal of Sociology*, Vol. 114, pp. 144-88.

Mailath, George J., and Larry Samuelson (2006). *Repeated Games and Reputations: Long-Run Relationships*. Oxford, U.K.: Oxford University Press.

Manski, Charles F. (1993). "Identification of Endogenous Social Effects: The Reflection Problem." *The Review of Economic Studies*, pp. 531-42.

———— (2006). "Interpreting the Predictions of Prediction Markets." *Economics Letters*, Vol. 91, pp. 425-29.

Marmaros, David, and Bruce Sacerdote (2002). "Peer and Social Networks in Job Search."

European Economic Review, Vol. 46, pp. 870–79.

Marshall, Alfred (1890). *Principles of Political Economy*. New York: Macmillan.

Martinelli, César A., Susan Parker, Ana Cristina Pérez-Gea, and Rodi-miro Rodrigo (2015). "Cheating and Incentives: Learning from a Policy Experiment." Available at SSRN: https://ssrn.com/abstract=2606487.

———— (2016). "Cheating and Incentives: Learning from a Policy Experiment." Working Paper, George Mason University.

Marvel, Seth A., Travis Martin, Charles R. Doering, David Lusseau, and Mark E. J. Newman (2013). "The Small-World Effect Is a Modern Phenomenon." ArXiv: 1310.2636.

Massey, Douglas S., Joaquin Arango, Graeme Hugo, Ali Kouaouci, Adela Pellegrino, and J. Edward Taylor (1998). *Worlds in Motion: Understanding International Migration at the End of the Millennium*. Oxford, U.K.: Oxford University Press.

Massey, Douglas S., and Nancy A. Denton (1993). *American Apartheid: Segregation and the Making of the Underclass*. Cambridge, Mass.: Harvard University Press.

Mauleon, Ana, and Vincent Vannetelbosch (2004). "Farsightedness and Cautiousness in Coalition Formation Games with Positive Spillovers." *Theory and Decision*, Vol. 56, pp. 291–324.

Mazzocco, Maurizio, and Shiv Saini (2012). "Testing Efficient Risk Sharing with Heterogeneous Risk Preferences." *The American Economic Review*, Vol. 102, pp. 428–68.

McCarty, Christopher, Peter D. Killworth, H. Russell Bernard, and Eugene C. Johnsen (2001). "Comparing Two Methods for Estimating Network Size." *Human Organization*, Vol. 60 (1), pp. 28–39.

McCormick, Tyler H., Matthew J. Salganik, and Tian Zheng (2010). "How Many People Do You Know?: Efficiently Estimating Personal Network Size." *Journal of the American Statistical Association*, Vol. 105 (489), pp. 59–70.

McCoy, Elin (2014). *The Emperor of Wine: The Rise of Robert M. Parker, Jr. and the Reign of American Taste*. New York: HarperCollins.

McFarland, Daniel A., James Moody, David Diehl, Jeffrey A. Smith, and Reuben J. Thomas (2014). "Network Ecology and Adolescent Social Structure." *American Sociological Review*, Vol. 79 (6), pp. 1088–1121.

McPherson, Miller, Lynn Smith-Lovin, and James M. Cook (2001). "Birds of a Feather:

Homophily in Social Networks." *Annual Review of Sociology*, Vol. 27 (1), pp. 415–44.

McShane, Blakeley B., Eric T. Bradlow, and Jonah Berger (2012). "Visual Influence and Social Groups." *Journal of Marketing Research*, Vol. 49 (6), pp. 854–71.

Mele, Angelo (2017). "A Structural Model of Segregation in Social Networks." *Econometrica*, Vol. 85 (3), pp. 825–50.

Mengel, Friederike (2015). "Gender Differences in Networking." Available at SSRN: https://ssrn.com/abstract=2636885.

Miller, John H., and Scott E. Page (2009). *Complex Adaptive Systems: An Introduction to Computational Models of Social Life*. Princeton, N.J.: Princeton University Press.

Mitzenmacher, Michael (2004). "A Brief History of Generative Models for Power Law and Lognormal Distributions," *Internet Mathematics*, Vol. 1, pp. 226–51.

Mobius, Markus, Tuan Phan, and Adam Szeidl (2015). "Treasure Hunt: Social Learning in the Field." National Bureau of Economic Research Paper No. 21014.

Molavi, Pooya, Alireza Tahbaz-Salehi, and Ali Jadbabaie (2018). "A Theory of Non-Bayesian Social Learning." *Econometrica*, Vol. 86 (2), pp. 445–90.

Monsted, Bjarke, Piotr Sapiezynski, Emilio Ferrara, and Sune Lehmann (2017). "Evidence of Complex Contagion of Information in Social Media: An Experiment Using Twitter Bots." ArXiv preprint arXiv:1703.06027.

Montgomery, James D. (1991). "Social Networks and Labor-Market Outcomes: Toward an Economic Analysis." *The American Economic Review*, Vol. 81, pp. 1408–18.

Moody, James, and Peter J. Mucha (2013). "Portrait of Political Party Polarization." *Network Science*, Vol. 1 (1), pp. 119–21.

Moore, Cristopher, and Mark E. J. Newman (2000). "Epidemics and Percolation in Small-World Networks." *Physical Review E*, Vol. 61, p. 5678.

Morelli, Sylvia A., Desmond C. Ong, Rucha Makati, Matthew O. Jackson, and Jamil Zaki (2017). "Psychological Trait Correlates of Individuals' Positions in Social Networks." *Proceedings of the National Academy of Sciences*, Vol. 114 (37), pp. 9843–47.

Moretti, Enrico (2011). "Social Learning and Peer Effects in Consumption: Evidence from Movie Sales." *The Review of Economic Studies*, Vol. 78, pp.356–93.

Morris, Stephen (2000). "Contagion." *Review of Economic Studies*, Vol. 67 (1), pp. 57–78.

Munshi, Kaivan (2003). "Networks in the Modern Economy: Mexican Migrants in the US Labor Market." *The Quarterly Journal of Economics*, Vol. 118, pp. 549–99.

Muralidharan, Karthink, and Michael Kremer (2009). *Public and Private Schools in Rural India*, pp. 1–27. Cambridge, Mass.: MIT Press.

Myers, Charles A., and George P. Shultz (1951). *The Dynamics of a Labor Market*. Chicago: Greenwood.

Nannicini, Tommaso, Andrea Stella, Guido Tabellini, and Ugo Troiano (2013). "Social Capital and Political Accountability." *The American Economic Journal: Economic Policy*, Vol. 5, pp. 222–50.

Neal, Larry D., and Marc D. Weidenmier (2003). "Crises in the Global Economy from Tulips to Today." In *Globalization in Historical Perspective*, pp. 473–514. Chicago: University of Chicago Press.

Nei, Stephen M. (2017). "Frictions in Information Aggregation in Social Learning Environments." Mimeo. Oxford University.

Neuman, Susan B., and Donna Celano (2012). *Giving Our Children a Fighting Chance: Poverty, Literacy, and the Development of Information Capital*. New York: Teachers College Press.

Newman, Mark E. J. (2003). "The Structure and Function of Complex Networks." *SIAM Review*, Vol. 45 (2), pp. 167–256.

Newman, Mark E. J., Cristopher Moore, and Duncan J. Watts (2000). "Mean-Field Solution of the Small-World Network Model." *Physical Review Letters*, Vol. 84, pp. 3201–04.

Nguyen, Trang (2008). "Information, Role Models and Perceived Returns to Education: Experimental Evidence from Madagascar." Manuscript, MIT.

Ody-Brasier, Amandine, and Isabel Fernandez-Mateo (2015). "Minority Producers and Pricing in the Champagne Industry: The Case of Female Grape Growers." *Academy of Management Proceedings*, Vol. 2015 (1), pp. 124–57.

Ostrom, Elinor (1990). *Governing the Commons: The Evolution of Institutions for Collective Action*. Cambridge, U.K.: Cambridge University Press.

Ozsoylev, Han N., Johan Walden, M. Deniz Yavuz, and Recep Bildik (2014). "Investor Networks in the Stock Market." *The Review of Financial Studies*, Vol. 27 (5). pp. 1323–66.

Padgett, John F., and Christopher K. Ansell (1993). "Robust Action and the Rise of the

Medici 1400-1434." *American Journal of Sociology*, Vol. 98 (6), pp. 1259-1319.

Page, Scott E. (2008). *The Difference: How the Power of Diversity Creates Better Groups, Firms, Schools, and Societies*. Princeton, N.J.: Princeton University Press.

——— (2017). *The Diversity Bonus: How Great Teams Pay Off in the Knowledge Economy*. Princeton, N.J.: Princeton University Press.

Pallais, Amanda, and Emily Glassberg Sands (2016). "Why the Referential Treatment: Evidence from Field Experiments on Referrals." *Journal of Political Economy*, Vol. 124 (6), pp. 1793-1828.

Patacchini, Eleonora, and Yves Zenou (2012). "Ethnic Networks and Employment Outcomes." *Regional Science and Urban Economics*, Vol. 42, pp. 938-49.

Payne, B. Keith, Jazmin L. Brown-Iannuzzi, and Jason W. Hannay (2017). "Economic Inequality Increases Risk Taking." *Proceedings of the National Academy of Sciences*, Vol. 114, pp. 4643-48.

Pennock, David M., Gary W. Flake, Steve Lawrence, Eric J. Glover, and C. Lee Giles (2002). "Winners Don't Take All: Characterizing the Competition for Links on the Web." *Proceedings of the National Academy of Sciences*, Vol. 99, pp. 5207-11.

Perkins, H. Wesley, Michael P. Haines, and Richard Rice (2005). "Misperceiving the College Drinking Norm and Related Problems: A Nationwide Study of Exposure to Prevention Information, Perceived Norms and Student Alcohol Misuse." *Journal of Studies on Alcohol*, Vol. 66, pp. 470-78.

Perkins, H. Wesley, Jeffrey W. Linkenbach, Melissa A. Lewis, and Clayton Neighbors (2010). "Effectiveness of Social Norms Media Marketing in Reducing Drinking and Driving: A Statewide Campaign." *Addictive Behaviors*, Vol. 35, pp. 866-74.

Perkins, H. Wesley, Philip W. Meilman, Jami S. Leichliter, Jeffrey R. Cashin, and Cheryl A. Presley (1999). "Misperceptions of the Norms for the Frequency of Alcohol and Other Drug Use on College Campuses." *Journal of American College Health*, Vol. 47:6, pp. 253-58.

Persson, Torsten, and Guido Tabellini (1994). "Is Inequality Harmful for Growth?" *The American Economic Review*, Vol. 84, pp. 600-621.

Pfeffer, Jeffrey, (1981). *Power in Organizations*, Vol. 33, Marshfield, Mass.: Pitman.

Pfeffer, Jeffrey (1992). *Managing with Power: Politics and Influence in Organizations*. Cambridge, Mass.: Harvard Business Press.

Pfitzner, René, Ingo Scholtes, Antonios Garas, Claudio J. Tessone, and Frank Schweitzer

(2013). "Betweenness Preference: Quantifying Correlations in the Topological Dynamics of Temporal Networks." *Physical Review Letters*, Vol. 110, article no. 198701.

Piketty, Thomas (2014). *Capital in the Twenty-First Century*. Cambridge, Mass.: Harvard University Press.

Popkin, Susan J., Laura E. Harris, and Mary K. Cunningham (2002). "Families in Transition: A Qualitative Analysis of the MTO Experience." Report Prepared for the U.S. Department of Housing and Urban Development.

Porter, Mason A., Jukka-Pekka Onnela, and Peter J. Mucha (2009). "Communities in Networks." *Notices of the AMS*, Vol. 56, pp. 1082–97.

Poy, Samuele, and Simone Schüller (2016). "Internet and Voting in the Web 2.0 Era: Evidence from a Local Broadband Policy." CESIFO Working Paper No. 6129.

Prabhakar, Balaji, Katherine N. Dektar, and Deborah M. Gordon (2012). "The Regulation of Ant Colony Foraging Activity Without Spatial Information." *PLoS Computational Biology*, Vol. 8, article no. e1002670.

Prendergast, Canice, and Robert H. Topel (1996). "Favoritism in Organizations." *Journal of Political Economy*, Vol. 104, pp. 958–78.

Price, Derek de Solla (1976). "A General Theory of Bibliometric and Other Cumulative Advantage Processes." *Journal of the American Society for Information Science*, Vol. 27, pp. 292–306.

Prummer, Anja (2016). "Spatial Advertisement in Political Campaigns." Preprint, Queen Mary University of London.

Putnam, R. D. (2000). *Bowling Alone: The Collapse and Revival of American Community*. New York: Simon & Schuster.

Quillian, Lincoln (1995). "Prejudice as a Response to Perceived Group Threat: Population Composition and Anti-Immigrant and Racial Prejudice in Europe." *American Sociological Review*, pp. 586–611.

Rainie, Lee, and Barry Wellman (2012). *Networked: The New Social Operating System*. Cambridge, Mass.: MIT Press.

Ravallion, Martin, and Shubham Chaudhuri (1997). "Risk and Insurance in Village India: Comment." *Econometrica*, Vol. 65:1, pp. 171–84.

Rawls, John (1971). *A Theory of Justice*. Cambridge, Mass.: Harvard University Press.

Reardon, Sean F. (2011). "The Widening Academic Achievement Gap Between the Rich and the Poor: New Evidence and Possible Explanations." In *Whither Opportunity*, pp.91-116. New York: Russell Sage Foundation.

Rees, Albert, George Pratt Shultz, et al. (1970). *Workers and Wages in an Urban Labor Market*. Chicago: University of Chicago Press.

Reinhart, Carmen, and Kenneth Rogoff (2009). *This Time Is Different*. Princeton, N.J.: Princeton University Press.

Revzina, N. V., and R. J. DiClemente (2005). "Prevalence and Incidence of Human Papillomavirus Infection in Women in the USA: A Systematic Review." *International Journal of STD and AIDS*, Vol. 16, pp. 528-37.

Riach, Peter A., and Judith Rich (2002). "Field Experiments of Discrimination in the Marketplace." *The Economic Journal*, Vol. 112, pp. F480-F518.

Richerson, Peter J., and Robert Boyd (2008). *Not by Genes Alone: How Culture Transformed Human Evolution*. Chicago: University of Chicago Press.

Roemer, John E., and Alain Trannoy (2016). "Equality of Opportunity: Theory and Measurement." *Journal of Economic Literature*, Vol. 54, pp.1288-1332.

Rogers, Everett M. (1995). *Diffusion of Innovations*. New York: Free Press.

Ross, Lee, David Greene, and Pamela House (1977). "The False Consensus Effect: An Ego-Centric Bias in Social Perception and Attribution Processes." *Journal of Experimental Social Psychology*, Vol. 13, pp. 279-301.

Roth, Alvin E. (2007). "Repugnance as a Constraint on Markets." *The Journal of Economic Perspectives*, Vol. 21, pp. 37-58.

Sacerdote, Bruce (2001). "Peer Effects with Random Assignment: Results for Dartmouth Roommates." *The Quarterly Journal of Economics*, Vol. 116, pp. 681-704.

―――― (2011). "Peer Effects in Education: How Might They Work, How Big Are They and How Much Do We Know Thus Far?" In *Handbook of the Economics of Education*, ed. by Eric A. Hanushek, Stephen Machin, and Ludger Woessmann, Vol. 3, pp. 249-77. San Diego: North-Holland.

Salganik, Matthew J., Peter S. Dodds, and Duncan J. Watts (2006). "Experimental Study of Inequality and Unpredictability in an Artificial Cultural Market." *Science*, Vol. 311, pp. 854-56.

Samphantharak, Krislert, and Robert M. Townsend (2018). "Risk and Return in Village Economies." *American Economic Journal: Microeconomics*, Vol. 10 (1), pp. 1-40.

Saunders, Anthony, and Berry Wilson (1996). "Contagious Bank Runs: Evidence from the 1929-1933 Period." *Journal of Financial Intermediation*, Vol. 5, pp. 409-23.

Schaner, Simone (2015). "Do Opposites Detract? Intrahousehold Preference Heterogeneity and Inefficient Strategic Savings." *American Economic Journal: Applied Economics*, Vol. 7 (2), pp. 135-74.

Scharfstein, David S., and Jeremy C. Stein (1990). "Herd Behavior and Investment." *The American Economic Review*, pp. 465-79.

Schmitt, Robert C., and Eleanor C. Nordyke (2001). "Death in Hawai'i: The Epidemics of 1848-1849." *The Hawaiian Journal of History*, Vol. 35, pp. 1-13.

Schweitzer, Frank, Giorgio Fagiolo, Didier Sornette, Fernando Vega-Redondo, Alessandro Vespignani, and Douglas R. White (2009). "Economic Networks: The New Challenges." *Science*, Vol. 325, pp. 422-25.

Scitovsky, Tibor (1954). "Two Concepts of External Economies." *Journal of Political Economy*, Vol. 62 (2), pp. 143-51.

Seabright, Paul (2010). *The Company of Strangers: A Natural History of Economic Life*. Princeton, N.J.: Princeton University Press.

Shemesh, Joshua, and Fernando Zapatero (2016). "The Intensity of Keeping Up with the Joneses Behavior: Evidence from Neighbor Effects in Car Purchases." Preprint.

Shi, Yigong, and Yi Rao (2010). "China's Research Culture." *Science*, Vol. 329 (5996), p. 1128.

Shiller, Robert J. (2015). *Irrational Exuberance*. Princeton, N.J.: Princeton University Press.

Shilts, Randy (1987). *And the Band Played On: Politics, People, and the AIDS Epidemic*. New York: St. Martin's Press.

Shoag, Daniel, and Stan Veuger (2016). "No Woman No Crime: Ban the Box, Employment, and Upskilling." HKS Working Paper No. 16-015.

Shulman, Stanford T., Deborah L. Shulman, and Ronald H. Sims (2009). "The Tragic 1824 Journey of the Hawaiian King and Queen to London: History of Measles in Hawaii." *Pediatric Infectious Disease Journal*, Vol. 28 (8), pp. 728-33.

Skopek, Jan, Florian Schulz, and Hans-Peter Blossfeld (2010). "Who Contacts Whom? Educational Homophily in Online Mate Selection." *European Sociological Review*, Vol. 27 (2), pp. 180-195.

Smith, Adam (1776). *An Inquiry into the Nature and Causes of the Wealth of*

Nations. London: A. and C. Black and W. Tait.

Smith, Lones, and Peter Sorensen (2000). "Pathological Outcomes of Observational Learning." *Econometrica*, Vol. 68, pp. 371–98.

Smith, Sandra S. (2000). "Mobilizing Social Resources: Race, Ethnic, and Gender Differences in Social Capital and Persisting Wage Inequalities." *The Sociological Quarterly*, Vol. 41 (4), pp. 509–37.

Snijders, Tom A. B. (2011). "Multilevel Analysis." In *International Encyclopedia of Statistical Science*, pp.879–82. New York: Springer.

Sobel, Joel (2002). "Can We Trust Social Capital?" *Journal of Economic Literature*, Vol. 40, pp. 139–54.

Solomonoff, Ray, and Anatol Rapoport (1951). "Connectivity of Random Nets." *The Bulletin of Mathematical Biophysics*, Vol. 13, pp. 107–17.

Solow, Robert M. (2000). "Notes on Social Capital and Economic Performance." In *Social Capital: A Multifaceted Perspective*, Vol. 6, pp. 6–12. Was hington, D.C.: World Bank Publications.

Soramäki, Kimmo, Morten L. Bech, Jeffrey Arnold, Robert J. Glass, and Walter E. Beyeler (2007). "The Topology of Interbank Payment Flows." *Physica A*, Vol. 379, pp. 317–33.

Stanley, H. Eugene (1971). *Phase Transitions and Critical Phenomena.* Oxford, U.K.: Oxford University Press.

Stock, James H., and Francesco Trebbi (2003). "Retrospectives: Who Invented Instrumental Variable Regression?" *The Journal of Economic Perspectives*, Vol. 17, pp. 177–94.

Su, Lixin Nancy, and Donghui Wu (2016). "Is Audit Behavior Contagious? Teamwork Experience and Audit Quality by Individual Auditors." Available at SSRN: https://ssrn.com/abstract=2816435.

Sunstein, Cass R. (2108). *Republic: Divided Democracy in the Age of Social Media.* Princeton, N. J.: Princeton University Press.

Surowiecki, James (2005). *The Wisdom of Crowds.* New York: Anchor.

Szreter, Simon, and Michael Woolcock (2004). "Health by Association? Social Capital, Social Theory, and the Political Economy of Public Health." *International Journal of Epidemiology*, Vol. 33, pp. 650–67.

Tabellini, Guido (2010). "Culture and Institutions: Economic Development in the

Regions of Europe." *Journal of the European Economic Association*, Vol. 8, pp. 677–716.

Tadelis, Steven (2016). "The Economics of Reputation and Feedback Systems in E-Commerce Marketplaces." *IEEE Internet Computing*, Vol. 20 (1), 12–19.

Tan, Jijun, Ting Zeng, and Shenghao Zhu (2015). "Earnings, Income, and Wealth Distributions in China: Facts from the 2011 China Household Finance Survey." Preprint.

Tan, Tongxue (2016). *Social Ties and the Market: A Study of Digital Printing Industry from an Informal Economy Perspective*, Chapter 3. Beijing: BRILL.

Tatum, Beverly Daniel (2010). *Why Are All the Black Kids Sitting Together in the Cafeteria? And Other Conversations About Race*. New York: Basic Books.

Thaler, Richard H., and Cass R. Sunstein (2008). *Nudge: Improving Decisions About Health, Wealth, and Happiness*. New Haven, Conn.: Yale University Press.

Tomasello, Michael (2009). *The Cultural Origins of Human Cognition*. Cambridge, Mass.: Harvard University Press.

Townsend, Robert M. (1994). "Risk and Insurance in Village India." *Econometrica*, Vol. 62, pp. 539–91.

Travers, Jeffrey, and Stanley Milgram (1969). "An Experimental Study of the Small World Problem." *Sociometry*, Vol. 32 (4), pp. 425–43.

Tucker, Joan S., Jeremy N. V. Miles, Elizabeth J. D'Amico, Annie J. Zhou, Harold D. Green, and Regina A. Shih (2013). "Temporal Associations of Popularity and Alcohol Use Among Middle School Students." *Journal of Adolescent Health*, Vol. 52, pp. 108–15.

Ugander, Johan, Brian Karrer, Lars Backstrom, and Cameron Marlow (2011). "The Anatomy of the Facebook Social Graph." http://arxiv.org/abs/1111.4503v1.

Uzzi, Brian (1996). "The Sources and Consequences of Embeddedness for the Economic Performance of Organizations: The Network Effect." *American Sociological Review*, pp. 674–98.

——— (1997). "Social Structure and Competition in Interfirm Networks: The Paradox of Embeddedness." *Administrative Science Quarterly*, Vol. 42, pp. 35–67.

Valente, Thomas W. (2012). "Network Interventions." *Science*, Vol. 337 (6), pp. 49–53.

Valente, Thomas W., and Patchareeya Pumpuang (2007). "Identifying Opinion Leaders to Promote Behavior Change." *Health Education and Behavior*, Vol. 34 (6), pp.

881-96.

Valente, Thomas W., Jennifer B. Unger, and C. Anderson Johnson (2005). "Do Popular Students Smoke? The Association Between Popularity and Smoking Among Middle School Students." *Journal of Adolescent Health*,Vol. 37, pp. 323-29.

Valentine, Vikki (2006). "Origins of the 1918 Pandemic: The Case for France." NPR, http://www.npr.org/templates/story/story.php?storyId=5222069.

van der Leij, Marco, Daan in 't Veld, and Cars H. Hommes (2016). "The Formation of a Core-Periphery Structure in Heterogeneous Financial Networks." Available at SSR: https://ssrn.com/abstract=2865666.

Vázquez, Alexei (2003). "Growing Network with Local Rules: Preferential Attachment, Clustering Hierarchy, and Degree Correlations." *Physical Review E*, Vol. 67, article no. 056104.

Vega-Redondo, Fernando (2007). *Complex Social Networks*. Cambridge, U.K.: Cambridge University Press.

Verbrugge, Lois M. (1977). "The Structure of Adult Friendship Choices." *Social Forces*, Vol. 56, pp. 576-97.

Wainwright, Tom (2016). *Narconomics: How to Run a Drug Cartel*. New York: PublicAffairs.

Waldman, Steven, and the Working Group on Information Needs of Communities(2011). *Information Needs of Communities: The Changing Media Landscape in a Broadband Age*. Federal Communications Commission Report, http://www.fcc. gov/infoneedsreport.

Wang, Chaojun (2017). "Core-Periphery Trading Networks." Dissertation, Stanford University.

Wartick, Steven L. (2002). "Measuring Corporate Reputation: Definition and Data." *Business &Society*, Vol. 41, pp. 371-92.

Wasserman, Stanley, and Katherine Faust (1994). *Social Network Analysis*. Cambridge, U.K.: Cambridge University Press.

Watts, Alison (2001). "A Dynamic Model of Network Formation." *Games and Economic Behavior*, Vol. 34, pp. 331-41.

Watts, Duncan J. (1999). *Small Worlds: The Dynamics of Networks Between Order and Randomness*. Princeton, N.J.: Princeton University Press.

———— (2004). *Six Degrees: The Science of a Connected Age*. New York: W. W.

Norton.

Watts, Duncan J., and Steven H. Strogatz (1998). "Collective Dynamics of Small-World Networks." *Nature*, Vol. 393, pp. 440-42.

Weichselbaumer, Doris, and Rudolf Winter-Ebmer (2005). "A Meta-Analysis of the International Gender Wage Gap." *Journal of Economic Surveys*, Vol. 19, pp. 479-511.

Weisel, Ori, and Shaul Shalvi (2015). "The Collaborative Roots of Corruption." *Proceedings of the National Academy of Sciences*, Vol. 112, pp. 10651-56.

Wellman, Barry, and Stephen D. Berkowitz (1988). *Social Structures: A Network Approach*. Cambridge, U.K.: Cambridge University Press.

West, Cornel (1993). *Race Matters*. New York: Vintage.

White, Douglas R., and Karl P. Reitz (1983). "Graph and Semigroup Homo-morphisms on Networks of Relations." *Social Networks*, Vol. 5, pp. 193-234.

Wilfert, L., G. Long, H. C. Leggett, P. Schmid-Hempel, R. Butlin, S. J. M. Martin, and M. Boots (2016). "Deformed Wing Virus Is a Recent Global Epidemic in Honeybees Driven by Varroa Mites." *Science*, Vol. 351, pp. 594-97.

Willette, Demian A., Sara E. Simmonds, Samantha H. Cheng, Sofi Esteves, Tonya L. Kane, Hayley Nuetzel, Nicholas Pilaud, Rita Rachmawati, and Paul H. Barber (2017). "Using DNA Barcoding to Track Seafood Mislabeling in Los Angeles Restaurants." *Conservation Biology*. Vol. 31 (5), pp. 1076-85.

Wilson, William Julius (2012). *The Truly Disadvantaged: The Inner City, the Underclass, and Public Policy*. Chicago: University of Chicago Press.

Wolfers, Justin, and Eric Zitzewitz (2004). "Prediction Markets." *The Journal of Economic Perspectives*, Vol. 18, pp. 107-26.

——— (2006). "Interpreting Prediction Market Prices as Probabilities." National Bureau of Economic Research Paper No. 12200.

Woolcock, Michael (1998). "Social Capital and Economic Development: Toward a Theoretical Synthesis and Policy Framework." *Theory and Society*, Vol. 27, pp. 151-208.

Wu, Ye, Changsong Zhou, Jinghua Xiao, Jürgen Kurths, and Hans Joachim Schellnhuber (2010). "Evidence for a Bimodal Distribution in Human Communication." *Proceedings of the National Academy of Sciences*, Vol. 107 (44), pp. 18803-8.

Xie, Yu, and Xiang Zhou (2014). "Income Inequality in Today's China." *Proceedings of the National Academy of Sciences*, Vol. 111, pp. 6928-33.

Xing, Yiqing (2016). "Who Shares Risk with Whom and How? Endogenous Matching and Selection of Risk Sharing Equilibria." SIEPR Discussion Paper No. 16-025.

Young, Allyn A. (1913). "Review of Pigou's Wealth and Welfare." *The Quarterly Journal of Economics*, Vol. 27 (4), pp. 672-86

Young, H. Peyton (1996). "The Economics of Convention." *The Journal of Economic Perspectives*, Vol. 10, pp. 105-22.

Zuckoff, Mitchell (2006). *Ponzi's Scheme: The True Story of a Financial Legend*. New York: Random House.

470

기타

옮긴이 박선진

서울 대학교 응용화학부에서 학사 학위를 받고, 동 대학교 과학사 및 과학철학 협동 과정에서 심리 작용과 그 물리적 기반에 대한 연구로 석사 학위를 받았다. 과학 잡지《스켑틱》한국어판의 편집장을 역임했다. 옮긴 책으로는《휴먼네트워크》와《우리 인간의 아주 깊은 역사》(근간)이 있다.

휴먼 네트워크

초판 1쇄 발행 · 2021년 2월 26일
초판 4쇄 발행 · 2021년 5월 20일

지은이 · 매슈 O. 잭슨
옮긴이 · 박선진
기획 · 김은수
책임편집 · 이기홍
디자인 · 주수현 정진혁

펴낸곳 · (주)바다출판사
발행인 · 김인호
주소 · 서울시 마포구 어울마당로5길 17 5층
전화 · 02-322-3885(편집) 02-322-3575(마케팅)
팩스 · 02-322-3858
이메일 · badabooks@daum.net
홈페이지 · www.badabooks.co.kr

ISBN 979-11-6689-000-0 03330